화엄경청량소
華嚴經淸凉疏

화엄경청량소

제23권

제7 재회보광명전법회 ①

[제27 십정품 - 제28 십통품]

청량징관 저

석반산 역주

담앤북스

일러두기

1. 본 화엄경소초의 번역에 사용된 원본은 봉은사에 소장된 목판 80권 『화엄경소초회본』이다.

2. 교정본은 민국(民國) 31년(1942) 대만의 화엄소초편인회(華嚴疏鈔編印會)에서 합본으로 교간(校刊)한 『화엄경소초 10권』을 사용하였다. 그리고 원본현토는 화엄학 연구소의 원조각성 강백의 현토본을 참고하였다.

3. 대장경 속에 경전과 합본으로 수록된 것은 없고, 다만 大正大藏經 권35에 『화엄경소 60권』이 있으며 권36에 『화엄경수소연의초(華嚴經隨疏演義鈔) 90권』이 있지만 경의 본문과의 손쉬운 대조를 위해 회본(會本)을 기본으로 하였으며, 일일이 찾아서 대장경과 대조하지는 못하였다.

4. 교재본이라 한 것은 민족사에서 1997년에 발간한 『현토과목 화엄경』(전 4권)을 지칭하며, 원문 인용은 이 본을 기본으로 하였다.

5. 본 『청량소』 전권에서는 소(疏)의 전문을 해석하였고, 초문(鈔文)은 너무 번다하고 중복되는 부분을 필자가 임의로 생략하였다.

6. 본문의 이해를 돕기 위하여 도표로 작성한 것은 전강 스승이신 봉선사 능엄학림의 월운강백께 허락을 얻어 『화엄경과도(華嚴經科圖)』를 준용(準用)한 것이다.

7. 목차(目次)는 『화엄경소초』의 과목을 사용하였고 『화엄경과도』를 준용하였다. 과목에 이어지는 ( ) 안에는 간편한 대조를 위하여 목판본의 페이지를 표시하였다. 예) 一. 一) (一) 1 1) (1) 가. 가) (가) ㄱ. ㄱ) (ㄱ) a. a) (a) ㊀ ① ㉮ ㉠ ⓐ ㊉ ㉧ Ⓐ ㄧ 1 가 ㄱ a A ㅏ ➊ ❶ ㉧ ㉠ ⓐ Ⓐ ㄧ 1 가 ㄱ a A

8. 목차는 되도록 현대적 번역어로 제목을 삼으려 하였고, 제목에 이어 표기된 아라비아 숫자는 문단의 개수이다.

9. 경과 소문(疏文)은 조금 띄워서 차별화하였고 소문(疏文) 앞에는 ■ 표시를, 초문(鈔文) 앞에는 ● 로 표시하여 번역문을 수록하였다. ❖ 표시는 역자의 견해를 밝힌 부분이다.

10. 경구(經句)의 번역문은 한글대장경과 민족사 간(刊) 『화엄경 전10권』을 참고하였고, 소(疏) 문장의 번역은 직역을 원칙으로 하였고, 인용문은 주로 한글대장경의 번역을 따르고자 노력하였다.

11. 본 청량소 번역에 참고한 주요 도서는 다음과 같다.

    (1) 한글대장경『화엄경1, 2, 3』『보살본업경』『대승입능가경』『대반열반경』『보살영락경』; 동국역경원 刊

    (2) 한글대장경『성유식론』『십지경론』『아비달마잡집론』『유가사지론』『대지도론』『섭대승론』『섭대승론석』『대승기신론소별기』『현양성교론』『신화엄경론』; 동국역경원 刊

    (3) 『대정신수대장경』; 大正一切經刊行會 刊

(4) 현토과목 『화엄경』; 민족사 刊

(5) 『망월대사전』; 세계성전간행협회 刊, 『불교학대사전』; 홍법원 刊, 『중국불교인명사전』; 明復 編, 『인도불교고유명사사전』; 法藏館 刊

(6) 『신완역 주역』; 명문당 刊, 『장자』; 신원문화사 刊, 『노자도덕경』; 교림 刊, 『논어』; 전통문화연구회 編

12. 주)의 교정본 양식

   (1) 소초회본; 대만교정본[華嚴疏鈔編印會]

   (2) 宋元明淸南續金纂本 등; 소초회본의 출전 소개 양식

『화엄경청량소』 총목차

제1과. 총합하여 명칭과 의미를 밝히다[總敍名意]

제2과. 공경히 귀의하고 가피를 청하다[歸敬請加]

제3과. 가름을 열고 경문을 해석하다[開章釋文]

    제1분. 佛果를 거론하며 즐거움을 권하여 신심을 일으키는 부분
    [擧果勸樂生信分]

    제1과. 교기인연분(教起因緣分) (제1. 세주묘엄품)

    제2과. 설법의식분(說法儀式分) 제2. 여래현상품, 제3. 보현삼매품

    제3과. 정진소설분(正陳所說分) 제4. 세계성취품, 제5. 화장세계품,
        제6. 비로자나품

    제2분. 인행을 닦아 불과에 계합하는 견해를 내는 부분
    [修因契果生解分]
    (제2회 제7. 여래명호품 - 제7회 제37. 여래출현품)

    제3분. 법문에 의지해 수행으로 이루다[托法進修成行分]
    (제38. 이세간품)

    제4분. 선재동자가 증입하여 성불하다[依人證入成德分]
    (제39. 입법계품)

제4과. 공경히 찬탄하고 회향하다 [謙讚迴向]

> ### 화엄경 7처 9회 법회 : 재회보광명전법회 11품은

1. 적멸도량 6품 - 과거 여러 부처님의 성불의 역사 : **부처님의 성불**
   勝音세계 大威光태자와 喜見善慧왕 시절 네 분의 부처님이 연이어 성불하는 모습
   - 擧果勸樂生信分 : 부처님의 깨달음을 보여 주어 믿음을 생겨나게 하다.

2. 보광명전 6품 - 十信의 성취 - 여래명호품부터 현수품까지
3. 수미산정 6품 - 十住의 발심과 공덕
   - 도리천궁에서 설하는 법회   보
   - 범행품의 初發心時 卽得菩提
4. 야마천궁 4품 - 十行의 수행 -   살
   - 모든 것은 마음먹기 나름이다 : 唯心사상
5. 도솔천궁 3품 - 十廻向의 실천   의
6. 타화자재천궁 1품 - 十地의 수행과 성불 - 십지품
   - 해탈월과 三家五請, 간절한 청법과 說法의 귀함을 역설   성
   - 본격적인 수행, 십바라밀의 완성
7. 보광명전 11품 - 一佛乘의 실천, 보살도 실천 - 여래출현품   불
   - 修因契果生解分 : 인행으로 불과에 계합하는 이해를 돕다
   - 等 · 妙覺

8. 보광명전 1품 - 수많은 질문과 대답 - 이세간품
 - 托法進修成行分 : 구체적 사례로 수행을 성취하게 하다

9. 기원정사 1품 - 善財동자의 구법행각 - 서다원림 : **중생의 성불**
 - 依人證入成德分 : 대표인격(선재동자)에 의지해 증득해 가는 모습

제1절. 앞의 세 품은 의지할 대상인 불과에 대한 질문에 대답함
　　　[答所依果問] (세 품은 제7. 여래명호품, 제8. 사성제품, 제9. 광명
　　　각품이다)

제2절. 제10. 보살문명품 이하 23품은 닦아야 할 인행에 답하는 내용
　　　[次問明品 下二十三品答所修因問] (23품은 제10. 보살문명품 ～
　　　제32. 보살주처품)

제6장. 이미 증입한 이를 부처님과 같게 하다[明旣證入令等佛] 2.

제1. 앞의 세 품은 앞의 질문에 바로 대답한 내용[正答前問] 2.

 1. 두 품은 업과 작용이 광대한 내용 2.
　　1) 제27. 십정품은 삼매의 작용
　　2) 제28. 십통품은 신통의 작용

 2. 제29. 십인품은 지혜가 깊고 현묘하다

제2. 세 품은 깊고 광대한 공덕을 총합하여 밝히다[總顯深廣]

 1. 제30. 아승지품은 뛰어난 공덕을 헤아릴 수 없다

2. 제31. 여래수량품은 온갖 시간에 두루하다

3. 제32. 보살주처품은 온갖 도량에 두루하다

제3절. 뒤의 제33. 불부사의법품 아래 5품은 성취할 대상인 과덕에 대한 질문에 대답하는 내용[後不思議品下五品答所成果問]

제1. 세 품은 차별적인 인과를 밝히다[差別因果] 3.

  1. 제33. 불부사의법품은 부처님 공덕의 체성과 작용

  2. 제34. 여래십신상해품은 뛰어난 공덕의 모양을 밝히다

  3. 제35. 여래수호광명공덕품은 뛰어난 부처님 상호의 작용과 이익

제2. 두 품은 부처님 공덕의 평등한 인과를 개별로 밝히다[別顯佛德]

  1. 제36. 보현행품은 인행과 평등한 공덕

  2. 제37. 여래출현품은 과덕과 평등한 공덕

『화엄경청량소』 제23권 차례

大方廣佛華嚴經疏鈔 제40권 果字卷上
제27. 열 가지 선정을 말하는 품[十定品] ①

第一. 앞의 세 품은 앞의 질문에 대답한 내용 2. ····················· 26
一. 앞의 두 품은 업과 작용이 광대한 내용 2. ····················· 26
一) 십정품은 선정에 의지해 작용을 밝히다 4. ····················· 26
(一) 오게 된 뜻 27　　　　(二) 명칭 해석 33
(三) 근본 가르침 35　　　(四) 경문 해석 3. 36
1. 총합하여 과목 나누다 ··· 36
2. 인행문을 개별로 밝히다 ··· 39
3. 경문 해석 2. ··· 49
1) 제6장의 증입에 관해 통틀어 과목 나누다 ······················ 49
2) 십정품의 열 가지 삼매를 해석하다 5. ··························· 50
가. 서분 3. ··· 50
가) 세존이 처음으로 정각을 이루시다 ······························ 50
나) 세 가지 성취를 개별로 밝히다 ··································· 51
다) 법회의 대중을 따로 밝히다 5. ···································· 60
ㄱ. 숫자로 거론하다 ··· 60
ㄴ. 공덕을 찬탄하다 ··· 60
ㄷ. 동생중과 이생중의 명칭을 나열하다 ··························· 62
ㄹ. 숫자로 결론하다 ··· 64
ㅁ. 모인 의미 ·· 64
나. 보안보살이 청법하는 부분 ·· 65

다. 설법자를 보여 주는 부분 6 ···67
(가) 사람에게 보이고 하여금 듣게 하다 ··································67
(나) 이름을 듣고 이익을 얻다 ··69
(다) 보현보살을 구하여도 보지 못하다 3. ·······························69
ㄱ) 갈앙하여 구하여도 보지 못하다 ······································70
ㄴ) 거듭 관찰하여도 보지 못하다 ··71
ㄷ) 삼매로 관찰해도 보지 못하다 ··74
(라) 보는 방법을 가르치기 시작하다 ·······································79
(마) 가르침에 의지하여 구하다 ··80
(바) 중생을 위해 보현보살이 몸을 나타내다 ··························81
라. 본분 4. ···86
(가) 이익을 거론하며 말하게 하다 ··87
(나) 삼매의 명칭을 나열하다 ···88
(다) 삼매의 뛰어난 공덕을 찬탄하다 ······································90
(라) 이룬 이익을 결론하면서 말하기를 권하다 ······················97
마. 설법하는 부분 3. ··97
(가) 뜻을 받들고 총합하여 고하다 ··99
(나) 열 가지 삼매를 개별로 해석하다 10. ·····························99
ㄱ. 넓은 광명이 광대한 삼매 5. ··99
(ㄱ) 열 가지 그지없는 지혜 ···99
(ㄴ) 열 가지 그지없는 마음 ···102
(ㄷ) 열 가지로 삼매에 들어가는 차별한 지혜 ·····················103
(ㄹ) 열 가지로 큰 삼매에 들어가는 교묘한 지혜 ················104
(ㅁ) 초출하고 뛰어난 삼매의 이익 ······································108
ㄴ. 미묘한 광명이 광대한 삼매 2. ·······································110
a. 보배 산에 광명이 비치는 비유 ······································112

차례   13

b. 요술쟁이의 비유 3. ································· 122
　　(a) 요술은 근본을 무너뜨리지 않는다는 비유를 잡은 해석······ 130
　　(b) 요술은 반드시 의지처가 있다는 비유 ················ 132
　　(c) 요술쟁이는 미혹하지 않다는 비유를 잡은 해석··········· 135

大方廣佛華嚴經疏鈔 제41권 果字卷下
제27. 열 가지 선정을 말하는 품[十定品] ②

　　ㄷ. 여러 부처님 국토에 차례로 가는 신통이 광대한 삼매 3. ······ 138
　　(ㄱ) 법으로 설하다 5. ································· 138
　　　a. 온 누리에서 선정에 들어가다 ···················· 138
　　　b. 들어가는 시간의 순서 ························· 139
　　　c. 다문으로 총합 결론하다 ························ 140
　　　d. 마음으로 삼매의 체성과 계합하다 ················· 140
　　　e. 없애지 않고 신통을 일으키다 ···················· 140
　　(ㄴ) 일천자의 비유로 밝히다 ·························· 141
　　(ㄷ) 법과 비유를 합하다 ····························· 141
　　ㄹ. 청정하고 깊은 마음으로 행함이 광대한 삼매 2. ············ 142
　　(ㄱ) 삼매 속에 깊은 마음의 행을 밝히다 2. ················ 143
　　　a. 행법을 시작하다 ····························· 143
　　　b. 깊은 마음을 밝히다 2. ·························· 145
　　　(a) 망념으로는 알지 못하는 비유 ···················· 145
　　　(b) 아지랑이가 물과 같다는 비유 ···················· 146
　　(ㄴ) 삼매로 깊은 마음의 행을 시작함에 대해 밝히다 ········ 147

ㅁ. 과거의 장엄한 갈무리를 아는 것이 광대한 삼매 5. ············149
(ㄱ) 경계를 상대하여 아는 것을 밝히다·····················149
(ㄴ) 지혜로 아는 것을 바로 밝히다························150
(ㄷ) 알 대상인 시간의 분량·································151
(ㄹ) 아는 모양과 양상을 밝히다····························152
(ㅁ) 삼매에서 나와서 이익을 얻다·························152
ㅂ. 지혜 광명의 갈무리가 광대한 삼매 2.·····················156
(ㄱ) 삼매의 업과 작용을 밝히다 6.·························156
 a. 모든 부처님을 총합하여 알다··························156
 b. 여러 명호를 알다····································156
 c. 미래에 지을 바를 알다·······························157
 d. 현재에 원만할 대상을 알다···························157
 e. 현재에 지을 바를 알다·······························158
 f. 시간의 영역을 알다··································158
(ㄴ) 삼매의 이익을 밝히다 4.·······························160
 a. 마음으로 들어가 지키는 이익을 얻게 하다··············160
 b. 선교방편으로 얻은 이익······························163
 c. 공하지 않은 이익을 얻다·····························165
 d. 시왕들이 공경히 공양하는 이익······················167
ㅅ. 모든 세계의 부처님 장엄을 아는 광대한 삼매 2.············168
(ㄱ) 삼매의 체성과 작용을 밝히다 2.·······················168
 a) 온갖 세계를 해석하다································169
 b) 그 장엄에 대해 해석하다 2.··························169
  ㉠ 대중 모임을 자세히 밝히다························170
  ㉡ 장엄에 대해 자세히 밝히다························177
(ㄴ) 삼매의 이익을 밝히다 7.·······························184

　　　　a. 행원을 속히 성취하는 이익······························184
　　　　b. 열 가지 법인이 부처님과 같은 이익···················185
　　　　c. 덕으로 사람을 성취하는 이익·····························187
　　　　d. 지혜와 공덕이 포함된 이익································188
　　　　e. 몸의 위엄이 뛰어난 이익····································190
　　　　f. 다른 이로 하여금 원만하게 하는 이익·················192
　　　　g. 전전이 불사를 짓는 이익····································193

大方廣佛華嚴經疏鈔 제42권 珍字卷上
제27. 열 가지 선정을 말하는 품[十定品] ③

　　　　ㅇ. 일체중생의 차별한 몸의 광대한 삼매 5.············198
　　　　a. 들어가는 주체의 지혜······································199
　　　　b. 삼매에 들어가고 나오는 양상 2.·······················199
　　　　(a) 법으로 구분하다 10.··200
　　　　㊀ 모든 부류의 정보와 상대하다····························200
　　　　㊁ 여섯 갈래의 의보와 상대하다····························200
　　　　㊂ 한 몸과 여러 몸의 정보와 상대하다··················201
　　　　㊃ 사주 세계의 큰 바다와 상대하다·······················201
　　　　㊄ 사대종의 현상법으로 상대하다··························203
　　　　㊅ 여러 방위의 의보와 상대하다····························203
　　　　㊆ 여러 세계의 많고 적음으로 상대하다················204
　　　　㊇ 염오와 청정한 정보로 상대하다·························204
　　　　㊈ 자신과 다른 이의 여러 세계로 상대하다············206

㊉ 여러 부류의 출입으로 상대함을 섞어서 밝히다 ················· 207
(b) 비유로 밝혀 견주다 4. ··· 208
㊀ 귀신의 힘으로 사람을 집는 비유로 첫째와 넷째를 비유하다 ··· 209
㊁ 주문의 힘으로 송장이 일어나는 비유로 둘째와 다섯째, 여섯째를 비
   유하다 ··· 209
㊂ 나한이 신통을 나투는 비유로 셋째와 일곱째를 비유하다 ······ 210
㊃ 땅은 맛이 하나이지만 거기서 나는 곡식은 맛이 각각 다른 비유로
   뒤의 세 문을 비유하다 ··· 211
c. 삼매에 들어간 이익을 밝히다 3. ······································ 212
a) 부처님의 깨달음과 같음을 찬탄한 이익 ···························· 212
b) 몸과 지혜 광명으로 비추는 이익 ···································· 214
c) 업과 작용은 지을 것이 없다는 이익 ································ 215
d. 무량한 경계가 자재함을 밝히다 6. ··································· 216
(a) 허깨비같이 육진 경계에 자재하게 나타나는 비유 ············· 219
(b) 아수라가 요술로 숨는 비유 ·· 220
(c) 농부가 씨를 뿌리는 비유 ··· 222
(d) 태를 받아 생장하는 비유 ··· 223
(e) 용은 아래로, 구름은 위로 가는 비유 ···························· 224
(f) 범천의 궁전에 널리 나타나는 비유 ······························· 225
e. 열 가지 신통으로 열반의 언덕까지 가는 것으로 결론하다 ······ 226
ㅈ. 법계에 자유자재하는 광대한 삼매 4. ································ 228
a. 삼매의 체성과 작용을 밝히다 ··· 229
b. 21종 10천억 삼매의 이익 10. ·· 233
a) 많은 공덕을 생기게 하는 이익 ······································· 233
b) 열 가지 그지없는 공덕을 구비한 이익 ····························· 235
c) 모든 부처님이 섭수하는 이익 ·· 236

d) 여러 부처님이 호념하시는 이익 ·· 238
e) 열 가지 바다가 깊고 광대한 이익을 얻다 ························ 240
f) 수승하고 특출한 이익을 얻다 ·· 241
g) 모든 능력으로 가능한 이익을 얻다 ··································· 242
h) 원만하게 하는 이익으로 결론하다 ··································· 245
i) 열 가지 가없는 남이 능히 설하지 못하는 이익을 스스로 얻다 ·· 246
j) 삼매가 그지없이 스스로 요달하지 못하는 이익을 얻다 ········ 247
c. 비유에 의탁하여 밝히다 13. ·· 248
(a) 모래가 흘러 바다로 들어가는 비유와 합하다 ················· 251
(b) 못을 돌아서 바다로 들어가는 비유와 합하다 ················· 253
(c) 못 사이에 보배 꽃이 있는 비유와 합하다 ······················· 254
(d) 보배 나무가 못에 둘러서는 비유와 합하다 ····················· 255
(e) 아누달 큰 못이 청정한 비유와 합하다 ····························· 256
(f) 전단향으로 언덕에 가득한 비유와 합하다 ······················· 256
(g) 금모래가 못 아래에 깔린 비유와 합하다 ························ 257
(h) 용왕은 번뇌가 없다는 비유와 합하다 ····························· 258
(i) 네 강이 염부제를 적시는 비유와 합하다 ························ 258
(j) 네 큰 강이 그지없는 비유와 합하다 ································ 260
(k) 바다에 들어감에 장애가 없다는 비유와 합하다 ·············· 260
(l) 바다에 들어감에 고달픔이 없다는 비유와 합하다 ············ 261
(m) 많은 보배가 서로 비치는 비유와 합하다 2. ··················· 262
d. 함께 행함을 총합하여 결론하다 ·· 264

大方廣佛華嚴經疏鈔 제43권 珍字卷下
제27. 열 가지 선정을 말하는 품[十定品] ④

ㅊ. 걸림 없는 바퀴가 광대한 삼매 ················· 270
 a. 삼매에 들어갈 때의 방편 ················· 271
 b. 삼매에 들어간 뒤의 지혜와 작용 4. ················· 273
 (a) 부처님의 공덕을 섭수하다 3. ················· 275
 ㈀ 묘한 깨달음이 모두 원만하다 ················· 275
 ㈁ 21가지 공덕을 개별로 밝히다 20. ················· 276
 ㉮ 두 가지 행이 영원히 끊어진 공덕 ················· 276
 ㉯ 모양 없는 법을 통달한 공덕 ················· 291
 ㉰ 부처님 머무는 자리에 머무는 공덕 ················· 295
 ㉱ 부처님의 평등에 머무는 공덕 ················· 296
 ㉲ 장애 없는 자리에 도달한 공덕 ················· 297
 ㉳ 뒤바꿀 수 없는 법의 공덕 ················· 298
 ㉴ 행하는 바에 걸림 없는 공덕 ················· 300
 ㉵ 불가사의함을 건립한 공덕 ················· 301
 ㉶ 삼세를 널리 보는 공덕 ················· 302
 ㉷ 몸이 항상 온갖 국토에 충만한 공덕 ················· 302
 ㉸ 지혜로 항상 온갖 법을 분명하게 통달하는 공덕 ················· 303
 ㉹ 온갖 행법을 아는 공덕 ················· 304
 ㉺ 온갖 의심을 없애 주는 공덕 ················· 304
 ㉻ 능히 몸을 측량하지 못하는 공덕 ················· 305
 ㊊ 보살이 구하는 지혜와 평등한 공덕 ················· 306
 ㊋ 부처님이 둘이 없는 마지막 언덕까지 이르는 공덕 ················· 307
 ㊌ 여래의 평등함을 구족한 공덕 ················· 307

㉥ 중간도 가도 없는 부처님의 평등을 증득한 공덕 ················308
㉦ 법계를 다하는 공덕 ······································309
㉧ 허공과 평등하여 미래제가 다함과 합치한 공덕 ···············310
㊂ 공덕의 뛰어난 능력을 밝히다································310
(b) 모든 법에 증득하여 들어가다·······························316
(c) 보편한 공덕이 끝이 없다····································322
(d) 수행하기 권함을 결론하여 보이다·····························335
c. 삼매가 원만하여 성취한 이익 4. ·······························344
(a) 밖으로 부처님 가피를 느끼는 이익 ····························344
(b) 안으로 공덕이 원만한 이익 ·································349
(c) 위로 부처님 과덕을 포섭하는 공덕 10. ·······················353
㉠ 파괴되지 않는 금강의 비유 ·································356
㉡ 황금의 묘한 빛의 비유 ·····································357
㉢ 태양은 광명 바퀴를 떠날 때가 없다는 비유····················357
㉣ 수미산 네 봉우리의 비유····································358
㉤ 대지가 잘 지탱하는 비유 ···································358
㉥ 큰 바다가 물을 포함하는 비유······························359
㉦ 장군은 전쟁에 밝은 비유 ···································359
㉧ 전륜왕이 사천하를 잘 보호하는 비유 ························360
㉨ 씨 뿌려 자라게 하는 비유 ··································360
㉩ 때맞추어 내리는 비가 종자를 자라게 하는 비유 ···············361
(d) 부처님 과덕과 같아지는 이익 2. ·····························366
㉠ 법으로 설하다 ··370
㉡ 비유로 견주다 3. ··373
ⓐ 코끼리 왕이 의보와 정보가 뛰어나게 장엄하는 비유 ·········373
ⓑ 코끼리 왕의 신변이 자재한 비유 ··························374

ⓒ 근본을 무너뜨리지 않고 변하여 나타나는 비유 ·················· 376
ⓓ 법과 비유를 합하다 ··· 377
(다) 열 가지 삼매를 총합하여 결론하다 ····························· 386

大方廣佛華嚴經疏鈔 제44권의 ① 李字卷上
제28. 열 가지 신통을 말하는 품[十通品]

一) 신통에 입각하여 작용을 밝히다 4. ································ 390
(一) 오게 된 뜻 390   二) 명칭 해석 390
(三) 근본 가르침 393   (四) 경문 해석 4. 394
1) 숫자를 거론하여 표방하여 고하다 ································· 394
2) 숫자를 묻고 나열하여 해석하다 10. ······························· 399
가. 다른 이의 마음을 아는 지혜의 신통 ··························· 399
(가) 한 국토에 대해 먼저 알다 2. ···································· 408
ㄱ) 열 가지 마음은 양상을 잡아서 총합하여 밝히다 ········ 408
ㄴ) 21구절은 사람을 잡아 개별로 밝히다 ························ 409
(나) 적은 것으로 많은 것을 유례하여 밝히다 ··················· 410
나. 천안으로 아는 지혜의 신통 3. ···································· 411
(가) 많은 세계가 서로 다름을 총합하여 밝히다 ··············· 411
(나) 많은 종류가 하나가 아님을 개별로 밝히다 ··············· 413
(다) 자세히 비추어 분명하게 보다 ··································· 413
다. 과거겁의 숙주지혜로 한량없는 중생의 일을 기억하는 신통 2. ·· 414
(가) 범부의 일을 아는 신통 ··· 414
(나) 과거 모든 부처님의 일을 기억하는 신통 ··················· 416

라. 미래제 겁을 아는 지혜의 신통 2. ················420
(가) 범부의 일을 아는 신통················421
(나) 미래 모든 부처님의 명호를 아는 신통················425
마. 걸림 없는 청정한 하늘 귀의 지혜로 아는 신통 3. ········426
ㄱ. 덕업이 자재함을 총합하여 밝히다················427
ㄴ. 한 방위의 업과 작용을 개별로 보이다················428
ㄷ. 하나를 거론하여 나머지와 유례하다················430
바. 체성이 없고 동작함이 없이 온갖 부처님 국토를 가는 지혜의 신통 3.
 ················431
(가) 광대한 세계를 밝히다················433
(나) 한량없고 일어나지 않는 등의 뜻················433
(다) 단절하지 않는 뜻을 밝히다················434
사. 온갖 언사를 잘 분별하는 지혜의 신통 2. ················436
(가) 언사를 아는 신통················436
(나) 언사를 잘 말하다················436
아. 헤아릴 수 없는 색신을 아는 지혜의 신통 3. ················438
ㄱ. 색상이 없음은 색이 곧 공임을 아는 까닭················439
ㄴ. 나타나는 주체인 색은 공이 곧 색임을 밝히려는 까닭········447
ㄷ. 색상 없이 색상을 밝혀서 그 장애 없는 대비를 함께 밝히려는 까닭
 ················452
자. 온갖 법을 아는 지혜의 신통 2. ················453
ㄱ. 법을 아는 것은 곧 안으로 현상과 이치를 증득함에 대해 밝히다
 ················454
ㄴ. 법을 연설함은 곧 밖으로 중생을 이익함을 밝히다··········467
차. 온갖 법이 사라져 없어지는 삼매 지혜의 신통 2. ············469
(가) 삼매와 합치하여 체성과 작용이 자재함을 밝히다··········473

(나) 삼매에 들어가는 시간과 분량이 자재함을 밝히다 ············475
　3) 뛰어난 능력을 총합하여 찬탄하다································478
　4) 숫자를 결론하여 결과를 밝히다 ·································479

大方廣佛華嚴經 제40권
大方廣佛華嚴經疏鈔 제40권 果字卷上

제27 十定品 ①

제27. 열 가지 선정을 말하는 품[十定品] ①

불가사의한 삼매에 든 보현보살을 보안과 여러 대중이 보지 못하다

이때 보안과 여러 보살들이 두루 찾다가 부처님께 여쭈었다. "세존이시여, 저희들이 지금도 보현보살이나 그의 앉은 자리도 보지 못하나이다." 부처님이 말씀하셨다. "그러하니라. 착한 남자여, 그대들이 보현보살을 보지 못함은 이런 까닭이니라. 착한 남자여, 보현보살의 머문 데가 매우 깊어서 말할 수 없는 연고이니라 …."

가. 보광명 대삼매[普光明大三昧]에 云,

"불자여, 이 보살마하살이 열 가지로 삼매에 들어가는 차별한 지혜가 있으니 무엇이 열인가? 동쪽으로 선정에 들어 서쪽에서 일어나고, 서쪽으로 선정에 들어 동쪽에서 일어나고, 남쪽으로 선정에 들어 북쪽에서 일어나고, 북쪽으로 선정에 들어 남쪽에서 일어나고, 동북쪽으로 선정에 들어 서남쪽에서 일어나고, … 불자여, 이것을 이름하여 보살마하살의 첫째 넓은 광명 큰 삼매의 교묘한 지혜라 하느니라."

大方廣佛華嚴經 제40권
大方廣佛華嚴經疏鈔 제40권 果字卷上

제7회 두 번째 보광명전법회[再會普光明殿] 11품

등각(等覺)・묘각(妙覺) 중 등각 법문

제6장. 11품은 깨달은 이를 부처님과 같게 하다[明旣證入令等佛] 2.

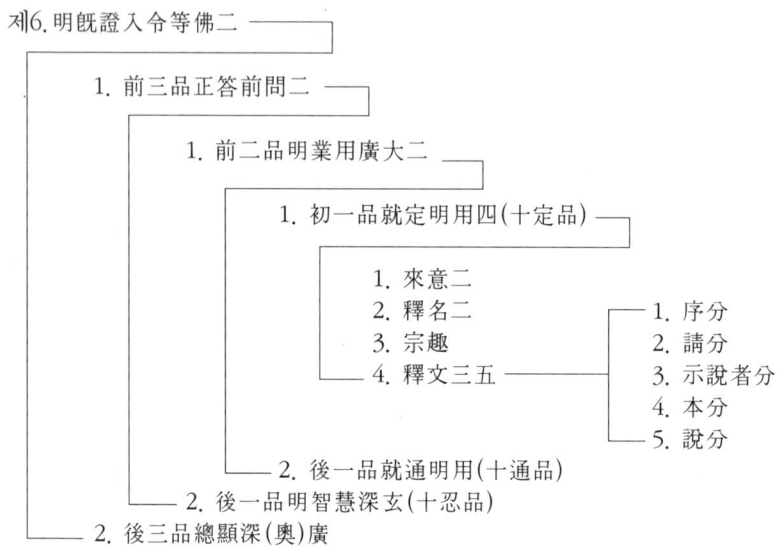

第一. 앞의 세 품은 앞의 질문에 대답한 내용[前三品正答前問] 2.
一. 앞의 두 품은 업과 작용이 광대한 내용[前二品明業用廣大] 2.
一) 십정품은 선정에 의지해 작용을 밝히다[初一品就定明用] 4.

제27. 열 가지 선정을 말하는 품[十定品] ①

(一) 오게 된 뜻[來意] 2.

1. 두 번째 보광명전법회가 오게 된 뜻[明會來] 2.
1) 원융문을 잡은 해석[約圓融門] (初明 1上5)

[疏] 初, 明來意니 先, 辨會來라 會來有二하니 一, 約圓融이니 謂前明普門中의 所具差別正位일새 故로 寄歷人天이요 今明位後德用이 不離普門이라 是則會別入普일새 有此會來니 重會普光이 意在斯矣라 等妙二位는 全同如來普光明智故니라

- (一) 오게 된 뜻을 밝힘이니, 1. 중회보광명전법회가 오게 된 뜻을 밝힘이다. 중회보광명전법회가 오게 된 뜻에 둘이 있으니 1) 원융문을 잡아 밝히면 이른바 앞에서는 보문 중의 갖추어야 할 차별이 바른 지위임을 밝히는 연고로 인간과 천상을 거침에 의탁하였고, 지금은 인행 지위 후 보현의 공덕과 작용이 보문(普門)을 여의지 않음을 밝혔다. 이것은 법회가 개별로 보문에 들어간 것이므로 이 법회가 온 것이니, 보광명전에서 거듭 모인 것은 의미가 여기에 있다. 등각과 묘각의 두 지위는 여래의 넓고 광명스러운 지혜와 완전히 같기 때문이다.

[鈔] 謂前明普門等者는 此中에 意有三節하니 初, 第二會가 爲所依普門이요 次, 四會는 卽普門差別이니 此會가 卽會別歸普라 初는 卽根本이요 次는 卽依本起末이요 後는 卽會末歸本이라 故言重會普光이라하니 意在斯矣니라 言等妙二位가 全同如來普光明智者는 結成入普

所以니 以此會에 說等妙二覺하니 二覺이 全同普光明智라 即是會歸 之義니라 問이라 等覺이 同妙覺은 於理可然이어니와 妙覺之外에 何有 如來普光明智가 爲所同耶아 答이라 說等覺과 說妙覺은 即是約位요 普光明智는 不屬因果하고 其猶自覺聖智가 超絶因果라 故로 七卷 楞伽에 妙覺位外에 更立自覺聖智之位라 亦猶佛性이 有因하고 有 因因하며 有果하고 有果果니 以因取之에 是因佛性이요 以果取之에 是果佛性이라 然則佛性은 非因非果니라 普光明智도 亦復如是하여 體絶因果나 爲因果依니 果方究竟이라 故로 云如來普光明智니라

- '이른바 앞에서는 보문 등에 대해 밝혔다'는 것은 이 가운데 의미가 세 구절이 있으니 제2. 보광명전법회로 의지할 대상인 보문(普門)을 삼고, 다음 네 법회[제3. 수미산정, 제4. 야마천궁, 제5. 도솔천궁, 제6. 타화자재천궁]는 곧 차별된 보문이니, 이번 제7. 중회보광명전법회가 제2. 보광명전법회와 합치하여 개별로 보문으로 돌아간 것이다. 제2. 보광명전법회는 근본이요, 여기 제7. 중회보광명전법회는 근본에 의지하여 지말을 시작함이다. 그 뒤의 제3회 보광명전법회[이세간품]는 지말을 모아서 근본으로 돌아감이다. 그러므로 '중회보광명전법회'라 말하였으니 의미가 여기에 있다. '등각과 묘각의 두 지위는 여래의 넓고 광명스러운 지혜와 완전히 같다'고 말한 것은 보문으로 들어간 이유를 결론함이니, 이번 제7. 중회보광명전법회에 등각과 묘각 두 가지를 말했으니 두 가지 각(覺)이 (여래의) 넓고 광명스러운 지혜와 완전히 같음이요, 곧 모아서 돌아가는 뜻이다. 묻는다. "등각이 묘각과 같음은 이치로는 그럴 수 있겠지만 묘각의 밖에 어떻게 여래의 넓고 광명스러운 지혜가 같은 것이 있다고 하였는가?" 대답한다. "등각을 말한 것과 묘각을 말한 것은 바로 지위를 잡은 해석이요, '넓고 광명스

러운 지혜'는 원인과 결과에 속하지 않아서 자각성지(自覺聖智)와 같아서 원인과 결과를 초월하여 끊어진 연고로 『7권 능가경』에는 묘각(妙覺)의 지위 외에 다시 자각성지의 지위를 건립하였다. 또한 불성(佛性)과 같음에도 원인이 있고 원인의 원인이 있으며, 결과가 있고 결과의 결과가 있나니 원인으로 그것을 취하면 원인의 불성이요, 결과로서 취하면 결과의 불성일 것이다. 그렇다면 불성은 원인도 아니요 결과도 아니다. '넓고 광명스러운 지혜[普光明智]'도 마찬가지여서 자체로 원인과 결과가 끊어졌지만 원인과 결과의 의지처가 되었으니, 결과가 비로소 구경(究竟)이므로 말하되, '여래의 넓고 광명스러운 지혜이다'라고 말한다."

2) 차제문을 잡은 해석[約次第門] 2.
(1) 순서를 밝히다[明次第] (二約 1上8)

[疏] 二, 約次第니 前明十地하고 今顯等妙二覺故로 來니라
- 2) 차제문을 잡으면 앞은 십지(十地)를 밝혔고, 지금은 등각(等覺)과 묘각(妙覺)의 두 가지 각을 밝히기 위하여 여기에 온 것이다.

(2) 두 가지 힐난을 해석하다[釋兩難] 2.

가. 거듭 모였나라는 힐난을 해석하다[釋重會難] 2.
가) 힐난을 바로 해명하다[正通難] (以極 1上9)
나) 그 원인을 밝히다[顯所以] (謂前)

[疏] 以極果는 由於始信일새 故重會普光이라 謂前에 依本不動智體하여 起差別之位하고 今位極成果에 不離本智之因이라
- 지극한 결과는 믿음을 시작으로 하는 까닭에 중회보광명전법회라 한다. 이른바 앞은 근본인 부동지(不動智)의 체성에 의지하여 차별된 지위를 시작하였고, 지금은 지위가 지극하여 결과를 성취할 적에 근본지(根本智)의 원인을 여의지 않는다.

나. 자취를 토대로 힐난을 해명하다[通躡跡難] (後出 1下1)

[疏] 後, 出現因果는 因은 是果中之因이니 得果不捨因故요 果는 是果中之果니 大用無涯故니라
- 나. 여래출현의 원인과 결과이니 원인은 결과 중의 원인이니, 결과가 원인을 버리지 않음을 얻은 까닭이요, 결과는 결과 중의 결과이니 큰 작용은 끝이 없는 까닭이다.

[鈔] 二, 約次第等者는 疏文이 分二니 第一, 正明次第요 二, 以極果下는 釋妨이라 於中에 二難이니 一, 釋重會요 二, 通躡迹之難이라 今初에 正通云호대 謂有難言호대 若次第明位인대 何以重會普光고할새 故爲此通이니라 後, 謂前依本不動下는 顯其所以니 何以極果가 由於始信고 信依本智而起하니 今不離本智故라 斯則以因成果며 攝果酬因이라 然이나 因有二種하니 一, 約本有니 恒沙性德인 信解行願等이 無不具故요 二, 約修起니 謂依本信德하여 而起信心하고 依本解德하여 而起解心이라 如起信에 云, 以知法性에 無慳貪故로 隨順修行檀波羅密等이니라 故로 一一修起에 皆帶本有하여 俱來至果니 無間

道中에 一時頓圓이요 解脫道中에 因果交徹을 名爲得果니라

● 2) 차제문을 잡는 등이란 소문(疏文)에 둘로 나누리니 (1) 순서를 밝힘이요, (2) 以極果 아래는 두 가지 힐난을 해석함이다. 그중에 두 가지 힐난이 있으니 가. '거듭 모였나?'라는 힐난을 해석함이요, 나. 자취를 토대로 힐난을 해명함이다. 지금은 가.에서 가) 바로 해명하여 말하되, "이른바 어떤 이가 힐난하여 말하되 '만일 순서대로 지위를 밝힌다면 어떻게 중회보광명전법회라 하였나?' 하므로 그래서 여기서 해명한다"는 것이다. 나) 謂前依本不動 아래는 그 원인을 밝힘이니, 어찌하여 지극한 결과는 믿음을 시초로 말미암았나? 믿음은 근본지를 의지하여 시작함이니 지금은 근본지를 여의지 않기 때문이다. 이렇다면 원인으로 결과를 성취함이요, 결과를 거두어 원인을 대답함이다. 그러나 원인에 두 종류가 있으니 (가) 본래 있음을 잡은 해석이니, 항하 모래 같은 성품의 공덕은 믿음과 이해와 행법과 서원 등으로 갖추지 않음이 없기 때문이다. (나) 수행을 시작함을 잡은 해석이니, 근본적인 믿음의 공덕을 의지하여 믿는 마음을 일으키고, 근본적인 이해의 공덕을 의지하여 이해하는 마음을 시작함이다. 마치 『기신론』에 이르되, "법성(法性)의 자체에는 간탐(慳貪)이 없음을 아는 까닭에 그에 따라 보시(布施)바라밀을 수행한다"라고 하였다. 그러므로 하나하나 수행을 시작할 적에 모두 본래 있음을 수반하므로 함께 와서 결과에 이르게 되나니, 무간도(無間道) 중에 일시에 단박 원만하고, 해탈도(解脫道) 중에는 원인과 결과가 서로 사무치는 것을 이름하여 '결과를 얻는다'고 말한다.

果亦有二하니 一者, 本有니 菩提涅槃과 一切佛法이 本覺具故오 二

者, 修起니 今證菩提하여 始覺悟故라 始覺이 同本하여 無復始本之
異일새 名究竟覺이라 則二果無礙니라 然이나 二因은 本從本覺體上
起來니 則二因이 與本覺으로 無礙요 始覺이 旣同本覺하니 則二果가
全同於二因이라 則二因은 與果交徹하니 故因該果海요 果徹因源이
니 故今重會普光하사 表斯玄趣니라

問이라 若此交徹이 卽是圓融인대 何名次第오 答이라 雖帶本有起因
이나 因亦次第니 先因後果요 得果가 雖該於因이나 亦成次第니 故로
得果後에 方說融前이라 前圓融中에 若因若果가 並是普光明智差別
之德이니 別常依普하여 不相捨離라 說有前後나 成在一時니 故不同
也니라

- 결과에도 둘이 있으니 (1) 본래 존재함이다. 보리와 열반과 온갖 불성은 본각(本覺)에 갖추어 있기 때문이다. (2) 수행하기 시작함이다. 지금 보리를 증득하여 비로소 깨달았기 때문이다. 시각이 본각과 같아서 다시 시각과 본각의 차이가 없는 것을 구경각(究竟覺)이라 이름하나니, 두 결과가 걸림 없는 까닭이다. 그러나 두 가지 원인은 본래로 본각의 체성 위로부터 시작하여 왔으니 두 가지 원인이 본각과 걸림 없다는 뜻이다. 시각이 이미 본각과 같다면 두 가지 결과가 완전히 두 가지 원인과 같은 것이니, 두 가지 원인은 결과와 함께 서로 사무치는 까닭에 원인은 과덕의 바다를 감싸고 결과는 인행의 근원과 사무치나니, 그러므로 지금의 중회보광명전법회를 열어서 이런 현묘한 취지를 표한 것이다.

묻는다. "만일 이렇게 서로 사무침이 곧 원융문이라면 어째서 차제문이라 이름하는가?" 답한다. "비록 본래로 존재함을 수반함은 원인에서 시작하지만 원인도 또한 순서이니, 앞은 원인이고 뒤는 결과이며,

결과를 얻음이 비록 원인을 포함하고 있지만 또한 순서를 이룸이니, 그러므로 결과를 얻은 후에야 비로소 앞과 융섭한다." 앞의 원용문 중에도 원인과 결과가 함께 넓고 광명스러운 지혜의 차별한 덕이니, 개별로 항상 보문을 의지하여 서로 버리거나 여의지 않으며, 앞과 뒤가 있지만 일시에 성취하는 연고로 같지 않은 것이다.

2. 십정품이 오게 된 뜻을 밝히다[辨品來] (二品 1下3)

[疏] 二, 品來者는 爲答第二會中의 十定問故니라
- 2. 십정품이 오게 된 뜻이란 제2. 보광명전법회 중에서 제기한 열 가지 선정에 대한 질문에 대답하기 위한 까닭이다.

[鈔] 後, 出現因果下는 二, 通躡迹之難이니 謂有難云호대 極果는 由於始信인대 重會普光極果之後에 何得更有平等因果오할새 故爲此通하여 明此因果가 皆屬極果일새 故不違理니라
- 나. 後出現因果 아래는 자취를 토대로 힐난을 해명함이니, 어떤 이가 힐난하되 "궁극의 결과는 믿음으로 시작함을 말미암으므로 중회 보광명전은 궁극의 결과 뒤에 어찌하여 다시 평등한 인행과 과덕이 있는가?"라고 한 연고로 여기서 해명하였으니, 여기의 인행과 과덕이 모두 궁극의 결과에 속하기 때문에 이치에 위배되지 않는다.

(二) 명칭 해석[釋名] 2.

1. 두 번째 보광명전법회의 명칭 해석[釋會名] (第二 3上9)

[疏] 第二, 釋名이라 會名有二하니 約處에 名重會普光明殿會니 由第二會에 已曾會此故니 重意如前하니라 約法에 名說普法會니라

- (二) 명칭 해석이다. 1. 법회 명칭에 둘이 있으니 1) 장소를 잡으면 중회보광명전법회라 이름하나니, 제2. 보광명전법회에서 이미 이곳에서 법회를 했던 까닭이니, 두 번째 법회[重會]의 의미는 앞과 같다. 2) 법을 잡으면 보광명전법회라고 이름한다.

2. 십정품의 명칭 해석[釋品名] (二品 3下1)

[疏] 二, 品名者는 定은 謂心一境性이요 十은 是數之圓極이라 以普賢深定이 妙用無涯일새 寄十하여 以顯無盡일새 故云十定品이니 卽帶數釋이니라 若依梵本인대 具云如來十三昧品이니 以等覺三昧가 上同佛故며 三世諸佛之所行일새 故云如來三昧라 譯家가 以義通因果故로 略如來二字라 然三昧爲定이 雖非敵對나 由等持心하여 至一境故며 義旨相順일새 從略云定이니라 又別行本에 名等目菩薩所問三昧經이라 하니 皆人法을 雙擧라 梵本은 是依主釋이요 別行은 卽依士釋이니라

- 2. 십정품의 명칭 해석에서 선정은 이른바 마음이 한결같은 경계의 성품[心一境性]을 말하나니 십(十)은 숫자로 원만하고 지극한 것이요, 보현보살의 깊은 선정으로 묘한 작용이 끝이 없으므로 십(十)을 의탁하여 다함없음[無盡]을 나타냈으므로 '열 가지 선정을 말하는 품'이라 한 것이니, 곧 숫자를 수반한 해석[帶數釋]이요, 만일 범본을 의지한다면 갖추어 '여래의 열 가지 삼매를 말하는 품[如來十三昧品]'이라 하나니, 등각 지위의 삼매가 위로 부처님과 같은 까닭이며, 삼세 모든 부처님의 행할 대상인 연고로 '여래의 삼매'라 하였다. 번역하는 이가 뜻

으로 인행과 과덕에 통하는 연고로 여래(如來) 두 글자를 생략하였다. 그러나 삼매를 선정이라 한 것은 비록 상대하여 대적함은 아니지만 등지(等持)의 마음을 말미암아서 한결같은 경계에 이르기 때문이며, 뜻과 종지가 서로 맞으므로 간략함을 좇아서 선정이라 한 것이다. 또한 별행본(別行本)에는 '등목(等目)보살이 삼매에 대해 질문한 경'이라 이름하기도 하였으니, 모두 사람과 법을 함께 거론한 내용이다. 범본은 의주석(依主釋)이요, 별행본은 의사석(依士釋)이다.

(三) 근본 가르침[宗趣] (三宗 3下9)

[疏] 三, 宗趣者는 會는 以普賢因果의 德用圓備로 爲宗이요 令物證入으로 爲趣니라 品은 以普賢三昧의 無礙自在한 無邊大用으로 而爲宗趣니라

- (三) 근본 가르침에서 1. 법회로는 보현보살의 인행과 과덕의 공덕과 작용을 원만히 갖춤으로 근본을 삼고, 중생으로 하여금 증득하여 들어감으로 가르침을 삼았다. 2. 품으로는 보현보살의 삼매가 무애하고 자재한 그지없는 큰 작용으로 근본 가르침[宗趣]을 삼은 것이다.

[鈔] 品以普賢三昧의 無礙自在한 無邊大用으로 而爲宗趣者는 不同前文에 宗趣別說者가 有二義故니 一者, 例前令物로 證入爲趣요 二者, 令諸菩薩로 亦得無礙自在한 無邊大用으로 而爲其趣라 則此疏文이 通宗通趣니라

- 2. '품으로는 보현보살의 삼매가 무애하고 자재한 그지없는 큰 작용으로 근본 가르침[宗趣]을 삼은 것'이란 앞의 경문에 근본 가르침을 별

도로 설한 것과 같지 않은 것은 두 가지 뜻이 있기 때문이다. 첫째, 앞과 유례하여 중생으로 하여금 증득해 들어감으로 가르침을 삼은 것이요, 둘째, 모든 보살로 하여금 또한 무애자재하고 그지없는 큰 작용으로 가르침을 삼기도 하였으니 이 소문(疏文)이 근본과 통하고 가르침과 통한다.

(四) 경문 해석[釋文] 3.

1. 총합하여 과목 나누다[總科] 2.
1) 바로 과목 나누다[正科] (次正 4上5)

[疏] 次, 正釋文이라 此會에 有十一品經하니 分二니 前六은 明因圓이요 後五는 明果滿이라 若依古德인대 前九는 明生解因果요 後二는 明平等因果라 前中에 亦二니 前六品은 明位後因相이요 後三品은 明差別果相이니라

- (四) 경문을 해석함이다. 이 제7회 법회에는 11품의 경문이 있는데 둘로 나누리니 앞의 여섯 품[제27. 십정품, 제28. 십통품, 제29. 십인품, 제30. 아승지품, 제31. 여래수량품, 제32. 보살주처품]은 인행이 원만함이요, 뒤의 다섯 품[제33. 불부사의법품, 제34. 여래십신상해품, 제35. 여래수호광명공덕품, 제36. 보현행품, 제37. 여래출현품]은 과덕이 원만함이다. 만일 고덕에 의지하면 앞의 아홉 품은 견해를 일으키는 인행과 과덕이요, 뒤의 두 품[제36. 보현행품, 제37. 여래출현품]은 (부처님과) 평등한 인행과 과덕를 밝힘이다. 앞의 아홉 품도 또한 둘이니 앞의 여섯 품[제27. 십정품, 제28. 십통품, 제29. 십인품, 제30. 아승지품, 제31. 여래수량품, 제32. 보살주처품, 제33. 불부사의법

품]은 위후(位後; 인행으로 깨달은 뒤) 인행의 모양을 밝힘이요, 뒤의 세 품[제34. 여래십신상해품, 제35. 여래수호광명공덕품, 제36. 보현행품]은 과덕의 모양을 차별한 내용이다.

2) 비방을 해명하다[解妨] 2.

(1) 법회가 같다는 힐난을 해명하다[通同會難] 2.
가. 차별문을 잡아 해명하다[約差別通] (然六 4上8)
나. 원융문을 잡아 해명하다[約圓融通] (若約)

[疏] 然이나 六品之因을 若約次第인대 與前五會로 俱是差別之因이어니와 若約圓融인대 等同果相이라 故로 與果로 同會니라
- 그러나 여섯 품의 인행은 만일 순서를 잡아서 앞의 제5. 도솔천궁법회와 함께 모두 차별한 인행이다. 만일 원융문을 잡으면 평등한 과덕의 모양과 같으므로 과덕과 같은 법회가 된다.

(2) 같은 인행이란 힐난을 해명하다[通同因難] (果是 4上9)

[疏] 果는 是對因之果니 與因으로 同會라 平等因果는 由差別成이니 亦與此로 同會니라
- 과덕은 인행과 상대한 결과이니 인행과 평등한 법회요, 평등한 인행과 과덕은 차별로 말미암아 성취함이니 또한 이것과 같은 법회이기도 하다.

[鈔] 後, 然六品下는 解妨難이라 此有二難하니 今初는 正通重會之難이라 謂有難云호대 若約差別因果者인대 因因不同하며 因與果異어늘 如何等覺之因을 與妙覺果로 同會而說고 故今答云호대 若約差別인대 不合同會어니와 有圓融義일새 所以得同이라 故云若約圓融等인대 同果相故라하니라 果是對因下는 二, 有難云호대 若爾인대 因是圓融이라 可同果會어니와 果是差別之果니 何得同因會耶아 故로 今答云호대 只緣是差別果하여 對因說果니 是相待之果라 劣故로 同因會라 하니라 又復難云호대 對因之果라 劣故로 同因之會인대 平等因果는 因果俱勝이니 何同此會오할새 故今通云호대 平等因果도 由差別成이라 若無差別하면 平等이 無依니 故須同會니라

● 2) 然六品 아래는 비방과 힐난을 해명함이다. 여기에 두 가지 힐난이 있으니 (1) 중회보광명전법회라는 힐난을 바로 해명함이다. 말하자면 어떤 이가 힐난하여 말하되, "만약 차별문의 인행과 과덕을 잡은 해석이란 인행과 인행이 같지 않음이니 인행은 과덕과 다르다." 어떻게 등각(等覺)의 인행이 묘각(妙覺)의 과덕과 함께 같은 법회로 설하는 까닭에 지금 대답해 말하되, "만일 차별문을 잡으면 같은 법회가 합당하지 않거니와 원융문의 뜻이 있으므로 같음을 얻은 것이다." 그러므로 말하되, "만일 원융문을 잡으면 과덕의 양상이 평등하여 같기 때문이다." (2) 果是對因 아래는 어떤 이가 힐난하여 말하되, "만약 그렇다면 인행은 원융문이니, 과덕의 법회와 같을 수 있지만, 과덕은 차별문의 결과인데 어떻게 인행의 법회와 같겠는가?" 그러므로 지금에 대답하여 말하되, "단지 차별문의 결과만 인연하므로 인행과 상대하여 과덕을 말하였으니 결과를 상대한 것이니, 하열한 연고로 인행의 법회와 같다"고 하였다. 또한 다시 힐난하여 말하되 "인행을 상대

한 결과는 하열한 연고로 인행의 법회와 같다고 한다면 평등문의 인행과 과덕은 인행과 과덕이 모두 뛰어날 텐데 어찌하여 이번 법회와 같겠는가?"라 하였다. 지금 해명하여 말하되, "평등문의 인행과 과덕도 차별문으로 인하여 성립한다. 만일 차별이 없으면 평등함이 의지처가 없나니 그러므로 모름지기 같은 법회이다"라고 하였다.

2. 인행문을 개별로 밝히다[別顯] 3.
1) 경문의 뜻을 총합하여 밝히다[總彰文意] (今初 5上2)

[疏] 今初此因이 卽是等覺이라 然이나 文有等覺之義하고 而無等覺之名者는 以此等覺이 亦卽十地之勝進故니라

■ 지금은 1)이니 여기의 인행은 곧 등각(等覺)이다. 그러나 경문에 등각의 뜻이 있지만 등각이란 명칭이 없는 것은 여기의 등각도 또한 십지의 승진행이기 때문이다.

[鈔] 今初此因下는 第二, 唯¹⁾顯因門하여 但釋六品이라 疏文이 分三이니 初, 總彰大旨요 二, 引敎成立이요 三, 決斷有無라 今初²⁾라 以諸古德이 不立等覺일새 故按定有하니라

● 2. 今初此因 아래는 인행문을 개별로 밝힘이니, 단지 여섯 품만 해석하였다. 소(疏)의 문장을 셋으로 나누리니 1) 경문의 대지(大旨)를 총합하여 밝힘이요, 2) 교법을 인용하여 성립함이요, 3) 있고 없음을 결정하여 단정함이다. 지금은 1)이니 모든 고덕들이 등각을 세우지 않은 연고로 선정이 있음을 참고하였다.

---

1) 唯는 金本作別이라 하다.
2) 上十二字는 南金本無라 하다.

2) 교법을 인용하여 성립하다[引敎成立] 3.

(1) 인왕경 따위를 인용하다[引仁王經等] (是以 5上6)

[疏] 是以로 諸敎開合이 不同仁王等에는 合此勝進하여 入於十地라 是以로 不立等覺이라 故로 敎化品中에 約五忍分位할새 於寂滅忍에 唯有上下하니 下忍中行은 名爲菩薩이니 卽第十地오 上忍中行은 爲薩婆若니 此謂如來니라

■ 이런 까닭에 여러 교법을 열고 합함이 『인왕경(仁王經)』따위와 같지 않음은 여기의 승진행과 합해서 십지(十地)에 들어가기 때문이다. 그러므로 등각을 세우지 않았으니, 그러므로 교화품(敎化品) 중에서 다섯 인(忍)을 잡아서 지위로 나누었으므로 적멸인(寂滅忍)에만 오직 위와 아래가 있으니, 아래 인 중의 행법은 보살이라 이름하나니, 곧 제10. 법운지에서 위의 인(忍) 중의 행법을 살바야행(薩婆若行)이라 하고 이것을 여래(如來)라고 말한다.

(2) 영락경을 인용하다[引瓔珞經] (若依 5上9)

[疏] 若依瓔珞인대 開此勝進하여 爲無垢地하니 卽是等覺이라 然等覺은 照寂이요 妙覺은 寂照니라 又賢聖學3)觀品中에 說六種性과 及六堅과 六忍等하니라

■ 만약『영락경(瓔珞經)』을 의지하면 여기의 승진행을 열어서 무구지(無垢地)라 하나니 바로 등각(等覺)을 말한다. 그러나 등각(等覺)은 비춤이 고요함이요, 묘각(妙覺)은 고요하게 비춤이라 한다. 또한 (영락경)

---

3) 學은 金本作覺이라 하나 誤植이다.

현성각관품(賢聖覺觀品) 중에서 여섯 가지 종성(種性)과 여섯 가지 견고함[六堅]과 여섯 가지 인(忍) 따위를 말하였다.

(3) 유가론을 인용하다[引瑜伽論] (瑜伽 5下1)

[疏] 瑜伽에 具有二義하니 七十八에 引深密經하여 說十一地호대 第十法雲이요 十一은 說名佛地라 唯有二十二愚하니 得佛地時에 由斷二愚하니 一, 於一切所知境極微細着愚니 卽俱生極微細所知障種이요 二, 極微細礙愚니 卽是任運煩惱障種이라 斷此하면 便能證大菩提라하고 更不別說等覺斷證하니라 論에 復有文하여 亦立等覺하고 又菩薩地에 云, 此菩薩이 雖已修行功德海滿이나 由未能捨三種法故로 不名妙覺이라하니 一, 由未捨劣無漏法이요 二, 由未捨白淨無記法이요 三, 由未捨有漏善法이라 至妙覺位하야사 方捨此三이라하니라

■ 『유가사지론』에 두 가지 뜻을 갖추고 있으니 『유가사지론』 제78권에는 『해심밀경』을 인용하여 11가지 지(地)를 말하되, "제10은 법운지요, 제11은 부처님 지위[佛地]라고 이름하였다. 오로지 22가지 어리석음만 있나니 불지(佛地)를 얻을 때에 두 가지 어리석음을 단절하기 때문이다. (1) 온갖 알 대상인 경계에 지극히 미세하게 집착하는 어리석음이니, 곧 함께 생겨난 극히 미세하여 알 대상인 장애의 종자이다. (2) 극히 미세하게 장애하는 어리석음이니, 곧 마음대로 움직이는 번뇌장의 종자이다. 이것을 단절하면 문득 능히 큰 보리를 증득한다"고 말하였고, 다시 별도로 등각위에서 단절과 증득을 말하지 않았다. 논에 다시 문장이 있어서 또한 등각(等覺)을 건립하였고, 또한 보살지(菩薩地)에 말하되, "이 보살이 비록 이미 공덕을 수행하여

만족하더라도 능히 세 가지 법을 버림으로 말미암아 그래서 묘각(妙覺)이라 이름하지 않나니, (1) 열등한 무루법을 버리지 않기 때문이요, (2) 백정(白淨)의 무기법을 버리지 못하기 때문이요, (3) 유루(有漏)의 선법을 버리지 않기 때문이다. 묘각(妙覺)의 지위에 이르면 비로소 이런 세 가지를 버리게 된다"고 말하였다.

[鈔] 是以諸教下는 二, 引教成立이라 雖有開合이나 疏意에 扶開일새 故로 下에 結云호대 有等覺이 明矣라하니라 引二經一論에 文有二節하니 二經은 一開一合이요 一論은 具於開合이니라 說六種性者는 卽彼經第一品이니 當第三賢聖覺觀品이라 經에 云, 佛子여 六種性者는 是一切菩薩功德瓔珞이니 莊嚴菩薩의 二種法身이라 菩薩所有百萬阿僧祇功德行으로 瓔珞이라 若一切菩薩이 不入瓔珞功德門하고 得入正位者는 無有是處니라 佛子여 六種[4]性者는 所謂習種性과 性種性과 道種性과 聖種性과 等覺性과 妙覺性이라하니라 釋曰, 一, 習種性은 卽十住요 二, 性種性은 卽十行이요 三, 道種性은 卽十廻向이요 四, 聖種性은 卽十地요 五六은 可知니라 復名六堅者는 謂信堅과 法堅과 修堅과 德堅과 頂堅과 覺堅이라 頂堅은 卽等覺이요 覺堅은 卽妙覺이니라 言六忍者는 經에 云, 復名六忍이니 信忍과 法忍과 修忍과 正忍과 無垢忍과 一切智忍이라 而言等者는 等取六慧와 六觀이라 經에 云, 復名六慧니 聞慧와 思慧와 修慧와 無相慧와 照寂慧와 寂照慧니라 經에 云, 復次六觀은 住觀과 行觀과 向觀과 地觀과 無相觀과 一切種智觀이라하고 亦有相承하여 說於六定하시니 瓔珞에 無文이라 言六定者는 一, 習定이요 二, 相定이요 三, 性定이요 四, 道慧定이요 五,

---

4) 六種은 南金本無라 하다.

道種慧定이요 六, 大覺正觀慧定이니라 此五種六이 皆以第五로 當於 等覺일새 故有明矣니라

- 2) 是以諸敎 아래는 교법을 인용하여 성립함이다. 비록 열고 합함이 있지만 소가의 뜻은 여는 것을 돕는 까닭에 아래에 결론해 말하되, "등각에서 밝힐 것이 있다"고 하였다. 두 경문과 한 가지 논문에 두 구절이 있음을 인용하였으니 두 경문에 하나는 열고 하나는 합하였고, 한 논문은 열고 합함을 구비하였다. 여섯 가지 종성을 말한 것은 저 『인왕경』 제1품은 바로 『영락경』의 현성각관품에 해당한다. 경문에 이르되, "불자여, 여섯 가지 종성(種性)이란 일체 보살의 공덕과 영락이니, 보살의 두 가지 법신을 장엄한 것이다. 보살이 가진 백만 아승지 공덕행으로 영락이 되었으니, 만일 모든 보살이 영락 같은 공덕문에 들어가지 못하면서 바로 지위에 들어간다는 것은 옳지 못한 일이다. 불자여, 여섯 가지 종성이란 이른바 (1) 습종성과 (2) 성종성과 (3) 도종성과 (4) 성종성과 (5) 등각성과 (6) 묘각성을 말한다"라고 하였다. 해석하자면 (1) 습종성(習種性)은 십주위요 (2) 성종성(性種性)은 십행위요 (3) 도종성(道種性)은 십회향위요 (4) 성종성(聖種性)은 십지위이며 (5) 등각성(等覺性)과 (6) 묘각성(妙覺性)은 알 것이요, 다시 여섯 가지 견고함[六堅]이란 말하자면 ① 믿음이 견고함과 ② 법이 견고함과 ③ 수행이 견고함과 ④ 덕이 견고함과 ⑤ 정수리가 견고함과 ⑥ 깨달음이 견고함이다. ⑤ 정수리가 견고함[頂堅]은 등각위요, ⑥ 깨달음이 견고함[覺堅]은 묘각위이다." 여섯 가지 법인[六忍]이라 말한 것은 경문에 이르되, "다시 여섯 가지 인이라 이름하나니, (1) 믿음의 인[信忍] (2) 법의 인[法忍] (3) 수행의 인[修忍] (4) 바른 인[正忍] (5) 번뇌 없는 인[無垢忍] (6) 일체지의 인[一切智忍]이다." 그러나

등(等)이라 말한 것은 여섯 가지 지혜[六慧]와 여섯 가지 관법[六觀]을 함께 취한다는 뜻이다. 경문에 이르되, "다시 여섯 가지 지혜라 이름하나니, ① 듣는 지혜 ② 사유하는 지혜 ③ 닦는 지혜 ④ 모양 없는 지혜[無相慧] ⑤ 비춤이 고요한 지혜 ⑥ 고요하게 비추는 지혜이다." 또 경문에 이르되, "다시 여섯 가지 관법이 있으니 (1) 머무는 관법 (2) 행하는 관법 (3) 회향하는 관법 (4) 십지의 관법 (5) 모양 없는 관법 (6) 일체종지의 관법이다." 또한 서로 이어서 여섯 가지 선정을 말하였나니, 『영락경』에는 경문이 없다. 여섯 가지 선정을 말한 것은 ① 익히는 선정 ② 모양의 선정 ③ 본성의 선정 ④ 도의 지혜인 선정[道慧定] ⑤ 도의 종자 같은 지혜의 선정[道種慧定] ⑥ 대각의 선정[大覺定]이다. 관법과 지혜와 선정에서 이런 다섯 종류의 여섯 법수가 모두 다섯째로 등각위에 해당하므로 분명함이 있게 되었다.

論復有下는 卽第五十論이니 明百四十不共佛法호대 約因果位하여 辨差別中에 云, 若時菩薩이 坐道場座하여 住最後身하여 於菩薩道에 菩提資糧이 極善圓滿하시니 爾時에 無師修三十七菩提分法하여 得一刹那를 名無障礙智三摩地하시니 是其菩薩이 學道所攝인 金剛喩定이라하여 彼疏에 云, 此明因滿菩薩位中最後位也라하니 此位에 亦名等覺菩薩이니라 論에 從此無間第二刹那하여 頓得其餘不共佛法하시니 謂如來十力이 爲初요 一切種妙智가 爲後라 皆極淸淨하여 悉得無上이라하니 彼疏에 云, 此彰得果라하니라 釋曰, 準此論文인대 於十地後에 起金5)剛喩定하야는 一刹那中을 名爲等覺이요 第二刹那가 爲妙覺也니라 故說八義가 與佛不同이니라 論에 云, 問호대 一切安住

---

5) 起는 甲南續金本無라 하다.

到究竟地菩薩智等과 如來智等에 云何應知此二差別고 彼疏에 云, 此初問也라하니라 論에 云, 一, 如明眼人이 隔於輕縠하여 觀衆色像이니 一切安住하여 到究竟地한 菩薩妙智가 於一切境에 當知亦爾니라 如明眼人이 無所障膈하여 觀衆色像하여 如來妙智가 於一切法에 當知亦爾니라 二, 如畵事業이 圓布衆彩하고 唯後妙色을 未淨修治며云云 如畵事業이 圓布衆彩하고 最後妙色을 已淨修治니라 三, 如明眼人이 於微暗中에 覿見衆色하며 如明眼人이 離一切暗하여 覿見衆色이니라 四, 如明眼人이 遠觀衆色하고 如明眼人이 近觀衆色이니라 五, 如輕翳眼이 觀視衆色하고 如極淨眼이 觀視衆色이니라 六, 如處胎身하고云云 如出胎身이니라 七, 如阿羅漢의 夢中心行하고 如阿羅漢의 後覺時心이니라 八, 如昧燈體하고 如明燈體라하니라 釋曰, 其云云下는 皆前配菩薩이요 後配如來라 唯第六喩는 改妙智字하여 爲一身字하고 第七喩는 改智爲心하고 第八은 改智爲體하고 餘五는 皆如初句니라 彼疏에 釋云호대 初之五喩는 約二智用하여 以辨差別하고 第八一喩는 約二智體하여 以明差別하고 第六과 七喩는 如次身心으로 以辨差別이라하니라 觀前五喩컨대 義通生法二智用故라 …〈아래 생략〉…

● 論復有 아래는 곧 『유가사지론』 제50권이니 '140가지 함께하지 않는 불법'을 밝혔으되, 인행과 과덕의 지위를 잡아서 차별문을 밝힘 중에 이르되, "만약 그때에 보살이 보리 자리[菩提座]에 앉아 맨 나중 몸에 머무르면서 보살도의 보리의 양식[菩提資糧]이 극히 좋고 원만하여지나니, 이때에는 스승 없이 37가지 보리분법[三十七菩提分法]을 닦아 한 찰나 동안에 얻은 것을 장애 없는 지혜[無碍智]의 삼마지(三摩地)라 이름하나니, 이것이 그 보살로서 배울 도에 소속되는 금강유정(金剛喩定)이다"라고 하였다. 저 소문에 이르되, "이것은 인행이 원만한 보

살의 지위 중에서 맨 나중 지위임을 밝힌 내용이다." 이 지위도 또한 등각(等覺)보살이다. 논에서는 "이로부터는 간단이 없이 둘째 번의 찰나 동안에 단번에 그 나머지의 특수한 부처님 법을 얻나니, 이른바 여래의 열 가지 힘이 처음이 되고 온갖 종류 미묘한 지혜가 맨 나중이 된다. 모두가 지극히 청정하여 다 그보다 위가 없다"고 하였으니, 저 소문에는 '얻은 지위를 밝힌다'고 하였다. 해석하자면 이 논문을 준하면 십지 이후에 금강유정을 일으키고는 첫째 찰나 중은 등각(等覺)이라 이름하고, 둘째 찰나는 묘각(妙覺)이라 말한다. 그래서 여덟 가지 뜻이 부처님 지위[佛地]와 같지 않다고 말한다. 논에 이르되, 묻는다. "모든 것이 안주하여 구경지의 보살 지혜 따위에 도달하는 등과 여래의 지혜 따위에 어떻게 이런 둘이 차별함을 알아야 하는가?" 저 소문에는, '이것은 첫째 질문'이라 하였다. 논에 이르되, "(1) 마치 눈 밝은 사람이 엷은 비단으로 가리고서 여러 가지 색상(色像)들을 보는 것처럼 온갖 도구경지(到究竟地)에 편안히 머무는 보살의 미묘한 지혜가 온갖 경계에 대한 것이 또한 그러한 것인 줄 알아야 한다. 마치 눈 밝은 사람이 아무 가리는 것 없이 여러 가지 색상들을 보는 것처럼 여래의 미묘한 지혜가 온갖 경계를 대하는 것이 또한 그와 같은 줄 알아야 한다. (2) 마치 그림을 그리면서 동그라미에 뭇 채색을 하고서 맨 뒤에 아름다운 빛깔만은 아직 깨끗하게 칠하지 못한 것처럼 운운(云云)하였다. 마치 그림을 그리면서 동그라미에 여러 가지 채색도 하였고, 맨 뒤에 아름다운 빛깔도 이미 깨끗하게 칠한 것과 같다. (3) 마치 눈 밝은 사람이 어스레한 가운데서 여러 가지 색상을 보는 것과 같으며, 마치 눈 밝은 사람이 온갖 어둠이 없는 데서 여러 가지 빛깔을 보는 것과 같다. (4) 마치 눈 밝은 사람이 멀리서 여러 가지 빛깔을 보는 것과 같으며, 마치 눈 밝은 사람이 가까이서 여러 가지 빛깔을 보는 것과 같다. (5) 마치 가볍게 가린 눈으로 여러 가지 빛깔을 살펴보는 것과 같으며, 마치 극히 깨끗한 눈으로 여러 가지 빛깔을 살펴보는 것과 같다. (6) 마치 태 안에 있는 몸 운운한 것과 마치 태 안에서 나온 몸과 같으며, (7) 마치 아라한의 꿈속의 심행(心行)과 같으며, 마치 아라한의 깨었을 적의 심행과 같다. (8) 마치 어두운 등불의 바탕과 같으며, 마치 밝은 등불의 바탕과 같다"고 하였다. 해석하자면 그 운운(云云) 아래는 모두 먼저 보살에 배대하고 뒤에 여래에 배대하였다. 오직 여섯째 (태중 몸의) 비유만은 묘지(妙智)라는 글자를 바꾸어서 일신(一身)이란 글자가 되었다. 일곱째 아라한의 비유는 지혜를 마음으로 바꾸었고, 여덟째 등불의 비유는 지혜를 바탕으로 바꾸었고, 나머지 다섯 비유는 모두 첫 구절과 같다. 저 소에서 해석하되, "처음의 다섯 비유는 두 가지 지혜의 작용을 잡아서 차별을 밝혔고, 여덟째 한 가지 비유는 두 가지 지혜의 바탕을 잡아서 차별을 밝혔고, 여섯째와 일곱째 비유도 몸과 마음의 순서대로 차별을 밝힌다"고 하였다. 앞의 다섯 가지 비유를 관하면 뜻이 중생과 법의 두 가지 지혜의 작용과 통한다. …〈아래 생략〉…

3) 있고 없음을 결정하여 단정하다[決斷有無] (今經 8下5)

[疏] 今經에 欲顯開合無礙일새 故存其義하고 不彰其名이라 下離世間品의 智慧助道具中에 旣云, 隨順六堅固法이라하시니 有等覺이 明矣로다
■ 본경에는 열고 합함이 장애 없음을 밝히려는 연고로 그 뜻은 남겨 두고 그 이름을 드러내지 않았다. 아래 이세간품의 지혜의 조도법을 갖

춘 중에 이미 말하되, "여섯 가지 견고한 법을 수순한다"고 하였으니 등각 지위에 있음이 분명하다.

[鈔] 故存其義者는 卽六堅固法이 已是有文하니 有義定矣로다 下第十三昧에 廣說等覺之相하여 云, 此菩薩이 住此三昧하여 得十種法이 同去來今一切諸佛이라 何等爲十고 所謂得諸相好가 同於諸佛等이니라 普眼이 問云, 若此菩薩이 得如來法이 同諸如來法인대 何故로 不名佛이니라 何故로 不名十力이며 何故로 不名一切智等고하여 亦有十句라 普賢이 具答云하사대 佛子여 此菩薩摩訶薩이 已能修習去來今世의 一切菩薩種種行願하여 入智境界하면 則名爲佛이어니와 於如來所에 修菩薩行하여 無有休息일새 說名菩薩이니라 如來諸力에 皆悉已入하면 則名十力이니라 雖成十力이나 行普賢行을 無有休息하면 說名菩薩이니라 知一切法하여 而能演說하면 名一切智요 雖能演說一切諸法이나 於一一法에 善巧思惟를 未嘗止息하면 說名菩薩이니라 知一切法이 無有二相하면 是則說名悟一切法이요 於二不二인 一切諸法差別之道를 善巧觀察하여 展轉增勝하여 無有休息하면 說名菩薩等이라하고 下引伊羅鉢那象王이 爲供帝釋하여 化身上天하여 或捨象身하며 現作天身호대 無能分別是象是天이라 象之與天이 更互相似라하나니 此等覺義가 豈不昭然가 更有餘文호대 恐繁不引하노라

● '그러므로 뜻은 남겨 두었다'는 것은 곧 여섯 가지 견고한 법을 뜻한다. 이미 경문이 있으므로 그 뜻이 정해진 것이다. 아래 열 번째 무애륜대삼매(無礙輪大三昧)에서 등각의 양상을 자세히 말하되, "이 보살이 이런 삼매에 머물러서 열 가지 법을 얻고서 과거 미래 현재의 온갖 것이 부처님과 같아지나니, 어떤 것이 열 가지인가? 이른바 모든 상호

가 부처님과 같다"고 하였다. 보안보살이 질문하되, "만약 이 보살이 여래의 법을 얻었으니 모든 여래의 법과 같다면 무슨 까닭으로 부처님이라 하지 않는가? 무슨 까닭으로 열 가지 힘이라 이름하지 않는가? 무슨 까닭으로 온갖 지혜라 말하지 않는가?"라고 하는 등도 또한 열 구절이 있다. 보현보살이 갖추어 답하되, "불자여, 이 보살마하살이 이미 능히 과거 미래 현재의 온갖 보살이 갖가지 행과 서원을 수습하여 지혜 경계에 들어가면 부처님이라 이름하겠지만, 여래의 처소에서 보살행을 닦는 데 쉬어 본 일이 없으므로 보살이라 이름한다. 온갖 법을 알아서 능히 연설하면 온갖 지혜라 이름할 것이요, 비록 능히 온갖 모든 법을 연설하지만 낱낱 법에 대하여 교묘하게 사유하기를 쉬어 본 일이 없으므로 보살이라 이름한다. 온갖 법이 두 가지 모양이 없음을 알면 이것은 온갖 법을 깨달았다고 말할 것이요, 둘에 둘이 아닌 온갖 모든 법의 차별한 도를 교묘하게 관찰하여 전전이 더욱 늘게 하여 쉬어 본 일이 없으므로 보살이라 이름한다"라고 한 등이라 하였다. 아래는 이라발나(伊羅鉢那) 코끼리 왕을 끌어와서 제석천을 위하여 공양하여 화신으로 하늘에 올라서 혹은 코끼리 몸을 버려 천신으로 나투되 능히 코끼리인지 하늘인지 분별하지 않았으니, 코끼리와 천신이 다시 번갈아 비슷하다고 하였나니, 여기의 등각(等覺)의 뜻은 어째서 밝히지 않았는가? 다시 남은 경문이 있지만 번거로울까 하여 인용하지 않는다.

3. 경문 해석[釋文] 2.

1) 제6장의 증입에 관해 통틀어 과목 나누다[通科第六證入] (文中 9下5)

[疏] 文中에 分二니 前三品은 正答前問이요 後三品은 總顯深廣이라 今初를 分二니 前二品은 明業用廣大요 後一品은 明智慧深玄이라 前中에 도 亦二니 初品은 就定明用이요 後品은 就通明用이라

- 경문 중에 둘로 나누리니 第一. 앞의 세 품[제27. 십정품, 제28. 십통품, 제29. 십인품]은 앞의 질문에 바로 대답함이요, 第二. 뒤의 세 품[제30. 아승지품, 제31. 여래수량품, 제32. 보살주처품]은 깊고 광대함을 총합하여 밝힘이다. 지금은 第一. 을 둘로 나누리니 一. 앞의 두 품은 업과 작용이 광대한 내용이요, 二. 뒤의 한 품[십인품]은 지혜가 깊고 현묘함이다. 一.에도 또한 둘이니 一) 십정품은 선정에 입각하여 작용을 밝힘이요, 二) 십통품은 신통에 입각하여 작용을 밝힘이다.

2) 십정품의 열 가지 삼매를 해석하다[正釋本品十定] 2.
(1) 총합하여 과목 나누다[總科] (前中 9下9)
(2) 과목에 따라 해석하다[隨釋] 5.

가. 서분[序分] 3.
가) 세존이 처음으로 정각을 이루시다[總顯三成就] (經/爾時 9下8)

爾時에 世尊이 在摩竭提國阿蘭若法菩提場中하사
그때 세존이 마갈제국 아란야 법의 보리도량에서

[疏] 前中에 分五니 一, 序分이요 二, 請分이요 三, 示說者分이요 四, 本分이요 五, 說分이라 初中에 三이니 初, 總顯三成就요

- 一) 중에 다섯으로 나누리니 가. 서분이요, 나. 청법하는 부분이요,

다. 설법자를 보여 주는 부분이요, 라. 본분이요, 마. 설법하는 부분이다. 가. 중에 셋이니 가) 세 가지 성취를 총합하여 밝힘이요,

나) 세 가지 성취를 개별로 밝히다[別顯三成就] 2.
(가) 가름을 열다[開章] (二中 10上7)

始成正覺하사 於普光明殿에 入刹那際諸佛三昧하사 以一切智自神通力으로 現如來身하시니 淸淨無礙하며 無所依止하며 無有攀緣하며 住奢摩他하여 最極寂靜하며 具大威德하며 無所染着하며 能令見者로 悉得開悟하며 隨宜出興하여 不失於時하며 恒住一相하니 所謂無相이러라

비로소 바른 깨달음을 이루시고, 보광명전에서 '여러 부처님의 찰나 경계 삼매'에 드시었다. 온갖 지혜와 온갖 신통한 힘으로 여래의 몸을 나타내니 청정하여 걸림이 없으며 의지할 데가 없고 반연할 것이 없으며, 사마타에 머물러 가장 고요하며 큰 위엄과 덕을 갖추고 물들 것이 없으며, 보는 이로 하여금 모두 깨닫게 하며 마땅하게 태어나서 시기를 놓치지 아니하며, 항상 한 가지 모양에 머무시니 이른바 모양 없는 것이었다.

[疏] 二, 始成下는 別顯三成就요 與十佛刹下는 別顯衆成就니라 二中에 分三이니

- 나) 始成 아래는 세 가지 성취를 개별로 밝힘이요, 다) 與十佛刹 아

래는 대중의 성취를 개별로 밝힘이다. 나) 중에 셋으로 나누리니,

(나) 가름을 따라 해석하다[隨釋] 3.
ㄱ. 법주를 잡아 시기를 밝히다[約主顯時] (初約 10上7)
ㄴ. 법주를 잡아 장소를 밝히다[約主彰處] (二於)

[疏] 初, 約主顯時요 二, 於普光明下는 約主彰處요
- ㄱ. 법주를 잡아 시기를 밝힘이요, ㄴ. 於普光明 아래는 법주를 잡아 장소를 밝힘이요,

ㄷ. 덕에 입각하여 법주를 밝히다[就德顯主] 2.
ㄱ) 서로 섭수함을 밝히다[辨相攝] (三入 10上8)

[疏] 三, 入刹那下는 就德顯主라 於中에 十句는 卽攝二十一種功德中의 二十은 別句요 總句는 卽前始成正覺故니라
- ㄷ. 入刹那 아래는 덕에 입각하여 법주를 밝힘이다. 그중에 열 구절이니 곧 21가지 공덕을 섭수함 중에 20구절은 별상 구절이요, 총상 구절은 앞의 '비로소 바른 깨달음을 이루심'인 까닭이다.

[鈔] 二十一種功德은 要尋昇兜率品하면 自當曉之니라 然이나 此段文은 亦是古德의 所不能知일새 今以攝佛功德으로 釋之가 有如符契니 智者는 當曉니라
- 21가지 공덕에 대해서는 승도솔천궁품을 중요하게 참고하면 자연히 밝혀지리라. 그러나 이 문단의 경문도 역시 고덕들이 알지 못한 부분

이요, 지금은 부처님 공덕에 포섭함으로 해석함은 어떤 이가 부합하는지는 지혜 있는 이는 당연히 알게 되리라.

ㄴ) 순서를 잡아 밝히다[約次第] 10.
(ㄱ) 법의 참된 근원을 궁구하다[窮法眞源] 2.
a. 두 가지 공덕을 밝히다[正明二種功德] (一入 10下3)

[疏] 一, 入刹那際三昧者는 卽窮法眞源이라 謂時之極促을 名曰刹那니 窮彼刹那에 時相都寂하여 無際之際를 名刹那際라 卽攝二句니 謂二行永絶과 及達無相法이라 若有二行하면 則有刹那어니와 二行旣絶에 則刹那無際니 由達淸淨眞如가 本無相故라

■ (ㄱ) '찰나경계 삼매에 드시어'는 법의 참된 근원을 궁구함이다. 이른바 시간이 매우 촉박한 것을 '찰나'라 이름하고, 저 찰나를 다할 적에 시간과 양상이 모두 고요하여 경계 없는 경계를 '찰나경계[刹那際]'라 말한다. 곧 두 구절을 포섭하였으니 이른바 두 가지 행이 영원히 끊어짐과 모양 없는 법을 통달함이다. 만일 두 가지 행법이 있으면 찰나가 있지만, 두 가지 행이 이미 끊어질 적에 찰나 사이에도 경계가 없나니, 청정한 진여법은 본래 양상이 없음을 통달함으로 말미암은 까닭이다.

b. 이유를 내보이다[出所以] 3.
a) 설명하는 의미를 총합하여 질문하다[總徵說意] (所以 10下7)
b) 묻는 부분에 바로 대답하다[正酬所問] (爲顯)

[疏] 所以로 此中에 特名入刹那際者는 爲顯將說等覺位故라
- 그런 까닭으로 이 가운데 특별히 '찰나경계에 들어감'이라 이름한 것은 장차 등각 지위를 말한 것을 밝히기 위한 까닭이다.

c) 찰나경계를 해석하다[釋刹那際] 2.
(a) 본업경과 기신론으로 해석하다[以本業起信釋] (菩薩 10下8)
(b) 앞의 논문을 가져서 거듭 설명하다[將前論重明] (亦顯)

[疏] 菩薩地盡에 唯有果累無常하여 生相未寂에 猶名識藏이어니와 若以無間智로 覺心初起에 心無初相하여 遠離微細念故로 即無刹那라 若入此際하면 即見心性常住일새 名究竟覺이니 故云諸佛三昧라 亦顯差別歷位가 不離最初刹那際故니라
- 보살의 지위가 다할 적에 오로지 과덕의 번뇌가 무상함만 있어서 생기는 양상이 고요하지 않을 적에 더욱이 '식의 창고[識藏]'라 말하지만, 만일 사이함 없는 지혜로 마음이 처음 생겨날 적에 마음은 첫 모양이 없음을 깨달아서 미세한 생각을 멀리 여의는 연고로 곧 찰나가 없는 것이다. 만일 이런 경계에 들어가면 곧 심성이 항상 머무름을 보았으므로 '구경의 깨달음'이라 말하나니, 그러므로 '모든 부처님의 삼매'라 말하였다. 또한 거쳐 간 지위가 최초의 찰나경계를 여의지 않음을 차별한 것을 밝히려는 까닭이다.

[鈔] 所以此中者는 有三하니 一, 總徵說意니 前後歎德에 皆無此故니라 三, 菩薩地盡下는 釋刹那際라 然有二釋하니 初, 以本業과 起信으로 參而釋之라 菩薩地盡은 是起信文이요 義通二處니라 言唯有果累無

常者는 卽本業下卷經에 云, 菩薩이 爾時에 住大寂門中하여 登大山臺하여 入百千三昧하여 證佛儀用하고 唯有果累無常인 生滅二心이나 心心無爲하여 行過十地하여 解與佛同하여 坐佛坐處等이라하니라 釋曰, 果累無常生滅者는 未轉依位에 變易生死가 名爲果累니 體是無常하여 有生滅也니라

言生相未寂者는 卽起信意니 業相未亡也라 猶名識藏者는 亦起信意니 未顯現法身故니라 上辯等覺이 尙有刹那하여 未至其際니라 若以無間下는 釋成際義라 刹那盡處를 名之爲際니 故云卽無刹那라 亦起信文이니 前已曾引하니라 若入此下는 釋諸佛三昧니 亦起信文이라 應有問言호대 上에 云, 菩薩地盡이 是等覺者인대 何名諸佛三昧아할새 故引此文하여 成諸佛義니라 亦顯前來差別下는 是第二義니라 上에는 約合前後無際하고 今에는 明後際가 不離初際니 是窮生死之本際니라

● '그런 까닭으로 이 가운데'는 셋이 있으니 a) 설명하는 의미를 총합하여 질문함이니, 앞뒤로 공덕을 찬탄할 적에 이것이 모두 없는 까닭이다. c) 菩薩地盡 아래는 찰나경계를 해석함이니 그런데 두 가지 해석이 있으니, (a) 본업경과 기신론으로 섞어서 해석함이다. '보살의 지위가 다함'은 기신론의 논문이요, 이치로는 두 곳에 통한다. '오로지 과덕의 번뇌가 무상함만 있다'고 말한 것은 곧 『보살본업경』하권에 이르되, "보살이 이때에 크게 고요한 문에 머무를 적에 큰 산의 대(臺)에 올라서 백천 가지 삼매에 들어가서 부처님의 거동과 작용을 증득하고 오직 과덕의 번뇌가 무상하게 생멸하는 두 가지 마음만이 있다. 마음과 마음을 함이 없어서 행함이 십지를 초과하여 부처님과 함께하여 부처님이 앉는 자리에 앉는 것을 아는 등이다"라고 하였다. 해

석하자면 과덕의 번뇌가 무상하게 생멸한다는 것은 바꾸어 의지하는 지위에서 변역하는 생사가 아님을 과덕의 번뇌라고 이름하나니 체성이 무상하여 생멸이 있음을 뜻한다.

'생기는 양상이 고요하지 않다'고 말한 것은 곧 『기신론』의 주장이니 업상이 없어지지 않은 것을 뜻한다. '더욱이 식의 창고[識藏]'라 이름한 것도 또한 기신론의 주장이니, 법신을 나타내지 않은 까닭이다. 위는 등각이 오히려 찰나에 있어서 그 경계에 이르지 못한 것을 밝혔다. 若以無間 아래는 경계의 뜻을 해석한 내용이다. 찰나가 다한 곳을 경계[際]라고 이름하였으니 그러므로 '곧 찰나가 없다'고 말한 것이다. 또한 기신론의 문장이니 앞에서 이미 일찍이 인용했던 내용이다. 若入此 아래는 '모든 부처님의 삼매[諸佛三昧]'에 대한 해석도 역시 기신론의 문장이다. 응당히 어떤 이가 질문하여 말하되, "위에서 보살의 지위가 다함이 곧 등각(等覺)이라고 말한다면 어떤 것을 제불 삼매라고 이름하는가?"라 하였으므로 이 논문을 인용하여 모든 부처님의 뜻을 성립하였다. 亦顯前來差別 아래는 두 번째 뜻이다. 위에서는 앞뒤로 경계가 없음과 합함을 잡았고, 지금은 나중의 경계가 처음의 경계를 여의지 않았으니, 바로 생사를 다한 근본 경계[窮生死之本際]임을 밝힌 내용이다.

(ㄴ) 전체에 의지하여 작용을 시작하다[依通起用] (二以 11下8)

(ㄷ) 청정하고 장애가 없다[淸淨無礙] (三淸)

[疏] 二, 以一切智自神通力으로 現如來身者는 依通起用이라 此攝二句니 一切智通은 卽住於佛住니 謂由一切智가 無有功用하여 自神通

力으로 常作佛事故니라 次, 現如來身은 卽攝得佛平等이니 謂依上
一切智하여 現身하사 利樂有情故니라 三, 淸淨無礙는 攝三句니 謂
淸淨은 攝二句니 一은 攝到無障處니 謂慣習覺慧하사 水斷所治일새
故云淸淨이니라 二, 攝不可轉法이니 由淸淨故로 他不能轉이니라 無
礙者는 卽所行無礙니 世間八法이 不能礙故니라

■ (ㄴ) '온갖 지혜와 자기의 신통력으로 여래의 몸을 나타낸다'는 것은 전체에 의지하여 작용을 시작함이다. 여기에 두 구절을 포섭하였으니 a. 온갖 지혜와 신통은 곧 부처님의 주처에 머문다는 뜻이니, 이른바 온갖 지혜가 공용 없음과 자기의 신통력으로 말미암아 항상 불사를 짓는 까닭이다. b. 여래의 몸을 나타냄은 곧 포섭하여 부처님의 평등을 얻음을 뜻한다. 이른바 위의 온갖 지혜를 의지하여 몸을 나투어 중생을 이롭고 즐겁게 하기 때문이다. (ㄷ) 청정하여 장애가 없음은 세 구절로 포섭하였으니, 말하자면 청정함은 두 구절을 포섭함이니, 첫째, 장애 없는 곳에 도달함을 포섭한 뜻이니, 이른바 깨달음의 지혜를 익숙하게 익혀서 물로 다스릴 대상을 단절했으므로 '청정하다'고 말하였다. 둘째, 바꿀 수 없는 법을 포섭함이니 청정함으로 말미암은 연고로 저가 능히 바꿀 수 없는 것이다. 장애 없음이란 곧 행할 대상이 장애 없음이요, 세간의 여덟 가지 법은 능히 장애하지 못하는 까닭이다.

(ㄹ) 불가사의를 건립하다[立不思議] (四無 12上6)
(ㅁ) 널리 삼세를 보다[普見三世] (五住)

[疏] 四, 無所依止無有攀緣은 卽立不思議니 謂雖立敎法이나 不依世間

故로 非諸世間이 所能攀緣故니라 五, 住奢摩他最極寂靜은 卽普見三世니 以見三世平等하여 如理無異일새 爲最寂靜이니라

- (ㄹ) 의지할 대상이 없고 반연함이 없음은 곧 불가사의를 건립함의 뜻이니, 이른바 비록 교법을 세웠지만 세간에 의지하지 않는 연고로 모든 세간이 능히 반연할 대상이 아니기 때문이다. (ㅁ) 사마타의 가장 극히 고요함에 머무는 것은 곧 널리 삼세를 본다는 뜻이니, 삼세가 평등하여 이치와 같이 다름없음을 보는 연고로 가장 고요함이 되었다.

(ㅂ) 몸이 온갖 세간에 충만하다[身恒充滿] (六具 12上10)
(ㅅ) 지혜로 항상 분명하게 통달하다[智恒明達] (七無)

[疏] 六, 具大威德은 卽身恒充滿一切世間이니 現受用變化身하사 大利樂故니라 七, 無所染着은 卽智恒明達一切諸法이니 謂於諸法을 善決定故로 無有染也니라

- (ㅂ) 큰 위덕을 갖춤은 곧 몸이 온갖 세간에 항상 충만함이니 수용신과 변화신을 나타내어 크게 이롭고 즐겁게 하는 까닭이다. (ㅅ) 물들고 집착함이 없음은 곧 지혜로 항상 분명하게 온갖 모든 법을 통달한다는 뜻이니, 이른바 모든 법에 대해 잘 결정하는 연고로 물듦이 없다는 뜻이다.

(ㅇ) 모두 깨달음을 얻다[悉得開悟] (八能 12下4)
(ㅈ) 마땅함 따라 나타나다[隨宜出興] (九隨)
(ㅊ) 항상 한 가지 모양에 머무르다[恒住一相] (十恒)

[疏] 八, 能令見者로 悉得開悟는 此攝二句니 一, 攝了一切行하시니 謂知有情의 性行差別하여 隨開悟故요 二, 攝除一切疑니 謂知彼遠劫微少善根하사 亦令開悟故니라 九, 隨宜出興하사 不失於時는 亦攝二句니 一, 攝無能測身이니 謂如其勝解하사 而示現身이 如摩尼珠일새 名隨宜出生하사 不失於時니라 二, 攝一切菩薩等의 所求智니 謂調伏有情과 攝受付囑等을 皆不失時故니라 十, 恒住一相하시니 所謂無相은 攝餘五句니 謂到佛究竟無二彼岸等이라 隨義雖殊나 皆由一相無相而成이라 可以意得이니라 餘如昇兜率品辨하니라

■ (ㅇ) 능히 보는 이로 하여금 모두 깨달음을 얻음은 여기에 두 구절을 포섭하였으니 a. 온갖 행법을 포섭하여 요달함이니, 이른바 중생의 성품과 행이 차별함을 알아서 수순하여 깨닫는 까닭이요, b. 온갖 의심을 포섭하여 제거함이니, 이른바 저 먼 겁에 작은 선근을 알아서 또한 하여금 열어 깨닫게 하는 까닭이다. (ㅈ) 마땅함 따라 나타나서 시기를 놓치지 않음도 또한 두 구절을 포섭하였으니, a. 능히 측량하지 못하는 몸을 포섭함이니, 이른바 그 뛰어나게 이해함과 같아서 몸을 나타내 보인 것이 마치 마니 구슬과 같아서 마땅함을 따라 출생하여 시기를 놓치지 않음의 뜻이다. b. 온갖 보살을 평등하게 구할 지혜를 포섭함이니, 이른바 중생을 조복함과 섭수하고 부촉하는 등을 모두 시기를 놓치지 않는 까닭이다. (ㅊ) 항상 한 가지 모양에 머무르나니, 이른바 모양 없음은 나머지 다섯 구절을 포섭하나니, 이른바 부처님이 구경에 둘이 없는 피안에 도달하는 등이다. 이치를 따름이 비록 다르더라도 모두 한 모양과 모양 없음으로 말미암아 이룬 것이니, 의미로 얻을 수 있다. 나머지는 승도솔천궁품에서 밝힌 내용과 같다.

다) 법회의 대중을 따로 밝히다[別顯衆成就] 2.

(가) 과목 나누기[分科] (第三 13上5)
(나) 과목에 따라 해석하다[隨釋] 5.
ㄱ. 숫자로 거론하다[擧數] (經/與十)
ㄴ. 공덕을 찬탄하다[歎德] (歎德)

與十佛刹微塵數菩薩摩訶薩로 俱하사 靡不皆入灌頂之位하며 具菩薩行하며 等于法界하며 無量無邊하며 獲諸菩薩의 普見三昧하며 大悲安隱一切衆生하며 神通自在하여 同於如來하며 智慧深入하여 演眞實義하며 具一切智하여 降伏衆魔하며 雖入世間이나 心恒寂靜하며 住於菩薩의 無住解脫하시니
열 부처 세계의 작은 티끌 수 같은 보살마하살과 함께 계시었으니, (1) 모두 정수리에 물 붓는 지위에 들어가 (2) 보살의 행을 갖추고, (3) 법계와 평등하여 (4) 한량없고 그지없으며, (5) 보살들의 두루 보는 삼매를 얻어 (6) 가엾이 여기는 마음으로 일체중생을 편안하게 하며, (7) 신통이 자유로움이 여래와 같고, (8) 지혜가 깊은 데까지 들어가 진실한 이치를 연설하고, (9) 온갖 지혜를 갖추어 여러 마군들을 항복받으며, (10) 비록 세간에 들어갔으나 마음은 항상 고요하여 (11) 보살의 머문 데 없는 해탈에 머무른 이들이었다.

[疏] 第三, 別顯衆成就라 中에 五니 一, 擧數요 二, 靡不下는 歎德이요 三,

其名下는 列名이요 四, 如是等下는 結數요 五, 往昔下는 集意라 歎德中에 十一句에 初二句는 總이니 位極行圓故라 餘九는 爲別이라 前四에 自分德이니 初二는 行相이니 一은 深이요 二는 廣이라 後二는 行體니 一은 定이요 二는 悲라 後五는 勝進德이니 前三은 同佛三業大用은 可知니라 後二는 同佛無住涅槃이라 初句는 釋이니 謂不住涅槃故로 入世間이요 不住生死故로 心恒寂靜이요 後句는 結德屬人이니라

■ 다) 법회의 대중을 따로 밝힘 중에 다섯이니 ㄱ. 숫자로 거론함이요, ㄴ. 靡不 아래는 공덕을 찬탄함이요, ㄷ. 其名 아래는 명칭을 나열함이요, ㄹ. 如是等 아래는 숫자로 결론함이요, ㅁ. 往昔 아래는 모인 의미이다. ㄴ. 공덕을 찬탄한 11구절 중에 ㄱ) 처음 두 구절은 총상이니 지위가 지극하여 행법을 만족한 까닭이요, ㄴ) 나머지 아홉 구절[(3) 等于法界 - (11) 住於菩薩無住解脫]은 별상이다. (ㄱ) 앞의 네 구절[(3) 等于法界 - (6) 大悲安隱一切衆生]은 자분행의 공덕이니 (그중에) a. 처음 두 구절은 행법의 양상이니, 한 구절은 깊음이요, 둘째 구절은 자세함의 뜻이다. b. 뒤의 두 구절[(5) 獲諸菩薩普見三昧 (6) 大悲安隱一切衆生]은 행법의 체성이니, 한 구절은 삼매요, 둘째 구절은 자비의 뜻이다. (ㄴ) 뒤의 다섯 구절[(7) 神通自在同於如來 - (11) 住於菩薩無住解脫]은 승진행의 공덕이니 a. 앞의 세 구절은 부처님의 삼업의 큰 작용과 같음은 알 수 있으리라. b. 뒤의 두 구절[(10) 雖入世間心恒寂靜 (11) 住於菩薩無住解脫]은 부처님의 머무름 없는 열반과 같음이다. (그중에) a) 첫 구절은 해석함이니 이른바 열반에 머물지 않는 연고로 세간에 들어가며, 생사에 머무르지 않는 연고로 마음이 항상 고요함이요, b) 뒤 구절은 공덕이 사람에 속함을 결론함이다.

ㄷ. 동생중과 이생중의 명칭을 나열하다[列名] 2.

ㄱ) 동생중의 이름[同名] (三列 14上4)

其名曰, 金剛慧菩薩과 無等慧菩薩과 義語慧菩薩과 最勝慧菩薩과 常捨慧菩薩과 那伽慧菩薩과 成就慧菩薩과 調順慧菩薩과 大力慧菩薩과 難思慧菩薩과 無礙慧菩薩과 增上慧菩薩과 普供慧菩薩과 如理慧菩薩과 善巧慧菩薩과 法自在慧菩薩과 法慧菩薩과 寂靜慧菩薩과 虛空慧菩薩과 一相慧菩薩과 善慧菩薩과 如幻慧菩薩과 廣大慧菩薩과 勢力慧菩薩과 世間慧菩薩과 佛地慧菩薩과 眞實慧菩薩과 尊勝慧菩薩과 智光慧菩薩과 無邊慧菩薩과

그 이름은 금강혜보살·무등혜보살·의어혜보살·최승혜보살·상사혜보살·나가혜보살·성취혜보살·조순혜보살·대력혜보살·난사혜보살·무애혜보살·증상혜보살·보공혜보살·여리혜보살·선교혜보살·법자재혜보살·법혜보살·적정혜보살·허공혜보살·일상혜보살·선혜보살·여환혜보살·광대혜보살·세력혜보살·세간혜보살·불지혜보살·진실혜보살·존승혜보살·지광혜보살·무변혜보살과

[疏] 三, 列名中에 一百菩薩이니 初有三十이 同名慧者는 表純德故라

- ㄴ. 대중의 이름을 열거함 중에 100분의 보살이 있으니 처음은 30분이 있는데, 동생중의 이름의 혜(慧) 자는 순수한 공덕을 표한 까닭이다.

ㄴ) 다른 이름의 대중[別名] (念莊 15上4)

念莊嚴菩薩과 達空際菩薩과 性莊嚴菩薩과 甚深境菩薩과 善解處非處菩薩과 大光明菩薩과 常光明菩薩과 了佛種菩薩과 心王菩薩과 一行菩薩과 常現神通菩薩과 智慧芽菩薩과 功德處菩薩과 法燈菩薩과 照世菩薩과 持世菩薩과 最安隱菩薩과 最上菩薩과 無上菩薩과 無比菩薩과 超倫菩薩과 無礙行菩薩과 光明焰菩薩과 月光菩薩과 一塵菩薩과 堅固行菩薩과 霪法雨菩薩과 最勝幢菩薩과 普莊嚴菩薩과 智眼菩薩과 法眼菩薩과 慧雲菩薩과 總持王菩薩과 無住願菩薩과 智藏菩薩과 心王菩薩과 內覺慧菩薩과 住佛智菩薩과 陀羅尼勇健力菩薩과 持地力菩薩과 妙月菩薩과 須彌頂菩薩과 寶頂菩薩과 普光照菩薩과 威德王菩薩과 智慧輪菩薩과 大威德菩薩과 大龍相菩薩과 質直行菩薩과 不退轉菩薩과 持法幢菩薩과 無忘失菩薩과 攝諸趣菩薩과 不思議決定慧菩薩과 遊戲無邊智菩薩과 無盡妙法藏菩薩과 智日菩薩과 法日菩薩과 智藏菩薩과 智澤菩薩과 普見菩薩과 不空見菩薩과 金剛踊菩薩과 金剛智菩薩과 金剛焰菩薩과 金剛慧菩薩과 普眼菩薩과 佛日菩薩과 持佛金剛秘密義菩薩과 普眼境界智莊嚴菩薩이라

염장엄보살·달공제보살·성장엄보살·심심경보살·선해처비처보살·대광명보살·상광명보살·요불종보살·심왕보살·일행보살·상현신통보살·지혜아보살·공덕

처보살·법등보살·조세보살·지세보살·최안은보살·
최상보살·무상보살·무비보살·초륜보살·무애행보
살·광명염보살·월광보살·일진보살·견고행보·주법
우보살·최승당보살·보장엄보살·지안보살·법안보
살·혜운보살·총지왕보살·무주원보살·지장보살·심
왕보살·내각혜보살·주불지보살·다라니용건력보살·
지지력보살·묘월보살·수미정보살·보정보살·보광조
보살·위덕왕보살·지혜류보살·대위덕보살·대용상보
살·질직행보살·불퇴전보살·지법당보살·무망실보
살·섭제취보살·부사의결정혜보살·유희무변지보살·
무진묘법장보살·지일보살·법일보살·지장보살·지택
보살·보견보살·불공견보살·금강용보살·금강지보
살·금강염보살·금강혜보살·보안보살·불일보살·지
불금강비밀의보살·보안경계지장엄보살들이었다.

[疏] 念莊嚴下의 七十菩薩의 別名者는 表雜德故라
- ㄴ) 念莊嚴 아래 70분 보살의 이름이 다른 것은 잡염법의 공덕을 표한 까닭이다.

ㄹ. 숫자로 결론하다[結數] (四結 14上6)
ㅁ. 모인 의미[集意] (五集)

如是等菩薩摩訶薩이 十佛刹微塵數니 往昔에 皆與毘盧
遮那如來로 同修菩薩諸善根行하시니라

이런 보살마하살들이 열 부처님 세계의 작은 티끌 수와 같이 있으니, 옛날에 비로자나 부처님과 함께 보살의 여러 가지 착한 행을 닦은 이들이다.

[疏] 四, 結數요 五, 集意라
■ ㄹ. 숫자로 결론함이요, ㅁ. 모인 의미이다.

나. 보안보살이 청법하는 부분[請分] 4.

가) 보안보살이 청법하여 묻다[普眼請問] (大文 15下2)
나) 질문에 대해 여래가 허락하시다[如來許問] (二佛)

爾時에 普眼菩薩摩訶薩이 承佛神力하사 從座而起하여 偏袒右肩하며 右膝着地하고 合掌白佛言하시되 世尊하 我於如來應正等覺에 欲有所問이로소니 願垂哀許하소서 佛言하시되 普眼아 恣汝所問하라 當爲汝說하여 令汝心喜게하리라

그때 보안보살마하살이 부처님의 신력을 받잡고 자리에서 일어나 오른 어깨를 드러내고 오른 무릎을 땅에 대고 합장하고 여쭈었다. "세존이시여, 제가 여래·응공·정등각께 묻자오려 하오니 어여삐 여겨 허락하시옵소서." 부처님이 말씀하셨다. "보안보살이여, 마음대로 물어라. 내 마땅히 그대에게 말하여 기쁘게 하리라."

[疏] 大文第二, 爾時普眼下는 請分中에 四니 一, 普眼請問이니 要以普眼이라야 方見普法故니라 二, 佛言下는 如來許問이요

- 큰 문단으로 나. 爾時普眼 아래는 보안보살이 청법하는 부분 중에 넷이니, 가) 보안보살이 청법하여 물음이니, 보안보살이라야 비로소 보편적인 법을 볼 수 있기 때문이다. 나) 佛言 아래는 질문에 대해 여래가 허락하심이다.

다) 법을 거론하며 바로 질문하다[擧法正問] (三普 15下10)
라) 질문하는 이익을 찬탄하다[歎問利益] (四佛)

普眼菩薩이 言하시되 世尊하 普賢菩薩과 及住普賢所有行願諸菩薩衆이 成就幾何三昧解脫하여 而於菩薩諸大三昧에 或入或出하고 或時安住하며 以於菩薩不可思議廣大三昧에 善入出故로 能於一切三昧에 自在하여 神通變化가 無有休息이니잇고 佛言하시되 善哉라 普眼이여 汝爲利益去來現在諸菩薩衆하여 而問斯義로다
보안보살이 말하였다. "세존이시여, 보현보살과 보현의 행과 서원에 머문 보살들이 얼마나 많은 삼매와 해탈을 성취하였기에 보살의 여러 가지 큰 삼매에 들기도 하고 나기도 하며, 혹은 편안히 머물기도 하며, 보살의 부사의한 넓고 큰 삼매에 잘 들어가고 나옴으로써 모든 삼매에 자유로우며, 신통과 변화가 쉬지 않나이까?" 부처님이 말씀하셨다. "착하다. 보안이여, 그대가 과거와 미래와 현재의 보살들을 이익하려고 이런 이치를 묻는 것이로다.

[疏] 三, 普眼下는 擧法正問이요 四, 佛言善哉下는 歎問利益이니라
- 다) 普眼 아래는 법을 거론하며 바로 질문함이다. 라) 佛言善哉 아래는 질문하는 이익을 찬탄함이다.

다. 설법자를 보여 주는 부분[示說者分] 2.

가) 의미를 말하고 과목 나누다[敍意總科] (大文 16上5)

[疏] 大文第三, 普眼普賢菩薩下는 示說者分이라 以法屬普賢일새 故示其令請이라 於中에 有六하니
- 큰 문단으로 다. 普眼普賢菩薩 아래는 설법자를 보여 주는 부분이니 법은 보현보살에 속하므로 그로 하여금 청하게 하는 부분이다. 그 중에 여섯이 있으니,

나) 가름을 따라 개별로 해석하다[隨章別釋] 6.

(가) 사람에게 보이고 하여금 듣게 하다[示人令聞] 3.
ㄱ. 장소를 보이다[示處] (一示 16上8)
ㄴ. 공덕을 찬탄하다[歎德] (二已)
ㄷ. 청문할 것을 교칙하다[敎問] (三汝)

普眼아 普賢菩薩이 今現在此하니 已能成就不可思議自在神通하여 出過一切諸菩薩上하여 難可値遇며 從於無量菩薩行生하여 菩薩大願이 悉已淸淨하며 所行之行이

皆無退轉하며 無量波羅蜜門과 無礙陀羅尼門과 無盡辯才門이 皆悉已得淸淨無礙하며 大悲利益一切衆生하되 以本願力으로 盡未來際토록 而無厭倦하나니 汝應請彼하라 彼當爲汝하여 說其三昧自在解脫하리라

보안이여, 보현보살이 지금 여기 있나니, 이미 헤아릴 수 없는 자유로운 신통을 성취하여 모든 보살의 위에 뛰어났으므로 만나기 어려우며, 한량없는 보살의 행으로부터 났으며, 보살의 큰 서원을 이미 깨끗이 하였고, 수행하는 행은 모두 물러나지 아니하며, 한량없는 바라밀다문과 걸림 없는 다라니문과 다하지 않는 변재의 문을 모두 얻어서 청정하여 걸림이 없으며, 크게 어여삐 여기므로 일체중생을 이익하게 하고 본래의 원력으로 오는 세월이 끝나도록 게으름이 없느니라. 그대는 저에게 청하라. 그 보살이 그대에게 삼매와 자유로운 해탈을 말하리라."

[疏] 一, 示人令問이요 二, 聞名獲益이요 三, 推求不見이요 四, 敎起見方이요 五, 依敎而求요 六, 爲現身相이라 今初라 分三이니 一, 示處요 二, 已能下는 歎德이요 三, 汝應請下는 敎問이라

■ (가) 사람을 보이고 하여금 듣게 함이요, (나) 이름을 듣고 이익을 얻음이요, (다) 보현보살을 구하여도 보지 못함이요, (라) 보는 방법을 가르치고 일으킴이요, (마) 가르침에 의지하여 구함이요, (바) 중생을 위해 보현보살이 몸을 나타냄이다. 지금은 (가)를 셋으로 나누리니 ㄱ. 장소를 보임이요, ㄴ. 已能 아래는 공덕을 찬탄함이요, ㄷ. 汝應請 아래는 청문할 것을 교칙함이다.

(나) 이름을 듣고 이익을 얻다[聞名獲益] (第二 17上2)

> 爾時에 會中에 諸菩薩衆이 聞普賢名하고 卽時獲得不可思議無量三昧하며 其心無礙하여 寂然不動하며 智慧廣大하여 難可測量하며 境界甚深하여 無能與等하며 現前悉見無數諸佛하며 得如來力하며 同如來性하며 去來現在를 靡不明照하며 所有福德이 不可窮盡하며 一切神通이 皆已具足이라

그때 모였던 보살들이 보현의 이름을 듣고 (1) 헤아릴 수 없고 한량없는 삼매를 얻었으므로 (2) 마음에 걸림이 없고 (3) 고요하여 동하지 아니하며, (4) 지혜가 광대하여 헤아릴 수 없고 (5) 경계가 매우 깊어서 비등할 이가 없으며, (6) 이 자리에서 수없는 부처님을 뵈옵고 (7) 여래의 힘을 얻어 여래의 성품과 같으며, (8) 과거·미래·현재의 일을 밝게 비추지 못할 것이 없으며, (9) 가지고 있는 복덕은 다할 수가 없고 (10) 모든 신통을 모두 구족하였다.

[疏] 第二, 爾時下는 聞名獲益中에 獲十種益이니 文並이면 可知로다
- (나) 爾時 아래는 이름을 듣고 이익을 얻음 중에 열 가지 이익을 얻음이니 경문과 함께하면 알 수 있으리라.

(다) 보현보살을 구하여도 보지 못하다[推求不見] 2.
ㄱ. 의미를 밝히고 과목 나누다[敍意分科] (第三 17上6)

其諸菩薩이 於普賢所에 心生尊重하여 渴仰欲見하여 悉於衆會에 周徧觀察하되 而竟不覩하고 亦不見其所坐之座하니 此由如來威力所持며 亦是普賢의 神通自在로 使其然耳니라

그 보살들이 보현보살에게 존중하는 마음을 내고 사모하여 뵈옵고자 하여 모인 대중을 두루 관찰하였으나 뵈올 수도 없고 앉은 자리도 볼 수 없으니, 이것은 여래의 위신력으로 그러한 것이며, 역시 보현보살의 신통이 자유자재하므로 그렇게 되는 것이다.

[疏] 第三, 其諸菩薩於普賢下는 推求不見이라 中에 有三推求하여 皆悉不見하니 一, 渴仰推求不見이요 二, 重觀察不見이요 三, 以三昧力으로 推求不見이라 文各有釋이라

- (다) 其諸菩薩 아래는 보현보살을 구하여도 보지 못함이다. 그중에 세 번 추구하여도 모두 보지 못함이다. ㄱ) 갈앙하여 구하여도 보지 못함이요, ㄴ) 거듭 관찰하여도 보지 못함이요, ㄷ) 삼매력으로 구하여도 보지 못함이니, 경문에 각기 해석이 있다.

ㄴ. 가름을 따라 개별로 해석하다[隨章別釋] 3.
ㄱ) 갈앙하여 구하여도 보지 못하다[渴仰推求不見] (今初 17上8)

[疏] 今初에 先, 求不見이요 後, 此由下는 釋不見所以라 威力持者는 欲令大衆으로 渴仰하여 得顯深旨故니라

- 지금은 ㄱ) (갈앙하여 구하여도 보지 못함)에서 (ㄱ) 구하여도 보지 못함

이요, (ㄴ) 此由 아래는 보지 못한 이유를 해석함이다. '위력으로 지키는 이유'는 대중으로 하여금 갈앙하게 하려는 것은 깊은 뜻을 밝히려는 까닭이다.

ㄴ) 거듭 관찰하여도 보지 못하다[觀察求不見] 3.
(ㄱ) 질문을 살펴서 거듭 보이다[審問重示] (二重 17下 4)

爾時에 普眼菩薩이 白佛言하시되 世尊하 普賢菩薩이 今何所在니잇고 佛言하시되 普眼아 普賢菩薩이 今現在此道場衆會하여 親近我住하여 初無動移니라
그때 보안보살이 부처님께 여쭈었다. "세존이시여, 보현보살이 지금 어디 있나이까?" 부처님이 말씀하셨다. "보안이여, 보현보살은 지금 이 도량에 모인 대중 가운데서 나에게 가까이 있으면서 조금도 이동하지 않았느니라."

[疏] 二, 重求中에 三이니 一, 審問重示라 法本湛然일새 故初無動移니라
■ ㄴ) 거듭 관찰하여도 보지 못함 중에 셋이니 (ㄱ) 질문을 살펴서 거듭 보임이다. 법은 본래 담담한 연고로 처음부터 이동하지 않은 까닭이다.

(ㄴ) 구하여도 보지 못하다[推求不見] (二是 17下 9)

是時에 普眼과 及諸菩薩이 復更觀察道場衆會하여 周徧求覓하고 白佛言하시되 世尊하 我等이 今者에 猶未得見

普賢菩薩의 其身及座로소이다
이때 보안과 여러 보살들이 다시금 도량에 모인 이들을 살펴보면서 두루 찾다가 부처님께 여쭈었다. "세존이시여, 저희들이 지금도 보현보살이나 그의 앉은 자리도 보지 못하나이다."

[疏] 二, 是時普眼下는 推求不見이니 猶謂可見故라
- (ㄴ) 是時普眼 아래는 구하여도 보지 못함이니 오히려 '볼 수 있다'고 말한 까닭이다.

(ㄷ) 그 이유를 해석하다[釋其所由] 2.
a. 삼매를 인정하며 질문으로 시작하다[印定徵起] (三佛 18上1)
b. 이유를 바로 해석하다[正釋所由] (後善)

佛言하시되 如是하다 善男子여 汝等이 何故로 而不得見고 善男子여 普賢菩薩의 住處甚深하여 不可說故니 普賢菩薩이 獲無邊智慧門하여 入師子奮迅定하며 得無上自在用하여 入淸淨無礙際하며 生如來十種力하여 以法界藏爲身하며 一切如來의 共所護念으로 於一念頃에 悉能證入三世諸佛의 無差別智일새 是故汝等이 不能見耳니라
부처님이 말씀하셨다. "그러하니라. 착한 남자여, 그대들이 보현보살을 보지 못함은 이런 까닭이니라. 착한 남자여, 보현보살의 머문 데가 매우 깊어서 말할 수 없는 연고이니라. 보현보살은 그지없는 지혜 문을 얻고 '사자의 위엄 떨치는

삼매'에 들었으며, 위없이 자유로운 작용을 얻어 청정하여 걸림 없는 경계에 들어갔으며, 여래의 열 가지 힘을 내어 법계 갈무리로 몸을 삼았으며, 일체 여래가 함께 수호하여 잠깐 동안에 세 세상 부처님들의 차별 없는 지혜를 증득하였으니, 그러므로 그대들이 보지 못하느니라."

[疏] 三, 佛言如是下는 釋不見所由라 於中에 二니 初, 印定徵起요 後, 善男子下는 正釋所由니 以住處甚深故라 文有十句하니 初句는 總이요 次八句는 別이요 後一句는 結이라 別中에 四對니 一, 廣智勝定深이라 謂智門無邊하니 有邊之智로 焉覩定用이리요 起伏無畏하고 展促自在하니 唯以出世定求일새 故不可見이니라 次二는 外用內證深이요 次二는 得力成身深이요 後二는 多護速證深이라 由上八深일새 故不能見이니라

■ (ㄷ) 佛言如是 아래는 보지 못하는 이유를 해석함이다. 그중에 둘이니 a. 삼매를 인정하며 질문으로 시작함이요, b. 善男子 아래는 이유를 바로 해석함이니 사는 곳이 매우 깊은 까닭이다. 경문에 열 구절이 있으니 a) 첫 구절은 총상이요, b) 다음 여덟 구절은 별상이요, c) 뒤의 한 구절은 결론함이다. b) 별상 중에 네 가지 대구가 있으니 (1) 지혜가 뛰어나고 삼매가 깊음을 자세히 밝힘이니, 이른바 지혜 문이 끝없나니 끝 있는 지혜가 어찌 삼매의 작용이겠는가? 일어나고 숨음에 두려움이 없고 펼치고 재촉함에 자재함이다. 오직 출세간의 삼매로만 구하는 연고로 볼 수 없음이요, (2) 다음 두 구절은 바깥으로 작용하고 안으로 증득함이 깊다는 뜻이요, (3) 다음 두 구절은 힘 얻고 몸 이룸이 깊음이요, (4) 뒤의 두 구절은 많이 보호하고 속히 증득

함이 깊음이다. 위의 여덟 구절은 깊은 연고로 능히 볼 수 없다는 뜻이다.

ㄷ) 삼매로 관찰해도 보지 못하다[三昧求不見] 4.
(ㄱ) 새로 아승지 삼매를 얻다[新獲三昧] (第三 18下6)
(ㄴ) 삼매로 추구하다[以定推求] (二以)

爾時에 普眼菩薩이 聞如來가 說普賢菩薩의 淸淨功德하고 得十千阿僧祇三昧하사 以三昧力으로 復徧觀察하여 渴仰欲見普賢菩薩하되 亦不能覩하며 其餘一切諸菩薩衆도 俱亦不見이러니

이때 보안보살이 여래께서 보현보살의 청정한 공덕 말씀하심을 듣고 10천 아승지 삼매를 얻고, 삼매의 힘으로 두루 살펴보고 앙모하며 보현보살을 보려 하였으나 보지 못하였고, 다른 보살들도 모두 보지 못하였다.

[疏] 第三, 爾時普眼下는 以三昧力으로 推求不見이라 於中에 分四니 一은 新獲三昧요 二, 以三昧下는 以定推求요

■ ㄷ) 爾時普眼 아래는 삼매력으로 구하여도 보지 못함이다. 그중에 넷으로 나누리니 (ㄱ) 새로 아승지 삼매를 얻음이요, (ㄴ) 以三昧 아래는 삼매로 추구함이다.

(ㄷ) 보안보살이 보지 못함을 스스로 말하다[自陳不見] (三時 19上4)

時에 普眼菩薩이 從三昧起하사 白佛言하시되 世尊하 我
已入十千阿僧祇三昧하여 求見普賢하되 而竟不得하여
不見其身及身業과 語及語業과 意及意業하며 座及住處
를 悉皆不見이로소이다

그때 보안보살이 삼매에서 일어나 부처님께 여쭈었다. "세
존이시여, 제가 10천 아승지 삼매에 들어서 보현보살을 보
려 하였으나 보지 못하였으며, 그의 몸이나 몸으로 짓는 업
이나 말이나 말로 짓는 업이나 뜻이나 뜻으로 짓는 업을 보
지 못하오며, 자리와 있는 데도 보지 못하겠나이다."

[疏] 三, 時普眼下는 自陳不見이요

■ (ㄷ) 時普眼 아래는 보안보살이 보지 못함을 스스로 말함이다.

(ㄹ) 보지 못하는 이유를 해석하다[釋其所由] 5.
a. 법을 잡아 총합하여 표방하다[約法總標] (四佛 19上7)
b. 가까움으로 먼 것과 비교하다[以近況遠] (二普)

佛言하시되 如是如是하다 善男子여 當知하라 皆以普賢
菩薩이 住不思議解脫之力이니라 普眼아 於汝意云何오
頗有人이 能說幻術文字中種種幻相의 所住處아 答言
하시되 不也니이다 佛言하시되 普眼아 幻中幻相도 尚不
可說이어든 何況普賢菩薩의 秘密身境界와 秘密語境界
와 秘密意境界를 而於其中에 能入能見가

부처님이 말씀하셨다. "그러하고 그러하니라. 착한 남자여,

이것은 모두 보현보살이 헤아릴 수 없는 해탈에 머문 힘이
니라. 보안이여, 어떻게 생각하는가? 어떤 사람이 요술하는
글자 가운데 있는 가지가지 요술 모양이 있는 데를 말할 수
있겠느냐?" "말할 수 없나이다." "보안이여, 요술 가운데
있는 요술의 모양도 말할 수 없거든, 하물며 보현보살의 비
밀한 몸 경지와 비밀한 말의 경지와 비밀한 뜻 경지에 어떻
게 들어갈 수 있으며 볼 수 있겠느냐?

[疏] 四, 佛言下는 釋不見所由라 於中에 五니 一, 約法總標니 由住難思
解脫이니 翻上三昧는 可思入故니라 二, 普眼於汝意下는 以近況遠
이요

- (ㄹ) 佛言 아래는 보지 못하는 이유를 해석함이다. 그중에 다섯이니
  a. 법을 잡아 총합하여 표방함이니, 불가사의 해탈에 머무름으로 인
  함이니, 위의 삼매를 뒤바꾸어서 사유로 들어갈 수 있기 때문이다.
  b. 普眼於汝意 아래는 가까움으로 먼 것과 비교함이다.

c. 이유를 묻고 해석하다[徵釋所由] 2.
a) 질문하다[徵] (三何 19下9)

何以故오 普賢菩薩의 境界甚深하여 不可思議며 無有量
已過量이니 擧要言之컨댄 普賢菩薩이 以金剛慧로 普入
法界하여 於一切世界에 無所行無所住하며 知一切衆生
身이 皆卽非身하며 無去無來하며 得無斷盡하며 無差別
하며 自在神通하며 無依無作하며 無有動轉하며 至於法

界究竟邊際니라

무슨 까닭이냐? 보현보살의 (1) 깊은 경계는 헤아릴 수 없으며, (2) 요량이 없고, 요량을 뛰어났으니, 요령을 들어 말하면 (3) 보현보살은 금강 같은 지혜로 법계에 두루 들어갔으며, (4) 모든 세계에 갈 데도 없고 머물 데도 없으며, (5) 일체중생의 몸이 몸 아닌 줄을 알며, (6) 갈 것도 없고 올 것도 없고 (7) 아주 끊어짐도 없고 (8) 차별도 없으며, (9) 자유자재한 신통이 의지함도 지음도 없으며, (10) 옮겨지지도 아니하나 법계의 끝까지 이르느니라.

[疏] 三, 何以下는 徵釋所由라
■ c. 何以 아래는 이유를 묻고 해석함이다.

b) 해석하다[釋] 2.
(a) 깊고 광대함을 간략히 표방하다[略標深廣] (釋中 19下9)
(b) 간략함을 거론하여 광대함을 밝히다[擧略顯廣] (後擧)

[疏] 釋中에 二니 初, 略標深廣이니 翻上三昧는 尙有數故라 後, 擧要下는 擧略顯廣이라 文有十句하니 初句는 總이니 以金剛慧로 達差別法界가 俱空故라 餘句는 別이니 由了空故라 一, 世界無住處요 二, 衆生無可化요 三, 寂無去來요 四, 竪無斷盡이요 五, 橫泯差別이요 六, 體非體故로 不礙現通이요 七, 用非用故로 無依無作이요 八, 不離如如故로 無動轉이요 九, 理事圓故로 窮法界邊이니라
■ b) 해석함 중에 둘이니 (a) 깊고 광대함을 간략히 표방함이니 위의 삼

매는 오히려 헤아릴 수 있음을 뒤바꾼 까닭이요, (b) 擧要 아래는 간략함을 거론하여 자세함을 밝힘이니, 경문에 열 구절이 있다. ㉠ 첫 구절[(1)境界甚深 不可思議]은 총상이니 금강 같은 지혜로 차별한 법계가 모두 공함을 통달한 까닭이요, ㉡ 나머지 구절[無有量已過量]은 별상이니 공함을 요달함으로 인한 까닭이다. ① [以金剛慧 普入法界] 세계가 머무는 곳이 없음이요, ② [於一切世界 無所行無所住] 중생이 교화할 수 없음이요, ③ 고요하여 오고 감이 없음이요, ④ [知一切衆生身 皆卽非身] 세로로 모두 단절함이 없음이요, ⑤ [得無斷盡 無差別] 가로로 차별이 없음이요, ⑥ [自在神通] 체성이 체성이 아닌 연고로 장애 없이 신통을 나타냄이요, ⑦ [無依無作] 작용하여도 작용함이 아닌 연고로 의지함도 지음도 없음이요, ⑧ [無有動轉] 여여(如如)를 여의지 않으므로 동요하거나 바뀜이 없음이요, ⑨ [至於法界究竟邊際] 이치와 현상이 원만한 연고로 법계의 끝까지 다한 것이다.

d. 보는 이익을 밝히다[彰見之益] (四善 20上9)
e. 돌아가 공경함이 더욱 깊어지다[歸敬彌深] (五爾)

善男子여 若有得見普賢菩薩이어나 若得承事어나 若得聞名이어니 若有思惟어나 若有憶念이어나 若生信解어나 若勤觀察이어나 若始趣向이어나 若正求覓이어나 若興誓願하여 相續不絶이면 皆獲利益하여 無空過者니라
爾時에 普眼과 及一切菩薩衆이 於普賢菩薩에 心生渴仰하야 願得瞻覲하여 作如是言하시되 南無一切諸佛하며 南無普賢菩薩이라하여 如是三稱하고 頭頂禮敬하니라

착한 남자여, 어떤 이가 보현보살을 보거나 받들어 섬기거나 이름을 듣거나 생각하거나 기억하거나 믿고 이해하거나 부지런히 관찰하거나 향하여 나아가거나 찾아다니거나 서원을 내어 계속하고 끊어지지 아니하면 모두 이익을 얻게 되고 헛되이 지나가지 아니하리라."

이때 보안과 여러 보살들이 보현보살에게 앙모하는 마음으로 뵈옵기를 원하여 '나무 일체 제불' '나무 보현보살' 하면서 세 번 일컫고 땅에 엎드려 절하였다.

[疏] 四, 善男子若有下는 彰見之益이라 五, 爾時普眼下는 歸敬彌增이라 文顯이니 可知로다

■ d. 善男子若有 아래는 보는 이익을 밝힘이다. e. 爾時普眼 아래는 돌아가 공경함이 더욱 깊어짐이니, 경문에 뚜렷하니 알 수 있으리라.

(라) 보는 방법을 가르치기 시작하다[敎起見方] (第四 20下10)

爾時에 佛이 告普眼菩薩과 及諸衆會言하시되 諸佛子여 汝等은 宜更禮敬普賢하여 慇懃求請하며 又應專至觀察 十方하여 想普賢身이 現在其前하며 如是思惟하되 周徧 法界하여 深心信解하여 厭離一切하며 誓與普賢으로 同 一行願하여 入於不二眞實之法하며 其身이 普現一切世 間하여 悉知衆生의 諸根差別하며 徧一切處하여 集普賢 道니 若能發起如是大願하면 則當得見普賢菩薩하리라

그때 부처님이 보안보살과 여러 대중에게 말씀하셨다. "불

자들이여, 그대들은 다시 보현보살에게 절하고 은근하게 청하라. 또 지성으로 시방을 관찰하고 보현보살이 앞에 있는 줄로 생각하며, 이렇게 생각하여 법계에 두루하되 깊은 마음으로 믿고 이해하여 모든 것을 여의며, 보현보살과 함께 행과 원이 같아서 둘이 아닌 진실한 법에 들어가며, 몸이 일체 세간에 나타나서 중생들의 차별된 근성을 다 알고 온갖 곳에서 보현의 도를 모으기를 서원하라. 만일 이러한 큰 소원을 일으키면 마땅히 보현보살을 보게 되리라."

[疏] 第四, 敎起見方이라 中에 初,[6] 令策勤前心이요 次, 又應下는 別示深觀이라 上에는 捨境別求故로 未識其體요 今에는 令十方齊觀하여 知其體周라 下에 依此觀일새 是以로 得見이니라 後, 誓與下는 起願思齊라 具上三心하면 則能得見이니라

■ (라) 보는 방법을 가르치기 시작함이다. 그중에 ㄱ. 권유하여 하여금 앞의 마음을 부지런하라고 꾸짖음이요, ㄴ. 又應 아래는 깊은 관법을 개별로 보임이다. ㄱ) 위에는 경계를 버리고 개별로 구하는 연고로 그 체성을 알지 못함이요, 지금에는 시방에서 똑같이 관찰하여 그 체성이 두루함을 알게 하는 것이다. ㄴ) 아래에는 이런 관법을 의지한 연고로 보게 됨이요, ㄷ) 誓與 아래는 원을 일으키고 생각을 가지런함이니, 위의 세 가지 마음을 갖추면 능히 볼 수 있다.

(마) 가르침에 의지하여 구하다[依敎而求] (第五 21上6)

---

6) 初는 南金本作勸, 甲續本作勤이라 하다.

是時에 普眼이 聞佛此語하고 與諸菩薩로 俱時頂禮하여 求請得見普賢大士하니라
보안보살이 부처님의 말씀을 듣고 여러 보살과 함께 엎드려 절하고 보현보살 뵈옵기를 청하였다.

[疏] 第五, 是時普眼下는 依教修行이라 然普眼位深이로되 而猶重習觀修者는 略有二意하니 一, 位未等故요 二, 示深奬物故니라
- (마) 是時普眼 아래는 가르침에 의지하여 수행함이다. 그러나 보안보살의 지위가 깊어도 오히려 거듭 관찰하고 수행함을 익히는 것에는 간략히 두 가지 의미가 있으니 ㄱ. 지위가 같지 않기 때문이요, ㄴ. 깊음을 보여 중생을 격려하려는 까닭이다.

(바) 중생을 위해 보현보살이 몸을 나타내다[爲現身相] 5.
ㄱ. 중생을 위하여 몸을 나타내다[爲衆現身] (第六 21下5)

爾時에 普賢菩薩이 卽以解脫神通之力으로 如其所應하여 爲現色身하사 令彼一切諸菩薩衆으로 皆見普賢이 親近如來하여 於此一切菩薩衆中에 坐蓮華座하며 亦見於餘一切世界一切佛所에 從彼次第相續而來하며 亦見在彼一切佛所하여 演說一切諸菩薩行하며 開示一切智智之道하며 闡明一切菩薩神通하며 分別一切菩薩威德하며 示現一切三世諸佛케하신대
그때 보현보살이 해탈과 신통의 힘으로 마땅하게 형상 몸을 나타내어 모든 보살들로 하여금 (1) 보현보살이 여래와

친근하게 이 보살 대중 가운데서 연꽃 자리에 앉았음을 보게 하며, (2) 또 다른 모든 세계의 여러 부처님 계신 데서 차례차례 계속하여 오는 것을 보게 하며, (3) 또 저 부처님들 계신 데서 다른 여러 보살의 행을 연설하며 온갖 지혜의 지혜를 열어 보이며, (4) 모든 보살의 신통을 밝히며, (5) 모든 보살의 위업과 공덕을 분별하며, 세 세상의 모든 부처님을 나타냄을 보게 하였다.

[疏] 第六, 爾時普賢下는 爲現身相이라 於中에 五니 一, 爲衆現身이라 不見은 顯深이요 現은 不礙用故니라

■ (바) 爾時普賢 아래는 중생을 위해 보현보살이 몸을 나타냄이다. 그 중에 다섯이니 ㄱ. 중생을 위하여 몸을 나타냄이니, 보지 못함은 깊음을 밝힌 것이요, 나타냄은 장애되지 않는 작용인 까닭이다.

ㄴ. 대중이 보고는 환희하고 공경하다[衆覩喜敬] (二是 21下10)

是時에 普眼菩薩과 及一切菩薩衆이 見此神變하고 其心踊躍하여 生大歡喜하사 莫不頂禮普賢菩薩하여 心生尊重하되 如見十方一切諸佛이러라

이때에 보안보살과 모든 보살들이 이러한 신통변화를 보고 기뻐 뛰놀며 크게 환희하여 보현보살에게 엎드려 절하고 존중하게 생각하여 시방의 모든 부처님을 뵈옵는 듯이 하였다.

[疏] 二, 是時普眼下는 衆覩喜敬이요
- ㄴ. 是時普眼 아래는 대중이 보고는 환희하고 공경함이요,

ㄷ. 서상을 나투어 이익을 이루다[現瑞成益] (三是 22上10)

是時에 以佛大威神力과 及諸菩薩信解之力과 普賢菩薩本願力故로 自然而雨十千種雲하니 所謂種種華雲과 種種鬘雲과 種種香雲과 種種末香雲과 種種蓋雲과 種種衣雲과 種種嚴具雲과 種種珍寶雲과 種種燒香雲과 種種繒綵雲이며 不可說世界가 六種震動하며 奏天音樂에 其聲이 遠聞하며 不可說世界에 放大光明하니 其光이 普照不可說世界하여 令三惡趣로 悉得除滅하며 嚴淨不可說世界하여 令不可說菩薩로 入普賢行하며 不可說菩薩로 成普賢行하며 不可說菩薩로 於普賢行願에 悉得圓滿하여 成阿耨多羅三藐三菩提케하시니라
이때에 부처님의 큰 위신력과 보살들의 믿고 이해하는 힘과 보현보살의 본래의 서원력으로써 10천 가지 구름이 저절로 내리니 곧 가지가지 꽃 구름 · 가지가지 화만 구름 · 가지가지 향 구름 · 가지가지 가루 향 구름 · 가지가지 일산 구름 · 가지가지 옷 구름 · 가지가지 장엄거리 구름 · 가지가지 보배 구름 · 가지가지 사르는 향 구름 · 가지가지 비단 구름들이다. 말할 수 없는 세계가 여섯 가지로 진동하며 하늘 음악을 연주하니 그 소리가 말할 수 없는 세계에 멀리 들리고, 큰 광명을 놓으니 그 광명이 말할 수 없는 세계에 두

루 비치며, 세 나쁜 길이 모두 없어져서 말할 수 없는 세계가 모두 깨끗하여지며, 말할 수 없는 보살로 하여금 보현의 행에 들게 하고, 말할 수 없는 보살이 보현의 행을 이루고, 말할 수 없는 보살이 보현의 행과 원을 원만하여 아뇩다라삼먁삼보리를 이루게 하였다.

[疏] 三, 是時以佛下는 現瑞成益이요
- ㄷ. 是時以佛 아래는 서상을 나투어 이익을 이룸이다.

ㄹ. 공덕이 깊고 광대함을 찬탄하다[歎德深廣] (四爾 22下5)

爾時에 普眼菩薩이 白佛言하시되 世尊이여 普賢菩薩은 是住大威德者며 住無等者며 住無過者며 住不退者며 住平等者며 住不壞者며 住一切差別法者며 住一切無差別法者며 住一切衆生善巧心所住者며 住一切法自在解脫三昧者니이다

그때 보안보살이 부처님께 여쭈었다. "세존이시여, 보현보살은 큰 위엄과 덕망에 머무른 이며, 같을 이 없는 데 머무른 이며, 지나갈 이 없는 데 머무른 이며, 물러나지 않는 데 머무른 이며, 평등한 데 머무른 이며, 무너지지 않는 데 머무른 이며, 모든 차별한 법에 머무른 이며, 모든 차별이 없는 법에 머무른 이며, 일체중생이 공교한 마음으로 머물러 있는 데 머무른 이며, 일체 법에 자유로운 해탈과 삼매에 머무른 이니이다."

[疏] 四, 爾時普眼下는 歎德廣深이라 於中에 十句니라 無等者는 下無等故요 無過者는 上無過故라 餘는 可知니라

■ ㄹ. 爾時普眼 아래는 공덕이 깊고 광대함을 찬탄함이다. 그중에 열 구절이 있다. '같을 이 없음'은 아래로 같지 않기 때문이요, '지나갈 이 없음'은 위로 초과함이 없는 까닭이요, 나머지 구절은 알 수 있으리라.

ㅁ. 여래께서 인정하고 말하다[如來印述] (五佛 23上2)

佛言하시되 如是如是하다 普眼이여 如汝所說하여 普賢菩薩이 有阿僧祇淸淨功德하니 所謂無等莊嚴功德과 無量寶功德과 不思議海功德과 無量相功德과 無邊雲功德과 無邊際不可稱讚功德과 無盡法功德과 不可說功德과 一切佛功德과 稱揚讚歎不可盡功德이니라

부처님이 말씀하셨다. "그러하니라. 보안이여, 그대의 말과 같이 보현보살은 아승지 청정한 공덕이 있으니, 이른바 (1) 같을 이 없이 장엄한 공덕과 (2) 한량없는 보배 공덕과 (3) 헤아릴 수 없는 바다 공덕과 (4) 한량없는 상호 공덕과 (5) 그지없는 구름 공덕과 (6) 가이없고 칭찬할 수 없는 공덕과 (7) 다함없는 법의 공덕과 (8) 말할 수 없는 공덕과 (9) 모든 부처님의 공덕과 (10) 칭찬으로 다할 수 없는 공덕이니라."

[疏] 五, 佛言如是下는 如來印述이라 初, 印이요 後, 述이라 述中에 十一句니 初句는 總이요 後, 所謂下는 別이라 別有十德하니 一, 二嚴德이

요 二, 圓明德이요 三, 深廣德이요 四, 色相德이요 五, 慈覆德이요 六, 超勝德이요 七, 知法德이요 八, 絕言德이요 九, 同佛德이요 十, 讚無盡德이니라

- ㅁ. 佛言如是 아래는 여래께서 인정하고 말함이다. ㄱ) 처음은 인정하고 ㄴ) 뒤는 말함이다. ㄴ) 말함 중에 11구절이 있으니 (ㄱ) 첫 구절[阿僧祇清淨功德]은 총상이요, (ㄴ) 所謂 아래는 별상이다. (ㄴ) 별상 중에 열 가지 덕이 있으니 a. 두 가지로 장엄한 덕이요, b. 두렷하고 밝은 덕이요, c. 깊고 광대한 덕이요, d. 형색의 덕이요, e. 자비로 덮어 주는 덕이요, f. 뛰어나고 훌륭한 덕이요, g. 법을 아는 덕이요, h. 말이 끊어진 덕이요, i. 부처님과 똑같은 덕이요, j. 그지없는 공덕을 찬탄함이다.

라. 본분[本分] 2.

가) 총합하여 과목 나누다[總科] (大文 23上9)

爾時에 如來가 告普賢菩薩言하시되 普賢이여 汝應爲普眼과 及此會中諸菩薩衆하여 說十大三昧하여 令得善入하여 成滿普賢의 所有行願하라

그때 부처님이 보현보살에게 말씀하셨다. "보현이여, 그대는 보안과 여기 모인 여러 보살들을 위하여 열 가지 삼매를 말하여서 그들로 하여금 보현의 온갖 행과 원에 들어가 원만히 이루게 하라.

[疏] 大文第四, 爾時如來告下는 本文이라 有四하니 一, 擧益令說이요 二, 何者下는 列所說名이요 三, 此十大下는 歎定勝德이요 四, 是故普賢下는 結勸成益이라
- 큰 문단으로 라. 爾時如來告 아래는 본분에 넷이 있다. (가) 이익을 거론하며 말하게 함이요, (나) 何者 아래는 삼매의 명칭을 나열함이요, (다) 此十大 아래는 삼매가 뛰어난 공덕을 찬탄함이요, (라) 是故普賢 아래는 이룬 이익을 결론하며 권함이다.

나) 과목에 따라 해석하다[隨釋] 4.

(가) 이익을 거론하며 말하게 하다[擧益令說] 2.
ㄱ. 말하여 이룬 이익을 들며 권유하다[勸說成益] (今初 23下1)
ㄴ. 사례를 인용하여 증명하고 권유하다[引例證勸] (後諸)

諸菩薩摩訶薩이 說此十大三昧故로 令過去菩薩로 已得出離하며 現在菩薩로 令得出離하며 未來菩薩로 當得出離하나니
모든 보살마하살이 이 열 가지 큰 삼매를 말함으로써 과거 보살들은 이미 뛰어났고, 현재 보살들은 지금 뛰어나고, 미래 보살들은 장차 뛰어나게 되리라.

[疏] 今初라 分二니 初, 勸說成益이요 後, 諸菩薩下는 引例證勸이라 以三世諸菩薩이 若說此定하면 皆成益故니라
- 지금은 (가) (이익을 거론하며 말하게 함)을 둘로 나누니 ㄱ. 말하여 이

룬 이익을 권유함이요, ㄴ. 諸菩薩 아래는 사례를 인용하여 증명하고 권유함이다. 삼세의 모든 보살이 만일 이런 삼매를 말하면 모두 이익을 이루는 까닭이다.

(나) 삼매의 명칭을 나열하다[列所說名] (第二 24上2)

何者爲十고 一者는 普光大三昧요 二者는 妙光大三昧요 三者는 次第徧往諸佛國土大三昧요 四者는 淸淨深心行大三昧요 五者는 知過去莊嚴藏大三昧요 六者는 智光明藏大三昧요 七者는 了知一切世界佛莊嚴大三昧요 八者는 衆生差別身大三昧요 九者는 法界自在大三昧요 十者는 無礙輪大三昧라

무엇이 열인가? 하나는 넓은 광명 큰 삼매요, 둘은 묘한 광명 큰 삼매요, 셋은 여러 부처님 국토에 차례로 가는 큰 삼매요, 넷은 청정하고 깊은 마음인 큰 삼매요, 다섯은 과거의 장엄한 갈무리를 아는 큰 삼매요, 여섯은 지혜 광명의 갈무리인 큰 삼매요, 일곱은 모든 세계의 부처님 장엄을 아는 큰 삼매요, 여덟은 중생의 차별한 몸인 큰 삼매요, 아홉은 법계에 자유자재하는 큰 삼매요, 열은 걸림 없는 바퀴인 큰 삼매이니라.

[疏] 第二, 列名中에 皆云大者는 因滿之定이 稱法界故라 一, 普光者는 身心業用이 周徧全包가 爲普요 智照自在가 名光이니라 二, 妙光者는 身智徧照가 爲光이요 勝用交暎이 爲妙니라 三, 十方無餘之刹에 皆至入定이 爲徧往이요 往無雜亂하여 不礙時節歷然이 爲次第라 卽

能起用을 名神通이니 以智用이 如理하여 本自徧故니라 四, 明達諸法이 本自淸淨하여 離於想念하고 契理深心이요 依此起用하여 徧供諸佛하며 請法起說이 名之爲行이니라 五, 佛出劫刹等事를 皆名莊嚴이니 過去門中에 包此無盡이 爲藏이라 亦名過去淸淨藏者는 入定能入劫호대 一念無緣하며 起定能受法호대 三輪無着일새 皆名淸淨이니라 六, 未來藏中에 包含諸佛과 及佛法等을 名之爲藏이요 智慧徹照를 稱曰光明이니라 七, 現在諸佛의 作用과 衆會와 身相盆物을 皆曰莊嚴이니 橫徧十方일새 故云一切요 現可目覩일새 故不云藏이니라 八, 於差別衆生의 身內外에 入定起定이 皆自在故라 雖通三種世間이나 從多하여 但云衆生이라 前後諸定을 皆從多說이니라 九, 於眼等十八界에 自在入出이니라 又知事法界邊際가 與理法界로 無礙自在故니라 十, 無礙輪者는 三輪攝化가 皆自在故라 又得十無礙하여 滿佛果故로 無盡大用이 一一無礙하여 皆悉圓滿하여 能摧伏故며 尋初後際에 不得邊故니라

■ (나) 삼매의 명칭을 나열함 중에 모두 '크다'고 말한 것은 인행이 원만한 삼매가 법계와 칭합한 까닭이다. ㊀ 넓은 광명은 몸과 마음의 업과 작용이 널리 두루 완전히 포섭함을 '넓다'고 하고, 지혜로 비춤이 자재함을 '광명'이라 이름한다. ㊁ 묘한 광명은 몸과 지혜로 두루 비춤을 '광명'이라 하고, 뛰어난 작용이 서로 비침이 '묘함'이라 한다. ㊂ 시방으로 남김 없는 국토에 모두 이르러 선정에 드는 것이 '두루 감'이 되고, 가도 잡란함이 없어서 시절이 역연함에 장애되지 않음이 '차제'가 되었다. 곧 능히 작용을 일으킴을 '신통'이라 말하나니, 지혜의 작용이 이치와 같아서 본래 자연히 두루한 까닭이다. ㊃ 모든 법이 본래 스스로 청정함을 분명하게 통달하여 생각으로 기억함을 여

의고, 이치와 계합한 깊은 마음이요, 여기에 의지하여 작용을 일으켜서 두루 모든 부처님께 공양 올리며, 법문을 청하고 설법을 시작함을 이름하여 '행한다'고 한다. ㉕ 부처님이 겁과 국토 등의 일에 출현함을 모두 장엄이라 하나니, 과거 문 중에 이런 다함없음을 포섭하여 창고를 삼았다. 또한 '과거 청정한 창고라 이름한다'는 것은 선정에 들 적에 능히 겁에 들어가되 찰나간도 인연이 없어서 선정에서 일어나 능히 법을 받되 삼륜(三輪)이 집착 없음을 모두 '청정하다'고 말한다. ㉖ 미래의 창고 중에 부처님과 불법 따위를 포함하는 것을 이름하여 '창고'라 하였고, 지혜로 사무치게 비춤을 일컬어 '광명'이라 말한다. ㉗ 현재의 모든 부처님의 작용과 대중 모임과 몸의 양상으로 중생을 이익함을 모두 '장엄'이라 칭하나니, 가로로 시방에 두루하므로 '온갖 것'이라 말하고, 현재에 눈으로 볼 수 있으므로 '창고'라 말한다. ㉘ 차별된 중생의 몸에 안팎으로 선정에 들고 선정에서 일어남에 모두 자재하기 때문이다. 비록 세 가지 세간에 통하더라도 많은 것을 따라서 단지 말하되, '중생이 앞뒤로 모두 선정인 것'은 모두 많은 것부터 말하였다. ㉙ 눈 등 18계에서 자재로이 들고 남이다. 또한 현상법계의 끝이 이치의 법계와 무애하고 자재함을 아는 까닭이다. ㉚ 장애 없는 바퀴란 삼륜으로 섭수하고 교화하여 모두 자재한 까닭이다. 또한 열 가지 무애하여 부처님의 과덕을 만족함을 얻은 연고로 그지없는 큰 작용은 낱낱이 무애하여 모두 다 원만하여 능히 꺾어서 조복하는 연고며 처음과 나중의 경계를 찾아서 끝을 얻지 못하는 까닭이다.

(다) 삼매의 뛰어난 공덕을 찬탄하다[歎定勝德] 4.

ㄱ. 사람을 잡아서 찬탄하다[約人以歎] (第三 25上3)

此十大三昧는 諸大菩薩이 乃能善入하며 去來現在一切
諸佛이 已說當說現說이시니라

이 열 가지 큰 삼매는 여러 큰 보살들이 잘 들어갔으며, 과거·미래·현재의 부처님이 이미 말했고, 장차 말하고, 지금 말하느니라.

[疏] 第三, 歎定勝德이라 於中에 四니 一, 約人以歎이니 人勝故로 法勝이라
(다) 삼매의 뛰어난 공덕을 찬탄함이다. 그중에 넷이니 ㄱ. 사람을 잡아서 찬탄함이니, 사람이 뛰어난 연고로 법이 뛰어나다는 뜻이다.

ㄴ. 수행을 잡아서 찬탄하다[約修以歎] 2.

ㄱ) 수행으로 성취하다[修成] (二若 25上6)
ㄴ) 수행으로 얻은 이익[修益] 2.
(ㄱ) 위로 부처님 깨달음과 같다[上等佛果] (後如)

若諸菩薩이 愛樂尊重하여 修習不懈하면 則得成就하리
니 如是之人은 則名爲佛이며 則名如來며 亦則名爲得十
力人이며 亦名導師며 亦名大導師며 亦名一切智며 亦名
一切見이며 亦名住無礙며 亦名達諸境이며 亦名一切法
自在니라

만일 여러 보살이 사랑하고 존중하여 닦아 익히고 게으르지 아니하면 곧 성취하게 되리니, 이런 사람을 이름하여 부처라 하고, 여래라 하며, 열 가지 힘을 얻은 이라 하고, 길잡

이라 하며, 큰 길잡이라 하고, 온갖 지혜라 하며, 온갖 것 보는 이라 하고, 걸림 없는 데 머뭄이라 하며, 모든 경계를 통달함이라 하고, 온갖 법에 자유로운 이라 하느니라.

[疏] 二, 若諸菩薩下는 約修以歎이라 於中에 二니 先, 明修成이요 後, 如是下는 修益이라 於中에 亦二니 初, 有十句는 明上等佛果요

■ ㄴ. 若諸菩薩 아래는 수행을 잡아서 찬탄함이다. 그중에 둘이니 ㄱ) 수행으로 성취함을 밝힘이요, ㄴ) 如是 아래는 수행으로 얻은 이익이다. 그중에 또한 둘이니 (ㄱ)에 열 구절이 있으니 위로 부처님 과덕과 같음을 밝힘이요,

[鈔] 初有十句者는 亦是等覺之義가 顯矣니라 然이나 一品始末이 等佛義 多하니라

● '(ㄱ)에 열 구절이 있다'는 것은 또한 등각(等覺)의 뜻이 뚜렷하다. 그러나 한 품의 시작과 끝이 부처님과 같다는 이치가 대부분이다.

(ㄴ) 몸과 지혜가 두루하다[身智周徧] (後此 26上1)

此菩薩이 普入一切世界하되 而於世界에 無所着하며 普入一切衆生界하되 而於衆生에 無所取하며 普入一切身하되 而於身에 無所礙하며 普入一切法界하되 而知法界 無有邊하며 親近三世一切佛하며 明見一切諸佛法하며 巧說一切文字하며 了達一切假名하며 成就一切菩薩淸淨道하며 安住一切菩薩差別行하며 於一念中에 普得一

切三世智하며 普知一切三世法하며 普說一切諸佛敎하며 普轉一切不退輪하며 於去來現在一一世에 普證一切菩提道하며 於此一一菩提中에 普了一切佛所說하나니라
(1) 이 보살은 모든 세계에 두루 들어가되 세계에 집착하지 아니하며, (2) 모든 중생 세계에 두루 들어가되 중생에 취하는 것이 없으며, (3) 모든 몸에 두루 들어가되 몸에 걸리지 아니하며, (4) 모든 법계에 두루 들어가되 법계가 끝이 없음을 알며, (5) 삼세의 모든 부처님을 친근하며, (6) 모든 부처님 법을 분명히 보고 모든 문자를 교묘하게 말하며, (7) 모든 불의 이름을 통달하고 모든 보살의 청정한 도를 성취하며, (8) 모든 보살의 차별한 행에 편안히 머물며, (9) 잠깐 동안에 일체 삼세의 지혜를 두루 얻으며, (10) 일체 삼세의 법을 두루 알며, (11) 일체 부처님의 가르침을 두루 말하며, (12) 모든 물러나지 않는 바퀴를 두루 굴리며, (13) 과거·미래·현재의 낱낱 세상에 일체 보리의 도를 두루 증득하며, (14) 이 낱낱 보리에서 일체 부처님의 말씀하신 것을 두루 아느니라.

[疏] 後, 此菩薩普入下는 明身智周徧이라 皆言普入者는 一一皆窮帝網境故라 文顯이니 可知니라

■ (ㄴ) 此菩薩普入 아래는 몸과 지혜가 두루함을 밝힘이다. 모두에 '두루 들어간다'고 말한 것은 낱낱이 모두 인드라망 경계를 다하는 까닭이다. 경문이 밝으니 알 수 있으리라.

ㄷ. 법에 바로 나아가 찬탄하다[直就法歎] (三此 26上8)

此是諸菩薩法相門이며 是諸菩薩智覺門이며 是一切種智無勝幢門이며 是普賢菩薩諸行願門이며 是猛利神通誓願門이며 是一切總持辯才門이며 是三世諸法差別門이며 是一切諸佛示現門이며 是以薩婆若로 安立一切衆生門이며 是以佛神力으로 嚴淨一切世界門이니라
이것은 여러 보살의 법상의 문이며, 여러 보살의 깨닫는 문이며, 갖가지 지혜의 이길 이 없는 당기 문이며, 보현보살의 행과 원의 문이며, 용맹한 신통과 서원의 문이며, 모든 것을 다 지닌 변재의 문이며, 삼세의 모든 법의 차별한 문이며, 모든 부처님의 나타내는 문이며, 살바야로써 일체중생을 차례차례 건립하는 문이며, 부처님의 신통으로 일체 세계를 장엄하는 문이니라.

[疏] 三, 此是諸菩薩下는 直就法歎이라 明此十定이 該攝諸法의 體相用 等호대 一一超勝故라 十門五對니 一, 境智通悟요 二, 因果遊入이요 三, 通辯出處요 四, 佛法所從이요 五, 嚴土攝生이 罔不由此니라

■ ㄷ. 此是諸菩薩 아래는 법에 바로 나아가 찬탄함이다. 이런 열 가지 삼매가 모든 법의 체성과 양상과 작용 따위를 포섭하되 낱낱이 초과하고 뛰어남을 밝힌 까닭이다. 열 개의 문이 다섯 대구인 것이니, (1) 경계와 지혜를 통달하여 깨달음이요, (2) 인행과 과덕에 자유로이 들어감이요, (3) 나온 곳을 통틀어 밝힘이요, (4) 부처님과 법이 나온 곳이요, (5) 국토를 장엄함과 중생을 포섭함이 이로 말미암지 않음이

없다는 뜻이다.

ㄹ. 증득을 잡아서 찬탄하다[約證以歎] 2.
ㄱ) 뛰어난 공덕이 무한하다[明勝德無限] (四若 26下7)

若菩薩이 入此三昧하면 得法界力하여 無有窮盡하며 得虛空行하여 無有障礙하며 得法王位하여 無量自在가 譬如世間에 灌頂受職하며 得無邊智하여 一切通達하며 得廣大力하여 十種圓滿하며 成無諍心하여 入寂滅際하며 大悲無畏가 猶如師子하며 爲智慧丈夫하며 然正法明燈하며 一切功德을 歎不可盡일새 聲聞獨覺이 莫能思議하며

만일 보살이 이 삼매에 들어가면 (1) 법계의 힘을 얻어 다함이 없고, (2) 허공같이 행함을 얻어 걸림이 없고, (3) 법왕의 지위를 얻어 한량없이 자유로움이 마치 세간에서 정수리에 물을 부어 직책을 받음과 같으며, (4) 그지없는 지혜를 얻어 모든 것을 통달하며, (5) 광대한 힘을 얻어 열 가지가 원만하며, (6) 다투지 않는 마음을 이루어 고요한 경계에 들어가며, (7) 가엾이 여김으로 두려움 없음이 사자와 같으며, (8) 지혜 있는 대장부가 되어 바른 법의 등을 켜며, (9) 모든 공덕을 이루 찬탄할 수 없으며, (10) 성문이나 독각으로는 헤아리지 못하느니라.

[疏] 四, 菩薩入此下는 約證以歎이라 前約修歎은 望於佛果하여 以顯終同이요 此約證歎은 直就此定하여 以明業用이라 亦二十句니 前十은

明勝德無限이니 文顯可知니라

- ㄹ. 菩薩入此 아래는 증득을 잡아서 찬탄함이다. ㄱ) 수행을 잡아서 찬탄함은 부처님 과덕을 바라보고 끝까지 같아짐을 밝힌 것이다. ㄴ) 증득을 잡아서 찬탄함은 바로 이런 선정에 입각하여 업과 작용을 밝혔다. 또한 20구절이니 ㄱ) 앞의 열 구절은 뛰어난 공덕이 무한함이다. 경문이 뚜렷하니 알 수 있으리라.

ㄴ) 지혜의 공덕이 자재하다[明智德自在] (後得 27上6)

得法界智하여 住無動際하되 而能隨俗하여 種種開演하며 住於無相하되 善入法相하며 得自性淸淨藏하여 生如來淸淨家하며 善開種種差別法門하되 而以智慧로 了無所有하며 善知於時하여 常行法施하며 開悟一切일새 名爲智者며 普攝衆生하여 悉令淸淨하며 以方便智로 示成佛道하되 而常修行菩薩之行하여 無有斷盡하며 入一切智方便境界하며 示現種種廣大神通하나니

(11) 법계의 지혜를 얻어 흔들리지 않는 경계에 머물렀지마는 세속을 따라서 가지가지로 연설하며, (12) 형상 없는 데 머물렀지마는 법의 모양에 잘 들어가며, (13) 제 성품이 청정한 광을 얻어 여래의 청정한 가문에 태어나며, (14) 가지가지 차별한 법문을 열지마는 지혜로써 아무 것도 없음을 알며, (15) 시기를 잘 알아서 항상 법으로 보시함을 행하며, (16) 온갖 것을 깨우치어 지혜 있는 이라 이름하며, (17) 중생들을 널리 포섭하여 모두 청정케 하며, (18) 방편의 지혜

로 부처의 도를 이루지마는 (19) 보살의 행을 항상 닦아서 끊임이 없으며, (20) 온갖 지혜와 방편의 경계에 들어가서 가지가지 광대한 신통을 나타내느니라.

[疏] 後, 得法界智下는 明智德自在니라
- ㄴ) 得法界智 아래는 지혜 공덕이 자재함을 밝힘이요,

(라) 이룬 이익을 결론하면서 말하기를 권하다[結勸成益] (第四 27上9)

是故普賢이여 汝今應當分別廣說一切菩薩의 十大三昧니 今此衆會가 咸皆願聞이니라
그러므로 보현이여, 그대는 이제 일체 보살의 열 가지 큰 삼매를 분별해서 말하라. 여기 모인 이들이 모두 듣기를 원하느니라."

[疏] 第四, 結勸이라 文並可知로다
- (라) 이룬 이익을 결론하면서 말하기를 권함이니, 경문과 함께하면 알 수 있으리라.

마. 설법하는 부분[說分] 2.

가) 과목 나누기[分科] (大文 27下2)

[疏] 文第五, 爾時普賢下는 說分中에 三이니 初, 承旨總告요 二, 佛子云

何下는 別釋十定이요 三, 第四十三卷末에 云, 佛子此是下는 總結十數니라

- 큰 문단으로 마. 爾時普賢 아래는 설법하는 부분 중에 셋이니, (가) 뜻을 받들고 총합하여 고함이요, (나) 佛子云何 아래는 열 가지 삼매를 개별로 해석함이요, (다) 본경 제43권 끝에 말한 佛子此是 아래는 열 가지 삼매의 숫자를 총합하여 결론함이다.

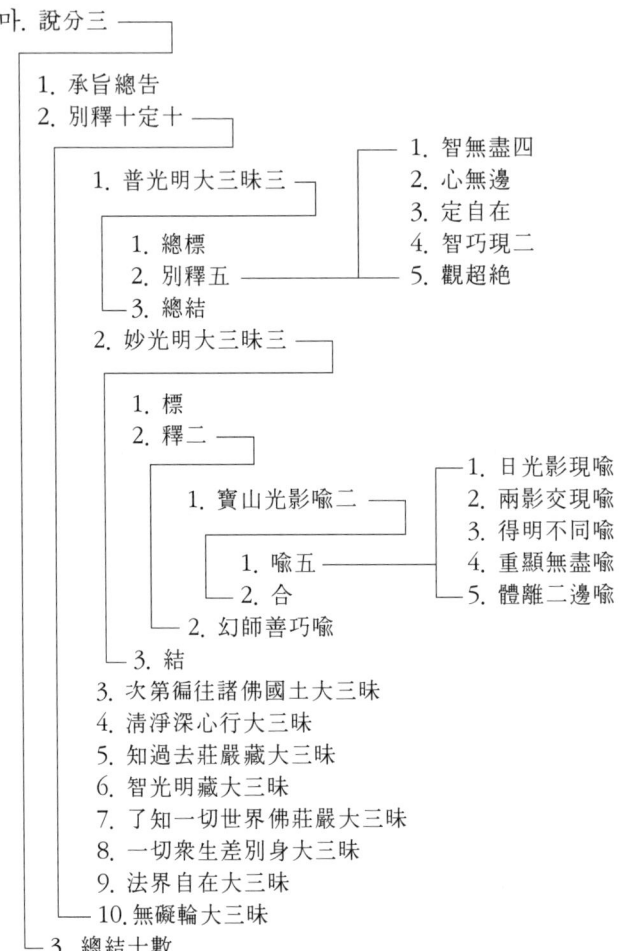

나) 과목에 따라 해석하다[隨釋] 3.
(가) 뜻을 받들고 총합하여 고하다[承旨總告] (經/爾時 27上10)

爾時에 普賢菩薩이 承如來旨하사 觀普眼等諸菩薩衆하고 而告之言하시되
이때 보현보살이 부처님의 뜻을 받자와 보안 등 보살 대중을 살펴보고 말하였다.

(나) 열 가지 삼매를 개별로 해석하다[別釋十定] 10.
ㄱ. 넓은 광명이 광대한 삼매[普光明大三昧] 3.

ㄱ) 총합하여 표방하다[總標] (二中 27下6)

佛子여 云何爲菩薩摩訶薩의 普光明三昧오
"불자여, 어떤 것을 보살마하살의 넓은 광명 삼매라 하는가?

[疏] 二中에 十定은 卽爲十段이니 各有標와 釋과 結이니라
- (나) 중에 열 가지 삼매는 곧 열 문단이니 (거기에) 각기 ㄱ) 표방함과 ㄴ) 해석함과 ㄷ) 결론함이 있다.

ㄴ) 개별로 해석하다[別釋] 5.
(ㄱ) 열 가지 그지없는 지혜[智無盡] 4.

a. 표방하다[標] (就初 28上3)
b. 질문하다[徵] (經/何者)
c. 해석하다[釋] (今初)

佛子여 此菩薩摩訶薩이 有十種無盡法하니 何者爲十고 所謂諸佛出現智無盡과 衆生變化智無盡과 世界如影智無盡과 深入法界智無盡과 善攝菩薩智無盡과 菩薩不退智無盡과 善觀一切法義智無盡과 善持心力智無盡과 住廣大菩提心智無盡과 住一切佛法一切智願力智無盡이라 불자여, 이 보살마하살이 열 가지 다함이 없는 법이 있으니, 무엇이 열인가? 이른바 (1) 여러 부처님의 나타내시는 지혜가 다함이 없고, (2) 중생의 변화하는 지혜가 다함이 없고, (3) 세계가 그림자 같은 지혜가 다함이 없고, (4) 법계에 깊이 들어가는 지혜가 다함이 없고, (5) 보살을 잘 거두는 지혜가 다함이 없고, (6) 보살의 물러나지 않는 지혜가 다함이 없고, (7) 온갖 법의 뜻을 잘 관찰하는 지혜가 다함이 없고, (8) 마음의 힘을 잘 가지는 지혜가 다함이 없고, (9) 광대한 보리심에 머무는 지혜가 다함이 없고, (10) 온갖 불법과 온갖 지혜와 원력에 머무는 지혜가 다함이 없느니라.

[疏] 就初定釋이라 中에 分五니 一, 智無盡이요 二, 心無邊이요 三, 定自在요 四, 智巧現이요 五, 觀超絶이라 各有佛子하여 以爲揀別하니라 五中에 初二는 定方便이요 次一은 定體요 後二는 定用이니라 又前三에 各有標와 徵과 釋과 結이니라 今初釋中에 十句五對니 初二는 所事

所化요 次二는 化處化法이라 如影者는 無實故며 隨現故라 次二는 攝護始終이요 次二는 所持能持요 後二는 始心終願이니라

- ㄱ. 넓은 광명이 광대한 삼매에 입각하여 해석함이다. 그중에 다섯으로 나누리니 (ㄱ) 열 가지 그지없는 지혜요, (ㄴ) 열 가지 그지없는 마음이요, (ㄷ) 열 가지로 삼매에 들어가는 차별한 지혜요, (ㄹ) 열 가지로 큰 삼매에 들어가는 교묘한 지혜요, (ㅁ) 초출하고 뛰어난 삼매의 이익이다. 각기 불 자(佛子)가 있으니 구분하기 위함이다. 다섯 중에 처음 둘[(1)智無盡 (2)心無邊]은 삼매의 방편이요, 다음 하나[(3)定自在]는 삼매의 체성이요, 뒤의 둘[(4)智巧現 (5)觀超絶]은 삼매의 작용이다. 또한 앞의 셋[智無盡, 心無邊, 定自在]은 각기 a. 표방함과 b. 질문함과 c. 해석함과 d. 결론함이 있다. 지금은 (ㄱ)이니 c. 해석함 중에 열 구절이 다섯 대구이니, a) 처음 두 구절[諸佛出現智無盡, 衆生變化智無盡]은 섬길 대상과 교화할 대상이요, b) 다음 두 구절[世界如影智無盡, 深入法界智無盡]은 교화할 장소와 교화할 법이다. '그림자 같은 것'이란 실법이 없는 까닭이며, 따라 나타나는 까닭이다. c) 다음 두 구절[善攝菩薩智無盡, 菩薩不退智無盡]은 섭수하고 보호하는 시작과 끝이요, d) 다음 두 구절[善觀一切法義智無盡, 善持心力智無盡]은 지킬 대상과 지키는 주체요, e) 뒤의 두 구절[住廣大菩提心智無盡, 住一切佛法一切智願力智無盡]은 시작하는 마음과 마치려는 원이다.

d. 결론하다[結] (經/是名 28上2)

佛子여 是名菩薩摩訶薩의 十種無盡法이니라
불자여, 이것을 보살마하살의 열 가지 다함이 없는 법이라

하느니라.

(ㄴ) 열 가지 그지없는 마음[心無邊] (第二 28下8)

佛子여 此菩薩摩訶薩이 發十種無邊心하나니 何等爲十고 所謂發度脫一切衆生無邊心과 發承事一切諸佛無邊心과 發供養一切諸佛無邊心과 發普見一切諸佛無邊心과 發受持一切佛法不忘失無邊心과 發示現一切佛無量神變無邊心과 發爲得佛力故로 不捨一切菩提行無邊心과 發普入一切智微細境界하여 說一切佛法無邊心과 發普入佛不思議廣大境界無邊心과 發於佛辯才에 起深志樂하여 領受諸佛法無邊心과 發示現種種自在身하여 入一切如來道場衆會無邊心이니 是爲十이니라

불자여, 이 보살마하살이 열 가지 그지없는 마음을 내나니, 무엇이 열인가? 이른바 (1) 일체중생을 제도하려는 그지없는 마음을 내고, (2) 모든 부처님을 받들어 섬기려는 그지없는 마음을 내고, (3) 모든 부처님께 공양하려는 그지없는 마음을 내고, (4) 모든 부처님을 널리 뵈오려는 그지없는 마음을 내고, (5) 모든 부처님의 법을 받아 지니어 잊지 않으려는 그지없는 마음을 내고, (6) 모든 부처의 한량없는 신통변화를 나타내려는 그지없는 마음을 내고, (7) 부처님의 힘을 얻기 위하여 온갖 보리의 행을 버리지 않으려는 그지없는 마음을 내고, (8) 온갖 지혜의 미세한 경계에 두루 들어가서 모든 부처님 법을 말하려는 그지없는 마음을 내고, (9) 부처

님의 부사의하고 넓고 큰 경계에 두루 들어가려는 그지없는 마음을 내고, (10) 부처님의 변재에 매우 좋아하는 마음을 일으키어 부처님 법을 받으려는 그지없는 마음을 내고, (11) 가지가지 자유로운 몸을 나타내어 일체 여래의 도량에 모인 대중 속에 들어가려는 그지없는 마음을 내는 것이니, 이것이 열이니라.

[疏] 第二, 心無邊者는 前은 明所知無盡이요 今에는 辨對境發心이라 以境無邊故로 心無邊이라 有十一句者는 增數十也니라

■ (ㄴ) 열 가지 그지없는 마음이란 앞은 아는 것이 다함없는 마음을 밝힘이요, 지금은 경계를 상대하여 발심함을 밝힘이니, 경계가 그지없는 연고로 마음이 다함이 없다. '11구절이 있다'는 것은 10에 숫자를 하나 더한 까닭이다.

(ㄷ) 열 가지로 삼매에 들어가는 차별한 지혜[定自在] (第三 29上6)

佛子여 此菩薩摩訶薩이 有十種入三昧差別智하니 何者爲十고 所謂東方入定西方起와 西方入定東方起와 南方入定北方起와 北方入定南方起와 東北方入定西南方起와 西南方入定東北方起와 西北方入定東南方起와 東南方入定西北方起와 下方入定上方起와 上方入定下方起니 是爲十이니라

불자여, 이 보살마하살이 열 가지로 삼매에 들어가는 차별한 지혜가 있으니 무엇이 열인가? (1) 동쪽으로 선정에 들

어 서쪽에서 일어나고, (2) 서쪽으로 선정에 들어 동쪽에서 일어나고, (3) 남쪽으로 선정에 들어 북쪽에서 일어나고, (4) 북쪽으로 선정에 들어 남쪽에서 일어나고, (5) 동북쪽으로 선정에 들어 서남쪽에서 일어나고, (6) 서남쪽으로 선정에 들어 동북쪽에서 일어나고, (7) 서북쪽으로 선정에 들어 동남쪽에서 일어나고, (8) 동남쪽으로 선정에 들어 서북쪽에서 일어나고, (9) 아래쪽으로 선정에 들어 위쪽에서 일어나고, (10) 위쪽으로 선정에 들어 아래쪽에서 일어나나니, 이것이 열이니라.

[疏] 第三, 定自在者는 由前大智大心일새 故於三昧에 自在라 方處가 非一이며 入出不同일새 故云差別이라 文並可知로다

■ (ㄷ) 열 가지로 삼매에 들어가는 차별한 지혜는 앞의 큰 지혜와 큰 마음으로 말미암은 연고로 삼매에 자재한 것이다. 방위와 처소가 하나가 아니며 들어가고 나옴이 같지 않은 연고로 차별하다고 말하였으니, 경문과 함께하면 알 수 있으리라.

(ㄹ) 열 가지로 큰 삼매에 들어가는 교묘한 지혜[智巧現] 3.
a. 표방하다[標] (第四 29下7)
b. 질문하다[徵] (經/何者)

佛子여 此菩薩摩訶薩이 有十種入大三昧善巧智하니 何者爲十고
불자여, 이 보살마하살이 열 가지로 큰 삼매에 들어가는 교

묘한 지혜가 있으니, 무엇이 열인가?

[疏] 第四, 智巧現이라 中에 分三이니 初, 標요 二, 徵이요 三, 釋이라 釋中에 三이니 初, 法說이라 於中에 二니 先, 十句는 別明展轉深細요 後, 一句는 總顯離相分明이요

■ (ㄹ) 열 가지로 큰 삼매에 들어가는 교묘한 지혜를 셋으로 나누리니 a. 표방함이요, b. 질문함이요, c. 해석함이다. c. 해석함 중에 셋이니 a) 법으로 설함이다. 그중에 둘이니 (a) 열 구절은 전전이 매우 미세함을 별도로 밝힘이요, (b) 한 구절은 모양을 여의어 분명함을 총합하여 밝힘이다.

c. 해석하다[釋] 3.

a) 법으로 설하다[法說] 2.
(a) 전전이 매우 미세함을 밝히다[別明展轉深細] (經/佛子 29上9)
(b) 모양을 여읜 분별을 총합하여 밝히다[總顯離相分別] (經/然所)

佛子여 菩薩摩訶薩이 以三千大千世界로 爲一蓮華하여 現身徧此蓮華之上하여 結跏趺坐어든 身中에 復現三千大千世界하여 其中에 有百億四天下하며 一一四天下에 現百億身하고 一一身이 入百億百億三千大千世界하여 於彼世界一一四天下에 現百億百億菩薩修行하며 一一菩薩修行에 生百億百億決定解하며 一一決定解에 令百億百億根性圓滿하며 一一根性에 成百億百億菩薩法不

退業하나니 然所現身이 非一非多며 入定出定도 無所錯亂이니라

불자여, 보살마하살이 (1) 삼천대천세계로 한 연꽃을 만들고, (2) 이 연꽃 위에 가득하게 몸을 나타내어 가부하고 앉으며, (3) 몸속에 다시 삼천대천세계를 나타내고 그 가운데 백억 사천하가 있으며, (4) 낱낱 사천하마다 백억 몸을 나타내고, (5) 낱낱 몸이 백억씩 백억의 삼천대천세계에 들어가며, (6) 저 세계의 낱낱 사천하에서 백억씩 백억의 보살이 수행함을 나타내고, (7) 낱낱 보살의 수행에 백억씩 백억의 결정한 이해를 내며, (8) 낱낱 결정한 이해마다 백억씩 백억의 근성이 원만하게 하고, (9) 낱낱 근성마다 백억씩 백억의 보살의 법이 물러나지 않는 업을 이루게 하느니라. (10) 그러나 나타내는 몸은 하나도 아니고 여럿도 아니며, 선정에 들고 선정에서 나오는 것이 어수선하지도 아니하니라.

b) 비유를 거론하다[擧喩] (二擧 30上5)

佛子여 如羅睺阿修羅王의 本身長이 七百由旬이어든 化形長十六萬八千由旬하여 於大海中에 出其半身하여 與須彌山으로 而正齊等하나니 佛子여 彼阿修羅王이 雖化其身長十六萬八千由旬이나 然亦不壞本身之相하고 諸蘊界處가 悉皆如本하여 心不錯亂하며 不於變化身에 而作他想하고 於其本身에 生非己想하며 本受生身에 恒受諸樂하고 化身도 常現種種自在神通威力하나니라

불자여, 라후라 아수라왕의 본래 몸의 키는 7백 유순이고 변화한 몸은 16만8천 유순이니, 큰 바다 속에서 그 몸의 반만 드러내어도 수미산 높이와 같으니라. 불자여, 저 아수라왕이 몸을 변화하여 16만8천 유순이 되었지마는 그 본래 몸의 형상이 변동하지도 않고 오온·18계·12처도 본래와 같아서 마음이 어수선하지도 아니하며, 변화한 몸에 대하여 다른 이라는 생각도 내지 않고, 본래 몸에 대하여 자기가 아니라는 생각도 내지 않으며, 본래 몸은 항상 여러 가지 즐거움을 받으면서 변화한 몸은 항상 여러 가지 자유로운 신통과 위엄을 나타내느니라.

[疏] 二, 擧喩오

■ b) 비유를 거론함이요,

c) 열등함으로 뛰어남과 비교하다[以劣況勝] (三佛 30下3)

佛子여 阿修羅王이 有貪恚癡하여 具足憍慢하되 尙能如是變現其身이어든 何況菩薩摩訶薩이 能深了達心法如幻하며 一切世間이 皆悉如夢하며 一切諸佛의 出興於世가 皆如影像하며 一切世界가 猶如變化하며 言語音聲이 悉皆如響하고 見如實法하여 以如實法으로 而爲其身하며 知一切法의 本性淸淨하며 了知身心의 無有實體하며 其身이 普住無量境界하며 以佛智慧廣大光明으로 淨修一切菩提之行가

불자여, 아수라왕은 탐욕과 성내는 일과 어리석음과 교묘한 마음을 갖추어 가지고도 저렇게 몸을 변화하는데, 하물며 보살마하살은 (1) 마음이 요술과 같고, (2) 모든 세간이 꿈과 같고, (3) 부처님들이 세상에 나시는 것이 영상과 같고, (4) 모든 세계는 변화한 것과 같고, (5) 음성과 말은 메아리와 같은 줄 깊이 깨달았으며, (6) 실상대로의 법을 보았고 (7) 실상대로의 법으로 몸이 되었으며, (8) 모든 법이 본래 청정한 줄을 알고 (9) 몸과 마음이 진실한 자체가 없음을 알아서, (10) 몸이 항상 한량없는 경계에 있으며, (11) 부처님의 지혜와 광대한 광명으로 온갖 보리의 행을 닦는 이일까 보냐.

[疏] 三, 佛子阿修羅下는 以劣로 況勝이라
- c) 佛子阿修羅 아래는 열등함으로 뛰어남과 비교함이다.

(ㅁ) 초출하고 뛰어난 삼매의 이익[觀超絶] (第五 30下9)

佛子여 菩薩摩訶薩이 住此三昧에 超過世間하고 遠離世間하여 無能惑亂하며 無能暎奪하나니 佛子여 譬如比丘가 觀察內身하여 住不淨觀에 審見其身이 皆是不淨인달하여 菩薩摩訶薩도 亦復如是하여 住此三昧하여 觀察法身에 見諸世間이 普入其身하여 於中에 明見一切世間과 及世間法하되 於諸世間과 及世間法에 皆無所着하나니라
불자여, 보살마하살이 이 삼매에 머물면 세상에서 초출하고 세상을 멀리 여의어서, 의혹하게 할 이도 없고 무색하게

할 이도 없느니라. 불자여, 비유컨대 비구가 마치 몸속을 관찰하여 '부정하다는 관'에 머물면 몸이 모두 부정한 줄을 보게 되듯이, 보살마하살도 그와 같아서 이 삼매에 들어서 법의 몸을 관찰하며, 여러 세간이 그 몸에 들어감을 보며, 그 가운데서 모든 세간과 세간의 법을 분명히 보지마는 세간과 세간의 법에 모두 집착하지 않느니라.

[疏] 第五, 觀超絶이라 中에 分三이니 初, 法이요 二, 喩요 三, 合이라 異前化現일새 故云法身이요 法性包含일새 故一時頓見이요 由此義故로 無能映奪일새 故云, 皆無所着이라하니라

- (ㅁ) 관법이 초출하고 뛰어남이다. 그중에 셋으로 나누리니 a. 법으로 설함이요, b. 비유로 밝힘이요, c. 법과 비유를 합함이다. 앞의 화신으로 나타남과 다르므로 법신이라 하였다. 법성에 포함된 연고로 일시에 단박 보는 것이요, 이런 뜻으로 말미암아 능히 비추어 빼앗지 못하므로, '모두 집착한 바가 없다'라고 말하였다.

ㄷ) 총합하여 결론하다[總結] (佛子 31上3)

佛子여 是名菩薩摩訶薩의 第一普光明大三昧善巧智니라
불자여, 이것을 이름하여 보살마하살의 첫째 넓은 광명 큰 삼매의 교묘한 지혜라 하느니라."

[疏] 佛子下는 總結이라
- ㄷ) 佛子 아래는 총합하여 결론함이다.

ㄴ. 미묘한 광명이 광대한 삼매[妙光明大三昧] 3.

ㄱ) 표방하다[標] (二妙 31上5)

佛子여 云何爲菩薩摩訶薩의 妙光明(大)三昧오
"불자여, 어떤 것을 보살마하살의 묘한 광명의 큰 삼매라 하는가?

[疏] 第二, 妙光明大三昧는 分三이니 初, 標라
■ ㄴ. 미묘한 광명이 광대한 삼매를 셋으로 나누리니 ㄱ) 표방함이요,

ㄴ) 해석하다[釋] 2.
(ㄱ) 법으로 설하다[法] (二釋 31下6)

佛子여 此菩薩摩訶薩이 能入三千大千世界微塵數三千大千世界하여 於一一世界에 現三千大千世界微塵數身하며 一一身에 放三千大千世界微塵數光하며 一一光에 現三千大千世界微塵數色하며 一一色에 照三千大千世界微塵數世界하며 一一世界中에 調伏三千大千世界微塵數衆生하야 是諸世界의 種種不同을 菩薩이 悉知하나니 所謂世界雜染과 世界淸淨과 世界所因과 世界建立과 世界同住와 世界光色과 世界來往의 如是一切를 菩薩이 悉知하고 菩薩이 悉入하며 是諸世界도 亦悉來入菩薩之身하되 然諸世界가 無有雜亂하고 種種諸法도 亦不壞滅

이니라

불자여, 이 보살마하살이 (1) 삼천대천세계의 티끌 수 같은 삼천대천세계에 능히 들어가고, (2) 낱낱 세계마다 삼천대천세계의 티끌 수 몸을 나타내고, (3) 낱낱 몸에서 삼천대천세계의 티끌 수 광명을 놓고, (4) 낱낱 광명에서 삼천대천세계의 티끌 수 빛을 나타내고, (5) 낱낱 빛마다 삼천대천세계의 티끌 수 세계를 비추고, (6) 낱낱 세계에서 삼천대천세계의 티끌 수 중생을 조화하여 굴복하게 하느니라. 이 여러 세계가 가지각색으로 같지 아니한 것을 보살이 모두 아나니, 이른바 (1) 세계가 더러움과 (2) 세계가 깨끗함과 (3) 세계의 인한 바와 (4) 세계가 건립되는 것과 (5) 세계가 함께 머무는 것과 (6) 세계의 빛과 (7) 세계가 가고 오는 것이니라. 이러한 모든 것을 보살이 다 알고 보살이 다 들어가며, 이 여러 세계도 모두 와서 보살의 몸에 들어가거니와, 모든 세계는 복잡하거나 어지럽지도 않고, 여러 가지 법도 파괴되지 아니하느니라.

[疏] 二, 釋이라 中에 二니 初, 法中에 四니 初, 佛子此菩薩下는 明身雲展入이요 二, 是諸世界種種下7)는 明身智俱入이요 三, 是諸世界亦悉下8)는 明其卷入이요 四, 然諸下9)는 明展卷無礙이니라

■ ㄴ) 해석함에 둘이니 (ㄱ) 법으로 설함 중에 넷이니 a. 佛子此菩薩 아래는 몸 구름을 전개하여 들어감을 밝힘이요, b. 是諸世界種種

---

7) 上七字는 南續金本作初라 하다.
8) 上七字는 南續金本無라 하다.
9) 上三字는 南續金本無라 하다.

아래는 몸과 지혜로 함께 들어감을 밝힘이요, c. 是諸世界亦悉 아래는 그 거두어 들어감을 밝힘이요, d. 然諸 아래는 펼치고 거둠에 장애 없음을 밝힘이다.

(ㄴ) 일출의 비유[喩] 2.
a. 보배 산에 광명이 비치는 비유[寶山光影喩] 2.

a) 비유로 밝히다[喩顯] 5.
(a) 일광으로 비추어 나타나는 비유[日光影現喩] (二喩 31下10)

佛子여 **譬如日出**에 **遶須彌山**하여 **照七寶山**하면 **其七寶山**과 **及寶山間**에 **皆有光影**이 **分明顯現**하여
불자여, 마치 해가 떠서 수미산을 돌면서 일곱 보배 산에 비치거든 그 일곱 보배 산과 보배 산 사이에는 모두 그림자가 있어서 분명하게 나타나는데,

[疏] 二, 喩라 文有二喩하니 喩前은 互入無雜亂義니 文分爲二라 一, 寶山光影喩에 二라 先, 喩에 有五하니 初, 佛子譬如下는 明日光影現喩라 七寶山者는 卽七金山이니 如十地末에 所列其名이라 但除妙高와 及雪香二山이라 山間에 有七香海하니 海現日影이요 山以淨金일새 亦能現影이니라

■ (ㄴ) 일출의 비유이다. 경문에 두 가지 비유가 있으니, 앞의 서로 들어감에 섞이거나 어지럽지 않은 뜻을 비유하였으니 경문을 둘로 나누었다. a. 보배산에 광명이 비치는 비유에 둘이다. 앞의 a) 비유로

밝힘에 다섯이 있으니 (a) 佛子譬如 아래는 일광으로 비추어 나타나는 비유이다. '일곱 보배 산'이란 곧 '일곱 금산[七金山]'이다. 저 십지품 끝부분에 나열한 그 명칭이다. 다만 묘고산과 설산, 향산의 두 산만은 제외하였다. 산 사이에 일곱 가지 향수해가 있으니 바다에 태양 그림자가 나타나며, 산에서 금을 야금(冶金)하였으므로 또한 능히 그림자를 나타내기도 한다.

(b) 두 가지 그림자가 서로 나타나는 비유[兩影交現喩] (第二 32上7)

其寶山上에 所有日影이 莫不顯現山間影中하며 其七山間에 所有日影도 亦悉影現山上影中하여 如是展轉更相影現이어든

보배 산 위에 있는 해의 그림자가 산과 산 사이의 그림자 속에 모두 나타나고, 일곱 산 사이에 있는 해의 그림자도 산 위에 있는 그림자 속에 나타나며, 이러하게 서로서로 겹겹으로 나타나는 것을

[疏] 二, 其寶山上下는 明兩影互現이니 正喩菩薩이 自他互入이라 以彼影明淨이 如今之鏡일새 故能互現이니라
- (b) 其寶山上 아래는 두 그림자가 서로 나타나는 비유이니, 보살이 자신과 남을 번갈아 들어감에 바로 비유하였다. 저 두 그림자가 밝고 깨끗한 것이 마치 지금의 거울과 같으므로 능히 번갈아 나타나는 것이다.

(c) 얻은 이름이 같지 않은 비유[得名不同喩] (第三 32下1)

或說日影이 出七寶山하고 或說日影이 出七山間하며 或說日影이 入七寶山하고 或說日影이 入七山間이라하나니 혹은 말하기를 해의 그림자가 일곱 보배 산에서 난다 하고, 혹은 해의 그림자가 일곱 산 사이에서 난다 하며, 혹은 해의 그림자가 일곱 보배 산에 들어간다 하고, 혹은 해의 그림자가 일곱 산 사이에 들어간다 하느니라.

[疏] 第三, 或說日影下는 得名不同이라 謂水中本影이 現山上影時에 此所現影이 從山上出하여 來入山間하며 若山上本影이 現水中影時에는 此所現影이 從山間出하여 入七金寶山上일새 故正入時에 卽名爲出이니라 所喩10)는 可知로다

■ (c) 或說日影 아래는 얻은 이름이 같지 않은 비유이다. 이른바 물속에 본래의 해 그림자가 산 위에 그림자로 비칠 때에 여기서 나타난 해 그림자는 산 위에서 나와서, 와서는 산 사이로 들어가며, 만일 산 위의 본래 해 그림자가 물속에 해 그림자로 비칠 때에는 여기서 나타난 해 그림자는 산 사이에서 나와서 일곱 보배 금산 위로 들어가는 연고로 바로 들어간 때에 곧 '해가 나온다'고 이름한 것이다. 비유한 내용은 알 수 있으리라.

(d) 거듭 나타남이 끝없는 비유[重現無盡喩] (第四 32下6)

---

10) 喩는 南續金本作謂라 하다.

但此日影이 更相照現하여 無有邊際언정
그러나 이 해의 그림자는 서로 비치고 서로 나타내어서 끝이 없거니와,

[疏] 第四, 但此下는 明重現無盡이니 喩菩薩帝網身土니라
- (d) 但此 아래는 거듭 나타남이 끝없음을 밝혔으니, 보살의 인드라망 같은 몸과 국토에 비유한 내용이다.

[鈔] 重現者는 古德이 立帝網義라 經有帝網之名이나 而無廣說之處하니 以昔에 未有此品經文故라 此一段文으로 誠可[11]證야니라
- '거듭 나툼'이란 고덕이 인드라망의 뜻을 세웠다. 경문에 인드라망의 명칭이 있지만 자세히 말한 곳은 없는데, 예전에는 이 품의 경문이 없었기 때문이다. 이 한 문단으로 진실로 증명할 수가 있다.

(e) 체성은 양변을 여읜다는 비유[體離二邊喩] (第五 33上2)

體性非有며 亦復非無라 不住於山하고 不離於山하며 不住於水하고 亦不離水인달하니라
그 자체는 있는 것도 아니고 없는 것도 아니며, 산에 머물지도 않고 산을 떠나지도 않으며, 물에 머물지도 않고 물을 떠나지도 않았느니라.

[疏] 五, 體性下는 明體離二邊이라 旣離二邊일새 故能互現호대 而無雜

---

[11] 誠可는 南續金本作可誠, 甲本作誠可誠이라 하다.

亂이라 謂取不可得故로 非有요 影現分明故로 非無라 不住不離者는 謂不住는 成上非有요 不離는 成上非無라 若有定住하면 則不能相入이요 若其離者인대 則無可相入이라 故로 不住不離하야사 方能相入이니라

- (e) 體性 아래는 체성은 양변을 여읨을 밝힘이다. 이미 양변을 여읜 연고로 능히 번갈아 나타나되 섞이고 어지럽지 않다. 이른바 취하여 얻을 수 없는 연고로 있지 않음이요, 그림자로 분명하게 나타나는 연고로 없지도 않다. 머물지도 않고 여의지도 않음은 이른바 머물지 않음은 위에 있지 않음을 성취함이요, 여의지 않음은 위의 없지 않음을 성취함이다. 만일 삼매에 머무름이 있으면 능히 서로 들어가지 못함이요, 만일 여읠 것이 있다면 서로 들어갈 수 없다. 그러므로 머물지도 않고 여의지도 않아야 비로소 능히 서로 들어간다는 뜻이다.

b) 법과 비유를 합하다[합] 2.
(a) 의미를 총합하여 밝히다[總顯意] (二佛 33下2)

佛子여 菩薩摩訶薩도 亦復如是하여 住此妙光廣大三昧에 不壞世間安立之相하고 不滅世間諸法自性하며 不住世界內하고 不住世界外하며 於諸世界에 無所分別하되 亦不壞於世界之相하며 觀一切法一相無相하되 亦不壞於諸法自性하며 住眞如性하여 恒不捨離하나니라

불자여, 보살마하살도 그와 같아서 이 묘한 광명 큰 삼매에 머무르면 (1) 세간이 제 자리에 정돈되어 있는 것을 헐지도 않고, (2) 세계의 온갖 법의 성품을 없애지도 않으며, (3) 세

계의 안에 있지도 않고 세계의 밖에 있지도 않으며, (4) 모든 세계를 분별하지 않지마는 세계의 형상을 파괴하지도 않으며, (5) 모든 법이 한 모양이어서 형상이 없음을 관찰하면서도 모든 법의 제 성품을 헐지도 아니하며, (6) 진여의 성품에 머물러서 항상 여의지 아니하느니라.

[疏] 二, 佛子下는 法合이라 直明不壞不住일새 故得互入無亂이라
- b) 佛子 아래는 법과 비유를 합함이다. 무너뜨리지 않고 머물지 않음을 바로 밝힌 연고로 번갈아 들어가도 혼란하지 않음을 얻는다.

(b) 경문을 개별로 해석하다[別釋文] 2.
㈠ 처음 네 구절을 해석하다[釋初四句] (明不 33下3)

[疏] 初二句[12]는 明不壞性相이니 謂若壞性相하면 則無可相入이라 若住內外하면 則不能相入이라 謂若住世間內하면 則不能身包世界요 若住世界外하면 則不能徧入世界라 由俱無住일새 故能互入이니라
- 처음 두 구절은 체성과 양상을 무너뜨리지 않음을 밝힘이다. 말하자면 (1) 만일 체성과 양상을 무너뜨리면 서로 들어갈 수 없으며, (2) 만일 안이나 밖에 머무르면 능히 서로 들어가지 못한다. 이른바 만일 세간의 안에 머무르면 능히 몸이 세계를 포섭할 수 있으며, 만일 세계 밖에 머무르면 능히 세계에 두루 들어갈 수 있었으며, 함께 머물지 않음으로 말미암아 능히 번갈아 들어간다는 뜻이다.

---

12) 上三字는 南續金本無라 하다.

㈡ 그 이유를 해석하다[釋其所以] 2.
① 총합하여 표방하다[總標] (次釋 33下6)
② 바로 해석하다[正釋] 2.

㉮ 두 대구의 경문의 의미를 내보이다[出兩對經文意] 2.
㉠ 바로 해석하다[正釋] (由定)

[疏] 次, 於諸世界下¹³⁾는 釋其所以라 由定無分別호대 而不壞相이요 慧觀一相호대 而不壞諸니라

- ㈡ 於諸世界 아래는 그 이유를 해석함이다. (1) 선정으로 인해 분별 없지만 양상을 무너뜨리지 않고, (2) 지혜로 한 가지 양상을 관찰하지만 모두를 무너뜨리지 않는다는 뜻이다.

[鈔] 於諸世界下는 釋上不壞不住之所以也라 此句는 標요 從由定無分別下는 正釋所以라 先은 釋兩對經文이라 前對는 約定이요 後對는 約慧라 定慧之中에 皆權實無礙며 而動靜相卽이라 上句는 釋이라 於諸境界에 無所分別하며 亦不壞於世界之相이요 次句는 慧觀一相호대 而不壞諸는 卽釋經의 觀一切法一相無相하며 亦不壞於諸法自性이니라

- ㈡ 於諸世界 아래는 위의 무너뜨리지 않고 머물지 않는 이유를 해석함이다. 이 구절은 ① 표방함이요, ② 由定無分別부터 아래는 바로 그 이유를 해석함이다. ㉮ 두 대구의 경문을 해석하니, 앞의 대구는 선정을 잡아 해석함이요, 뒤의 대구는 지혜를 잡아 해석함이다. 선정과 지혜 가운데 모두 방편과 실법에 장애함이 없으나 동요와 고요함

---

13) 上五字는 南續金本作次라 하다.

이 서로 합치한다는 뜻이다. ㉠ 위 구절은 해석함이니, 모든 경계에 대하여 분별할 대상이 없으며 또한 세계의 양상을 무너뜨리지 않는다. ㉡ 다음 구절은 지혜로 한 가지 양상을 관하되 모두를 무너뜨리지 않음은 곧 경문의 "모든 법이 한 모양이어서 형상이 없음을 관찰하며 모든 법의 제 성품을 헐지도 아니함"을 해석한 내용이다.

㉡ 결론하여 이루다[結成] (旣事 34上3)

[疏] 旣事理雙遊일새 故不壞不住라
- 이미 현상과 이치를 함께 유희하는 연고로 무너뜨리지 않고 머물지도 않는다는 뜻이다.

[鈔] 旣事理雙遊下는 結成이니 釋上의 定無分別하고 慧觀一相故로 不住也요 定不壞相하고 慧不壞諸故로 不壞也니라
又 二句中에 不壞는 卽不壞相이요 二句中에 無分別觀一相故로 卽不壞性이요 二句中에 不壞諸相故로 不住理요 二句中에 無分別觀一相故로 不住事요 故由雙遊하여 故得不壞不住니라
- ㉡ 旣事理雙遊 아래는 결론하여 이룸이니, 위의 선정이 분별함 없고 지혜로 한 모양을 관찰하는 연고로 머물지 않음이요, 선정으로 모양을 무너뜨리지 않고, 지혜로 모두를 무너뜨리지 않는 연고로 무너뜨리지 않는 것이다.

  또한 두 구절 중에 무너뜨리지 않음은 곧 모양을 무너뜨리지 않음이요, 두 구절 중에 분별함 없이 한 가지 양상을 관찰한 연고로 곧 체성을 무너뜨리지 않음이요, 두 구절 중에 모든 양상을 무너뜨리지 않은

연고로 이치에 무너뜨리지 않음이요, 두 구절 중에 분별함 없이 한 가지 양상을 관찰하는 연고로 현상에 머물지 않음이요, 그러므로 함께 유희하지 않음을 말미암은 연고로 무너뜨리지도 않고 머물지도 않음을 얻는다.

㉯ 마지막 한 구절의 의미를 내보이다[出最後一句意] 2.
㉠ 바로 해석하다[正釋] (若不 34上9)

[疏] 若不壞不住하면 則住眞如하여 恒不捨離니라
■ 만일 무너뜨리지 않고 머물지도 않으면 진여에 머물러서 항상 버리거나 여의지 않는다.

[鈔] 若不壞下는 釋經의 住眞如性하여 恒不捨離며 不壞性相故로 住眞如니 以眞如가 卽事而眞故며 由無所住일새 故住眞如라 良以諸法은 本無住故니라 若心有住하면 則爲非住故라 大品에 云, 若住一切法하면 不住般若波羅密이요 不住一切法하면 則住般若波羅密이라하며 又云, 若住一切法하면 不住一切法이요 若不住一切法하면 則住一切法이라하니라 故로 上經에 云, 一切法無住니 定處不可得이라 諸佛이 住於此하사 畢竟不動搖라하니라 善知識이 云無住住者는 則住眞如가 卽其事也니라

● ㉯ 若不壞 아래는 경문을 해석함이다. 진여의 성품에 머물러서 항상 버리거나 여의지 않으며, 체성과 양상을 무너뜨리지 않으므로 진여에 머무나니, 진여는 현상과 합치하여 진실한 연고며, 머무는 바 없음을 말미암은 연고로 진여에 머무른다. 진실로 모든 법이 본래로 머물지

않은 까닭이다. 만일 마음이 머무름이 있으면 머무름 아닌 까닭이다.『대품반야경』에 이르되, "만일 온갖 법에 머무르면 반야바라밀에 머무르지 않음이요, 온갖 법에 머물지 않으면 곧 반야바라밀에 머무는 것이다"라고 하였고, 또 말하되, "저 온갖 법에 (반야바라밀로) 머무름이 온갖 법에 머물지 않는 것이요, 저 온갖 법에 머물지 않음이 온갖 법에 (반야바라밀로) 머무르는 것이다"라고 하였다. 그러므로 위의 경문에 이르되, "온갖 법에 머무르지 않나니 정한 곳을 얻지 못하므로 모든 부처님이 여기에 머물러서 필경에 동요하지 않는다"라고 하였다. 선지식이 '머무름 없이 머문다'고 말한 것은 진여에 머무르는 것이 곧 그런 현상이다.

ⓒ 결론하여 이루다[結成] (旣卽 34下8)

[疏] 旣卽事不捨일새 故相隨性而融通이요 如無不在일새 故同眞如하여 而內外互入이니라
- 이미 현상과 합치하여 버리지 않는 연고로 모양은 성품을 따라서 원융하게 통함이요, 있지 않음이 없음과 같은 연고로 진여와 같아서 안과 밖으로 번갈아 들어간다.

[鈔] 旣卽事不捨下는 結成이라 喩中의 重現無盡之義니 謂由住卽事眞如하여 如融於事일새 事便如理하며 理旣無所不在며 身卽理故로 亦無所不徧이라 眞如는 無所不包故로 卽如之身이 亦含一切니 故云, 如無不在일새 故同眞如하여 內外互入하니라
- ⓒ 旣卽事不捨 아래는 결론하여 이룸이다. 비유 중에 다함없는 이치

를 거듭 나타낸다. 이른바 머무는 이유는 현상과 합치한 진여로 현상을 융섭함과 같아서 현상이 문득 이치와 같으며, 이치가 이미 있지 않은 곳이 없으며 몸이 이치와 합치한 연고로 또한 두루하지 않은 곳이 없다. 진여는 포함되지 않은 곳이 없는 연고로 진여와 합치한 몸도 또한 모두를 포함한다. 그러므로 말하되, "있지 않은 곳이 없음과 같은 연고로 진여와 같아서 안과 밖으로 번갈아 들어가는 것이다.

b. 요술쟁이의 비유[幻師善巧喩] 2.
a) 총합하여 비유하다[總喩] 2.

(a) 비유로 밝히다[喩] 3.
㊀ 요술하는 주체를 총합하여 밝히다[總明能幻] (二幻 35上5)
㊁ 근본에 의지하여 시간과 장소를 밝히다[依本時處] (二住)
㊂ 근본과 지말이 무애하다[本末無礙] (後不)

佛子여 譬如幻師가 善知幻術하여 住四衢道하여 作諸幻事하되 於一日中一須臾頃에 或現一日하고 或現一夜하고 或復現作七日七夜와 半月一月과 一年百年하며 隨其所欲하여 皆能示現城邑聚落과 泉流河海와 日月雲雨와 宮殿屋宅하여 如是一切를 靡不具足하되 不以示現經年歲故로 壞其根本一日一時하며 不以本時極短促故로 壞其所現日月年歲하여 幻相明現하고 本日不滅인달하나니라
불자여, 마치 요술쟁이가 요술하는 방법을 잘 알고서 길 네거리에서 요술을 부리는데, 하루 안에서 잠깐 동안에 혹 하

루를 나타내기도 하고 혹 하룻밤을 나타내기도 하며, 또 혹
은 이레·이레 밤을 나타내기도 하며, 반 달·한 달·일
년·백 년을 하고 싶은 대로 모두 나타내기도 하여, 도시·
시골·샘·냇물·강·바다·해·달·구름·비·궁전·
가옥 같은 것들을 갖추지 못하는 것이 없지마는 그 나타내
는 것이 몇 해가 된다고 해서 본래의 하루나 한시를 변동하
지 아니하며, 본래의 시간이 짧다고 해서 그 나타내는 날과
해를 변동하지 아니하나니, 요술로 만드는 모양이 분명히
나타나지마는 본래의 시간은 달라지지 아니하느니라.

[疏] 二, 幻師善巧喩라 初, 總喩에 二니 初, 喩中에 三이니 初, 佛子譬如
下는 總明能幻이요 二, 住四衢下는 明依本時處하여 現幻時處니 喩
互相入이요 後, 不以示現下는 本末互不相礙로 喩不壞相이라
■ b. 요술쟁이의 비유이다. a) 총합하여 비유함은 둘이니, (a) 비유로
밝힘에 셋이니 ㉠ 佛子譬如 아래는 요술하는 주체를 총합하여 밝힘
이요, ㉡ 住四衢 아래는 본래의 시간과 장소를 의지해서 요술을 나
타내는 시간과 장소를 밝힘이니 번갈아 서로 들어감에 비유함이요,
㉢ 不以示現 아래는 근본과 지말이 서로 장애되지 않음으로 무너뜨
리지 않는 모양에 비유함이다.

(b) 법과 비유를 합하다[합] 5.
㉠ 하나와 여럿이 서로 용납하지만 같지는 않다[一多相容不同]
(後菩 36上7)

菩薩摩訶薩도 亦復如是하여 入此妙光廣大三昧에 現阿僧祇世界하여 入一世界하되 其阿僧祇世界에 一一皆有 地水火風과 大海諸山과 城邑聚落과 園林屋宅과 天宮 龍宮과 夜叉宮과 乾闥婆宮과 阿修羅宮과 迦樓羅宮과 緊那羅宮과 摩睺羅伽宮하여 種種莊嚴이 皆悉具足하며 欲界色界無色界와 小千世界와 大千世界에 業行果報로 生此死彼와 一切世間에 所有時節인 須臾晝夜와 半月 一月과 一歲百歲와 成劫壞劫과 雜染國土와 淸淨國土와 廣大國土와 狹小國土에 於中諸佛이 出興于世하사 佛刹 淸淨하며 菩薩衆會가 周帀圍遶하며 神通自在하여 敎化 衆生하며 其諸國土의 所在方處에 無量人衆이 悉皆充滿 하며 殊形異趣의 種種衆生이 無量無邊하여 不可思議며 去來現在의 淸淨業力으로 出生無量上妙珍寶하는 如是 等事를 咸悉示現하여 入一世界하여

보살마하살도 그와 같아서 이 미묘한 광명 큰 삼매에 들고는 아승지 세계가 한 세계에 들어감을 나타내는데, 그 아승지 세계에는 날날이 땅·물·불·바람과 바다·산·도시·시골·동산·숲·집들과 천궁·용궁·야차궁·건달바궁·아수라궁·가루라왕·긴나라궁·마후라가궁이 있어 가지가지 장엄이 모두 구족하며, 욕심 세계·형상 세계·무형 세계·소천세계·대천세계와 업과 행으로 받는 과보와 여기서 죽어 저기 나는 일과 일체 세계에 있는 시절의 잠깐·낮 밤·반 달·한 달·한 해·백 년과 이루는 겁·헐어지는 겁과 더러운 국토·청정한 국토·큰 국토·

작은 국토와 그 가운데서 부처님들이 세상에 나시어서 세계가 청정하고 보살 대중이 둘러앉았으며 신통이 자재하여 중생을 교화하며, 그 세계의 가는 곳마다 한량없는 사람들이 가득 찼으며, 형상이 이상하고 길이 다른 가지각색 중생들이 한량없고 그지없어 헤아릴 수 없으며, 과거·미래·현재의 청정한 업의 힘으로 한량없는 훌륭한 보배들을 내는, 그러한 일을 모두 나타내어서 한 세계에 들어가게 하느니라.

[疏] 後, 菩薩下는 合中에 五니 一, 明一多相容不同하여 合上現多時處니라
- (b) 菩薩 아래는 법과 비유를 합함 중에 다섯이니 ㊀ 하나와 여럿이 서로 용납하지만 같지 않음을 밝혀서 위에서 여러 시간과 장소를 나타냄과 합한 내용이다.

㊁ 지혜로 살펴서 어둡지 않다[智鑑不昧] (二菩 36下1)
㊂ 근본과 지말을 무너뜨리지 않다[不壞本末] (三不)

菩薩이 於此에 普皆明見하며 普入普觀하며 普思普了하여 以無盡智로 皆如實知하되 不以彼世界多故로 壞此一世界하며 不以此世界一故로 壞彼多世界니라
보살이 여기 있어서 다 보며 두루 들어가며 두루 살피며 두루 생각하며 두루 통달하며 끝이 없는 지혜로 사실과 같이 알지마는, 저 세계가 여럿이라고 해서 이 한 세계를 파괴하지도 아니하고, 이 세계가 하나라고 해서 저 여러 세계를 파괴하지도 아니하느니라.

[疏] 二, 菩薩於此下는 明智鑑不昧하여 合前能幻之術이니라 三, 不以彼下는 合不壞本末之相이니라

■ ㊂ 菩薩於此 아래는 지혜로 살펴서 어둡지 않음을 밝혀서 앞의 요술쟁이의 기술과 합한 내용이다. ㊂ 不以彼 아래는 근본과 지말을 무너뜨리지 않는 양상과 합한 내용이다.

㊃ 그 이유를 물음에 대한 해석[釋徵所由] 2.

① 묻는 뜻을 해석하다[釋徵意] (四何 36下6)
② 의미를 해석하다[釋意] 3.
㉮ 사람을 아는 데 내가 없다[知人無我] (釋意)

何以故오 菩薩이 知一切法이 皆無我故로 是名入無命法無作法者며 菩薩이 於一切世間에 勤修行無諍法故로 是名住無我法者며 菩薩이 如實見一切身이 皆從緣起故로 是名住無衆生法者며 菩薩이 知一切生滅法이 皆從因生故로 是名住無補伽羅法者며 菩薩이 知諸法의 本性平等故로 是名住無意生無摩納婆法者며

무슨 까닭이냐? (1) 보살은 모든 법이 다 <나>가 없음을 아는 연고로 생명이 없는 법과 만듦이 없는 법에 머묾이라 하며, (2) 보살은 일체 세간에서 다툼 없는 법을 수행하였으므로 <나>가 없는 법에 머묾이라 하며, (3) 보살은 모든 몸이 인연으로부터 일어난 줄을 사실대로 아는 연고로 중생 없는 법에 머묾이라 하며, (4) 보살은 모든 생멸하는 법이

인연으로부터 생긴 것임을 아는 연고로 보특가라 없는 법
에 머문 이라 하며, (5) 보살은 모든 법의 본 성품이 평등함
을 앎으로 마음대로 나는 일이 없고 마남파 없는 법에 머문
이라 하느니라.

[疏] 四, 何以下는 徵釋14)所由니 先, 徵意에 云, 何以互入호대 得不壞相
고 釋意에 有三하니 一, 由知人無我故라 人我之相은 已見上文하니라
■ ㉣ 何以 아래는 그 이유를 물음에 대한 해석이다. ① 묻는 뜻을 해석
함에 이르되, "어떻게 번갈아 들어가되 모양 무너뜨리지 않음을 얻겠
는가?" ② 의미를 해석함에 셋이 있으니 ㉮ 사람을 아는 데 내가 없
는 까닭이다. 나다 남이다 하는 모양은 이미 위의 경문에서 본 적이
있다.

㉯ 법을 아는 데 내가 없다[知法無我] (二菩 37上9)

菩薩이 知一切法의 本性寂靜故로 是名住寂靜法者며
菩薩이 知一切法의 一相故로 是名住無分別法者며 菩
薩이 知法界無有種種差別法故로 是名住不思議法者며
(6) 보살은 온갖 법의 본 성품이 고요함을 앎으로 고요한 법
에 머문 이라 하며, (7) 보살은 온갖 법이 한 모양임을 앎으
로 분별없는 법에 머문 이라 하며, (8) 보살은 법계에 가지
가지 차별한 법이 없음을 앎으로 부사의한 법에 머문 이라
하며,

---

14) 徵釋은 續金本作釋徵이나 誤植이다.

[疏] 二, 菩薩知一切法本性下는 知法無我故니라
- ㉔ 菩薩知一切法本性 아래는 법을 아는 데 내가 없는 까닭이다.

㉢ 한 몸과 같다고 생각하는 큰 자비[同體大悲] (三菩 37下2)

菩薩이 勤修一切方便하여 善調伏衆生故로 是名住大悲法者니라
(9) 보살은 모든 방편을 닦아서 중생을 조화하여 굴복하게 하므로 크게 자비한 법에 머문 이라 하느니라.

[疏] 三, 菩薩勤修下는 得同體大悲故라 由此故로 能融通事理니라
- ㉔ 菩薩勤修 아래는 한 몸과 같다고 생각하는 큰 자비[同體大悲]를 얻은 까닭이다. 이런 이유로 인해 현상과 이치가 능히 원융하게 통할 수 있다.

㉤ 위의 뜻을 결론하다[結成上義] 3.
① 위의 여럿이 하나에 들어감으로 결론하다[結上多入於一] (第五)
② 위의 체성과 양상이 무너뜨리지 않음을 결론하다[結上不壞性相]
(二然)
③ 위의 분명하게 살펴보아 어둡지 않음을 결론하다[結上明鑑不昧]
(後常)

佛子여 菩薩이 如是能以阿僧祇世界로 入一世界하여 知無數衆生의 種種差別하며 見無數菩薩의 各各發趣하며

觀無數諸佛의 處處出興하며 彼諸如來의 所演說法을 其 諸菩薩이 悉能領受하며 亦見自身이 於中修行이나 然이나 不捨此處하고 而見在彼하며 亦不捨彼處하고 而見在此하나니 彼身此身이 無有差別하여 入法界故며 常勤觀察하여 無有休息하여 不捨智慧하여 無退轉故니라

불자여, 보살도 그와 같아서 아승지 세계를 한 세계에 들게 하여 수없는 중생의 가지가지 차별함을 알며, 수없는 중생의 각각 마음을 내어 나아감을 보며, 수없는 부처님이 곳곳마다 나심을 관찰하여, 저 여래께서 연설하시는 법문을 보살들이 모두 듣고 자신도 그 가운데서 수행함을 보지마는 그러나 이곳을 버리지 아니하고서 저기 있음을 보고, 저곳을 버리지 아니하고서 여기 있음을 보나니, 저 몸과 이 몸이 차별이 없어 법계에 들어가는 까닭이며, 부지런히 관찰하고 쉬지 아니하나니 지혜를 버리지 아니하여 물러남이 없는 연고이니라.

[疏] 第五, 佛子菩薩如是下는 結成上義라 於中에 三이니 一, 結上多入一이요 二, 然不捨下는 結上不壞性相이요 後, 常勤下는 結上明鑑이니라

■ ⑤ 佛子菩薩如是 아래는 위의 뜻을 결론함이다. 그중에 셋이니 ① 위의 여럿이 하나에 들어감으로 결론함이요, ② 然不捨 아래는 위의 체성과 양상을 무너뜨리지 않음으로 결론함이요, ③ 常勤 아래는 위의 분명하게 살펴서 (어둡지 않음으로) 결론함이다.

b) 개별로 비유하다[別喩] 3.

(a) 요술은 근본을 무너뜨리지 않는다는 비유를 잡은 해석
[約幻不壞本喩] 2.
㈡ 비유로 밝히다[喩] (第二 38上7)

如有幻師가 隨於一處하여 作諸幻術하되 不以幻地故로 壞於本地하며 不以幻日故로 壞於本日인달하여
마치 요술쟁이가 한 곳에서 여러 요술을 할 적에 요술로 만든 고장이라 해서 본래의 고장을 헐지도 아니하며, 요술로 만든 날이라 해서 본래의 날을 헐지도 아니하나니,

[疏] 第二, 別喩라 中에 有三하니 逆喩總中의 三段이라 一, 幻不壞本喩니 別喩不壞相이라 二, 如世幻者下는 幻必依處喩니 別喩前依本時處하여 現多時處라 三, 如幻師作諸幻事下는 明幻師不迷喩니 別喩前能幻이라 今初니 先, 喩요

■ b) 개별로 비유함에 셋이 있으니 거꾸로 총상을 비유함 중에 세 문단이다. (a) 요술은 근본을 무너뜨리지 않는다는 비유이니 모양을 무너뜨리지 않음을 개별로 비유함이다. (b) 如世幻者 아래는 요술은 반드시 의지처가 있다는 비유이니 앞의 본래의 시간과 장소에 의지하여 여러 시간과 장소를 나타냄을 개별로 비유함이다. (c) 如幻師作諸幻事 아래는 요술쟁이는 미혹하지 않는다는 비유이니 앞의 요술하는 주체를 개별로 비유함이다. 지금은 (a)이니 ㈠ 비유로 밝힘이요,

㈢ 법과 비유를 합하다[合] 2.
① 법과 비유를 바로 합하다[正合喩] (後合 38下4)

② 원인을 밝히다[明所以] (後菩)

菩薩摩訶薩도 亦復如是하여 於無國土에 現有國土하고 於有國土에 現無國土하며 於有衆生에 現無衆生하고 於無衆生에 現有衆生하며 無色現色하고 色現無色하되 初不亂後하고 後不亂初하나니 菩薩이 了知一切世法이 悉亦如是同於幻化하여 知法幻故로 知智幻하며 知智幻故로 知業幻하며 知智幻業幻已에 起於幻智하여 觀一切業이니라

보살마하살도 그와 같아서 (1) 국토가 없는 데서 국토 있는 것을 나타내고, (2) 국토가 있는 데서 국토 없는 것을 나타내고, (3) 중생이 있는 데서 중생 없는 것을 나타내고, (4) 중생이 없는 데서 중생 있는 것을 나타내며, (5) 빛이 없는 데서 빛을 나타내고, (6) 빛이 있는 데서 빛 없음을 나타내지마는, 처음이 나중을 어지럽히지도 않고 나중이 처음을 어지럽히지도 않느니라. 보살이 온갖 세상 법을 아는 것도 그와 같아서 요술과 같나니, 법이 요술임을 앎으로 지혜가 요술임을 알고, 지혜가 요술임을 앎으로 업이 요술임을 알며, 지혜가 요술이고 업이 요술임을 알고는 요술 같은 지혜를 일으키어 모든 업을 관찰하느니라.

[疏] 後, 合이라 合中에 先, 正合이요 後, 菩薩了知下는 釋其所以라
- ㈁ 법과 비유를 합함이다. ㈁ 합함 중에 ① 비유와 바로 합함이다. ② 菩薩了知 아래는 원인을 밝힘이다.

(b) 요술은 반드시 의지처가 있다는 비유[幻必依處喩] 2.
① 비유로 밝히다[喩] (第二 39上1)

如世幻者가 不於處外에 而現其幻하고 亦不於幻外에 而
有其處인달하여
세상의 요술쟁이가 처소 밖에서 요술을 부리지도 아니하고
요술 밖에 처소가 있는 것도 아니니,

[疏] 第二, 幻必依處喩니 先은 喩요 後는 合이라 喩中에 略無幻必依時나 準
合應有니라
- (b) 요술은 반드시 의지처가 있다는 비유이니 ① 비유로 밝힘이요,
② 법과 비유를 합함이다. ① 비유 중에 요술은 반드시 의지하는 시
간을 생략하여 없지만 ② 합함에 준한다면 응당히 있어야 한다.

② 법과 비유를 합하다[合] 2.

㉮ 의지처와 합하다[合依處] 3.
㉠ 보는 대상을 총합하여 합하다[總合所見] (合中 39上5)
㉡ 그 원인을 묻고 해석하다[徵釋所由] (次何)
㉢ 자재함으로 결론하다[結成自在] (後住)

菩薩摩訶薩도 亦復如是하여 不於虛空外에 入世間하고
亦不於世間外에 入虛空하나니 何以故오 虛空世間이 無
差別故로 住於世間하고 亦住虛空하여 菩薩摩訶薩이 於

虛空中에 能見能修一切世間種種差別妙莊嚴業하며 보살마하살도 그와 같아서 허공 밖에서 세간에 들어오지도 아니하고, 세간 밖에서 허공에 들어가지도 아니하나니, 왜냐하면 허공과 세간이 차별이 없는 연고이니라. 그리하여 세간에 있으면서 허공에도 있나니, 보살마하살이 허공 속에서 모든 세간의 가지가지로 차별하고 묘하게 장엄하는 업을 보기도 하고 닦기도 하느니라.

[疏] 合中에 分二니 先, 合依處요 後, 合依時라 前中에 初는 總合이니 以記物現故라 空은 卽事空이니라 次, 何以下는 徵釋所以니 由理無差故니라 後, 住於世下는 結成自在라

■ ② 법과 비유를 합함 중에 둘로 나누리니 ㉮ 의지하는 장소와 합함이요, ㉯ 의지하는 시간과 합함이다. ㉮ 중에 ㉠ 총상으로 합함이니 중생이 나타남을 기억하는 까닭이다. (여기서) 공함은 현상과 합치한 공함이다. ㉡ 何以 아래는 그 원인을 묻고 해석함이니 이치가 차별이 없음을 말미암은 까닭이요, ㉢ 住於世 아래는 자재함으로 결론함이다.

㉯ 의지하는 시간과 합하다[合依時] 2.
㉠ 경문을 바로 밝히다[正顯文] (二於 39下4)
㉡ 이유를 해석하다[釋所以] (後菩)

於一念頃에 悉能了知無數世界의 若成若壞하며 亦知諸劫의 相續次第하여 能於一念에 現無數劫하되 亦不令其一念廣大하나니 菩薩摩訶薩이 得不思議解脫幻智하여

到於彼岸하며 住於幻際하여 入世幻數하여 思惟諸法이 悉皆如幻하며 不違幻世하고 盡於幻智하여 了知三世가 與幻無別하며 決定通達하여 心無邊際니 如諸如來가 住如幻智하사 其心平等인달하여 菩薩摩訶薩도 亦復如是하여 知諸世間에 皆悉如幻하여 於一切處에 皆無所着하여 無有我所니라

잠깐 동안에 수없는 세계가 이룩하는 것과 파괴하는 것을 모두 알고, 여러 겁이 서로 계속하는 차례도 알며, 한 생각에 수없는 겁을 나타내지마는 그 한 생각을 확대하지도 않나니, 보살마하살이 (1) 부사의한 해탈의 요술과 같은 지혜를 얻고 저 언덕에 이르며, (2) 요술의 경계에 머물러서 세상의 요술 같은 데 들어가며, (3) 모든 법이 요술과 같은 줄을 생각하여 요술인 세상과 어기지 아니하며, (4) 요술 같은 지혜를 다하여 삼세가 요술과 다르지 아니함을 알며, (5) 결정코 통달하여 마음이 끝이 없느니라. 마치 부처님이 요술 같은 지혜에 머물러서 마음이 평등한 것처럼 보살마하살도 그와 같아서 모든 세간이 모두 요술 같음을 알고, 온갖 곳에 집착함도 없고 <내 것>이란 것도 없느니라.

[疏] 二, 於一念下는 合於依時라 於中에 先, 正顯이요 後, 菩薩摩訶薩得下는 釋其所由니 以得幻智하여 同於佛故니라
- ⑭ 於一念 아래는 의지하는 시간과 합함이니, 그중에 ㉠ 경문을 바로 밝힘이요, ㉡ 菩薩摩訶薩得 아래는 그 이유를 해석함이니 요술과 같은 지혜를 얻어서 부처님과 같은 까닭이다.

(c) 요술쟁이는 미혹하지 않다는 비유를 잡은 해석[約幻師不迷喩]

(第三 40上5)

如彼幻師가 作諸幻事에 雖不與彼幻事로 同住나 而於幻事에 亦無迷惑인달하여 菩薩摩訶薩도 亦復如是하여 知一切法하여 到於彼岸이나 心不計我가 能入於法하며 亦不於法에 而有錯亂이니

요술쟁이가 여러 가지 요술을 부릴 적에 요술로 만든 물건과 함께 있지 않지마는 요술로 만든 일에 미혹하지 않은 것과 같이, 보살마하살도 그와 같아서 모든 법이 저 언덕에 이르는 줄을 알지마는, 내가 능히 법에 들어간다고 생각하지도 않고, 법에 들어 어지럽지도 아니하느니라.

[疏] 第三, 幻師不迷喩라 文並可知니라
- (c) 요술쟁이는 미혹하지 않다는 비유이니 경문과 함께하면 알 수 있으리라.

ㄷ) 결론하다[結] (經/是爲 40上6)

是爲菩薩摩訶薩의 第二妙光明大三昧善巧智니라
이것이 보살마하살의 둘째 미묘한 광명 큰 삼매의 교묘한 지혜이니라."

大方廣佛華嚴經 제41권
大方廣佛華嚴經疏鈔 제41권 果字卷下

제27 十定品 ②

제27. 열 가지 선정을 말하는 품[十定品] ②

ㄷ. 부처님 국토에 차례로 가는 신통이 광대한 삼매[次第徧往諸佛國土大三昧]에 云,

"불자여, 어떤 것을 보살마하살의 여러 부처님 국토에 차례로 가는 신통한 삼매라 하는가? 불자여, 이 보살마하살이 동쪽으로 수없는 세계를 지나가고 다시 저러한 세계의 티끌 수 세계를 지나가면서 그 모든 세계에서 삼매에 들어가는데, 혹 찰나 동안에 들고, 혹 잠깐 동안에 들고, 혹 계속하여 들고, 혹 아침나절에 들고, 혹 점심나절에 들고, 혹 저녁나절에 들고, 혹 초저녁에 들고, 혹 한밤중에 들고, 혹 새벽녘에 들기도 하느니라. … 혹 말할 수 없는 겁에 들고 혹 말할 수 없이 말할 수 없는 겁 동안 들기도 하느니라. 오래기도 하고 가깝기도 하며 법이나 시간이 갖가지로 같지 아니하거든, 보살이 저런 것에는 분별도 내지 않고 물들지도 않고 들이라 하지도 않고 들이 아니라 하지도 않고 두루하다 하지도 않고 다르다 하지도 않느니라. 비록 이런 분별을 떠났지마는 신통과 방편으로 삼매에서 일어나 모든 법을 잊지도 않고 잃지도 아니하고 마지막까지 이르느니라."

> 大方廣佛華嚴經 제41권
>
> 大方廣佛華嚴經疏鈔 제41권 果字卷下

제27. 열 가지 선정을 말하는 품[十定品] ②

ㄷ. 여러 부처님 국토에 차례로 가는 신통이 광대한 삼매
   [次第徧往諸佛國土大三昧] 3.

ㄱ) 표방하다[標] (經/佛子 1上5)
ㄴ) 해석하다[釋] 3.

(ㄱ) 법으로 설하다[法] 5.
a. 온 누리에서 선정에 들어가다[徧刹入定] (第三 1上8)

佛子여 云何爲菩薩摩訶薩의 次第徧往諸佛國土神通三昧오 佛子여 此菩薩摩訶薩이 過於東方無數世界하며 復過爾所世界微塵數世界하여 於彼諸世界中에 入此三昧하되

"불자여, 어떤 것을 보살마하살의 여러 부처님 국토에 차례로 가는 신통한 삼매라 하는가? 불자여, 이 보살마하살이 동쪽으로 수없는 세계를 지나가고 (1) 다시 저러한 세계의 티끌 수 세계를 지나가면서 그 모든 세계에서 삼매에 들어가는데,

[疏] 第三定中에 釋內에 有三하니 謂法과 喩와 合이라 法中에 五니 一, 明徧刹入定이요

■ ㄷ. 여러 부처님 국토에 차례로 가는 신통한 삼매 중에 ㄴ) 해석함 안에 셋이 있으니 이른바 (ㄱ) 법으로 설함과 (ㄴ) 비유로 밝힘과 (ㄷ) 법과 비유를 합함이다. (ㄱ) 법으로 설함 중에 다섯이니 a. 온 누리에서 선정에 들어감을 밝힘이요,

b. 들어가는 시간의 순서[入時次第] (二或 2下10)

或刹那入하며 或須臾入하며 或相續入하며 或日初分時入하며 或日中分時入하며 或日後分時入하며 或夜初分時入하며 或夜中分時入하며 或夜後分時入하며 或一日入하며 或五日入하며 或半月入하며 或一月入하며 或一年入하며 或百年入하며 或千年入하며 或百千年入하며 或億年入하며 或百千億年入하며 或百千那由他億年入하며 或一劫入하며 或百劫入하며 或百千劫入하며 或百千那由他億劫入하며 或無數劫入하며 或無量劫入하며 或無邊劫入하며 或無等劫入하며 或不可數劫入하며 或不可稱劫入하며 或不可思劫入하며 或不可量劫入하며 或不可說劫入하며 或不可說不可說劫入하니라

(2) 혹 찰나 동안에 들고, (3) 혹 잠깐 동안에 들고, (4) 혹 계속하여 들고, (5) 혹 아침나절에 들고, (6) 혹 점심나절에 들고, (7) 혹 저녁나절에 들고, (8) 혹 초저녁에 들고, (9) 혹 한밤중에 들고, (10) 혹 새벽녘에 들기도 하느니라. (11) 혹

하루 동안 듣고, (12) 혹 닷새 동안 듣고, (13) 혹 반 달 듣고 혹 한 달 듣고, (14) 혹 일 년 듣고 (15) 혹 백 년 듣고, (16) 혹 천 년 듣고 혹 백천 년 듣고, (17) 혹 억 년 듣고 혹 백천 억 년 듣고, (18) 혹 백천 나유타억 년 듣고, (19) 혹 한 겁 동안 듣고 (20) 혹 백 겁 듣고 혹 백천 겁 듣고 (21) 혹 백천 나유타억 겁 듣고, (22) 혹 무수 겁 듣고 혹 한량없는 겁 듣고, (23) 혹 그지없는 겁 듣고, (24) 혹 같을 이 없는 겁 듣고, (25) 혹 셀 수 없는 겁 듣고, (26) 혹 일컬을 수 없는 겁 듣고, (27) 혹 생각할 수 없는 겁 듣고, (28) 혹 헤아릴 수 없는 겁 듣고, (29) 혹 말할 수 없는 겁 듣고, (30) 혹 말할 수 없이 말할 수 없는 겁 동안 듣기도 하느니라.

[疏] 二, 或刹那下는 明入時次第요
■ b. 或刹那 아래는 들어가는 시간의 순서를 밝힘이요,

c. 다문으로 총합 결론하다[總結多聞] (三若 2上2)
d. 마음으로 삼매의 체성과 계합하다[心契定體] (四菩)
e. 없애지 않고 신통을 일으키다[不廢起通] (五雖)

若久若近과 若法若時가 種種不同하되 菩薩이 於彼에 不生分別하며 心無染着하여 不作二하고 不作不二하며 不作普하고 不作別하나니라 雖離此分別이나 而以神通方便으로 從三昧起하여 於一切法에 不忘不失하여 至於究竟이니라

오래기도 하고 가깝기도 하며 법이나 시간이 갖가지로 같지 아니하거든, 보살이 저런 것에는 분별도 내지 않고 물들지도 않고, 들이라 하지도 않고 들이 아니라 하지도 않고, 두루하다 하지도 않고 다르다 하지도 않느니라. 비록 이런 분별을 떠났지마는 신통과 방편으로 삼매에서 일어나 모든 법을 잊지도 않고 잃지도 아니하고 마지막까지 이르느니라.

[疏] 三, 若久下는 總結多門이요 四, 菩薩於彼下는 心契定體요 五, 雖離此下는 不廢起通이라

■ c. 若久 아래는 다문으로 총합 결론함이요, d. 菩薩於彼 아래는 마음으로 삼매의 체성과 계합함이요, e. 雖離此 아래는 없애지 않고 신통을 일으킴이다.

(ㄴ) 일천자의 비유로 밝히다[喩] (經/譬如 2上9)
(ㄷ) 법과 비유를 합하다[合] (經/菩薩)

譬如日天子가 周行照耀하여 晝夜不住하나니 日出名晝요 日沒名夜나 晝亦不生하며 夜亦不滅인달하여 菩薩摩訶薩이 於無數世界에 入神通三昧하여 入三昧已에 明見爾所無數世界도 亦復如是하니

마치 해가 돌면서 비치고 밤낮으로 머물지 아니하여 해가 뜨면 낮이라 하고 해가 지면 밤이라 하거니와 낮에도 나지 않고 밤에도 없어지지 않나니, 보살마하살도 그와 같아서 수없는 세계에서 신통삼매에 들며, 삼매에 들고는 저렇게

수없는 세계를 분명하게 보는 것도 그와 같으니라.

ㄷ) 결론하다[結] (經/佛子 2下3)

佛子여 是爲菩薩摩訶薩의 第三次第徧往諸佛國土神通
大三昧善巧智니라
불자여, 이것이 보살마하살의 셋째 여러 부처님 세계에 차례로 가는 신통 큰 삼매의 교묘한 지혜이니라."

[疏] 及喩와 合等은 文並可知[15]니라
■ (ㄴ) 비유로 밝힘과 (ㄷ) 법과 비유를 합함 등은 경문과 함께하면 알 수 있으리라.

ㄹ. 청정하고 깊은 마음으로 행함이 광대한 삼매[淸淨深心行大三昧] 3.

ㄱ) 표방하다[標] (經/佛子 2下5)

佛子여 云何爲菩薩摩訶薩의 淸淨深心行三昧오 佛子여
此菩薩摩訶薩이 知諸佛身이 數等衆生하며 見無量佛이
過阿僧祇世界微塵數하여
"불자여, 어떤 것을 보살마하살의 청정하고 깊은 마음의 행인 삼매라 하는가? 불자여, 이 보살마하살은 모든 부처님의 몸이 중생의 수효와 같음을 알며, 한량없는 부처님이 아승

---

15) 上八字는 金本無, 此下續本有二喩也 三合也 佛子是爲下三結이라 하다.

지 세계의 티끌 수보다 지나가는 것을 보느니라.

ㄴ) 해석하다[釋] 2.
(ㄱ) 삼매 속에 깊은 마음의 행을 밝히다[明定內深心行] 2.

a. 행법을 시작하다[明起行] 2.
a) 내부를 거론하다[擧內] (第四 2下5)

[疏] 第四定中에 釋內에 分二니 先, 明定內深心行이요 後, 明定起深心 行이라 今初라 分二니 先, 起行이요 後, 深心이라 前中에 先, 擧內요

ㄹ. 청정하고 깊은 마음의 행인 큰 삼매 중에 ㄴ) 해석함 안에 둘로 나누리니 (ㄱ) 삼매 속에 깊은 마음의 행을 밝힘이요, (ㄴ) 삼매로 깊은 마음의 행을 시작함에 대해 밝힘이다. 지금은 (ㄱ)을 둘로 나누리니 a. 행법을 시작함이요, b. 깊은 마음을 밝힘이다. a.(행법을 시작함) 중에 a) 내부를 거론함이요,

b) 행법을 시작하다[起行] 2.
(a) 외부 일로 공양하는 행법[明外事供養行] (後於 3上8)

於彼一一諸如來所에 以一切種種妙香으로 而作供養하며 以一切種種妙華로 而作供養하며 以一切種種蓋의 大如阿僧祇佛刹로 而作供養하며 以超過一切世界한 一切上妙莊嚴具로 而作供養하며 散一切種種寶하여 而作供養하며 以一切種種莊嚴具로 莊嚴經行處하여 而作供養

하며 以一切無數上妙摩尼寶藏으로 而作供養하며 以佛神力所流出過諸天上味飲食으로 而作供養하며 一切佛刹種種上妙諸供養具를 能以神力으로 普皆攝取하여 而作供養하며

저 낱낱 부처님 계신 데서 (1) 가지가지 훌륭한 향으로 공양하고, (2) 가지가지 훌륭한 꽃으로 공양하고, (3) 크기가 아승지 세계와 같은 가지가지 일산으로 공양하고, (4) 온갖 세계보다 지나가는 모든 훌륭한 장엄거리로 공양하고, (5) 가지가지 보배를 흩어서 공양하고, (6) 가지가지 장엄거리로 거니는 것을 장엄하여 공양하고, (7) 수없이 많은 묘한 마니보배로 공양하고, (8) 부처님의 신통으로 흘러나오는 천상 음식보다 더 좋은 음식으로 공양하고, (9) 모든 부처님 세계의 가지가지 훌륭한 공양거리를 신통의 힘으로 모두 거두어서 공양하느니라.

[疏] 後, 於彼一一下는 起行이라 於中에 先, 明外事供養行이요
- b) 於彼一一 아래는 행법을 시작함이다. 그중에 (a) 외부 일로 공양하는 행법을 밝힘이요,

(b) 삼업으로 공양하는 행법[明三業供養行] (後於 3下3)

於彼一一諸如來所에 恭敬尊重하여 頭頂禮敬하며 擧身布施하여 請問佛法하며 讚佛平等하며 稱揚諸佛廣大功德하며 入於諸佛所入大悲하며 得佛平等無礙之力하여

於一念頃에 一切佛所에 勤求妙法이니
저 낱낱 부처님 계신 데서 공경하고 존중하고, 땅에 엎드려 절하고 몸으로 보시하면서, 부처님의 법을 묻고 부처님의 평등함을 칭찬하고, 부처님의 광대한 공덕을 일컬으며, 부처님이 들어가신 자비한 마음에 들어가서, 부처님의 평등하고 걸림 없는 힘을 얻고, 잠깐 동안에 여러 부처님 계신 데서 묘한 법을 부지런히 구하느니라.

[疏] 後, 於彼一一恭敬等은 三業供養行이라
- (b) 於彼一一恭敬 등은 삼업으로 공양하는 행법이다.

b. 깊은 마음을 밝히다[辨深心] 2.

a) 법으로 설하다[法說] (然於 3下5)
b) 비유하여 견주다[喩況] 2.
(a) 망념으로는 알지 못하는 비유[妄念無知喩] (後如)

然於諸佛의 出興於世와 入般涅槃하는 如是之相에 皆無所得이니 如散動心으로 了別所緣하되 心起에 不知何所緣起며 心滅에 不知何所緣滅인달하여 此菩薩摩訶薩도 亦復如是하여 終不分別如來出世와 及涅槃相이니라
그러나 여러 부처님이 세상에 나시고 열반에 드시는 그런 것은 하나도 생각에 있지 않았으니, 마치 산란한 마음으로 대상을 분별할 때에 마음이 일어나도 무슨 인연으로 일어

나는지 알지 못하고, 마음이 사라져도 무슨 인연으로 사라지는지 알지 못하는 것과 같이, 보살마하살도 그와 같아서 여래가 세상에 나시고 열반에 드시는 것을 분별하지 아니하느니라.

[疏] 然於諸佛下는 明深心이라 中에 二니 先, 法說이요 後, 如散動下는 喩況이라 於中에 二喩에 各有喩合하니 一, 忘念無知喩는 喩其契實無念이요

■ b. 然於諸佛 아래는 깊은 마음을 밝힘 중에 둘이니 a) 법으로 설함이요, b) 如散動 아래는 비유하여 견줌이다. 그중에 두 가지 비유이니 각기 비유와 합함이 있다. (a) 망념으로는 알지 못하는 비유이니,

(b) 아지랑이가 물과 같다는 비유[陽炎似水喩] (二陽 4上8)

佛子여 如日中陽焰이 不從雲生이며 不從池生이며 不處於陸이며 不住於水며 非有非無며 非善非惡이며 非淸非濁이며 不堪飮漱며 不可穢汚며 非有體며 非無體며 非有味며 非無味로되 以因緣故로 而現水相이어든 爲識所了하여 遠望似水일새 而興水想이니 近之則無하여 水想自滅인달하여 此菩薩摩訶薩도 亦復如是하여 不得如來出興於世와 及涅槃相이니 諸佛有相과 及以無相이 皆是想心之所分別이니라

불자여, 마치 햇볕에 나타나는 아지랑이가 (1) 구름에서 생기지도 않고 (2) 못에서 생기지도 않고 (3) 육지에 있지도

않고 (4) 물에 있지도 않으며, (5) 있는 것도 아니고 없는 것도 아니고 (6) 착하지도 않고 악하지도 않고 (7) 맑은 것도 아니고 흐린 것도 아니며 (8) 마실 수도 없고 더럽힐 수도 없으며 (9) 자체가 있지도 않고 자체가 없지도 않고 (10) 맛이 있지도 않고 없지도 않나니, 인연으로써 물인 듯한 모양이 나타나서 의식으로 분별하는 것이며, 멀리서 보면 물과 같아서 물이라는 생각이 나지마는 가까이 가면 없어져서 물이라는 생각이 저절로 사라지느니라. 보살마하살도 그와 같아서 여래가 세상에 나시고 열반에 드시는 모습을 분별하지 못하나니, 부처님의 형상이 있고 없다 하는 것이 모두 허망한 마음으로 분별하는 것이니라.

[疏] 二, 陽焰似水喩는 喩其了妄同眞이니 文並이면 可知니라
- (b) 아지랑이가 물과 같다는 비유는 그 망념이 진여와 같음을 아는 것에 비유함이니, 경문과 함께하면 알 수 있으리라.

(ㄴ) 삼매로 깊은 마음의 행을 시작함에 대해 밝히다[明定起深心行] 3.
a. 법으로 설하다[法] (第二 4下7)

佛子여 此三昧가 名爲淸淨深心行이라 菩薩摩訶薩이 於此三昧에 入已而起하며 起已不失하나니라
불자여, 이 삼매는 이름을 청정하고 깊은 마음의 행이라 하나니, 보살마하살이 이 삼매에 들었다가 일어나며 일어나서는 잃어버리지 않느니라.

b. 비유로 밝히다[喩] (經/譬如 4上10)
c. 법과 비유를 합하다[合] (經/菩薩)

> 譬如有人이 從睡得寤하여 憶所夢事하면 覺時에 雖無夢中境界나 而能憶念하여 心不忘失인달하여 菩薩摩訶薩도 亦復如是하여 入於三昧하여 見佛聞法하고 從定而起에 憶持不忘하여 而以此法으로 開曉一切道場衆會하며 莊嚴一切諸佛國土하며 無量義趣가 悉得明達하며 一切法門이 皆亦淸淨하며 然大智炬하며 長諸佛種하며 無畏具足하며 辯才不竭하여 開示演說甚深法藏하나니라
>
> 마치 사람이 자다가 깨어나서 꿈꾸던 일을 기억하는 것 같아서 깨었을 적에는 꿈속의 경계가 없지마는 분명히 기억하고 잊지 아니하나니, 보살마하살도 그와 같아서 삼매에 들어 부처님을 뵈옵고 법을 듣고는 삼매에서 일어나서도 잘 기억하여 그 법문으로 도량에 모인 이들을 깨우쳐 주고 부처님들의 국토를 장엄하며, 한량없는 이치를 분명하게 통달하고 온갖 법문이 모두 청정하며 큰 지혜의 횃불로 부처의 종자를 자라게 하며 두려움 없음이 구족하고 변재가 다하지 아니하여 깊고 깊은 법장을 연설하느니라.

[疏] 第二, 佛子此三昧下는 明定起深心行이라 中에 初, 法이요 次, 喩요 後, 合이라 合中에 上明供養自利行이요 今明聞演利他行이니 文影略耳라 聞開16)演深理는 卽深心起行也니라

---

16) 上二開字는 續金本作聞이라 하다.

■ (ㄴ) 佛子此三昧 아래는 삼매로 깊은 마음의 행을 시작함에 대해 밝힘이다. 그중에 a. 법으로 설함이요, b. 비유로 밝힘이요, c. 법과 비유를 합함이다. c. 법과 비유를 합함 중에 위는 자리행으로 공양함을 밝힘이요, 지금은 이타행을 듣고 연설함을 밝힘이다. 경문이 비추어 생략했을 뿐이다. 깊은 이치를 듣고 연설함은 곧 깊은 마음으로 행법을 시작함의 뜻이다.

ㄷ) 결론하다[結] (經/是爲 4下10)

是爲菩薩摩訶薩의 第四淸淨深心行大三昧善巧智니라
이것이 보살마하살의 넷째 청정하고 깊은 마음의 행인 큰 삼매의 교묘한 지혜이니라."

ㅁ. 과거의 장엄한 갈무리를 아는 것이 광대한 삼매[知過去莊嚴藏大三昧] 3.

ㄱ) 표방하다[標] (經/佛子 5上1)
ㄴ) 해석하다[釋] 5.
(ㄱ) 경계를 상대하여 아는 것을 밝히다[對境辨知] (第五)

佛子여 云何爲菩薩摩訶薩의 知過去莊嚴藏三昧오 佛子여 此菩薩摩訶薩이 能知過去諸佛出現하나니 所謂劫次第中諸刹次第와 刹次第中諸劫次第와 劫次第中諸佛出現次第와 佛出現次第中說法次第와 說法次第中諸心樂次第와 心樂次第中諸根次第와 根次第中調伏次第와 調

伏次第中諸佛壽命次第와 壽命次第中知億那由他年歲數量次第니라

"불자여, 어떤 것을 보살마하살의 과거의 장엄한 갈무리를 아는 삼매라 하는가? 불자여, 이 보살마하살이 과거의 여러 부처님이 나신 일을 아나니, 이른바 ① 겁의 차례 중에 있는 세계의 차례와 ② 세계의 차례 중에 있는 겁의 차례와 ③ 겁의 차례 중에 부처님이 나신 차례와 ④ 부처님이 나신 차례에서 법을 말씀한 차례와 ⑤ 법을 말씀하는 차례에서 마음이 즐거운 차례와 ⑥ 마음이 즐거운 차례에서 근기의 차례와 ⑦ 근기의 차례에서 조화하여 굴복한 차례와 ⑧ 조화하여 굴복한 차례에서 부처님 수명의 차례와 ⑨ 수명의 차례에서 억 나유타 해의 수량과 차례를 아느니라.

[疏] 第五定은 釋中에 有五하니 一, 對境辨知요

■ ㅁ. 과거의 장엄한 갈무리를 아는 광대한 삼매는 ㄴ) 해석함에 다섯이 있으니 (ㄱ) 경계를 상대하여 아는 것을 밝힘이요,

(ㄴ) 지혜로 아는 것을 바로 밝히다[正顯智知] (二正 5下4)

佛子여 此菩薩摩訶薩이 得如是無邊次第智故로 則知過去諸佛하며 則知過去諸刹하며 則知過去法門하며 則知過去諸劫하며 則知過去諸法하며 則知過去諸心하며 則知過去諸解하며 則知過去諸衆生하며 則知過去諸煩惱하며 則知過去諸儀式하며 則知過去諸淸淨이니라

불자여, 이 보살마하살이 이렇게 그지없는 차례를 아는 지혜를 얻었으므로 과거의 부처님을 알고, 과거의 세계들을 알고, 과거의 법문을 알고, 과거의 겁을 알고, 과거의 법을 알고, 과거의 마음을 알고, 과거의 지혜를 알고, 과거의 중생들을 알고, 과거의 번뇌를 알고, 과거의 의식을 알고, 과거의 청정함을 아느니라.

[疏] 二, 正顯智知니 各有十句하니 皆是過去藏中之法이니라
- (ㄴ) 지혜로 아는 것을 바로 밝힘이니, 각기 열 구절이 있으니 모두 과거에 감춘 법이다.

(ㄷ) 알 대상인 시간의 분량[所知時分] (三所 5下10)

佛子여 此三昧가 名過去淸淨藏이니 於一念中에 能入百劫하며 能入千劫하며 能入百千劫하며 能入百千億那由他劫하며 能入無數劫하며 能入無量劫하며 能入無邊劫하며 能入無等劫하며 能入不可數劫하며 能入不可稱劫하며 能入不可思劫하며 能入不可量劫하며 能入不可說劫하며 能入不可說不可說劫이니라

불자여, 이 삼매를 과거의 청정한 갈무리라 하나니, (1) 잠깐 동안에 백 겁에 들어가고 (2) 천 겁에 들어가고 (3) 백천 겁에 들어가고 (4) 백천억 나유타 겁에 들어가고 (5) 수없는 겁에 들어가고 (6) 한량없는 겁에 들어가고 (7) 그지없는 겁에 들어가고 (8) 같을 이 없는 겁에 들어가고 (9) 셀 수

없는 겁에 들어가고 (10) 일컬을 수 없는 겁에 들어가고 (11) 생각할 수 없는 겁에 들어가고 (12) 헤아릴 수 없는 겁에 들어가고 (13) 말할 수 없는 겁에 들어가고 (14) 말할 수 없이 말할 수 없는 겁에 들어가느니라.

[疏] 三, 所知時分이라 有十四重하니 卽釋過去之義니라
- (ㄷ) 알 대상인 시간의 분량이다. 14가지 거듭함이 있으니 곧 과거의 뜻을 해석한 내용이다.

(ㄹ) 아는 모양과 양상을 밝히다[顯知相狀] (四顯 6上2)

佛子여 彼菩薩摩訶薩이 入此三昧에 不滅現在하며 不緣過去니라
불자여, 저 보살마하살이 이 삼매에 들어서는 현재를 멸하지도 아니하고 과거를 반연하지도 아니하느니라.

[疏] 四, 顯知相狀이라 不滅現在者는 不捨也요 不緣過去者는 不取也니 謂但約過去門하여 顯非有取捨而緣이라 上四에 各一佛子니라
- (ㄹ) 아는 모양과 양상을 밝힘이다. '현재를 멸하지도 않고'는 버리지 않음의 뜻이요, '과거를 반연하지도 않음'은 취하지 않음의 뜻이다. 이른바 단지 과거문을 잡아서 취하거나 버림도 없이 반연함이 아닌 것을 밝힘이다. 위의 넷에 각기 불자(佛子)가 하나씩이다.

(ㅁ) 삼매에서 나와서 이익을 얻다[出定獲益] 3.

a. 숫자로 거론하여 양상을 밝히다[擧數辨相] (五明 6上8)

> 佛子여 彼菩薩摩訶薩이 從此三昧起에 於如來所에 受十種不可思議灌頂法하여 亦得하며 亦淸淨하며 亦成就하며 亦入하며 亦證하며 亦滿하며 亦持하며 平等了知하며 三輪淸淨하나니라
> 불자여, 저 보살마하살이 이 삼매에서 일어나면 여래의 계신 데서 열 가지 헤아릴 수 없는 정수리에 물 붓는 법을 받아서 얻고 청정하고 성취하고 들어가고 증득하고 만족하고 지니고 평등하게 알아서 세 바퀴가 청정하니라.

[疏] 五, 明出定獲益이라 有三하니 初, 擧數辨相이라 有十句하니 初句, 總이라 位終成果일새 名受灌頂法也니라 餘句, 別이라 一, 屬己요 二, 淨障이요 三, 究竟이요 四, 始入이요 五, 正證이요 六, 修滿이요 七, 持令不失이요 八, 無知而知요 九, 淨三輪이라 總該前九니 如約智辨이니라 三輪者는 謂無能知와 所知와 及正知故라 餘可思準이니라

■ (ㅁ) 삼매에서 나와서 이익을 얻음이다. (그중에) 셋이 있으니 a. 숫자로 거론하여 양상을 밝힘에 열 구절이 있으니 a) 첫 구절은 총상이다. 지위가 다하고 결과를 이룸이므로 '관정하는 지위의 법을 받음'이라 이름한다. b) 나머지 구절은 별상이다. (a) 자기에게 소속함이요, (b) 장애를 깨끗이 함이요, (c) 끝까지 완성함이요, (d) 처음으로 들어감이요, (e) 바로 증득함이요, (f) 수행을 만족함이요, (g) 지켜서 잃지 않게 함이요, (h) 아는 것 없이 앎이요, (i) 세 바퀴를 깨끗이 함이다. 총합하여 앞의 아홉 구절을 포섭함이 마치 지혜를 잡아서 밝힘

과 같다. 세 바퀴는 이른바 아는 주체와 알 대상이 없음과 바로 아는 것인 까닭이니, 나머지는 준하여 생각하면 되리라.

b. 물어서 그 명칭을 나열하다[徵列其名] (二何 6下7)

何等爲十고 一者는 辯不違義요 二者는 說法無盡이요 三者는 訓詞無失이요 四者는 樂說不斷이요 五者는 心無恐畏요 六者는 語必誠實이요 七者는 衆生所依요 八者는 救脫三界요 九者는 善根最勝이요 十者는 調御妙法이니라
무엇이 열인가? 하나는 말하는 것이 뜻과 어기지 않고, 둘은 법을 말함이 다하지 않고, 셋은 해석하는 말이 잘못이 없고, 넷은 말하기 좋아하여 끊어지지 않고, 다섯은 마음에 두려움이 없고, 여섯은 말이 진실하고, 일곱은 중생들의 의지가 되고, 여덟은 삼계를 구호하여 해탈하게 하고, 아홉은 착한 뿌리가 가장 승하고, 열은 묘한 법으로 잘 지도함이니라.

[疏] 二, 何等下는 徵列其名이라 初四는 是四無礙辯이요 次二는 自利니 不畏深法하며 如言能行이요 次二는 利他니 爲善者依며 爲惡者救라 後二는 總明二利勝妙니라

■ b. 何等 아래는 물어서 그 명칭을 나열함이다. 처음 넷은 네 가지 무애한 변재요, 다음의 둘[5. 6.]은 자리행이니, 깊은 법을 두려워하지 않고 말한 대로 능히 행함이요, 다음의 둘[7. 8.]은 이타행이니, 착한 이는 의지하기 위함이며, 악한 이는 구제하기 위함이다. 뒤의 둘[9. 10.]은 2리행이 뛰어나고 묘함을 총합하여 밝힘이다.

c. 얻음이 빠름으로 결론하다[結得速疾] (三佛 7上4)

佛子여 此是十種灌頂法이니 若菩薩이 入此三昧하면 從三昧起하여 無間則得이 如歌羅邏가 入胎藏時에 於一念間에 識則託生인달하여 菩薩摩訶薩도 亦復如是하여 從此定起에 於如來所에 一念則得此十種法이니라

불자여, 이것이 열 가지 정수리에 물 붓는 법이니, 보살이 이 삼매에 들었다가 삼매에서 일어나면 잠깐 동안 곧 얻게 되는 것이 마치 가라라가 태에 들 적에 잠깐 동안에 의식이 곧 의탁함과 같이 보살마하살도 그와 같아서 이 삼매에서 일어나면 부처님 계신 데서 잠깐 동안에 이 열 가지 법을 얻게 되느니라.

[疏] 三, 佛子下는 結得速疾이라 有法과 喩와 合이라 歌羅邏者는 此云薄酪이라 餘可知也니라

- c. 佛子 아래는 얻음이 빠름으로 결론함이다. a) 법으로 설함과 b) 비유로 밝힘과 c) 법과 비유를 합함이다. 가라라(歌羅邏)는 '엷은 타락'이라 번역하나니 나머지는 알 수 있으리라.

[鈔] 歌羅邏者는 此云薄酪者[17]는 梵語요 唐言은 俱是古義요 新云, 羯刺藍이니 此云雜穢니라

- 가라라(歌羅邏)는 '엷은 타락'이라 번역한 것은 범어 말이요, 당나라 말은 모두 예전의 뜻이요, 신역으로는 갈자람(羯刺藍)이라 하나니 '섞

---

17) 上五字는 南續金本無라 하다.

여서 더러움'이라 번역한다.

ㄷ) 결론하다[結] (經/佛子 7上7)

佛子여 是名菩薩摩訶薩의 第五知過去莊嚴藏大三昧善巧智니라
불자여, 이것을 보살마하살의 다섯째 과거의 장엄한 갈무리를 아는 큰 삼매의 교묘한 지혜라 하느니라."

ㅂ. 지혜 광명의 갈무리가 광대한 삼매[智光明藏大三昧] 3.

ㄱ) 표방하다[標] (經/佛子 7上9)
ㄴ) 해석하다[釋] 2.

(ㄱ) 삼매의 업과 작용을 밝히다[明定業用] 6.
a. 모든 부처님을 총합하여 알다[總知諸佛] (第六)
b. 여러 명호를 알다[知多名號] (二若)

佛子여 云何爲菩薩摩訶薩의 智光明藏三昧오 佛子여 彼菩薩摩訶薩이 住此三昧에 能知未來一切世界와 一切劫中所有諸佛의 若已說과 若未說과 若已授記와 若未授記한 種種名號의 各各不同하나니 所謂無數名과 無量名과 無邊名과 無等名과 不可數名과 不可稱名과 不可思名과 不可量名과 不可說名과

"불자여, 어떤 것을 보살마하살의 '지혜 광명의 갈무리인 삼매'라 하는가? 불자여, 저 보살마하살이 이 삼매에 머물면 오는 세상의 모든 세계 모든 겁에 나시는 부처님을 알며, 이미 말하였거나 말하지 않았거나 수기를 받았거나 수기를 받지 않았거나 가지가지 이름이 각각 같지 아니함을 아나니, 이른바 수없는 이름 · 한량없는 이름 · 그지없는 이름 · 같을 이 없는 이름 · 셀 수 없는 이름 · 일컬을 수 없는 이름 · 생각할 수 없는 이름 · 헤아릴 수 없는 이름 · 말할 수 없는 이름들이니라.

[疏] 第六, 智光明藏三昧라 釋中에 分二니 前, 明定業用이요 後, 彰定利益이라 初中에 分六이니 一, 總知諸佛이요 二, 若已說下는 知多名號요

ㅂ. 지혜 광명의 갈무리가 광대한 삼매이다. ㄴ) 해석함 중에 둘로 나누리니 (ㄱ) 삼매의 업과 작용을 밝힘이요, (ㄴ) 삼매의 이익을 밝힘이다. (ㄱ) 중에 여섯으로 나누리니 a. 모든 부처님을 총합하여 앎이요, b. 若已說 아래는 여러 명호를 아는 것이요,

c. 미래에 지을 바를 알다[知當所作] (三當 8上1)
d. 현재에 원만할 대상을 알다[知現所圓] (四彼)

當出現於世와 當利益衆生과 當作法王과 當興佛事와 當說福利와 當讚善義와 當說白分義와 當淨治諸惡과 當安住功德과 當開示第一義諦와 當入灌頂位와 當成一切智니라
彼諸如來의 修圓滿行과 發圓滿願과 入圓滿智와 有圓滿衆

과 備圓滿莊嚴과 集圓滿功德과 悟圓滿法과 得圓滿果와 具圓滿相과 成圓滿覺과

(1) 이런 이들이 세상에 나실 것이며, (2) 중생을 이익하게 할 것이며, (3) 법왕이 되실 것이며, (4) 부처님 일을 일으킬 것이며, (5) 복과 이익을 말씀할 것이며, (6) 좋은 이치를 찬탄할 것이며, (7) 깨끗한 뜻을 말할 것이며, (8) 모든 나쁜 짓을 다스릴 것이며, (9) 공덕에 편안히 머물 것이며, (10) 으뜸가는 진리를 보일 것이며, (11) 정수리에 물 붓는 자리에 들어갈 것이며, (12) 온갖 지혜를 이룰 것이니라.

저 부처님들이 원만한 행을 닦고, 원만한 서원을 내고 원만한 지혜에 들어가고, 원만한 대중을 가지고 원만한 장엄을 갖추고, 원만한 공덕을 모으고 원만한 법을 깨닫고, 원만한 결과를 얻고 원만한 몸매를 구족하고, 원만한 깨달음을 이룰 것이며,

[疏] 三, 當出現下는 知當所作이요 四, 彼諸如來修下는 明知彼因圓果滿이요.

- c. 當出現 아래는 미래에 지을 바를 앎이요, d. 彼諸如來修 아래는 (현재에) 인행이 원만하고 과덕이 만족함을 아는 것을 밝힘이다.

e. 현재에 지을 바를 알다[知現所作] (五彼 8上8)
f. 시간의 영역을 알다[知時分齊] (六此)

彼諸如來의 名姓種族과 方便善巧와 神通變化와 成熟

衆生과 入般涅槃하는 如是一切를 皆悉了知하나니라
此菩薩이 於一念中에 能入一劫百劫千劫百千劫百千億那由他劫하며 入閻浮提微塵數劫하며 入四天下微塵數劫하며 入小千世界微塵數劫하며 入中千世界微塵數劫하며 入大千世界微塵數劫하며 入百佛刹微塵數劫하며 入百千佛刹微塵數劫하며 入百千億那由他佛刹微塵數劫하며 入無數佛刹微塵數劫하며 入無量佛刹微塵數劫하며 入無邊佛刹微塵數劫하며 入無等佛刹微塵數劫하며 入不可數佛刹微塵數劫하며 入不可稱佛刹微塵數劫하며 入不可思佛刹微塵數劫하며 入不可量佛刹微塵數劫하며 入不可說佛刹微塵數劫하며 入不可說不可說佛刹微塵數劫하여 如是未來一切世界所有劫數를 能以智慧로 皆悉了知하나니라

저 부처님들의 이름 · 성씨 · 문벌 · 방편 · 교묘함 · 신통 · 변화와 중생을 성숙하고 열반에 드시는 온갖 것을 다 분명하게 아느니라.

보살이 (1) 잠깐 동안에 한 겁에 들어가며, (2) 백 겁 · 천 겁 · 백천 겁 · 백천억 나유타 겁에 들어가며, (3) 염부제 티끌 수 겁에 들어가며, (4) 사천하 티끌 수 겁에 들어가며, (5) 소천세계 티끌 수 겁에 들어가며, (6) 중천세계 티끌 수 겁에 들어가며, (7) 대천세계 티끌 수 겁에 들어가며, (8) 백 부처님 세계 티끌 수 겁에 들어가며, (9) 백천 세계 티끌 수 겁에 들어가며, (10) 백천억 나유타 세계 티끌 수 겁에 들어가느니라. (11) 또 수없는 부처님 세계 티끌 수 겁에 들어

가며, (12) 한량없는 부처님 세계 티끌 수 겁에 들어가며, (13) 그지없는 부처님 세계 티끌 수 겁에 들어가며, (14) 같을 이 없는 부처님 세계 티끌 수 겁에 들어가며, (15) 셀 수 없는 부처님 세계 티끌 수 겁에 들어가며, (16) 일컬을 수 없는 부처님 세계 티끌 수 겁에 들어가며, (17) 생각할 수 없는 부처님 세계 티끌 수 겁에 들어가며, (18) 헤아릴 수 없는 부처님 세계 티끌 수 겁에 들어가며, (19) 말할 수 없는 부처님 세계 티끌 수 겁에 들어가며, (20) 말할 수 없이 말할 수 없는 부처님 세계 티끌 수 겁에 들어가나니, 이렇게 오는 세계에 있는 모든 겁을 지혜로써 능히 아느니라.

[疏] 五, 彼諸如來名姓下는 知現所作이요 六, 此菩薩於一念下는 明知分齊라 其中에 大千은 卽是佛刹이로되 而重言者는 多是遺脫이니 應言百佛刹也라 餘並可知니라

■ e. 彼諸如來名姓 아래는 현재에 지을 바를 아는 것이요, f. 此菩薩於一念 아래는 시간의 영역을 아는 것을 밝힘이다. 그중에 대천세계가 곧 부처님 국토이지만 거듭 말한 것은 대부분 남기고 빠진 것이니, 응당히는 백 가지 불국토를 말한 것이다. 나머지는 함께하면 알 수 있으리라.

(ㄴ) 삼매의 이익을 밝히다[彰定利益] 4.
a. 마음으로 들어가 지키는 이익을 얻게 하다[令心入持益] (二以 9下3)

以了知故로 其心이 復入十種持門하나니 何者爲十고 所

謂入佛持故로 得不可說佛刹微塵數諸佛護念하며 入法
持故로 得十種陀羅尼光明無盡辯才하며 入行持故로 出
生圓滿殊勝諸願하며 入力持故로 無能暎蔽하고 無能摧
伏하며 入智持故로 所行佛法이 無有障礙하며 入大悲持
故로 轉於不退淸淨法輪하며 入差別善巧句持故로 轉一
切文字輪하여 淨一切法門地하며 入師子受生法持故로
開法關鑰하여 出欲淤泥하며 入智力持故로 修菩薩行하여
常不休息하며 入善友力持故로 令無邊衆生으로 普得淸
淨하며 入無住力持故로 入不可說不可說廣大劫하며 入
法力持故로 以無礙方便智로 知一切法自性淸淨이니라

이렇게 분명하게 아는 연고로 그 마음이 또 열 가지 지니는 문에 들어가나니, 무엇이 열인가? 이른바 (1) 부처님을 지니는 데 들어갔으므로 말할 수 없는 세계 티끌 수 부처님의 호념함을 얻고, (2) 법을 지니는 데 들어갔으므로 열 가지 다라니 광명의 다하지 않는 변재를 얻고, (3) 행을 지니는 데 들어갔으므로 원만하고 수승한 서원을 내고, (4) 힘을 지니는 데 들어갔으므로 가리어 무색하게 할 이가 없으며 꺾어 굴복할 이가 없고, (5) 지혜를 지니는 데 들어갔으므로 불법을 행하는 데 장애가 없고, (6) 자비를 지니는 데 들어갔으므로 물러나지 않는 청정한 법을 굴리느니라. (7) 또 차별하고 교묘한 글귀에 들어갔으므로 모든 글자의 바퀴를 굴리어 모든 법을 깨끗하게 하고, (8) 사자가 태어나는 법을 지니는 데 들어갔으므로 법의 자물쇠를 열어 탐욕의 진창에서 나오고, (9) 지혜의 힘을 지니는 데 들어갔으므로 보살의 행을 닦아 항상 쉬지 아니하고, (10) 선지식의 힘을 지니는 데 들어갔으므로 그지없는 중생으로 청정함을 얻게 하고, (11) 머물이 없는 힘을 지니는 데 들어갔으므로 말할 수 없이 말할 수 없는 광대한 겁에 들어가고, (12) 법의 힘을 지니는 데 들어갔으므로 걸림 없는 방편과 지혜로 온갖 법의 성품이 청정함을 아느니라.

[疏] 二, 以了知下는 彰定利益이라 於中에 四니 前二는 自利요 後二는 利他라 謂一, 令心入持益이니 卽由上知故로 持之不失하고 由持不失하여 得持之益이라 一, 心中持佛일새 得佛護益이요 二, 心入持法하여 得總持辨才益이라 餘句도 倣此니라 有十二者는 增數十也니라 師子受生者는 不畏生死苦故라 示生死實性을 名開法關鑰이요 了生死本空일새 故出欲淤泥니라 智力持者는 定慧雙運也요 入無住力持일새 則大劫이 不離一念이니라

■ (ㄴ) 以了知 아래는 삼매의 이익을 밝힘이다. 그중에 넷이니 앞의 둘은 자리행이요, 뒤의 둘은 이타행이다. 말하자면 a. 마음으로 들어가 지키게 하는 이익이니 곧 위로 말미암아 아는 연고로 지녀서 잃지 않음이요, 지녀서 잃지 않음으로 말미암아 지켜서 얻는 이익이다. a) 마음속에 부처님을 지녔으므로 부처님을 보호한 이익을 얻음이요, b) 마음으로 들어가 법을 지녀서 총지로 변재하는 이익을 얻음이니, 나머지 구절은 이것과 비슷하다. 12가지가 있는 것은 10에서 더한 숫자이다. '사자가 태어나는 법'이란 나고 죽음의 고통을 두려워하지 않는 까닭이다. 생사의 실다운 성품 보이는 것을 '법의 관문을 연다'고 이름함이요, 생사가 본래 공함을 요달한 연고로 탐욕의 진창에서

나온 것이다. 지혜의 힘을 가짐은 선정과 지혜가 동시에 움직임이요, 머무름 없는 힘을 지님에 들어갔으므로 광대한 겁이 한 생각도 여의지 않는다는 뜻이다.

b. 선교방편으로 얻은 이익[得善巧益] 3.
a) 법으로 설하다[法] (二佛 10下5)

佛子여 菩薩摩訶薩이 住此三昧已에 善巧住不可說不可說劫하며 善巧住不可說不可說刹하며 善巧知不可說不可說種種衆生하며 善巧知不可說不可說衆生異相하며 善巧知不可說不可說同異業報하며 善巧知不可說不可說精進諸根과 習氣相續差別諸行하며 善巧知不可說不可說無量染淨種種思惟하며 善巧知不可說不可說法種種義와 無量文字演說言辭하며 善巧知不可說不可說種種佛出現에 種族時節과 現相說法과 施爲佛事와 入般涅槃하며 善巧知不可說不可說無邊智慧門하며 善巧知不可說不可說一切神通無量變現하나니라

불자여, 보살마하살이 이 삼매에 머물고는 (1) 말할 수 없이 말할 수 없는 겁에 잘 머물며, (2) 말할 수 없이 말할 수 없는 세계에 잘 머물며, (3) 말할 수 없이 말할 수 없는 가지가지 중생을 잘 알며, (4) 말할 수 없이 말할 수 없는 중생의 다른 모습을 잘 알며, (5) 말할 수 없이 말할 수 없는 같고 다른 업보를 잘 알며, (6) 말할 수 없이 말할 수 없는 정진하는 근기와 버릇이 계속됨과 차별한 여러 행을 잘 알며, (7)

말할 수 없이 말할 수 없는 무량한 물든 생각과 깨끗한 생각을 잘 아느니라. (8) 또 말할 수 없이 말할 수 없는 법과 가지가지 뜻과 한량없는 글자와 연설하는 말을 잘 알며, (9) 말할 수 없이 말할 수 없는 가지가지 부처님이 나타나는 일과 문벌과 시절과 형상을 나타내어 법을 말함과 부처의 일을 지음과 열반에 드심을 잘 알며, (10) 말할 수 없이 말할 수 없는 그지없는 지혜의 문을 잘 알며, (11) 말할 수 없이 말할 수 없는 일체 신통과 한량없는 변화를 잘 아느니라.

[疏] 二, 佛子至住此三昧下는 明得善巧益이니 有法과 喩와 合이라 然이나 善巧有二하니 一, 如事善巧라 故로 法에는 云, 不可說無量이요 喩에는 云, 見種種物이니라 二, 如理善巧라 故로 云日光平等이라 又由此二無礙하여 方名善巧니 故로 合에 云無分別而能知라하니라

■ b. 佛子至住此三昧 아래는 선교방편으로 얻은 이익을 밝힘이니 법으로 설함과 비유로 밝힘과 법과 비유를 합함이 있다. 그러나 선교방편에 둘이 있으니, 하나는 현상과 같이 교묘함이다. 그러므로 a) 법으로 설함에는, '말할 수 없는 한량없음'이라 하였다. b) 비유로 밝힘에는, '갖가지 물건을 본다'고 하였다. 둘은 이치와 같은 교묘함이다. 그러므로 '햇빛은 평등하여'라고 한 것이다. 또한 이런 두 가지에 장애함이 없음을 말미암아야 비로소 선교방편이라 이름하게 된다. 그러므로 c) 법과 비유를 합함에서 '분별함 없이 능히 안다'고 말하였다.

b) 일출의 비유[喩] (經/譬如 10上9)
c) 법과 비유를 합하다[合] (經/此大)

佛子여 譬如日出에 世間所有村營城邑과 宮殿屋宅과 山澤鳥獸와 樹林華果의 如是一切種種諸物을 有目之人이 悉得明見하나니 佛子여 日光이 平等하여 無有分別하되 而能令目으로 見種種相인달하여 此大三昧도 亦復如是하여 體性이 平等하여 無有分別하되 能令菩薩로 知不可說不可說百千億那由他差別之相이니라

불자여, 마치 해가 뜨면 세간에 있는 마을·도시·궁전·가옥·산·못·새·짐승·나무·숲·꽃·과실 등의 가지가지 물건을 눈있는 사람은 모두 보느니라. 불자여, 햇빛은 평등하여 분별이 없지마는 눈으로 하여금 가지각색 모양을 보게 하듯이, 이 삼매도 그와 같아서 성품이 평등하여 분별이 없지마는 보살들로 하여금 말할 수 없이 말할 수 없는 백천억 나유타 차별한 형상을 알게 하느니라.

c. 공하지 않은 이익을 얻다[得不空益] (三佛 11下1)

佛子여 此菩薩摩訶薩이 如是了知時에 令諸衆生으로 得十種不空하나니 何等爲十고 一者는 見不空이니 令諸衆生으로 生善根故며 二者는 聞不空이니 令諸衆生으로 得成熟故며 三者는 同住不空이니 令諸衆生으로 心調伏故며 四者는 發起不空이니 令諸衆生으로 如言而作하여 通達一切諸法義故며 五者는 行不空이니 令無邊世界로 皆淸淨故며 六者는 親近不空이니 於不可說不可說佛刹諸如來所에 斷不可說不可說衆生疑故며 七者는 願不空이

니 隨所念衆生하여 令作勝供養하야 成就諸願故며 八者는 善巧法不空이니 皆令得住無礙解脫淸淨智故며 九者는 雨法雨不空이니 於不可說不可說諸根衆生中에 方便開示一切智行하여 令住佛道故며 十者는 出現不空이니 現無邊相하여 令一切衆生으로 皆蒙照故니라

불자여, 이 보살마하살이 이렇게 알 적에 중생들로 하여금 열 가지 헛되지 않음을 얻게 하느니라. 무엇이 열인가? 하나는 보는 것이 헛되지 않으니 중생들로 하여금 착한 뿌리를 내게 함이요, 둘은 들음이 헛되지 않으니 중생들을 성숙하게 함이요, 셋은 함께 머무름이 헛되지 않으니 중생들의 마음을 길들게 함이요, 넷은 발기함이 헛되지 않으니 중생들을 말한 대로 행하게 하여 온갖 법과 뜻을 통달케 함이요, 다섯은 행이 헛되지 않으니 그지없는 세계를 다 청정케 함이니라. 여섯은 친근함이 헛되지 않으니 말할 수 없이 말할 수 없는 세계의 부처님 계신 데서 말할 수 없이 말할 수 없는 중생의 의심을 끊게 함이요, 일곱은 서원이 헛되지 않으니 생각하는 중생들로 훌륭한 공양을 짓게 하여 서원을 성취케 함이요, 여덟은 교묘한 법이 헛되지 않으니 모두 걸림 없는 해탈과 청정한 지혜에 머물게 함이요, 아홉은 법 비를 내림이 헛되지 않으니 말할 수 없이 말할 수 없는 여러 가지 근성을 가진 중생들에게 온갖 지혜의 행을 방편으로 열어 보여서 부처의 도에 머물게 함이요, 열은 나타남이 헛되지 않으니 그지없는 몸매를 나타내어 일체중생으로 하여금 비침을 얻게 함이니라.

[疏] 三, 佛子至如是了知下는 明得不空益이요
- c. 佛子至如是了知 아래는 공하지 않은 이익 얻음을 밝힘이요,

d. 시왕들이 공경히 공양하는 이익[十王敬養益] (四佛 11下7)

佛子여 菩薩摩訶薩이 住此三昧하여 得十種不空時에 諸天王衆이 皆來頂禮하며 諸龍王衆이 興大香雲하며 諸夜叉王이 頂禮其足하며 阿修羅王이 恭敬供養하며 迦樓羅王이 前後圍遶하며 諸梵天王이 悉來勸請하며 緊那羅王과 摩睺羅伽王이 咸共稱讚하며 乾闥婆王이 常來親近하며 諸人王衆이 承事供養하나니라

불자여, 보살마하살이 이 삼매에 머물러서 열 가지 헛되지 않음을 얻을 적에, 모든 천왕들은 와서 예배하고, 용왕들은 큰 향기 구름을 일으키고, 야차왕들은 땅에 엎드려 발에 절하고, 아수라왕들은 공경하며 공양하고, 가루라왕들은 앞뒤로 옹호하고, 범천왕들은 와서 청하고, 긴나라왕과 마후라가왕들은 모두 칭찬하고, 건달바왕들은 항상 와서 친근하고, 인간왕들은 받자와 섬기며 공양하느니라.

[疏] 四, 佛子至住此三昧下는 十王敬養益이니라
- d. 佛子至住此三昧 아래는 시왕들이 공경하고 공양하는 이익이다.

ㄷ) 결론하다[結] (經/佛子 11下8)

佛子여 是爲菩薩摩訶薩의 第六智光明藏大三昧善巧智니라
불자여, 이것이 보살마하살의 여섯째 지혜 광명의 갈무리인 큰 삼매의 교묘한 지혜이니라."

ㅅ. 모든 세계의 부처님 장엄을 아는 광대한 삼매
 [了知一切世界佛莊嚴大三昧] 3.

ㄱ) 표방하다[標] (經/佛子 11下10)
ㄴ) 해석하다[釋] 2.

(ㄱ) 삼매의 체성과 작용을 밝히다[明定體用] 2.
a. 질문하다[徵] (第七)

佛子여 云何爲菩薩摩訶薩의 了知一切世界佛莊嚴三昧오 佛子여 此三昧가 何故로 名了知一切世界佛莊嚴고
"불자여, 어떤 것을 보살마하살의 모든 세계의 부처님 장엄을 아는 삼매라 하는가? 불자여, 이 삼매를 무슨 연고로 모든 세계의 부처님 장엄을 안다고 이름하는가?

[疏] 第七三昧라 釋中에 二니 先, 明定體用이요 後, 明定利益이라 前中에 亦二니 先, 徵이요 後, 釋이라 所以重徵者는 前은 通徵一定이요 此則別徵莊嚴이니라

■ ㅅ. 모든 세계의 부처님 장엄을 아는 광대한 삼매이다. ㄴ) 해석함 중에 둘이니 (ㄱ) 삼매의 체성과 작용을 밝힘이요, (ㄴ) 삼매의 이익

을 밝힘이다. (ㄱ) 중에 또 둘이니 a. 질문함이요, b. 해석함이다. 거듭하여 질문한 이유는 앞에는 전체적으로 한 가지 삼매를 질문함이요, 여기서는 개별로 장엄함에 대해 질문함이다.

b. 해석하다[釋] 2.
a) 온갖 세계를 해석하다[釋一切世界] (後佛 12上8)

佛子여 菩薩摩訶薩이 住此三昧에 能次第入東方世界하며 能次第入南方世界하며 西方北方과 四維上下의 所有 世界도 悉亦如是能次第入하여
불자여, 보살마하살이 이 삼매에 머물면 능히 차례로 동방 세계에 들어가고 차례로 남방 세계에 들어가며, 서방·북방과 네 간방과 상방·하방에 있는 세계에도 능히 차례로 들어가서,

[疏] 後, 佛子菩薩下는 釋中에 二니 先, 釋一切世界라 以是現在故로 但 云十方이니라
- b. 佛子菩薩 아래는 해석함 중에 둘이니 a) 온갖 세계를 해석함이다. 현재인 연고로 단지 시방(十方)이라고만 말하였다.

b) 그 장엄에 대해 해석하다[釋其莊嚴] 2.
(a) 총합하여 열 가지 문을 나열하다[總列十門] (二皆 12下4)

皆見諸佛의 出興於世하며 亦見彼佛의 一切神力하며 亦

見諸佛의 所有遊戲하며 亦見諸佛의 廣大威德하며 亦見諸佛의 最勝自在하며 亦見諸佛의 大師子吼하며 亦見諸佛의 所修諸行하며 亦見諸佛의 種種莊嚴하며 亦見諸佛의 神足變化하며

(1) 여러 부처님이 세상에 나시는 것을 보고, (2) 그 부처님들의 모든 신통한 힘을 보고, (3) 부처님들의 유희를 보고, (4) 부처님들의 광대한 위엄과 공덕을 보고, (5) 부처님의 가장 좋은 자재하심을 보고, (6) 부처님의 크게 사자후하심을 보고, (7) 부처님들의 닦으시는 행을 보고, (8) 부처님들의 가지가지 장엄을 보고, (9) 부처님들의 다니시는 신통과 변화를 보고,

[疏] 二, 皆見諸佛下는 釋其莊嚴이라 於中에 二니 先, 總列十門이니 皆是莊嚴이라 其中에 第八, 別明莊嚴者는 卽功德智慧로 以嚴其心하고 色相光明으로 以嚴身也니라

■ b) 皆見諸佛 아래는 그 장엄에 대해 해석함이다. 그중에 둘이니 (a) 총합하여 열 가지 문으로 나열함이니 모두 장엄이요, 그중에 여덟째, 장엄을 별도로 밝힌 것은 곧 공덕과 지혜로 그 마음을 장엄하고 색상의 광명으로 몸을 장엄한다는 뜻이다.

(b) 장엄한 모양을 개별로 밝히다[別顯嚴相] 2.
㊀ 대중 모임을 자세히 밝히다[廣衆會] 3.

① 다른 것을 보다[見他] 3.

㉮ 대중 모임의 체성과 양상을 보다[見衆會體相] (後衆 12下10)

亦見諸佛의 衆會雲集과 衆會淸淨과 衆會廣大와 衆會一相과 衆會多相과 衆會處所와 衆會居止와 衆會成熟과 衆會調伏과 衆會威德과 如是一切를 悉皆明見하며
(10) 부처님들의 대중이 구름처럼 모이는 것을 보느니라. (11) 모인 대중이 청정함과 (12) 대중이 광대함과 (13) 대중이 한 모양임과 (14) 대중이 여러 모양임과 (15) 대중이 모인 처소와 (16) 대중이 거처함과 (17) 대중이 성숙함과 (18) 대중이 조복함과 (19) 대중의 위엄과 공덕과 (20) 이런 것들을 모두 분명히 보느니라.

[疏] 後, 衆會淸淨下는 別顯嚴相하여 以廣前二니 一, 廣衆會요 二, 廣莊嚴이라 今初에 有三하니 初, 明見他요 二, 見自요 三, 能見이라 今初에 亦三이니 初, 見衆會體相이요

- (b) 衆會淸淨 아래는 장엄한 모양을 개별로 밝혀서 앞의 두 가지 장엄을 자세히 밝혔으니 ㊀ 대중 모임을 자세히 밝힘이요, ㊁ 장엄에 대해 자세히 밝힘이다. 지금은 ㊀에 셋이 있으니 ① 다른 것을 봄에 대해 밝힘이요, ② 자신을 봄에 대해 밝힘이요, ③ 보는 주체를 밝힘이다. 지금은 ①에도 또한 셋이니 ㉮ 대중 모임의 체성과 양상을 봄이요,

㉯ 보는 분량을 밝히다[明見分量] (次亦 13下7)

亦見衆會의 其量大小가 等閻浮提하며 亦見衆會가 等四

天下하며 亦見衆會가 等小千界하며 亦見衆會가 等中千界하며 亦見衆會가 量等三千大千世界하며 亦見衆會가 充滿百千億那由他佛刹하며 亦見衆會가 充滿阿僧祇佛刹하며 亦見衆會가 充滿百佛刹微塵數佛刹하며 亦見衆會가 充滿千佛刹微塵數佛刹하며 亦見衆會가 充滿百千億那由他佛刹微塵數佛刹하며 亦見衆會가 充滿無數佛刹微塵數佛刹하며 亦見衆會가 充滿無量佛刹微塵數佛刹하며 亦見衆會가 充滿無邊佛刹微塵數佛刹하며 亦見衆會가 充滿無等佛刹微塵數佛刹하며 亦見衆會가 充滿不可數佛刹微塵數佛刹하며 亦見衆會가 充滿不可稱佛刹微塵數佛刹하며 亦見衆會가 充滿不可思佛刹微塵數佛刹하며 亦見衆會가 充滿不可量佛刹微塵數佛刹하며 亦見衆會가 充滿不可說佛刹微塵數佛刹하며 亦見衆會가 充滿不可說不可說佛刹微塵數佛刹하며

(21) 또 모인 대중의 집단이 염부제 같음을 보고, (22) 대중의 모임이 사천하와 같음을 보고 (23) 대중이 소천세계와 같음을 보고, (24) 대중이 중천세계와 같음을 보고, (25) 대중이 삼천대천세계와 같음을 보고, (26) 대중이 백천억 나유타 부처님 세계에 가득함을 보고, (27) 대중이 아승지 부처님 세계에 가득함을 보고, (28) 대중이 백 세계 티끌 수 같은 부처님 세계에 가득함을 보고, (29) 대중이 천 세계 티끌 수 같은 부처님 세계에 가득함을 보고, (30) 대중이 백천억 나유타 세계의 티끌 수 부처님 세계에 가득함을 보느니라. (31) 또 모인 대중이 수없는 세계의 티끌 수 부처님 세계에

가득함을 보고, (32) 대중이 한량없는 세계의 티끌 수 부처
님 세계에 가득함을 보고, (33) 대중이 그지없는 세계의 티
끌 수 부처님 세계에 가득함을 보고, (34) 대중이 같을 이 없
는 세계의 티끌 수 부처님 세계에 가득함을 보고, (35) 대중
이 셀 수 없는 세계의 티끌 수 부처님 세계에 가득함을 보
고, (36) 대중이 일컬을 수 없는 세계의 티끌 수 부처님 세
계에 가득함을 보고 (37) 대중이 생각할 수 없는 세계의 티
끌 수 부처님 세계에 가득함을 보고, (38) 대중이 헤아릴 수
없는 세계의 티끌 수 부처님 세계에 가득함을 보고, (39) 대
중이 말할 수 없는 세계의 티끌 수 부처님 세계에 가득함을
보고, (40) 또 대중이 말할 수 없이 말할 수 없는 세계의 티
끌 수 부처님 세계에 가득함을 보느니라.

[疏] 次, 亦見衆會下는 明見分量이요
- ⑭ 亦見衆會 아래는 보는 분량을 밝힘이다.

㈐ 부처님의 작용함을 보다[見佛作用] (後亦 14上1)

亦見諸佛이 於彼衆會道場中에 示現種種相과 種種時와
種種國土와 種種變化와 種種神通과 種種莊嚴과 種種
自在와 種種形量과 種種事業하니라
또 여러 부처님이 저 대중들이 모인 도량에서 나타내시는
(41) 갖가지 모양 · 갖가지 시간 · 갖가지 국토 · 갖가지 변
화 · 갖가지 신통 · 갖가지 장엄 · 갖가지 자재 · 갖가지 형

상 · (49) 갖가지 하시는 일을 보느니라.

[疏] 後, 亦見諸佛於彼下는 見佛作用이라
- ㉖ 亦見諸佛於彼 아래는 부처님이 작용함을 보는 것이다.

② 자신을 보다[見自] (二菩 14上10)

菩薩摩訶薩이 亦見自身이 往彼衆會하며 亦自見身이 在彼說法하며 亦自見身이 受持佛語하며 亦自見身이 善知緣起하며 亦自見身이 住在虛空하며 亦自見身이 住於法身하며 亦自見身이 不生染着하며 亦自見身이 不住分別하며 亦自見身이 無有疲倦하며 亦自見身이 普入諸智하며 亦自見身이 普知諸義하며 亦自見身이 普入諸地하며 亦自見身이 普入諸趣하며 亦自見身이 普知方便하며 亦自見身이 普住佛前하며 亦自見身이 普入諸力하며 亦自見身이 普入眞如하며 亦自見身이 普入無諍하며 亦自見身이 普入諸法이니라

보살마하살이 또 (50) 자신이 저 대중의 모임에 가는 것을 보며, (51) 자기의 몸이 저기 있어서 법문 말함을 보며, (52) 자기의 몸이 부처님 말씀을 받아 지님을 보며, (53) 자기의 몸이 연기를 잘 아는 것을 보며, (54) 자기의 몸이 허공에 있음을 보며, (55) 자기의 몸이 법신에 머물렀음을 보며, (56) 자기의 몸이 물드는 집착을 내지 아니함을 보며, (57) 자기의 몸이 분별에 머물지 않음을 보며, (58) 자기의 몸이 고달

프지 아니함을 보며, (59) 자기의 몸이 모든 지혜에 들어감을 보며, (60) 자기의 몸이 모든 이치를 두루 앎을 보며, (61) 자기의 몸이 모든 지위에 널리 들어감을 보며, (62) 자기의 몸이 여러 길에 두루 들어감을 보며, (63) 자기의 몸이 여러 방편을 아는 것을 보며, (64) 자기의 몸이 여러 부처님 앞에 있음을 보며, (65) 자기의 몸이 여러 가지 힘에 들어갔음을 보며, (66) 자기의 몸이 진여에 들어감을 보며, (67) 자기의 몸이 다름이 없는 데 들어감을 보며, (68) 자기의 몸이 모든 법에 두루 들어갔음을 보느니라.

[疏] 二, 菩薩摩訶薩下는 明見自를 可知니라
- ② 菩薩摩訶薩 아래는 자신을 봄을 밝힘이니 알 수 있으리라.

③ 보는 주체를 밝히다[能見] 3.
㉮ 법으로 설하다[法] (三如 14下6)

如是見時에 不分別國土하며 不分別衆生하며 不分別佛하며 不分別法하며 不執着身하며 不執着身業하며 不執着心하며 不執着意하며
이렇게 보는 때에 ① 국토를 분별하지 않고 ② 중생을 분별하지 않고 ③ 부처님을 분별하지도 않고 ④ 법을 분별하지도 않고 ⑤ 몸에 집착하지도 않고 ⑥ 몸으로 짓는 업에 집착하지도 않고 ⑦ 마음에 집착하지도 않고 ⑧ 뜻에 집착하지도 않나니,

[疏] 三, 如是見時下는 明能見이니 有法과 喩와 合이라 法中에 明無分別 而見이요

- ③ 如是見時 아래는 보는 주체를 밝힘이니 ㉮ 법으로 설함과 ㉯ 비유로 밝힘과 ㉰ 법과 비유를 합함이 있다. ㉮ 법으로 설함 중에 분별함 없이 보는 것에 대해 밝힘이다.

㉯ 비유로 밝히다[喩] (喩中 14下7)
㉰ 법과 비유를 합하다[合] (合中)

譬如諸法이 不分別自性하며 不分別音聲하되 而自性不捨하며 名字不滅인달하여 菩薩摩訶薩도 亦復如是하여 不捨於行하고 隨世所作하되 而於此二에 無所執着이니라
마치 모든 법이 제 성품을 분별하지도 않고 음성을 분별하지도 않지마는, 제 성품을 버리지도 않고 이름이 사라지지 않는 것같이 보살마하살도 그와 같아서 행을 버리지도 않고 세상을 따라 짓지마는 이 두 가지에 집착함이 없느니라.

[疏] 喩中에 明能所詮이라 不自云我是能所詮이로되 而不捨能所詮은 以喩無分別故로 而知也니라 合中에 先, 合不捨요 後, 而於下는 合不分別이라

- ㉯ 비유로 밝힘 중에 말하는 주체와 대상을 밝힘이다. 자연히, "나는 말하는 주체이면서 대상이지만 말하는 주체와 대상을 버리지 않음"이라 말하지 않은 것은 분별이 없으므로 아는 것에 비유하였다. ㉰ 법과 비유를 합함 중에 ㉠ 버리지 않음과 합함이요, ㉡ 而於 아래는 분

별하지 않음과 합함이다.

㈢ 장엄에 대해 자세히 밝히다[廣莊嚴] 2.
① 법으로 설하다[以法說] 2.
㉮ 가름의 문을 표방하여 보이다[標示章門] (二佛 15上2)

佛子여 菩薩摩訶薩이 見佛無量光色과 無量形相과 圓滿成就와 平等淸淨하되 一一現前하여 分明證了하며
불자여, 보살마하살이 (1) 부처님의 한량없는 빛과 (2) 한량없는 형상과 (3) 원만하게 성취함과 (4) 평등하고 청정함을 보는 데 낱낱이 앞에 나타나서 분명하게 증거하여 아느니라.

[疏] 二, 佛子至見佛無量光色下는 廣上莊嚴이라 中에 二니 先, 以法說이요 後, 以喩顯이라 前中에 二니 先, 標章門이요 略擧四種莊嚴하여 皆分明證了니라
■ ㈢ 佛子부터 見佛無量光色까지 아래는 장엄에 대해 자세히 밝힘이다. 그중에 둘이니 ① 법으로 설함이요, ② 비유로 밝힘이다. ① 중에 둘이니 ㉮ 가름의 문을 표방함이요, 간략히 네 가지 장엄을 거론하여 모두 분명하게 증득하여 아는 것이다.

㉯ 표방함에 의지해 개별로 해석하다[依標別釋] 4.
㉠ 무량한 광명의 색[釋無量光色] (後或 15上10)

或見佛身의 種種光明하며 或見佛身의 圓光一尋하며 或見佛身이 如盛日色하며 或見佛身의 微妙光色하며 或見佛身이 作淸淨色하며 或見佛身이 作黃金色하며 或見佛身이 作金剛色하며 或見佛身이 作紺靑色하며 或見佛身이 作無邊色하며 或見佛身이 作大靑摩尼寶色하며

(5) 혹은 부처님 몸의 가지가지 광명을 보고, (6) 혹은 부처님 몸의 둥근 광명이 한 길인 것을 보고, (7) 혹은 부처님 몸이 치성한 햇빛 같음을 보고, (8) 혹은 부처님 몸이 미묘한 빛임을 보고, (9) 혹은 부처님 몸이 청정한 빛임을 보고, (10) 혹은 부처님 몸이 황금빛임을 보고, (11) 혹은 부처님 몸이 금강빛임을 보고, (12) 혹은 부처님 몸이 감청빛임을 보고, (13) 혹은 부처님 몸이 그지없는 빛임을 보고, (14) 혹은 부처님 몸이 푸른 마니보배빛임을 보느니라.

[疏] 後, 或見佛身下는 依章別釋이라 卽分爲四니 一, 釋無量光色이요
■ ㉔ 或見佛身 아래는 표방함에 의지해 개별로 해석함이니 곧 넷으로 나누리니 ㉠ 무량한 광명의 색을 해석함이요,

㉡ 무량한 형상[釋無量形相] (二或 16上9)

或見佛身이 其量七肘하며 或見佛身이 其量八肘하며 或見佛身이 其量九肘하며 或見佛身이 其量十肘하며 或見佛身이 二十肘量하며 或見佛身의 三十肘量과 如是乃至 一百肘量과 一千肘量하며 或見佛身의 一俱盧舍量하며

或見佛身의 半由旬量하며 或見佛身의 一由旬量하며 或見佛身의 十由旬量하며 或見佛身의 百由旬量하며 或見佛身의 千由旬量하며 或見佛身의 百千由旬量하며 或見佛身의 閻浮提量하며 或見佛身의 四天下量하며 或見佛身의 小千界量하며 或見佛身의 中千界量하며 或見佛身의 大千界量하며 或見佛身의 百大千世界量하며 或見佛身의 千大千世界量하며 或見佛身의 百千大千世界量하며 或見佛身의 百千億那由他大千世界量하며 或見佛身의 無數大千世界量하며 或見佛身의 無量大千世界量하며 或見佛身의 無邊大千世界量하며 或見佛身의 無等大千世界量하며 或見佛身의 不可數大千世界量하며 或見佛身의 不可稱大千世界量하며 或見佛身의 不可思大千世界量하며 或見佛身의 不可量大千世界量하며 或見佛身의 不可說大千世界量하며 或見佛身의 不可說不可說大千世界量하나니

(15) 혹은 부처님 키가 일곱 침척임을 보고, (16) 혹은 부처님 키가 여덟 침척임을 보고, (17) 혹은 부처님 키가 아홉 침척임을 보고, (18) 혹은 부처님 키가 열 침척임을 보고, (19) 혹은 부처님 키가 20침척임을 보고, (20) 혹은 부처님 키가 30침척임을 보기도 하며, 그리하여 내지 일백 침척·일천 침척임을 보며, (21) 혹은 부처님 몸이 한 구로사 됨을 보고, (22) 혹은 부처님 몸이 반 유순 됨을 보고, (23) 혹은 부처님 몸이 한 유순 됨을 보고, (24) 혹은 부처님 몸이 열 유순 됨을 보고, (25) 혹은 부처님 몸이 백 유순 됨을 보고,

(26) 혹은 부처님 몸이 천 유순 됨을 보고, (27) 혹은 부처님 몸이 백천 유순 됨을 보고, (28) 혹은 부처님 몸이 염부제와 같음을 보고, (29) 혹은 부처님 몸이 사천하와 같음을 보고, (30) 혹은 부처님 몸이 소천세계만 함을 보고, (31) 혹은 부처님 몸이 중천세계만 함을 보고, (32) 혹은 부처님 몸이 대천세계만 함을 보고, (33) 혹은 부처님 몸이 백 대천세계만 함을 보고, (34) 혹은 부처님 몸이 천 대천세계만 함을 보고, (35) 혹은 부처님 몸이 백천 대천세계만 함을 보고, (36) 혹은 부처님 몸이 백천억 나유타 대천세계만 함을 보고, (37) 혹은 부처님 몸이 수없는 대천세계만 함을 보고, (38) 혹은 부처님 몸이 한량없는 대천세계만 함을 보고, (39) 혹은 부처님 몸이 그지없는 대천세계만 함을 보고, (40) 혹은 부처님 몸이 같을 이 없는 대천세계만 함을 보고, (41) 혹은 부처님 몸이 셀 수 없는 대천세계만 함을 보고, (42) 혹은 부처님 몸이 일컬을 수 없는 대천세계만 함을 보고, (43) 혹은 부처님 몸이 생각할 수 없는 대천세계만 함을 보고, (44) 혹은 부처님 몸이 헤아릴 수 없는 대천세계만 함을 보고, (45) 혹은 부처님 몸이 말할 수 없는 대천세계만 함을 보고, (46) 혹은 부처님 몸이 말할 수 없이 말할 수 없는 대천세계만 함을 보느니라.

[疏] 二, 或見佛身其量下는 釋無量形相이요

■ ㉡ 或見佛身其量 아래는 무량한 형상을 해석함[18]이요,

---

18) 침척(針尺)은 1주(肘)의 크기이다. 주(肘)는 한 팔꿈치의 길이이다. (역자 주)

㉡ 위의 원만하게 성취함[釋上圓滿成就] (三佛 16下3)

佛子여 菩薩이 如是見諸如來의 無量色相과 無量形狀과 無量示現과 無量光明과 無量光明網에 其光分量이 等于法界하야 於法界中에 無所不照하여 普令發起無上智慧하며

불자여, 보살이 이렇게 모든 여래의 (47) 한량없는 빛깔과 한량없는 형상과 한량없이 나타냄과 한량없는 광명과 (51) 한량없는 광명 그물을 보나니, 그 광명의 분량이 법계와 같아서 법계 안에서 비치지 않는 데가 없으며, 여럿으로 하여금 위가 없는 지혜를 내게 하며,

[疏] 三, 佛子菩薩如是見下는 釋上圓滿成就하여 顯前二圓滿故라
■ ㉢ 佛子菩薩如是見 아래는 위의 원만하게 성취함을 해석하여 앞의 두 가지 원만함을 밝히려는 까닭이다.

㉣ 위의 평등하고 청정함[釋上平等淸淨] (四又 16下6)

又見佛身이 無有染着하고 無有障礙하여 上妙淸淨이니라
또 부처님 몸에는 (52) 물드는 일이 없고 장애가 없고, 가장 기묘하고 청정함을 보느니라.

[疏] 四, 又見佛下는 釋上平等淸淨이니 卽兼內二嚴이니라
■ ㉣ 又見佛 아래는 위의 평등하고 청정함을 해석함이니, 곧 내부의 두

가지 장엄을 겸한다는 뜻이다.

② 비유로 밝히다[喩顯] 3.
㉮ 허공처럼 증감이 없는 비유[空無增減喩] (二 佛 17上7)

佛子여 菩薩이 如是見於佛身하되 而如來身은 不增不減이니 譬如虛空이 於蟲所食芥子孔中에도 亦不減小며 於無數世界中에도 亦不增廣인달하여 其諸佛身도 亦復如是하여 見大之時에도 亦無所增이며 見小之時에도 亦無所減이니라

불자여, 보살이 이와 같이 부처님 몸을 보지마는 여래의 몸은 더 커지지도 않고 작아지지도 않느니라. 마치 허공이 벌레가 먹은 겨자씨 구멍에서도 작아지지 아니하고 수없는 세계에서도 커지지 아니하듯이, 부처님 몸도 그와 같아서 크게 볼 적에도 커지지 아니하고 작게 볼 적에도 작아지지 아니하느니라.

[疏] 二, 佛子菩薩如是見於佛下는 以喩顯이라 中에 三이니 一, 空無增減喩는 喩法性身이 無可增減이라 空之大小가 在於世界와 及於芥子하여도 非空體然이 如法性之身이 應器成異니라

■ ② 佛子菩薩如是見於佛 아래는 비유로 밝힘이다. 그중에 셋이니 ㉮ 허공처럼 증감이 없는 비유는 법성의 몸이 증가하고 감소할 수 없음에 비유하나니, 허공의 크고 작음이 세계와 개자에까지 있더라도 허공의 체성이 그렇지 않음이 마치 법성의 몸이 그릇에 응하여 다르게

성취함과 같다.

㉑ 달처럼 증감이 없다는 비유[月無增減喩] (二月 17上9)
㉒ 마음을 따라 경계를 나투는 비유[隨心現境喩] (三隨)

佛子여 譬如月輪을 閻浮提人이 見其形小하되 而亦不減이며 月中住者가 見其形大하되 而亦不增인달하여 菩薩摩訶薩도 亦復如是하여 住此三昧에 隨其心樂하여 見諸佛身의 種種化相하며 言辭演法을 受持不忘하되 而如來身은 不增不減이니라 佛子여 譬如衆生이 命終之後將受生時에 不離於心의 所見淸淨인달하여 菩薩摩訶薩도 亦復如是하여 不離於此甚深三昧의 所見淸淨이니라

불자여, 마치 달을 염부제 사람들이 작게 본다고 해서 작아지지 않고, 달 가운데 있는 이들이 크게 본다고 해서 커지지도 않나니, 보살마하살도 그와 같아서 이 삼매에 머물면 그 마음을 따라서 부처님 몸이 가지가지로 변화하는 모양을 보고 법문을 연설하는 말씀을 듣고 잊지 않지마는 여래의 몸은 커지지도 않고 작아지지도 않느니라. 마치 중생이 목숨을 마친 뒤에 장차 태어나려 할 적에 마음을 여의지 않고 보는 바가 청정하듯이 보살마하살도 그와 같아서 이 깊고 깊은 삼매를 여의지 아니하고 보는 바가 청정하니라.

[疏] 二, 月無增減喩는 喩眞常色身이 體不易故로 證有近遠하여 隨心見殊라 前喩는 但喩佛身이요 此喩는 兼喩光色과 及圓滿成就니라 三,

隨心現境喩는 喩上淸淨이라 菩薩心淨則見佛淨이나 在於如來하여는 何淨何垢리요

- ㉔ 달처럼 증감이 없다는 비유는 참되고 항상한 형색의 몸이 체성은 바뀌지 않음에 비유한 연고로 증득함에 가깝고 먼 것이 있어서 마음을 따라 보는 것이 다르다. 앞의 비유는 단지 부처님 몸에만 비유한 것이요, 여기의 비유는 광명의 색깔과 원만한 성취를 겸하여 비유하였다. ㉕ 마음을 따라 경계를 나투는 비유는 위의 청정함을 비유하였다. 보살의 마음이 청정하면 부처님을 보는 것이 청정하겠지만 여래에게 있어서는 무엇이 깨끗하고 무엇이 더럽겠는가?

(ㄴ) 삼매의 이익을 밝히다[明定利益] 7.
a. 행원을 속히 성취하는 이익[速成行願益] (第二 17下10)

佛子여 菩薩摩訶薩이 住此三昧에 成就十種速疾法하나니 何者爲十고 所謂速增諸行하여 圓滿大願하며 速以法光으로 照耀世間하며 速以方便으로 轉於法輪하여 度脫衆生하며 速隨衆生業하여 示現諸佛淸淨國土하며 速以平等智로 趣入十力하며 速與一切如來로 同住하며 速以大慈力으로 摧破魔軍하며 速斷衆生疑하여 令生歡喜하며 速隨勝解하여 示現神變하며 速以種種妙法言辭로 淨諸世間이니라

불자여, 보살마하살이 이 삼매에 머물고는 열 가지 빠른 법을 성취하나니, 무엇이 열인가? 이른바 (1) 모든 행을 빨리 더하여 큰 서원을 만족하고, (2) 빠르게 법의 광명으로 세간

을 비추고, (3) 빠르게 방편으로 법륜을 굴리어 중생을 제도하고, (4) 빠르게 중생의 업을 따라서 부처님의 청정한 국토를 나타내고, (5) 빠르게 평등한 지혜로 열 가지 힘에 나아가고, (6) 빨리 모든 여래와 더불어 함께 있고, (7) 빨리 크게 인자한 힘으로 마군을 깨뜨리고, (8) 빨리 중생의 의심을 끊어 기쁨을 내게 하고, (9) 빨리 수승한 지혜를 따라 신통변화를 보이고, (10) 빨리 갖가지 묘한 법과 말로써 세상을 깨끗하게 함이니라.

[疏] 第二, 佛子至住此三昧下는 明定利益이라 略擧七種益호대 各有佛子하여 以爲揀別이라 第一, 速成行願益이라 有標와 徵과 釋을 可知로다

■ (ㄴ) 佛子에서 住此三昧까지 아래는 삼매의 이익을 밝힘이다. 간략히 일곱 가지 이익을 거론하였는데 각기 불자가 있어서 구분하였다. a. 행원을 빨리 성취하는 이익이니, a) 표방함과 b) 질문함과 c) 해석함이 있음은 알 수 있으리라.

b. 열 가지 법인이 부처님과 같은 이익[法印同佛益] (第二 18下2)

佛子여 此菩薩摩訶薩이 復得十種法印하여 印一切法하나니 何等爲十고 一者는 同去來今一切諸佛平等善根이요 二者는 同諸如來得無邊際智慧法身이요 三者는 同諸如來住不二法이요 四者는 同諸如來觀察三世無量境界가 皆悉平等이요 五者는 同諸如來得了達法界無礙境界요 六者는 同諸如來成就十力하여 所行無礙요 七者는 同諸如來永絶二行

하여 住無諍法이요 八者는 同諸如來敎化衆生하여 恒不止息이요 九者는 同諸如來於智善巧義善巧中에 能善觀察이요 十者는 同諸如來與一切佛로 平等無二니라

불자여, 이 보살마하살이 다시 열 가지 법인이 있어 모든 법을 인가하느니라. 무엇이 열인가? 하나는 과거·미래·현재의 모든 부처님과 착한 뿌리가 평등하고, 둘은 모든 여래와 같이 그지없는 지혜인 법신을 얻고, 셋은 모든 여래와 같이 둘이 아닌 법에 머물고, 넷은 모든 여래와 같이 세 세상의 한량없는 경계가 모두 평등함을 관찰하고, 다섯은 모든 여래와 같이 법계를 통달하여 걸림이 없고, 여섯은 모든 여래와 같이 열 가지 힘을 성취하여 다니는 데 걸림이 없고, 일곱은 모든 여래와 같이 두 가지 행을 아주 끊고 다툼이 없는 법에 머물고, 여덟은 모든 여래와 같이 중생을 교화하여 항상 쉬지 아니하고, 아홉은 모든 여래와 같이 교묘한 지혜와 교묘한 이치를 잘 관찰하고, 열은 모든 여래와 같이 온갖 부처님과 평등하여 둘이 없느니라.

[疏] 第二, 法印同佛益이라 有十句五對하니 初二는 福慧同이요 次二는 二諦境智同이요 次二는 體用同이요 次二는 二利同이요 後二는 善巧平等同이니라

- b. 열 가지 법인이 부처님과 같은 이익이니, 열 구절이 다섯 대구가 있다. a) 첫째와 둘째 구절은 복과 지혜가 같음이요, b) 다음 두 구절은 두 가지 진리의 경계와 지혜가 같음이요, c) 다음 두 구절은 체성과 작용이 같음이요, d) 다음 두 구절은 2리행이 같음이요, e) 뒤의

두 구절은 교묘함과 평등함이 같음이다.

c. 덕으로 사람을 성취하는 이익[以德成人益] (第三 19上3)

> 佛子여 若菩薩摩訶薩이 成就此了知一切世界佛莊嚴大三昧善巧方便門하면 是無師者니 不由他敎하고 自入一切佛法故며 是丈夫者니 能開悟一切衆生故며 是淸淨者니 知心性本淨故며 是第一者니 能度脫一切世間故며 是安慰者니 能開曉一切衆生故며 是安住者니 未住佛種性者로 令得住故며 是眞實知者니 入一切智門故며 是無異想者니 所言無二故며 是住法藏者니 誓願了知一切佛法故며 是能雨法雨者니 隨衆生心樂하여 悉令充足故니라

불자여, 만일 보살마하살이 이 모든 세계의 부처님 장엄을 아는 큰 삼매의 교묘한 방편문을 성취하면, (1) 이는 스승이 없는 이니 남의 가르침을 받지 않고 스스로 모든 부처님 법에 들어간 연고요, (2) 이는 대장부이니 일체중생을 능히 깨우치는 연고요, (3) 이는 청정한 이니 마음의 성품이 본래 청정함을 아는 연고요, (4) 이는 으뜸되는 이니 모든 세간을 건지어 해탈하게 하는 연고요, (5) 이는 편안하게 위로하는 이니 일체중생을 알도록 일러 주는 연고요, (6) 이는 편안히 머무른 이니 부처님 종성에 머물지 못한 이를 머물게 하는 연고요, (7) 이는 진실하게 아는 이니 온갖 지혜의 문에 들어간 연고요, (8) 이는 다른 생각에 없는 이니 말하는 것이

들이 없는 연고요, (9) 이는 법장에 머무른 이니 온갖 부처님 법을 알기를 원하는 연고요, (10) 이는 법 비를 내리는 이니 중생의 좋아함을 따라 만족하게 하는 연고이니라.

[疏] 第三, 以德成人益이니 可知로다
■ c. 덕으로 사람을 성취한 이익이니 알 수 있으리라.

d. 지혜와 공덕이 포함된 이익[智德包含益] 2.
a) 비유로 밝히다[喩] (第四 19下6)

佛子여 譬如帝釋이 於頂髻中에 置摩尼寶하면 以寶力故로 威光轉盛이라 其釋天王이 初獲此寶에 則得十法하야 出過一切三十三天하나니 何等爲十고 一者는 色相이요 二者는 形體요 三者는 示現이요 四者는 眷屬이요 五者는 資具요 六者는 音聲이요 七者는 神通이요 八者는 自在요 九者는 慧解요 十者는 智用이라 如是十種이 悉過一切三十三天인달하니라

불자여, 마치 제석천왕이 상투에 마니보배를 꽂으면 보배의 힘으로 위엄이 더욱 성하느니라. 제석천왕이 처음 이 보배를 가지면 열 가지 법을 얻어 삼십삼천보다 뛰어나나니, 무엇이 열인가? 하나는 몸매요, 둘은 형체요, 셋은 나타남이요, 넷은 권속이요, 다섯은 쓰는 도구요, 여섯은 음성이요, 일곱은 신통이요, 여덟은 자재함이요, 아홉은 지혜로 이해함이요, 열은 지혜의 작용이니, 이러한 열 가지가 삼십삼

천보다 뛰어나느니라.

[疏] 第四, 智德包含益이라 於中에 二니 先, 喩이요 後, 合이라 各有十句하니

- d. 지혜와 공덕이 포함된 이익이다. 그중에 둘이니 a) 비유로 밝힘이요, b) 법과 비유를 합함이다. 각기 열 구절이 있다.

b) 법과 비유를 합하다[合] (經/菩薩 19上8)

菩薩摩訶薩도 亦復如是하여 初始獲得此三昧時에 則得十種廣大智藏하나니 何等爲十고 一者는 照耀一切佛刹智요 二者는 知一切衆生受生智요 三者는 普作三世變化智요 四者는 普入一切佛身智요 五者는 通達一切佛法智요 六者는 普攝一切淨法智요 七者는 普令一切衆生으로 入法身智요 八者는 現見一切法普眼淸淨智요 九者는 一切自在하여 到於彼岸智요 十者는 安住一切廣大法하여 普盡無餘智니라

보살마하살도 그와 같아서 이 삼매를 처음 얻었을 때에 열 가지 광대한 지혜 광을 얻나니, 무엇이 열인가? 하나는 모든 부처님 세계를 비추는 지혜요, 둘은 일체중생의 태어남을 아는 지혜요, 셋은 세 세상의 변화를 두루 짓는 지혜요, 넷은 온갖 부처님 몸에 널리 들어가는 지혜요, 다섯은 모든 부처님 법을 통달하는 지혜요, 여섯은 모든 청정한 법을 널리 포섭하는 지혜요, 일곱은 일체중생을 법신에 들어가게

하는 지혜요, 여덟은 모든 법을 보는 넓은 눈이 청정한 지혜요, 아홉은 모든 일에 자재하여 저 언덕에 이르는 지혜요, 열은 일체 광대한 법에 머물러서 모두 다하고 남음이 없는 지혜이니라.

[疏] 合中에 總標는 合初獲卽得이라 十句가 合前十事호대 唯八九는 不次라 以智雖是一이나 從所知別故라 一, 佛刹은 合色相이요 二, 衆生은 合形體요 三, 變化는 合示現이요 四, 入佛은 合眷屬이니 以互爲主伴이 如眷屬故라 五, 通達佛法은 爲助道資具요 六, 普攝淨法은 則圓音示人이요 七, 皆令入法은 方是神通이요 八, 普眼淸淨은 超合慧解요 九, 自在는 却合自在요 十, 住法은 合智用이니라

■ b) 법과 비유를 합함 중에 (a) 총합하여 표방함은 처음 얻은 것을 곧 얻음과 합함이다. 열 구절이 앞의 열 가지 일과 합하되 오직 여덟째와 아홉째 구절은 순서대로가 아니다. 지혜가 비록 하나이지만 아는 바에 따라 다르기 때문이다. ㊀ 불국토가 색상과 합함이요, ㊁ 중생이 형체와 합함이요, ㊂ 변화함은 시현함과 합함이요, ㊃ 부처에 들어감은 권속과 합함이니, 번갈아 주인과 반려가 된 것이 권속과 같은 까닭이요, ㊄ 불법을 통달함은 도를 도와주는 법과 생활 도구가 됨이요, ㊅ 청정한 법을 널리 포섭함은 원음(圓音)으로 사람에게 보임이요, ㊆ 모두 법에 들어가게 함이 비로소 신통이 된 것이요, ㊇ 넓은 눈이 청정함은 지혜로 아는 것과 건너뛰어 합함이요, ㊈ 자재함은 자재함과 도리어 합함이요, ㊉ 법에 머무름은 지혜의 작용과 합함이다.

e. 몸의 위엄이 뛰어난 이익[身威超勝益] (第五 20下8)

佛子여 菩薩摩訶薩이 住此三昧에 復得十種最淸淨威德身하나니 何等爲十고 一者는 爲照耀不可說不可說世界故로 放不可說不可說光明輪이요 二者는 爲令世界로 咸淸淨故로 放不可說不可說無量色相光明輪이요 三者는 爲調伏衆生故로 放不可說不可說光明輪이요 四者는 爲親近一切諸佛故로 化作不可說不可說身이요 五者는 爲承事供養一切諸佛故로 雨不可說不可說種種殊妙香華雲이요 六者는 爲承事供養一切佛하며 及調伏一切衆生故로 於一一毛孔中에 化作不可說不可說種種音樂이요 七者는 爲成熟衆生故로 現不可說不可說種種無量自在神變이요 八者는 爲於十方種種名號一切佛所에 請問法故로 一步超過不可說不可說世界요 九者는 爲令一切衆生見聞之者로 皆不空故로 現不可說不可說種種無量淸淨色相身無能見頂이요 十者는 爲與衆生으로 開示無量秘密法故로 發不可說不可說音聲語言이니라

불자여, 보살마하살이 이 삼매에 머물고는 다시 열 가지 가장 청정하고 위덕 있는 몸을 얻나니, 무엇이 열인가? 하나는 말할 수 없이 말할 수 없는 세계를 비추기 위하여 말할 수 없이 말할 수 없는 광명 바퀴를 놓음이요, 둘은 세계를 다 청정케 하기 위하여 말할 수 없이 말할 수 없는 한량없는 빛깔 광명 바퀴를 놓음이요, 셋은 중생을 조화하고 굴복하기 위하여 말할 수 없이 말할 수 없는 광명 바퀴를 놓음이요, 넷은 모든 부처님을 친근하기 위하여 말할 수 없이 말할 수 없는 몸을 변하여 냄이요, 다섯은 모든 부처님께 받자와

섬기고 공양하기 위하여 말할 수 없이 말할 수 없는 가지가지 훌륭한 향과 꽃 구름을 내림이니라. 여섯은 모든 부처님을 섬기며 공양하고 일체중생을 조화하여 굴복하기 위하여 낱낱 털구멍으로 말할 수 없이 말할 수 없는 가지가지 음악을 변화하여 만들고, 일곱은 중생을 성숙하게 하기 위하여 말할 수 없이 말할 수 없는 가지가지 한량없는 자유로운 신통과 변화를 나타내고, 여덟은 시방의 가지가지 명호를 가진 모든 부처님 계신 데서 법을 묻기 위하여 한 걸음에 말할 수 없이 말할 수 없는 세계를 뛰어넘음이요, 아홉은 일체중생의 보고 듣는 이로 하여금 헛되지 않게 하기 위하여 말할 수 없이 말할 수 없는 가지가지 한량없는 청정한 몸매를 가지고 정수리를 볼 수 없는 몸을 나타내고, 열은 중생에게 한량없는 비밀한 법을 보여 주기 위하여 말할 수 없이 말할 수 없는 음성과 말을 내느니라.

[疏] 第五, 身威超勝益이라 有標하며 有釋이라
■ e. 몸의 위엄이 뛰어난 이익이니 a) 표방함과 b) 해석함이 있다.

f. 다른 이로 하여금 원만하게 하는 이익[令他圓滿益] (第六 21上6)

佛子여 菩薩摩訶薩이 得此十種最淸淨威德身已에 能令衆生으로 得十種圓滿하나니 何等爲十고 一者는 能令衆生으로 得見於佛이요 二者는 能令衆生으로 深信於佛이요 三者는 能令衆生으로 聽聞於法이요 四者는 能令衆生

으로 知有佛世界요 五者는 能令衆生으로 見佛神變이요 六者는 能令衆生으로 念所集業이요 七者는 能令衆生으로 定心圓滿이요 八者는 能令衆生으로 入佛淸淨이요 九者는 能令衆生으로 發菩提心이요 十者는 能令衆生으로 圓滿佛智니라

불자여, 보살마하살이 열 가지 청정하고 위덕 있는 몸을 얻고는 중생들로 하여금 열 가지 원만함을 얻게 하나니, 무엇이 열인가? 하나는 중생들로 하여금 부처님을 보게 함이요, 둘은 중생들로 하여금 부처님을 믿게 함이요, 셋은 중생들로 하여금 법을 듣게 함이요, 넷은 중생들로 하여금 부처님 세계가 있음을 알게 함이요, 다섯은 중생들로 하여금 부처님의 신통과 변화를 보게 함이요, 여섯은 중생들로 하여금 모든 업을 생각하게 함이요, 일곱은 중생들로 하여금 선정의 마음이 원만하게 함이요, 여덟은 중생들로 하여금 부처님의 청정한 데 들게 함이요, 아홉은 중생들로 하여금 보리심을 내게 함이요, 열은 중생들로 하여금 부처님의 지혜를 원만하게 함이니라.

[疏] 第六, 令他圓滿益이라 先, 牒前起後요 後, 徵列名相이라

- f. 다른 이로 하여금 원만하게 하는 이익이니 a) 앞을 따와서 뒤를 시작함이요, b) 이름과 양상을 나열함에 대해 질문함이다.

g. 전전이 불사를 짓는 이익[轉作佛事益] (第七 21下8)

佛子여 菩薩摩訶薩이 令衆生으로 得十種圓滿已에 復爲
衆生하야 作十種佛事하나니 何等爲十고 所謂以音聲으
로 作佛事니 爲成熟衆生故며 以色形으로 作佛事니 爲調
伏衆生故며 以憶念으로 作佛事니 爲淸淨衆生故며 以震
動世界로 作佛事니 爲令衆生으로 離惡趣故며 以方便覺
悟로 作佛事니 爲令衆生으로 不失念故며 以夢中現相으
로 作佛事니 爲令衆生으로 恒正念故며 以放大光明으로
作佛事니 爲普攝取諸衆生故며 以修菩薩行으로 作佛事
니 爲令衆生으로 住勝願故며 以成正等覺으로 作佛事니
爲令衆生으로 知幻法故며 以轉妙法輪으로 作佛事니 爲
衆說法에 不失時故며 以現住壽命으로 作佛事니 爲調伏
一切衆生故며 以示般涅槃으로 作佛事니 知諸衆生의 起
疲厭故니라

불자여, 보살마하살이 열 가지 원만함을 얻고는 다시 중생
을 위하여 열 가지 부처님 일을 하게 하나니, 무엇이 열인
가? (1) 음성으로 부처님 일을 하나니 중생을 성숙하려 함
이요, (2) 형상으로 부처님 일을 하나니 중생을 조화하고 굴
복하려 함이요, (3) 기억함으로 부처님 일을 하나니 중생을
청정케 함이요, (4) 세계를 진동함으로 부처님 일을 하나니
중생을 나쁜 길에서 떠나게 함이요, (5) 방편과 깨닫게 함으
로 부처님 일을 하나니 중생으로 하여금 생각을 잃어버리
지 않게 함이니라. (6) 꿈에 모습을 나타내므로 부처님 일을
하나니 중생으로 하여금 항상 바르게 생각하게 하기 위함
이요, (7) 큰 광명을 놓음으로 부처님 일을 하나니 여러 중

생을 널리 거두어 주려 함이요, (8) 보살의 행을 닦는 것으로 부처님 일을 하나니 중생으로 하여금 훌륭한 소원에 머물게 함이요, (9) 바른 깨달음을 이룸으로 부처님 일을 하나니 중생들로 하여금 요술 같은 법을 알게 함이요, (10) 묘한 법륜을 굴림으로 부처님 일을 하나니 대중에게 법을 말할 적에 시기를 놓치지 않게 함이요, (11) 지금 오래 삶으로 부처님 일을 하나니 일체중생을 조화하고 굴복하려 함이요, (12) 열반에 듦을 보이는 것으로 부처님 일을 하나니 중생들이 고달파하고 싫어함을 아는 연고이니라.

[疏] 第七, 轉作佛事益이라 亦先, 牒前起後요 後, 徵列名相이라 文並可知니라

- g. 전전이 불사를 짓는 이익이다. 또한 a) 앞을 따와서 뒤를 시작함이요, b) 이름과 양상을 나열함에 대해 질문함이니, 경문과 함께하면 알 수 있으리라.

ㄷ) 결론하다[結] (經/佛子 21下10)

佛子여 是爲菩薩摩訶薩의 第七了知一切世界佛莊嚴大三昧善巧智니라
불자여, 이것이 보살마하살의 일곱째 모든 세계의 부처님 장엄을 아는 큰 삼매의 교묘한 지혜이니라."

大方廣佛華嚴經 제42권
大方廣佛華嚴經疏鈔 제42권 珍字卷上
제27 十定品 ③

제27. 열 가지 선정을 말하는 품[十定品] ③

○. 일체중생의 차별한 몸의 광대한 삼매[一切衆生差別身大三昧]에 云

"불자여, 보살마하살이 이 삼매에 머물면 열 가지 집착이 없게 되나니, 무엇이 열인가? 이른바 온갖 세계에 집착이 없고, 온갖 방위에 집착이 없고, 온갖 겁에 집착이 없고, 온갖 중생에게 집착이 없고, 온갖 법에 집착이 없고, 온갖 보살에 집착이 없고, 온갖 보살의 원에 집착이 없고, 온갖 삼매에 집착이 없고, 온갖 부처님께 집착이 없고, 온갖 지위에 집착이 없나니, 이것이 열이니라. 불자여, 보살마하살이 이 삼매에 어떻게 들어가고 어떻게 일어나는가? 불자여, 이 보살이 이 삼매에 속몸으로 들어가 겉몸에서 일어나고 겉몸으로 들어가 속몸에서 일어나며, 같은 몸으로 들어가 다른 몸에서 일어나고 다른 몸으로 들어가 같은 몸에서 일어나며, 사람의 몸으로 들어가 야차의 몸에서 일어나고, … 불자여, 이것을 보살마하살의 여덟째 모든 중생의 차별한 몸인 큰 삼매의 교묘한 지혜라 하느니라."

> 大方廣佛華嚴經 제42권
> 大方廣佛華嚴經疏鈔 제42권 珍字卷上

제27. 열 가지 선정을 말하는 품[十定品] ③

ㅇ. 일체중생의 차별한 몸의 광대한 삼매[一切衆生差別身大三昧] 3.

ㄱ) 표방하다[標] (經/佛子 1上5)
ㄴ) 해석하다[釋] 2.
(ㄱ) 과목 나누기[分科] (第八)

佛子여 云何爲菩薩摩訶薩의 一切衆生差別身三昧오 佛子여 菩薩摩訶薩이 住此三昧에 得十種無所着하나니 何者爲十고 所謂於一切刹에 無所着하며 於一切方에 無所着하며 於一切劫에 無所着하며 於一切衆에 無所着하며 於一切法에 無所着하며 於一切菩薩에 無所着하며 於一切菩薩願에 無所着하며 於一切三昧에 無所着하며 於一切佛에 無所着하며 於一切地에 無所着이니 是爲十이니라
"불자여, 어떤 것을 보살마하살의 일체중생의 차별한 몸 삼매라 하는가? 불자여, 보살마하살이 이 삼매에 머물면 열 가지 집착이 없게 되나니, 무엇이 열인가? 이른바 (1) 온갖 세계에 집착이 없고, (2) 온갖 방위에 집착이 없고, (3) 온갖 겁에 집착이 없고, (4) 온갖 중생에게 집착이 없고, (5) 온갖

법에 집착이 없고, (6) 온갖 보살에게 집착이 없고, (7) 온갖 보살의 원에 집착이 없고, (8) 온갖 삼매에 집착이 없고, (9) 온갖 부처님께 집착이 없고, (10) 온갖 지위에 집착이 없나니, 이것이 열이니라.

[疏] 第八, 一切衆生差別身三昧라 釋中에 分五니 一, 明能入智요 二, 顯入出之相이요 三, 明入定之益이요 四, 明境界自在요 五, 總結究竟이라
- ㅇ. 일체중생의 차별한 몸의 광대한 삼매이다. ㄴ) 해석함 중에 다섯으로 나누리니 a. 들어가는 주체의 지혜를 밝힘이요, b. 삼매에 들어가고 나오는 양상을 밝힘이요, c. 삼매에 들어간 이익을 밝힘이요, d. 무량한 경계가 자재함을 밝힘이요, e. (열 가지 신통으로) 열반의 언덕까지 가는 것으로 총합 결론함이다.

(ㄴ) 과목에 따라 해석하다[隨釋] 5.
a. 들어가는 주체의 지혜[明能入之智] (今初 1下3)

[疏] 今初니 由得十種無着하여 成後出入自在라 一切地者는 佛地와 菩薩地等이니라
- 지금은 a. (들어가는 주체의 지혜)이니 열 가지 집착 없음을 얻음으로 말미암아 뒤의 (선정에서) 나오고 들어감이 자재함을 성취하였다. '온갖 지위'란 부처님 지위와 보살의 지위 등을 뜻한다.

b. 삼매에 들어가고 나오는 양상[顯入出之相] 2.

a) 질문으로 시작하다[徵起] (二入 1下10)

佛子여 菩薩摩訶薩이 於此三昧에 云何入이며 云何起오
불자여, 보살마하살이 이 삼매에 어떻게 들어가고 어떻게
일어나는가?

[疏] 二, 入出相이라 中에 二니 先, 徵起요 後, 釋相이라 於中에 先, 法이요
後, 喩라 法中에 略辨十類하여 以表無盡이니
- b. 삼매에 들어가고 나오는 양상이다. 그중에 둘이니 a) 질문으로 시
작함이요, b) 양상을 해석함이다. 그중에 (a) 법을 설함이요, (b) 비
유로 밝힘이다. (a) 법으로 설함 중에 간략히 열 부류를 밝혀서 그지
없음을 표한 까닭이다.

b) 양상을 해석하다[釋相] 2.

(a) 법으로 구분하다[法分] 10.
㈠ 모든 부류의 정보와 상대하다[諸類正報相對] (一諸 2上1)
㈢ 여섯 갈래의 의보와 상대하다[六趣依報相對] (二天)

佛子여 菩薩摩訶薩이 於此三昧에 內身入하야 外身起하
며 外身入하여 內身起하며 同身入하여 異身起하며 異身
入하여 同身起하며 人身入하여 夜叉身起하며 夜叉身入
하여 龍身起하며 龍身入하여 阿修羅身起하며 阿修羅身
入하여 天身起하며 天身入하여 梵王身起하며 梵王身入

하여 欲界身起하니라 天中入하여 地獄起하며 地獄入하여 人間起하며 人間入하여 餘趣起하니라

불자여, 이 보살이 (1) 이 삼매에 속몸으로 들어가 겉몸에서 일어나고, (2) 겉몸으로 들어가 속몸에서 일어나며, (3) 같은 몸으로 들어가 다른 몸에서 일어나고, (4) 다른 몸으로 들어가 같은 몸에서 일어나며, (5) 사람의 몸으로 들어가 야차의 몸에서 일어나고, (6) 야차의 몸으로 들어가 용의 몸에서 일어나며, (7) 용의 몸으로 들어가 아수라의 몸에서 일어나고, (8) 아수라의 몸으로 들어가 하늘의 몸에서 일어나고, (9) 하늘의 몸으로 들어가 범왕의 몸에서 일어나고, (10) 범왕의 몸으로 들어가 육십 세계의 몸에서 일어나느니라. (11) 천상에서 들어가 지옥에서 일어나고, (12) 지옥에서 들어가 인간에서 일어나며, (13) 인간에서 들어가 다른 길에서 일어나며,

[疏] 一, 諸類正報相對하여 明入出이요 二, 天中入下는 六趣依報로 明入出이요

■ ㉠ 모든 부류의 정보와 상대하여 들어가고 나옴을 밝혔고, ㉡ 天中入 아래는 여섯 갈래의 의보와 상대함으로 들어가고 나옴을 밝혔다.

㉢ 한 몸과 여러 몸의 정보와 상대하다[一多正報相對] (三千 2上7)
㉣ 사주 세계의 큰 바다와 상대하다[四洲大海相對] (四閻)

千身入하여 一身起하며 一身入하여 千身起하며 那由他

身入하여 一身起하며 一身入하여 那由他身起하나니라
閻浮提衆生衆中入하여 西瞿陀尼衆生衆中起하며 西瞿陀尼衆生衆中入하여 北拘盧衆生衆中起하며 北拘盧衆生衆中入하여 東毘提訶衆生衆中起하며 東毘提訶衆生衆中入하여 三天下衆生衆中起하며 三天下衆生衆中入하여 四天下衆生衆中起하며 四天下衆生衆中入하여 一切海差別衆生衆中起하며 一切海差別衆生衆中入하여 一切海神衆中起하나니라

(14) 천 몸에서 들어가 한 몸에서 일어나고, (15) 한 몸에서 들어가 천 몸에서 일어나며, (16) 나유타 몸에서 들어가 한 몸에서 일어나고, (17) 한 몸에서 들어가 나유타 몸에서 일어나느니라. (18) 염부제 중생들 가운데서 들어가 서구타니 중생들 가운데서 일어나고, (19) 서구타니 중생들 가운데서 들어가 북구로 중생들 가운데서 일어나며, (20) 북구로 중생들 가운데서 들어가 동비제하 중생들 가운데서 일어나고, (21) 동비제하 중생들 가운데서 들어가 삼천하 중생들 가운데서 일어나며, (22) 삼천하 중생들 가운데서 들어가 사천하 중생들 가운데서 일어나고, (23) 사천하 중생들 가운데서 들어가 일체 바다 차별한 중생들 가운데서 일어나며, (24) 일체 바다 중생들 가운데서 들어가 일체 바다 신장들 가운데서 일어나느니라.

[疏] 三, 千身入下는 一多相對요 四, 閻浮提下는 四洲大海相對요
■ ㈢ 千身入 아래는 한 몸과 여러 몸의 정보와 상대함이요, ㈣ 閻浮提

아래는 사주 세계의 큰 바다와 상대함이요,

㊄ 사대종의 현상법으로 상대하다[大種事法相對] (五一 3上3)
㊅ 여러 방위의 의보와 상대하다[諸方依報相對] (六一)

一切海神衆中入하여 一切海水大中起하며 一切海水大中入하여 一切海地大中起하며 一切海地大中入하여 一切海火大中起하며 一切海火大中入하여 一切海風大中起하며 一切海風大中入하여 一切四大種中起하며 一切四大種中入하여 無生法中起하며 無生法中入하여 妙高山中起하며 妙高山中入하여 七寶山中起하며 七寶山中入하여 一切地種種稼穡樹林黑山中起하며 一切地種種稼穡樹林黑山中入하여 一切妙香華寶莊嚴中起하니라 一切妙香華寶莊嚴中入하여 一切四天下下方上方一切衆生受生中起하며

(25) 일체 바다 신장들 가운데서 들어가 일체 바다 수대 가운데서 일어나고, (26) 일체 바다 수대 가운데서 들어가 일체 바다 지대 가운데서 일어나며, (27) 일체 바다 지대 가운데서 들어가 일체 바다 화대 가운데서 일어나고, (28) 일체 바다 화대 가운데서 들어가 일체 바다 풍대 가운데서 일어나며, (29) 일체 바다 풍대 가운데서 들어가 일체 사대종 가운데서 일어나고, (30) 일체 사대종 가운데서 들어가 생사 없는 법 가운데서 일어나며, (31) 생사 없는 법 가운데서 들어가 수미산 가운데서 일어나고, (32) 수미산 가운데서 들

어가 칠보산 가운데서 일어나며, (33) 칠보산 가운데서 들어가 모든 땅에 가지가지로 가꾸는 나무 숲 흑산 가운데서 일어나고, (34) 모든 땅에 가지가지로 가꾸는 나무 숲 흑산 가운데서 들어가 온갖 묘한 향과 꽃과 보배로 장엄한 가운데서 일어나느니라. (35) 온갖 묘한 향과 꽃과 보배로 장엄한 가운데서 들어가 모든 사천하의 아래와 위에서 온갖 중생이 태어나는 가운데서 일어나고,

[疏] 五, 一切海神下는 大種事法相對라 其無生法이 乘四大種生일새 便故로 來니라 六, 一切妙香華下는 諸方相對요

■ ㊄ 一切海神 아래는 사대종의 현상법으로 상대함이니, 그 나고 죽음 없는 법으로 사대종을 타고 생겨나서 편하므로 왔다. ㊅ 一切妙香華 아래는 여러 방위의 의보와 상대함이요,

㊆ 여러 세계의 많고 적음으로 상대하다[衆數多少相對] (七一 4上3)
㊇ 염오와 청정한 정보로 상대하다[染淨正報相對] (八不)

一切四天下下方上方一切衆生受生中入하여 小千世界衆生衆中起하며 小千世界衆生衆中入하여 中千世界衆生衆中起하며 中千世界衆生衆中入하여 大千世界衆生衆中起하며 大千世界衆生衆中入하여 百千億那由他三千大千世界衆生衆中起하며 百千億那由他三千大千世界衆生衆中入하여 無數世界衆生衆中起하니라 無數世界衆生衆中入하여 無量世界衆生衆中起하며 無量世界

衆生衆中入하여 無邊佛刹衆生衆中起하며 無邊佛刹衆
生衆中入하여 無等佛刹衆生衆中起하며 無等佛刹衆生
衆中入하여 不可數世界衆生衆中起하며 不可數世界衆
生衆中入하여 不可稱世界衆生衆中起하며 不可稱世界
衆生衆中入하여 不可思世界衆生衆中起하며 不可思世
界衆生衆中入하여 不可量世界衆生衆中起하며 不可量
世界衆生衆中入하여 不可說世界衆生衆中起하며 不可
說世界衆生衆中入하여 不可說不可說世界衆生衆中起
하며 不可說不可說世界衆生衆中入하여 雜染衆生衆中
起하며 雜染衆生衆中入하여 淸淨衆生衆中起하며 淸淨
衆生衆中入하여 雜染衆生衆中起하나니라

(36) 모든 사천하의 아래와 위에서 온갖 중생의 태어나는 가운데서 들어가 소천세계 중생들 가운데서 일어나며, (37) 소천세계 중생들 가운데서 들어가 중천세계 중생들 가운데서 일어나고, (38) 중천세계의 중생들 가운데서 들어가 대천세계 중생들 가운데서 일어나며, (39) 대천세계의 중생들 가운데서 들어가 백천억 나유타 삼천대천세계의 중생들 가운데서 일어나고, (40) 백천억 나유타 삼천대천세계의 중생들 가운데서 들어가 수없는 세계의 중생들 가운데서 일어나느니라. (41) 수없는 세계의 중생들 가운데서 들어가 한량없는 세계의 중생들 가운데서 일어나고, (42) 한량없는 세계의 중생들 가운데서 들어가 그지없는 부처님 세계의 중생들 가운데서 일어나며, (43) 그지없는 부처님 세계의 중생들 가운데서 들어가 같을 이 없는 부처님 세계의 중생들

가운데서 일어나고, (44) 같을 이 없는 부처님 세계의 중생들 가운데서 들어가 헤아릴 수 없는 세계의 중생들 가운데서 일어나며, (45) 헤아릴 수 없는 세계의 중생들 가운데서 들어가 일컬을 수 없는 세계의 중생들 가운데서 일어나고, (46) 일컬을 수 없는 세계의 중생들 가운데서 들어가 생각할 수 없는 세계의 중생들 가운데서 일어나느니라. (47) 생각할 수 없는 세계의 중생들 가운데서 들어가 헤아릴 수 없는 세계의 중생들 가운데서 일어나고, (48) 헤아릴 수 없는 세계의 중생들 가운데서 들어가 말할 수 없는 세계의 중생들 가운데서 일어나며, (49) 말할 수 없는 세계의 중생들 가운데서 들어가 말할 수 없이 말할 수 없는 세계의 중생들 가운데서 일어나고, (50) 말할 수 없이 말할 수 없는 세계의 중생들 가운데서 들어가 더러운 중생들 가운데서 일어나며, (51) 더러운 중생들 가운데서 들어가 깨끗한 중생들 가운데서 일어나고, (52) 깨끗한 중생들 가운데서 들어가 더러운 중생들 가운데서 일어나느니라.

[疏] 七, 一切四天下下는 衆數多少相對요 八, 不可說不可說衆生衆中入下는 染淨相對요

- ㈦ 一切四天下 아래는 대중의 숫자가 많고 적음으로 상대함이요, ㈧ 不可說不可說衆生衆中入 아래는 염오와 청정한 정보로 상대함이요,

㈨ 자신과 다른 이의 여러 세계로 상대하다[自他諸界相對] (九眼 4下1)

㊉ 여러 부류의 출입으로 상대함을 섞어서 밝히다[雜明諸類相對] (十一)

眼處入하여 耳處起하며 耳處入하여 眼處起하며 鼻處入하여 舌處起하며 舌處入하여 鼻處起하며 身處入하여 意處起하며 意處入하여 身處起하며 自處入하여 他處起하며 他處入하여 自處起하니라

一微塵中入하여 無數世界微塵中起하며 無數世界微塵中入하여 一微塵中起하며 聲聞入하여 獨覺起하며 獨覺入하여 聲聞起하며 自身入하여 佛身起하며 佛身入하여 自身起하며 一念入하여 億劫起하며 億劫入하여 一念起하며 同念入하여 別時起하며 別時入하여 同念起하며 前際入하여 後際起하며 後際入하여 前際起하며 前際入하여 中際起하며 中際入하여 前際起하며 三世入하여 刹那起하며 刹那入하여 三世起하며 眞如入하여 言說起하며 言說入하여 眞如起니라

(53) 눈으로 들어가 귀에서 일어나고, (54) 귀로 들어가 눈에서 일어나며, (55) 코로 들어가 혀에서 일어나고, (56) 혀로 들어가 코에서 일어나며, (57) 몸으로 들어가 뜻에서 일어나고, (58) 뜻으로 들어가 몸에서 일어나며, (59) 자기 처소에서 들어가 남의 처소에서 일어나고, (60) 남의 처소에서 들어가 자기의 처소에서 일어나느니라.

(61) 한 티끌 속에서 들어가 수없는 세계의 티끌 가운데서 일어나고, (62) 수없는 세계의 티끌 가운데서 들어가 한 티끌 속에서 일어나며, (63) 성문에서 들어가 독각에서 일어

나고, (64) 독각에서 들어가 성문에서 일어나며, (65) 자기 몸에서 들어가 부처님 몸에서 일어나고, (66) 부처님 몸에서 들어가 자기 몸에서 일어나며, (67) 한 생각에 들어가 억 겁에 일어나고, (68) 억 겁에 들어가 한 생각에서 일어나며, (69) 같은 생각에 들어가 다른 때에서 일어나고, (70) 다른 때에서 들어가 같은 생각에서 일어나며, (71) 앞 즈음에서 들어가 뒤 즈음에서 일어나고, (72) 뒤 즈음에서 들어가 앞 즈음에서 일어나며, (73) 앞 즈음에서 들어가 중간 즈음에서 일어나고, (74) 중간 즈음에서 들어가 앞 즈음에서 일어나며, (75) 세 세상에서 들어가 찰나에서 일어나고, (76) 찰나에서 들어가 세 세상에서 일어나며, (77) 진여에서 들어가 말하는 데서 일어나고, (78) 말하는 데서 들어가 진여에서 일어나느니라.

[疏] 九, 眼處下는 諸界相對요 十, 一微塵下는 雜明諸類相對니 謂[19]麤細와 凡聖과 念劫과 眞妄等이라 其入出等義는 如賢首品하니라

- ㉙ 眼處 아래는 (자신과 다른 이의) 여러 세계로 상대함이요, ㉚ 一微塵 아래는 여러 부류로 출입함으로 상대함을 섞어서 밝힘이다. 이른바 거칠고 미세함과 범부와 성인, 찰나와 겁, 진여와 망념 등이니, 그 들어가고 나오는 등의 뜻은 현수품에서 밝힌 내용과 같다.

(b) 비유로 밝혀 견주다[喩況] 4.

---

19) 爲는 南續金本作謂라 하다.

㈡ 귀신의 힘으로 사람을 집는 비유로 첫째와 넷째를 비유하다
[鬼力持人喩喩第一.四] (二喩 5上4)

佛子여 譬如有人이 爲鬼所持에 其身戰動하여 不能自安하나니 鬼不現身하되 令他身然인달하여 菩薩摩訶薩이 住此三昧도 亦復如是하여 自身入定他身起하며 他身入定自身起니라
불자여, 마치 사람이 귀신에게 지피면 몸이 떨리어 스스로 진정하지 못하나니, 귀신의 몸이 나타나지 않지마는 그 사람의 몸이 떨리게 하는 것같이, 보살마하살이 이 삼매에 머무름도 그와 같아서, 제 몸에서 선정에 들어가 다른 이의 몸에서 일어나고, 다른 이의 몸에서 선정에 들어 제 몸에서 일어나느니라.

[疏] 二, 喩顯이라 中에 有四喩하여 喩前十類호대 各有法과 合하니 一, 鬼力持人喩는 喩第一과 第四니 多約身故라
- (b) 비유로 밝힘이다. 그중에 네 가지 비유가 있어서 앞의 열 부류에 비유하되 각기 법으로 설함과 법과 비유를 합함이 있으니, ㈠ 귀신의 힘으로 사람을 집는 비유는 첫째와 넷째를 비유하였으니 대부분 몸을 잡아 밝힌 까닭이다.

㈢ 주문의 힘으로 송장이 일어나는 비유로 둘째와 다섯째, 여섯째를 비유하다 [呪起死屍喩喩第二.五.六] (第二 5上10)

佛子여 譬如死屍가 以呪力故로 而能起行하여 隨所作事하여 皆得成就하나니 屍之與呪가 雖各差別이나 而能和合하여 成就彼事인달하여 菩薩摩訶薩이 住此三昧도 亦復如是하여 同境入定異境起하며 異境入定同境起니라
불자여, 죽은 송장이 주문의 힘으로 일어나 다니면서 간 곳마다 짓는 일을 성취하나니, 송장과 주문이 각각 다르지마는 능히 화합하여 저런 일을 성취하는 것처럼, 보살마하살이 이 삼매에 머무름도 그와 같아서, 같은 경계에서 선정에 들어 다른 경계에서 일어나고, 다른 경계에서 선정에 들어 같은 경계에서 일어나느니라.

[疏] 第二, 呪起死屍喩는 喩第二와 及與五와 六이니 多約依報境故라
■ ㈢ 주문의 힘으로 송장이 일어나는 비유는 둘째와 다섯째, 여섯째를 비유함이니 대부분 의보의 경계를 잡아 비유한 까닭이다.

㈢ 나한이 신통을 나투는 비유로 셋째와 일곱째를 비유하다
[羅漢現通喩喩第三.七] (第三 5下5)

佛子여 譬如比丘가 得心自在하여 或以一身으로 作多身하며 或以多身으로 作一身하되 非一身沒하고 多身生이며 非多身沒하고 一身生인달하여 菩薩摩訶薩이 住此三昧도 亦復如是하여 一身入定多身起하며 多身入定一身起니라
불자여, 마치 비구가 마음이 자유롭게 되면 (1) 한 몸으로

여러 몸을 만들기도 하고, (2) 여러 몸으로 한 몸을 만들기도 하며, (3) 한 몸이 사라지지 않고 여러 몸이 생기기도 하고, (4) 여러 몸이 사라지지 않고 한 몸이 생기기도 하는 것 같이, 보살마하살이 이 삼매에 머무름도 그와 같아서 한 몸이 선정에 들어가 여러 몸에서 일어나고, 여러 몸이 선정에 들어가 한 몸에서 일어나기도 하느니라.

[疏] 第三, 羅漢現通喩는 喩第三과 第七이니 多約數故라
- ㈢ 나한이 신통을 나투는 비유는 셋째와 일곱째를 비유하였으니, 대부분 숫자를 잡은 까닭이다.

㈣ 땅은 맛이 하나이지만 거기서 나는 곡식은 맛이 각각 다른 비유로 뒤의 세 문을 비유하다[地一苗多喩喩後三門] (第四 5下10)

佛子여 譬如大地가 其味一種이나 所生苗稼가 種種味別하니 地雖無差別이나 然味有殊異인달하여 菩薩摩訶薩이 住此三昧도 亦復如是하여 無所分別이나 然有一種入定多種起하며 多種入定一種起니라

불자여, 마치 땅은 맛이 하나이지만 거기서 나는 곡식은 맛이 각각 다르니 땅은 차별이 없으나 맛은 차별이 있는 것처럼, 보살마하살이 이 삼매에 머무름도 그와 같아서 분별이 없지마는 한 가지로 선정에 들어가 여러 가지에서 일어나고, 여러 가지로 선정에 들어서 한 가지에서 일어나느니라.

[疏] 第四, 地一苗多喩로 喩後三門이니 雜明種種故라 喩合으로 相映하면 文理自顯이니라

■ ㈣ 땅은 맛이 하나이지만 거기서 나는 곡식은 맛이 각각 다른 비유로 뒤의 세 문을 비유하였으니 갖가지를 섞어서 밝힌 까닭이다. 비유로 밝힘과 법과 비유를 합함으로 양상을 비추면 경문의 이치가 자연히 드러날 것이다.

c. 삼매에 들어간 이익을 밝히다[明入定之益] 3.
a) 부처님의 깨달음과 같음을 찬탄한 이익[讚同佛果益] (第三 6下1)

佛子여 菩薩摩訶薩이 住此三昧에 得十種稱讚法之所稱讚하나니 何者爲十고 所謂入眞如故로 名爲如來며 覺一切法故로 名之爲佛이며 爲一切世間의 所稱讚故로 名爲法師며 知一切法故로 名一切智며 爲一切世間의 所歸依故로 名所依處며 了達一切法方便故로 名爲導師며 引一切衆生하여 入薩婆若道故로 名大導師며 爲一切世間燈故로 名爲光明이며 心志圓滿하고 義利成就하고 所作皆辦하여 住無礙智하여 分別了知一切諸法故로 名爲十力이며 自在通達一切法輪故로 名一切見者니 是爲十이니라

불자여, 보살마하살이 이 삼매에 머물면 열 가지 칭찬하는 법으로 칭찬하게 되나니, 무엇이 열인가? 이른바 (1) 진여에 들었으므로 여래라 하고, (2) 온갖 법을 깨달았으므로 부처라 하고, (3) 모든 세간의 칭찬을 받으므로 법사라 하고,

(4) 온갖 법을 앎으로 온갖 지혜라 하고, (5) 모든 세간이 의지하는 바이므로 의지할 데라 하고, (6) 모든 법의 방편을 통달하므로 길잡이라 하고, (7) 일체중생을 인도하여 살바야의 길에 들게 하므로 대도사라 하고, (8) 모든 세간의 등불이 되므로 광명이라 하고, (9) 마음의 뜻이 원만하고 뜻과 이치를 성취하고 지을 것을 모두 마치고 걸림 없는 지혜에 머물러서 온갖 법을 분별하여 앎으로 열 가지 힘이라 하고, (10) 온갖 법 바퀴를 자유롭게 통달하므로 온갖 것 보는 이라 하나니, 이것이 열이니라.

[疏] 第三, 佛子至住此三昧下는 入定益이라 中에 有三하니 一, 得讚同佛果益이라 皆上句는 顯義요 下句는 結名이라 十力義中에 云, 心志圓滿者는 明力自利義요 義利成就는 顯力利他요 所作皆辦은 彰力圓滿이요 住無礙智는 總顯力體요 分別了知一切諸法은 通明力用이라 하고 餘文은 可知니라

■ c. 佛子에서 住此三昧까지 아래는 삼매에 들어간 이익을 밝힘이다. 그중에 셋이 있으니 a) 부처님의 깨달음과 같음을 찬탄한 이익을 얻음이니 모두 (a) 위 구절은 뜻을 밝힘이요, (b) 아래 구절은 명칭을 결론함이다. 열 가지 힘의 뜻 중에 이르되, "마음의 뜻이 원만함이란 십력이 자리행의 뜻임을 밝힘이요, 뜻과 이치를 성취함은 십력의 이타행을 밝힘이다. 지은 바를 모두 힘쓰는 것은 십력이 원만함을 밝혔고, 장애 없는 지혜에 머무름은 십력의 체성을 총합하여 밝힘이요, 일체 모든 법을 분별하여 요지함은 십력의 작용을 통틀어 밝힌 것이다"라고 하였고, 나머지 경문은 알 수 있으리라.

b) 몸과 지혜 광명으로 비추는 이익[身智光照益] (二身 7上5)

佛子여 菩薩摩訶薩이 住此三昧에 復得十種光明照耀하나니 何者爲十고 所謂得一切諸佛光明하니 與彼平等故며 得一切世界光明하니 普能嚴淨故며 得一切衆生光明하니 悉往調伏故며 得無量無畏光明하니 法界爲場演說故며 得無差別光明하니 知一切法의 無種種性故며 得方便光明하니 於一切法離欲際에 而證入故며 得眞實光明하니 於一切法離欲際에 心平等故며 得徧一切世間神變光明하니 蒙佛所加하여 恒不息故며 得善思惟光明하니 到一切佛自在岸故며 得一切法眞如光明하니 於一毛孔中에 善說一切故니 是爲十이니라

불자여, 보살마하살이 이 삼매에 머물고는 열 가지 광명을 얻어 비추게 되나니, 무엇이 열인가? 이른바 (1) 모든 부처님의 광명을 얻나니 저와 평등한 연고요, (2) 일체 세계의 광명을 얻나니 두루 깨끗하게 장엄하는 연고요, (3) 일체중생의 광명을 얻나니 모두 가서 조복하는 연고요, (4) 한량없이 두려움 없는 광명을 얻나니 법계로 장소를 삼아 연설하는 연고요, (5) 차별 없는 광명을 얻나니 온갖 법이 갖가지 성품이 없음을 아는 연고요, (6) 방편인 광명을 얻나니 모든 법이 욕심을 떠난 즈음에 증득하는 연고요, (7) 진실한 광명을 얻나니 일체 법이 욕심을 여읜 데에 마음이 평등한 연고요, (8) 일체 세간에 두루한 신통변화의 광명을 얻나니 부처님의 가피를 받고 항상 쉬지 않는 연고요, (9) 잘 생각하는

광명을 얻나니 모든 부처님의 자유로운 언덕에 이르는 연고요, (10) 모든 법이 진여인 광명을 얻나니 한 털구멍에서 온갖 법을 말하는 연고라. 이것이 열이니라.

[疏] 二, 身智光照益이요
- b) 몸과 지혜의 광명으로 비추는 이익이요,

c) 업과 작용은 지을 것이 없다는 이익[業用無作益] (三業 7下1)

佛子여 菩薩摩訶薩이 住此三昧에 復得十種無所作하나니 何者爲十고 所謂身業無所作이며 語業無所作이며 意業無所作이며 神通無所作이며 了法無性無所作이며 知業不壞無所作이며 無差別智無所作이며 無生起智無所作이며 知法無滅無所作이며 隨順於文하되 不壞於義가 無所作이니 是爲十이니라

불자여, 보살마하살이 이 삼매에 머물고는 또 열 가지 지을 것 없음을 얻나니, 무엇이 열인가? 이른바 (1) 몸으로 하는 업이 지을 것이 없고, (2) 말로 하는 업이 지을 것이 없고, (3) 뜻으로 하는 업이 지을 것이 없고, (4) 신통이 지을 것이 없고, (5) 법이 성품 없는 줄을 앎이 지을 것이 없고, (6) 업이 없어지지 않는 줄을 앎이 지을 것이 없고, (7) 차별 없는 지혜가 지을 것이 없고, (8) 일어남이 없는 지혜가 지을 것이 없고, (9) 법이 멸하지 않는 줄을 앎이 지을 것이 없고, (10) 글을 따르고 뜻에 잘못되지 않음이 지을 것이 없나니,

이것이 열이니라.

[疏] 三, 業用無作益이라 皆有佛子하니 文相은 並顯이로다
- c) 업과 작용은 지을 것이 없다는 이익이니, 모두에 불 자(佛子)가 있으니 경문의 양상은 함께하면 드러나리라.

d. 무량한 경계가 자재함을 밝히다[明境界自在] 2.

a) 법으로 설하다[法說] 2.
(a) 경문을 바로 해석하다[正釋經文] (第四 7下8)

佛子여 菩薩摩訶薩이 住此三昧에 無量境界가 種種差別하나니 所謂一入多起하며 多入一起하며 同入異起하며 異入同起하며 細入麤起하며 麤入細起하며 大入小起하며 小入大起하며 順入逆起하며 逆入順起하며 無身入有身起하며 有身入無身起하며 無相入有相起하며 有相入無相起하며 起中入入中起니 如是가 皆是此之三昧의 自在境界니라

불자여, 보살마하살이 이 삼매에 머물면 한량없는 경계가 가지가지로 차별하나니, 이른바 (1) 하나에 들어가 여럿에서 일어나고, (2) 여럿에 들어가 하나에서 일어나며, (3) 같은 데 들어가 다른 데서 일어나고, (4) 다른 데 들어가 같은 데서 일어나며, (5) 가는 데 들어가 굵은 데서 일어나고, (6) 굵은 데 들어가 가는 데서 일어나며, (7) 큰 데 들어가 작은

데서 일어나고, (8) 작은 데 들어가 큰 데서 일어나며, (9) 순한 데 들어가 거슬린 데서 일어나고, (10) 거슬린 데 들어가 순한 데서 일어나며, (11) 몸 없는 데 들어가 몸 있는 데서 일어나고, (12) 몸 있는 데 들어가 몸 없는 데서 일어나며, (13) 형상 없는 데 들어가 형상 있는 데서 일어나고, (14) 형상 있는 데 들어가 형상 없는 데서 일어나며, (15) 일어나는 데서 들어가 들어가는 데서 일어나나니, 이런 것이 모두 이 삼매의 자유로운 경계이니라.

[疏] 第四, 佛子至住此三昧無量境下는 明境界自在라 先, 法이요 後, 喩라 今初라 前의 第二段에는 但明入起하시고 今에 兼明逆順과 有無等이 爲種種境界라 起中入者는 卽用之寂故요 入中起者는 卽寂之用故라

■ d. 佛子에서 住此三昧無量境까지 아래는 무량한 경계가 자재함을 밝힘이다. a) 법으로 설함이요, b) 비유로 밝힘이다. 지금은 a)이니 앞의 두 번째 문단은 단지 들어가고 일어남만 밝혔고, 지금은 겸하여 역순과 있고 없음 등을 밝힘은 '갖가지 경계'가 된다. '일어나는 데서 들어감'이란 작용과 합치한 고요함인 까닭이요, '들어가는 데서 일어남'이란 고요함과 합치한 작용인 까닭이다.

(b) 사유하기 어려움으로 결론하다[結成難思] 2.
㊀ 바로 결론하다[正結成] (是知 8上1)
㊁ 비방과 힐난을 해명하다[解妨難] (爲顯)

[疏] 是知菩薩之定이 常入常起하며 常雙入出하며 常無入出하야사 方爲

自在니 爲顯自在하여 寄諸境界하여 交絡而明이니라
■ 이로써 보살의 삼매에 항상 들어가고 항상 일어나고 항상 동시에 들어가고 나오며 항상 들어가고 나옴이 없음을 알아야만 비로소 자재함이 된다. 자재함을 밝히기 위하여 모든 경계에 의탁하여 서로 연락하여 밝힌 것이다.

[鈔] 是知菩薩之定者는 結成難思라 若以定門으로 觀하면 則常入定이요 以用門으로 觀하면 則常出定[20])이나 實則動寂이 必俱일새 故常雙入出矣라 然이나 動靜은 唯物이니 據其體極에 動靜斯亡일새 故常無入起니라 又入卽起故로 無入이요 起卽入故로 無起니라 若然인대 何以經에 云, 麤細入起等고 故로 下에 釋云호대 爲顯自在故로 寄諸境界하여 交絡而明이니라 若云一入多起면 卽云自在어니와 若云無入無起하면 何名自在리요 常入常起하시니 自在之相이 亦然이라 廣如賢首品辨이니라

● '이로써 보살의 삼매를 알아서'란 사의하기 어려움으로 결론함이다. 만일 삼매의 문으로 관찰하면 항상 선정에 들어감이요, 작용의 문으로 관찰하면 항상 선정에서 나옴이지만 (작용의 문으로 관찰하면 항상 작용을 일으키는 것이다.) 실법은 동요와 고요함이 반드시 구비되는 연고로 항상 동시에 들어가고 나온다. 그러나 동요와 고요함은 오직 물건뿐이니 그 체성이 지극함에 의거할 적에 동요와 고요함이 여기서는 없는 연고로 항상 들어가고 일어남이 없는 것이요, 또한 들어감이 곧 일어남인 연고로 들어감이 없고, 일어남이 곧 들어감인 연고로 일어남이 없다. 만일 그렇다면 어찌하여 경문에 이르되, "거칠고 미세함과 들

---

20) 定下에 南續金本有以用門觀則常起用이라 하다.

어가고 일어남 등인가?"라고 말하였고, 그러므로 아래 해석함에 이르되, "자재함을 밝히려는 연고로 모든 경계를 의탁하여 서로 연락하여 밝혔다." 만일 말하되, "하나로 들어가서 여럿으로 일어남은 곧 자재함이라 말한다"고 하였지만 만일 말하되, "들어감 없고 일어남 없으면 어찌하여 자재하다고 부르는가? 항상 들어가고 항상 일어나니 자재한 양상도 또한 그렇다. 자세한 것은 현수품에서 밝힌 내용과 같다.

b) 비유로 밝히다[喩顯] 6.
(a) 허깨비같이 육진 경계에 자재하게 나타나는 비유[幻現六境喩]

(二喩 8下7)

佛子여 譬如幻師가 持呪得成에 能現種種差別形相하나니 呪與幻別하되 而能作幻하며 呪唯是聲이로되 而能幻作眼識所知種種諸色과 耳識所知種種諸聲과 鼻識所知種種諸香과 舌識所知種種諸味와 身識所知種種諸觸과 意識所知種種境界인달하여 菩薩摩訶薩이 住此三昧도 亦復如是하여 同中入定異中起하며 異中入定同中起니라

불자여, 마치 요술쟁이가 주문을 외어 성취하면 갖가지 차별한 모양을 능히 나타내나니, 주문과 요술이 다르지마는 능히 요술을 부리느니라. 주문은 다만 소리지마는 능히 (1) 눈으로 보는 가지각색 빛과 (2) 귀로 듣는 가지각색 소리와 (3) 코로 맡는 가지각색 냄새와 (4) 혀로 맛보는 가지각색 맛과 (5) 몸으로 부딪치는 가지가지 촉감과 (6) 뜻으로 아

는 가지가지 경계를 만드는 것처럼, 보살마하살이 이 삼매에 머무름도 그와 같아서 같은 데서 선정에 들어가 다른 데서 일어나고, 다른 데서 선정에 들어가 같은 데서 일어나느니라.

[疏] 二, 喩顯이라 中에 文有六喩하여 皆自有合이라 一, 幻現六境喩는 喩前同異요

■ b) 비유로 밝힘 중에 경문에 여섯 가지 비유가 있으니 모두 자연히 비유와 합함이 있다. (a) 허깨비같이 육진 경계에 자재하게 나타나는 비유로 앞의 같고 다름을 비유하였다.

(b) 아수라가 요술로 숨는 비유[修羅竄匿喩] (二修 9上5)

佛子여 譬如三十三天이 共阿修羅鬪戰之時에 諸天이 得勝하고 修羅가 退衂에 阿修羅王이 其身長大가 七百由旬이며 四兵圍遶가 無數千萬이로되 以幻術力으로 將諸軍衆하고 同時走入藕絲孔中인달하여 菩薩摩訶薩도 亦復如是하야 已善成就諸幻智地일새 幻智가 卽是菩薩이요 菩薩이 卽是幻智라 是故로 能於無差別法中入定하여 差別法中起하며 差別法中入定하여 無差別法中起니라

불자여, 마치 삼십삼천이 아수라와 싸울 적에 하늘이 이기고 아수라가 패하면, 아수라왕의 키는 칠백 유순이요, 네 가지 군대 수천만이 호위하였지마는 요술을 부려서 여러 군대들과 한꺼번에 달아나다가 연 줄기 실의 구멍 속으로 들

어가나니, 보살마하살도 그와 같아서 이미 요술 같은 지혜를 이루었으므로, 요술 같은 지혜가 곧 보살이요 보살이 곧 요술 같은 지혜이니라. 그러므로 차별 없는 법에서 선정에 들어가고, 차별 있는 법에서 일어나며, 차별한 법에서 선정에 들어가고, 차별 없는 법에서 일어나느니라.

[疏] 二, 修羅竄匿喩는 喩前麤細大小二對라 若約理事相望하면 則無差別이 爲細요 差別이 爲麤니 理細事麤故라 或無差爲麤니 總相入故요 差別爲細니 別相入故라 無差는 則大周法界요 差는 則隨事成小라 若唯約事明大小하면 並差別所收니라

- (b) 아수라가 요술로 숨는 비유는 앞의 거칠고 미세함과 크고 작은 두 가지 대구를 비유하였다. 만일 이치와 현상이 서로 바라봄을 잡으면 차별 없음으로 미세함을 삼고, 차별함으로 거침을 삼나니, 이치는 미세하고 현상은 거친 까닭이다. 혹은 차별 없음이 거침이 되기도 하나니, 총상으로 들어가는 까닭이요, 차별함이 미세함이 되나니, 별상으로 들어가는 까닭이다. 차별이 없으면 커서 법계에 두루함이요, 차별은 현상을 따라 작음을 이룬다. 만일 오직 현상만을 잡아 크고 작음을 잡으면 차별함과 함께 거둔 결과이다.

[鈔] 若約理事等者는 由標에 云喩麤細小大二對와 及經의 合中에 云無差別中에 入定하고 差別法中에 起等이라할새 故爲此釋이니라 於中에 先釋麤細하고 後釋大小라 前中에 有二意하여 取義가 雖異나 麤細는 是同이라 前則理細事麤요 後則總麤別細니 別於一一事中에 而入理故라 則後對는 喩約理說이니라 無差則下는 釋上大小一對라 亦有二

意하니 初一, 事理對로 明大小요 若唯約事下는 唯就事하여 明大小를 可知니라

- '만일 이치와 현상 등을 잡는다'는 것은 표방함에 이르되, "거칠고 미세함과 작고 큰 두 가지 대구와 경문에서 합함 중에 말하되, 차별 없는 법에서 선정에 들어가고 차별한 법 중에서 일어난다"는 등을 비유하였으므로 이렇게 해석한 것이다. 그중에 ㊀ 거칠고 미세함을 해석함이요, ㊁ 크고 작음을 해석함이다. ㊀ 중에 두 가지 의미가 있어서 취함의 뜻이 비록 다르지만 거칠고 미세함은 같다. 앞은 이치는 미세하고 현상은 거침이요, 뒤는 총상은 거칠고 별상은 미세함이니, 별상은 낱낱의 현상 중에서 들어간 이치인 까닭이다. 뒤의 대구는 이치를 잡아서 설명함에 비유하였다. 無差則 아래는 위의 크고 작음의 한 대구를 해석함이다. 또한 두 가지 의미가 있으니 처음 하나는 현상과 이치의 대구로 크고 작음을 밝힘이요, 若唯約事 아래는 오직 현상에만 입각하여 크고 작음을 밝힘이니 알 수 있으리라.

(c) 농부가 씨를 뿌리는 비유[農夫下種喩] (三農 9下9)

佛子여 譬如農夫가 田中下種에 種子在下요 果生於上인 달하여 菩薩摩訶薩이 住此三昧도 亦復如是하여 一中入定多中起하며 多中入定一中起니라

불자여, 마치 농부들이 밭에 씨앗을 심으면 씨앗은 밑에 있고 열매는 위에서 열리듯이, 보살마하살이 이 삼매에 머무는 것도 그와 같아서 하나에서 선정에 들어가 많은 데서 일어나고, 많은 데서 선정에 들어가 하나에서 일어나느니라.

[疏] 三, 農夫下種喩는 喩明上下하고 合辨一多하니 文影略耳니라
- (c) 농부가 씨를 뿌리는 비유는 위와 아래를 밝히고, 하나와 여럿을 합하여 밝혔으니, 경문이 비추어 생략되었을 뿐이다.

(d) 태를 받아 생장하는 비유[受胎生長喩] (四受 10上7)

佛子여 譬如男女의 赤白이 和合에 或有衆生이 於中受生하면 爾時에 名爲歌羅邏位라 從此次第住母胎中하여 滿足十月에 善業力故로 一切支分이 皆得成就하여 諸根不缺하며 心意明了하나니 其歌羅邏가 與彼六根으로 體狀各別하되 以業力故로 而能令彼로 次第成就하여 受同異類의 種種果報인달하여 菩薩摩訶薩도 亦復如是하여 從一切智歌羅邏位로 信解願力이 漸次增長하여 其心廣大하여 任運自在일새 無中入定有中起하며 有中入定無中起니라

불자여, 마치 남녀의 붉은 것과 흰 것이 화합하여 혹시 중생이 그 속에서 태에 들면, 그때에 이름을 가라라의 지위라 하나니, 그때부터 점점 자라서 어머니의 태중에서 열 달이 차면서 선한 업의 힘으로 모든 부분이 차례로 이루어져서, 여러 감관이 결함이 없고 의식이 분명하여지느니라. 가라라와 여섯 감관은 자체와 형상이 제각기 다르지마는 업의 힘으로 차례차례 성숙하여 같은 종류 · 다른 종류의 가지가지 과보를 받나니, 보살마하살도 그와 같아서 온갖 지혜의 가라라로부터 믿고 이해하고 원하는 힘이 점점 자라서 마음

이 커지고 자유롭게 되어, 없는 데서 삼매에 들어가 있는 데서 일어나고, 있는 데서 삼매에 들어가 없는 데서 일어나느니라.

[疏] 四, 受胎生長喩는 喩上有身無身이니 如彼從無之有故라
■ (d) 태를 받아 생장하는 비유는 위는 몸이 있고 몸이 없음을 비유함이니 마치 저가 없음에서부터 있음으로 가는 것과 같은 까닭이다.

(e) 용은 아래로, 구름은 위로 가는 비유[龍下雲上喩] (五龍 10下4)

佛子여 譬如龍宮이 依地而立이요 不依虛空이며 龍依宮住요 亦不在空이로되 而能興雲하여 徧滿空中이어든 有人이 仰視에 所見宮殿이 當知皆是乾闥婆城이요 非是龍宮이니 佛子여 龍雖處下나 而雲布上인달하여 菩薩摩訶薩이 住此三昧도 亦復如是하여 於無相入有相起하며 於有相入無相起니라

불자여, 마치 용궁이 땅을 의지하여 있고 허공을 의지하지 않았으며, 용은 용궁에 있고 허공에 있지 않건마는, 구름을 일으켜 허공에 가득하였을 적에, 사람들이 우러러보면 보이는 용궁은 모두 건달바성이요, 용궁이 아니니라. 불자여, 용은 아래 있으나 구름은 위에 있는 것처럼, 보살마하살이 이 삼매에 머무는 것도 그와 같아서 형상 없는 데서 삼매에 들어가 형상 있는 데서 일어나고, 형상 있는 데서 삼매에 들어가 형상 없는 데서 일어나느니라.

[疏] 五, 龍下雲上喩는 喩有相無相이니라

- (e) 용은 아래로, 구름은 위로 가는 비유는 있는 모양과 없는 모양을 비유하였다.

(f) 범천의 궁전에 널리 나타나는 비유[梵宮普現喩] (六梵 11上6)

佛子여 譬如妙光大梵天王의 所住之宮이 名一切世間最勝淸淨藏이라 此大宮中에 普見三千大千世界諸四天下와 天宮과 龍宮과 夜叉宮과 乾闥婆宮과 阿修羅宮과 迦樓羅宮과 緊那羅宮과 摩睺羅伽宮과 人間住處와 及三惡道와 須彌山等種種諸山과 大海江河와 陂澤泉源과 城邑聚落과 樹林衆寶의 如是一切種種莊嚴과 盡大輪圍의 所有邊際와 乃至空中微細遊塵이 莫不皆於梵宮顯現함이 如於明鏡에 見其面像인달하여 菩薩摩訶薩도 住此一切衆生差別身大三昧에 知種種刹하며 見種種佛하며 度種種衆하며 證種種法하며 成種種行하며 滿種種解하며 入種種三昧하며 起種種神通하며 得種種智慧하며 住種種刹那際니라

불자여, 마치 묘한 빛 대범천왕의 사는 궁전을 모든 세간에서 가장 훌륭하고 청정한 광이라 이름하느니라. 이 궁전에는 삼천대천세계의 모든 사천하에 있는 천궁·용궁·야차궁전·건달바 궁전·아수라 궁전·가루라 궁전·긴나라 궁전·마후라가 궁전·인간의 거처·세 나쁜 길·수미산·여러 가지 산·바다·강·호수·진펄·못·샘물·

시내·도시·마을·나무·숲·보배 등 가지각색 장엄과 큰 철위산까지와 허공에 날리는 작은 티끌들까지 범천의 궁전에 모두 나타나는 것이, 거울 속에서 얼굴을 보는 듯하니라. 보살마하살이 이 일체중생의 차별한 몸 삼매에 머물러서는 갖가지 세계를 알고, 갖가지 부처님을 뵈옵고, 갖가지 중생을 제도하고, 갖가지 법을 증득하고, 갖가지 행을 이루고, 갖가지 지혜를 만족하고, 갖가지 삼매에 들어가고, 갖가지 신통을 일으키고, 갖가지 지혜를 얻고, 갖가지 찰나의 경계에 머무느니라.

[疏] 六, 梵宮普現喩는 喩上入中起起中入과 及逆順相對니 故로 合云種種이니라

- (f) 범천의 궁전에 널리 나타나는 비유는 위의 들어가는 중에서 일어나고, 일어남 중에서 들어가고 역순으로 상대함을 비유하였으니 그러므로 합하여 '갖가지'라고 말하였다.

e. 열 가지 신통으로 열반의 언덕까지 가는 것으로 결론하다[總結究竟]

(第五 12上1)

佛子여 此菩薩摩訶薩이 到十種神通彼岸하나니 何者爲十고 所謂到諸佛盡虛空徧法界神通彼岸하며 到菩薩究竟無差別自在神通彼岸하며 到能發起菩薩廣大行願하여 入如來門佛事神通彼岸하며 到能震動一切世界하여 一切境界를 悉令淸淨神通彼岸하며 到能自在知一切衆

生의 不思議業果가 皆如幻化神通彼岸하며 到能自在知諸三昧의 麤細入出差別相神通彼岸하며 到能勇猛入如來境界하여 而於其中에 發生大願神通彼岸하며 到能化作佛化하여 轉法輪調伏衆生하여 令生佛種하고 令入佛乘하여 速得成就神通彼岸하며 到能了知不可說一切秘密文句하여 而轉法輪하여 令百千億那由他不可說不可說法門으로 皆得淸淨神通彼岸하며 到不假晝夜年月劫數하고 一念에 悉能三世示現神通彼岸이니 是爲十이니라

불자여, 이 보살마하살이 열 가지 신통의 저 언덕에 이르나니, 무엇이 열인가? 이른바 (1) 부처님들의 허공에 가득하고 법계에 두루한 신통의 저 언덕에 이르며, (2) 보살의 끝까지 차별이 없이 자유로운 신통의 저 언덕에 이르며, (3) 보살의 광대한 행과 원을 내고 여래의 문에 들어가는 부처의 일인 신통의 저 언덕에 이르며, (4) 일체 세계를 진동하여 모든 경계를 다 청정케 하는 신통의 저 언덕에 이르며, (5) 일체중생의 헤아릴 수 없는 업과 과보가 다 요술 같은 줄을 자유롭게 아는 신통의 저 언덕에 이르며, (6) 모든 삼매의 미세하고 거침과 들어가고 나오는 여러 가지 모양을 자유롭게 아는 신통의 저 언덕에 이르느니라. (7) 능히 용맹하게 여래의 경계에 들어가 그 가운데서 큰 서원을 내는 신통의 저 언덕에 이르며, (8) 능히 부처님을 변화하여 짓고 법륜을 변화하여 굴리면서 중생을 조복하고 부처의 종성을 내게 하고 부처님 법에 들게 하여 빨리 성취케 하는 신통의 저 언덕에 이르며, (9) 말할 수 없는 온갖 비밀한 글귀를 알고

법륜을 굴리어서 백천억 나유타 말할 수 없이 말할 수 없는 법문을 모두 청정케 하는 신통의 저 언덕에 이르며, (10) 낮과 밤과 해와 달과 겁을 빌리지 않고 한 생각에 삼세를 모두 나타내는 신통의 저 언덕에 이르나니, 이것이 열이니라.

[疏] 第五, 佛子至到神通彼岸下는 總結究竟이라 並顯이면 可知로다
■ e. 佛子에서 到神通彼岸까지 아래는 (열 가지 신통으로 열반의 언덕까지 가는 것으로) 총합 결론함이니 함께 밝히면 알 수 있으리라.

ㄷ) 결론하다[結] (經/佛子 12上3)

佛子여 是名菩薩摩訶薩의 第八一切衆生差別身大三昧善巧智니라
불자여, 이것을 보살마하살의 여덟째 모든 중생의 차별한 몸인 큰 삼매의 교묘한 지혜라 하느니라.

ㅈ. 법계에 자유자재하는 광대한 삼매[法界自在大三昧] 3.

ㄱ) 표방하다[標] (經/佛子 12上5)
ㄴ) 해석하다[釋] 2.
(ㄱ) 과목 나누기[分科] (第九)

佛子여 云何爲菩薩摩訶薩의 法界自在三昧오 佛子여 此菩薩摩訶薩이 於自眼處와 乃至意處에 入三昧가 名

法界自在니

불자여, 어떤 것을 보살마하살의 법계에 자유자재하는 삼매라 하는가? 불자여, 이 보살마하살이 자기의 눈에서와 내지 뜻에서 삼매에 들어가는 것을 '법계에 자유자재한다'하나니,

[疏] 第九, 法界自在三昧라 釋中에 四니 一, 顯定體用이요 二, 明定成益이요 三, 以喩寄顯이요 四, 總結雙行이라

■ ㅈ. 법계에 자유자재하는 광대한 삼매이다. ㄴ) 해석함 중에 넷이니
a. 삼매의 체성과 작용을 밝힘이요, b. 21종 10천억 삼매의 이익이요, c. 비유에 의탁하여 밝힘이요, d. 함께 행함을 총합 결론함이다.

(ㄴ) 과목에 따라 해석하다[隨釋] 4.

a. 삼매의 체성과 작용을 밝히다[顯定體用] 3.
a) 명칭과 체성을 총합하여 밝히다[總顯名體] (今初 12上8)
b) 삼매에 들어가는 장소[彰入定處] (二菩)

菩薩이 於自身一一毛孔中에 入此三昧하니라
보살이 자기의 낱낱 털구멍 속에서 이 삼매에 들면,

[疏] 今初를 分三이니 初, 總顯名體니 謂於眼等法界에 得自在故니라 二, 菩薩於自身下는 彰入定處니 謂於毛孔中에 入眼等定이니 顯互用自在故니라

■ 지금은 a.(삼매의 체성과 작용을 밝힘)을 셋으로 나누리니 a) 명칭과 체성을 총합하여 밝힘이다. 이른바 눈 따위 법계에서 자재함을 얻은 까닭이다. b) 菩薩於自身 아래는 삼매에 들어가는 장소를 밝힘이다. 이른바 털구멍 속에 눈 따위의 삼매에 들어가나니 번갈아 작용하는 자재함을 밝히려는 까닭이다.

[鈔] 謂於毛孔下는 然이나 常途에 所明互用者는 但眼處에 能作耳處等事하고 耳處에 能作眼鼻事等일새 故로 六根互用이어니와 今約十八界明하시니 則有數重之互라 一, 諸根互요 二, 分圓互라 毛孔은 身根中互21)니 能入眼等定故라 三, 一多互니 謂一根에 頓作多根事故라 四, 根境互니 謂根入境定이라 如賢首品說이니라 以此에 云法界하니 必該十八界故니라 五, 復有一根이 入多境하고 一境이 入多根이니라 六, 復有以22)六識으로 對境하여 以明互入等이라

● 謂於毛孔 아래는 그렇게 항상 번갈아 씀을 밝히는 이유는 단지 눈의 처소로 능히 귀의 처소 등의 일을 지었고, 귀의 처소로 능히 눈과 귀의 현상 따위를 짓는 연고로 여섯 감관이 번갈아 쓰겠지만 지금은 18계(界)를 잡아 밝혔으니 여러 번 거듭 번갈아 작용함이 있다. (1) 여러 감관을 번갈아 씀이요, (2) 부분과 원만함을 번갈아 씀이다. 털구멍은 몸의 감관 중의 부분이니 능히 눈 따위의 삼매에 들어가는 까닭이요, (3) 하나와 여럿이 번갈아 씀이니, 이른바 하나의 감관에 단박에 여러 감관의 현상을 짓는 까닭이요, (4) 감관과 경계를 번갈아 씀이니, 이른바 감관으로 경계에 들어가는 삼매이다. 현수품에서 말한 내용과 같다. 여기서 법계(法界)라 말하였으니 반드시 18계(十八界)

---

21) 互는 南續金本作分이라 하다.
22) 以는 南續金本無라 하다.

를 포섭하려는 까닭이요, (5) 다시 한 감관으로 여러 경계에 들어가고, 한 경계가 여러 감관에 들어감이요, (6) 육식(六識)으로 경계를 상대하여 번갈아 들어가는 등을 밝혔기 때문이다.

c) 삼매의 공용을 밝히다[明定功用] 4.
(a) 세 가지 세간을 요달하다[了三世間] (三自 13上4)
(b) 여러 겁 동안 수행하다[多劫修行] (二菩)

自然能知諸世間하며 知諸世間法하며 知諸世界하며 知億那由他世界하며 知阿僧祇世界하며 知不可說佛刹微塵數世界하며 見一切世界中에 有佛出興이어든 菩薩衆會가 悉皆充滿하며 光明淸淨하며 淳善無雜하며 廣大莊嚴하여 種種衆寶로 以爲嚴飾하며 菩薩이 於彼에 或一劫과 百劫과 千劫과 億劫과 百千億那由他劫과 無數劫과 無量劫과 無邊劫과 無等劫과 不可數劫과 不可稱劫과 不可思劫과 不可量劫과 不可說劫과 不可說不可說劫과 不可說不可說佛刹微塵數劫을 修菩薩行하되 常不休息하며

(1) 자연히 모든 세간을 알고 (2) 모든 세간의 법을 알며, (3) 모든 세계를 알고 (4) 억 나유타 세계를 알고 (5) 아승지 세계를 알고, (6) 말할 수 없는 부처님 세계의 티끌 수 세계를 알며, (7) 일체 세계 가운데 부처님이 나시거든 보살 대중이 모두 가득함을 보며, (8) 광명하고 청정하여 순일하게 착한 것뿐이요, (9) 섞이지 아니 하였으며, (10) 광대한 장엄과 가

지각색 보배로 훌륭하게 장식하느니라. 보살이 저 세계에서 혹은 한 겁·백 겁·천 겁·억 겁·백천억 나유타 겁·수 없는 겁·한량없는 겁·그지없는 겁·같을 이 없는 겁·셀 수 없는 겁·일컬을 수 없는 겁·생각할 수 없는 겁·헤아릴 수 없는 겁·말할 수 없는 겁·말할 수 없이 말할 수 없는 겁·말할 수 없이 말할 수 없는 부처님 세계의 티끌 수 겁에 보살의 행을 닦으면서 항상 쉬지 아니하느니라.

[疏] 三, 自然下는 明定功用이라 於中에 四니 一, 了三世間이요 二, 菩薩 於彼下는 多劫修行이요

- c) 自然 아래는 삼매의 공용을 밝힘이다. 그중에 넷이니 (a) 세 가지 세간을 요달함이요, (b) 菩薩於彼 아래는 여러 겁 동안 수행함이요,

(c) 들어가고 나옴이 무애하다[入出無礙] (三又 13下3)
(d) 자재함으로 결론하다[結成自在] (四以)

又於如是無量劫中에 住此三昧하여 亦入亦起하며 亦成就世界하며 亦調伏衆生하며 亦徧了法界하며 亦普知三世하며 亦演說諸法하며 亦現大神通種種方便하되 無着無礙하니라
以於法界에 得自在故로 善分別眼하며 善分別耳하며 善分別鼻하며 善分別舌하며 善分別身하며 善分別意하여 如是種種差別不同을 悉善分別하여 盡其邊際하나니라

또 이와 같이 한량없는 겁에서 이 삼매에 머무는데, 들어가기도 하고 일어나기도 하고 세계를 성취하기도 하고 중생을 조복하기도 하고 법계를 두루 알기도 하고 세 세상을 두루 알기도 하고 법문을 연설하기도 하고 큰 신통을 나타내기도 하여 가지가지 방편이 집착함도 없고 걸림도 없느니라.

법계에서 자유자재함을 얻었으므로 눈을 잘 분별하고 귀를 잘 분별하고 코를 잘 분별하고 혀를 잘 분별하고 몸을 잘 분별하고 뜻을 잘 분별하며, 이와 같이 가지가지 차별하고 같지 아니할 것을 모두 잘 분별하여 끝닿은 데까지를 다하느니라.

[疏] 三, 又於下는 入出無礙요 四, 以於法界下는 結成自在라 此有二義하니 一, 於理法界에 自在故로 能善分別眼等界요 二, 善分別眼等 十八界니 卽是事法界自在라 此二無礙와 及事事無礙일새 故云如是種種이니 皆橫盡其邊하고 竪窮其際니라

■ (c) 又於 아래는 들어가고 나옴이 무애함이요, (d) 以於法界 아래는 자재함으로 결론함이다. 여기에 두 가지 뜻이 있으니 (1) 이치의 법계에 자재한 연고로 능히 눈 따위 경계를 잘 분별함이요, (2) 눈 따위 18계를 잘 분별함은 곧 현상법계가 자재함이다. 이 둘이 장애 없음과 현상과 현상이 무애하므로 '이와 같이 가지가지'라 말하였으니 모두 가로로 그 끝을 다하고 세로로 그 끝을 다한다는 뜻이다.

b. 21종 10천억 삼매의 이익[明定成益] 10.
a) 많은 공덕을 생기게 하는 이익[生多功德益] (第二 14上10)

菩薩이 如是善知見已에 能生起十千億陀羅尼法光明하며 成就十千億淸淨行하며 獲得十千億諸根하며 圓滿十千億神通하며 能入十千億三昧하며 成就十千億神力하며 長養十千億諸力하며 圓滿十千億深心하며 運動十千億力持하며 示現十千億神變하며 具足十千億菩薩無礙하며 圓滿十千億菩薩助道하며 積集十千億菩薩藏하며 照明十千億菩薩方便하며 演說十千億諸義하며 成就十千億諸願하며 出生十千億廻向하며 淨治十千億菩薩正位하며 明了十千億法門하며 開示十千億演說하며 修治十千億菩薩淸淨이니라

보살이 이와 같이 잘 알고 보고는 능히 (1) 10천억 다라니 법의 광명을 내며, (2) 10천억 청정한 행을 성취하며, (3) 10천억 감관을 얻으며, (4) 10천억 신통을 원만하며, (5) 10천억 삼매에 들어가며, (6) 10천억 신통한 힘을 이루며, (7) 10천억 여러 가지 힘을 기르며, (8) 10천억 깊은 마음을 원만하며, (9) 10천억 힘으로 가지함을 움직이며, (10) 10천억 신통변화를 나타내며, (11) 10천억 보살의 걸림 없음을 구족하며, (12) 10천억 보살의 도를 돕는 일을 원만하며, (13) 10천억 보살의 광을 모으며, (14) 10천억 보살의 방편을 비추며, (15) 10천억 모든 이치를 연설하며, (16) 10천억 소원을 성취하며, (17) 10천억 회향을 내며, (18) 10천억 보살의 바른 지위를 다스리며, (19) 10천억 법문을 밝혀 알며, (20) 10천억 연설을 열어 보이며, (21) 10천억 보살의 청정함을 닦느니라.

[疏] 第二, 菩薩如是下는 明定成益이라 中에 辨十重益이니 一, 生多功德益이라 有二十一句인 各十千億이라
- b. 菩薩如是 아래는 21종의 10천억 삼매의 이익을 밝힘이다. 그중에 열 번 거듭된 이익이다. a) 많은 공덕을 생기게 하는 이익에 21구절에 각기 '10천억'이 있다.

b) 열 가지 그지없는 공덕을 구비한 이익[具無盡德益] 2.
(a) 열 구절은 구비할 대상이 많다[十句所具之多] (二佛 14下8)
(b) 열 구절은 구비하는 주체의 양상[十句能具之相] (後十)

佛子여 菩薩摩訶薩이 復有無數功德과 無量功德과 無邊功德과 無等功德과 不可數功德과 不可稱功德과 不可思功德과 不可量功德과 不可說功德과 無盡功德하나라
佛子여 此菩薩이 於如是功德에 皆已辦具며 皆已積集이며 皆已莊嚴이며 皆已淸淨이며 皆已瑩徹이며 皆已攝受며 皆能出生이며 皆可稱歎이며 皆得堅固며 皆已成就니라

불자여, 보살마하살이 또 수없는 공덕 · 한량없는 공덕 · 그지없는 공덕 · 같을 이 없는 공덕 · 셀 수 없는 공덕 · 일컬을 수 없는 공덕 · 생각할 수 없는 공덕 · 헤아릴 수 없는 공덕 · 말할 수 없는 공덕 · 다함이 없는 공덕이 있느니라.
불자여, 이 보살이 이러한 공덕을 모두 마련하였고 모두 모았고 모두 장엄하였고 모두 깨끗이 하였고 모두 사무치게 밝게 하였고 모두 받아들였고 모두 능히 내고 모두 칭찬하고 모두 견고히 하였고 모두 성취하였느니라.

[疏] 二, 佛子至復有無數下는 具無盡德益이니 隨前一事하여 皆至無盡故라 於中에 二十句에 前十句는 所具之多요 後十句는 能具之相이라 淸淨者는 除垢故요 瑩徹者는 發本智光故니라

■ b) 佛子에서 復有無數까지 아래는 열 가지 그지없는 공덕을 구비함이니, 앞의 한 가지 현상을 따라서 모두 그지없음까지인 까닭이다. 그중에 20구절에서 (a) 열 구절은 구비할 대상이 많음이요, (b) 열 구절은 구비하는 주체의 양상이다. 청정함이란 때를 제거하기 때문이요, '사무치게 밝음[瑩徹]'이란 본래의 지혜 광명을 발하기 때문이다.

c) 모든 부처님이 섭수하는 이익[諸佛攝受益] 3.
(a) 섭수함에 대해 설명하다[明攝受] (三佛 15上5)
(b) 몸을 나타내어 설법하다[現身說法] (次彼)
(c) 그로 하여금 닦아서 증득하게 하다[令其修證] (後令)

佛子여 菩薩摩訶薩이 住此三昧에 爲東方十千阿僧祇佛刹微塵數名號諸佛之所攝受하며 一一名號에 復有十千阿僧祇佛刹微塵數佛이 各各差別이어든 如東方하여 南西北方과 四維上下도 亦復如是하니라 彼諸佛이 悉現其前하사 爲現諸佛淸淨刹하며 爲說諸佛無量身하며 爲說諸佛難思眼하며 爲說諸佛無量耳하며 爲說諸佛淸淨鼻하며 爲說諸佛淸淨舌하며 爲說諸佛無住心하며 爲說如來無上神通하시니라
令修如來無上菩提하며 令得如來淸淨音聲하며 開示如

來不退法輪하며 顯示如來無邊衆會하며 令入如來無邊秘密하며 讚歎如來一切善根하며 令入如來平等之法하며 宣說如來三世種性하며 示現如來無量色相하며 闡揚如來護念之法하며 演暢如來微妙法音하며 辨明一切諸佛世界하며 宣揚一切諸佛三昧하며 示現諸佛衆會次第하며 護持諸佛不思議法하며 說一切法이 猶如幻化하며 明諸法性이 無有動轉하며 開示一切無上法輪하며 讚美如來無量功德하며 令入一切諸三昧雲하며 令知其心이 如幻如化하여 無邊無盡이니라

불자여, 보살마하살이 이 삼매에 머무르면 동방으로 10천 아승지 부처님 세계의 티끌 수 이름을 가진 여러 부처님의 거두어 주심이 되며, 낱낱 이름마다 다시 10천 아승지 부처님 세계의 티끌 수 부처님이 있어 각각 차별하나니, 동방과 같아서 남방·서방·북방과 네 간방과 상방·하방도 그와 같으니라. 저 부처님들이 모두 앞에 나타나서 (1) 부처님들의 청정한 세계를 나타내며, (2) 부처님들의 한량없는 몸을 말하며, (3) 부처님들의 생각할 수 없는 눈을 말하며, (4) 부처님들의 한량없는 귀를 말하며, (5) 부처님들의 청정한 코를 말하며, (6) 부처님들의 청정한 혀를 말하며, (7) 부처님들의 머무름이 없는 마음을 말하며, (8) 여래의 위가 없는 신통을 말하느니라.

(1) 그리하여 여래의 위가 없는 보리를 닦게 하며, (2) 여래의 청정한 음성을 얻게 하며, (3) 여래의 물러나지 않는 법륜을 열어 보이며, (4) 여래의 그지없이 모인 대중을 나타내

며, (5) 여래의 그지없는 비밀에 들어가게 하며, (6) 여래의 모든 착한 뿌리를 찬탄하며, (7) 여래의 평등한 법에 들게 하며, (8) 여래의 세 세상 종성을 말하며, (9) 여래의 한량없는 몸매를 나타내며, (10) 여래의 호념하시는 법을 드러내며, (11) 여래의 미묘한 법문의 음성을 연설하며, (12) 모든 부처님의 세계를 밝게 분별하며, (13) 모든 부처님의 삼매를 드러내며, (14) 모든 부처님의 대중의 차례를 나타내며, (15) 모든 부처님의 부사의한 법을 보호하며, (16) 모든 법이 허깨비와 같음을 말하며, (17) 모든 법의 성품이 변동하지 않음을 밝히며, (18) 온갖 위가 없는 법륜을 열어 보이며, (19) 여래의 한량없는 공덕을 찬탄하며, (20) 모든 삼매 구름에 들어가게 하며, (21) 마음이 요술 같고 변화함과 같아서 그지없고 다함이 없음을 알게 하느니라.

[疏] 三, 佛子至住此三昧下는 諸佛攝受益이라 於中에 三이니 初, 明攝受요 次, 彼諸佛下는 現身說法이요 後, 令修下는 令其修證이라

- c) 佛子에서 住此三昧까지 아래는 모든 부처님이 섭수하는 이익이다. 그중에 셋이니 (a) 섭수함에 대해 설명함이요, (b) 彼諸佛 아래는 몸을 나타내어 설법함이요, (c) 令修 아래는 그로 하여금 닦고 증득하게 함이다.

d) 여러 부처님이 호념하시는 이익[諸佛護念益] (四佛 16下2)

佛子여 菩薩摩訶薩이 住此法界自在三昧時에 彼十方各

十千阿僧祇佛刹微塵數名號如來가 一一名中에 各有十千阿僧祇佛刹微塵數佛이 同時護念하사 令此菩薩로 得無邊身하며 令此菩薩로 得無礙心하며 令此菩薩로 於一切法에 得無忘念하며 令此菩薩로 於一切法에 得決定慧하며 令此菩薩로 轉更聰敏하여 於一切法에 皆能領受하며 令此菩薩로 於一切法에 悉能明了하며 令此菩薩로 諸根猛利하여 於神通法에 悉得善巧하며 令此菩薩로 境界無礙하여 周行法界하여 恒不休息하며 令此菩薩로 得無礙智하여 畢竟淸淨하며 令此菩薩로 以神通力으로 一切世界에 示現成佛이니라

불자여, 보살마하살이 이 법계에 자유자재하는 삼매에 머물렀을 때에, (1) 시방에 각각 10천 아승지 세계의 티끌 수 이름이 다른 여래가 있고, (2) 낱낱 이름마다 각각 10천 아승지 세계의 티끌 수 부처님이 있어 동시에 애호하고 염려하시어서, (3) 이 보살로 하여금 그지없는 몸을 얻게 하며, (4) 이 보살로 하여금 걸림 없는 마음을 얻게 하며, (5) 이 보살로 하여금 모든 법에 잊지 않는 생각을 얻게 하며, (6) 이 보살로 하여금 온갖 법에 결정한 지혜를 얻게 하며, (7) 이 보살로 하여금 점점 총명하고 민첩하여 모든 법을 다 알게 하며, (8) 이 보살로 하여금 모든 법을 분명히 알게 하며, (9) 이 보살로 하여금 감관이 영리하여 신통한 법에 교묘함을 얻게 하며, (10) 이 보살로 하여금 경계에 장애가 없이 법계에 두루 다니면서 쉬지 않게 하며, (11) 이 보살로 하여금 걸림 없는 지혜를 얻어 필경까지 청정케 하며, (12) 이 보

살로 하여금 신통한 힘으로 일체 세계에서 성불함을 보이게 하느니라.

[疏] 四, 佛子至住此法界下는 諸佛護念益이라 攝受는 攝之屬佛이요 護念은 卽佛力來加니라

■ d) 佛子에서 住此法界까지 아래는 여러 부처님이 호념하시는 이익이다. 섭수함은 포섭하여 부처님께 속함이요, 호념함은 곧 부처님 힘으로 와서 가피한다는 뜻이다.

e) 열 가지 바다가 깊고 광대한 이익을 얻다[得十海深廣益]

(五得 17上2)

佛子여 菩薩摩訶薩이 住此三昧에 得十種海하나니 何者爲十고 所謂得諸佛海니 咸觀見故며 得衆生海니 悉調伏故며 得諸法海니 能以智慧로 悉了知故며 得諸刹海니 以無性無作神通으로 皆往詣故며 得功德海니 一切修行이 悉圓滿故며 得神通海니 能廣示現하여 令開悟故며 得諸根海니 種種不同을 悉善知故며 得諸心海니 知一切衆生의 種種差別無量心故며 得諸行海니 能以願力으로 悉圓滿故며 得諸願海니 悉使成就하여 永淸淨故니라

불자여, 보살마하살이 이 삼매에 머무르면 열 가지 바다를 얻나니, 무엇이 열인가? 이른바 (1) 부처님 바다를 얻나니 모두 보는 연고며, (2) 중생 바다를 얻나니 모두 조복하는

연고며, (3) 법의 바다를 얻나니 지혜로써 다 아는 연고며, (4) 세계 바다를 얻나니 성품도 없고 지음도 없는 신통으로 다 나아가는 연고며, (5) 공덕 바다를 얻나니 온갖 것을 수행하여 원만한 연고며, (6) 신통 바다를 얻나니 널리 나타내어 깨닫게 하는 연고며, (7) 근성 바다를 얻나니 가지가지 같지 아니한 것을 잘 아는 연고며, (8) 마음 바다를 얻나니 일체중생의 갖가지로 차별한 한량없는 마음을 아는 연고며, (9) 수행 바다를 얻나니 능히 소원하는 힘으로 원만한 연고며, (10) 서원 바다를 얻나니 모두 성취하여 영원히 청정케 하는 연고이니라.

[疏] 五, 得十海深廣益이라
■ e) 열 가지 바다가 깊고 광대한 이익을 얻음이요,

f) 수승하고 특출한 이익을 얻다[得殊勝超絶益] (六得 17上10)

佛子여 菩薩摩訶薩이 得如是十種海已에 復得十種殊勝하나니 何等爲十고 一者는 於一切衆生中에 最爲第一이요 二者는 於一切諸天中에 最爲殊特이요 三者는 於一切梵王中에 最極自在요 四者는 於諸世間에 無所染着이요 五者는 一切世間이 無能暎蔽요 六者는 一切諸魔가 不能惑亂이요 七者는 普入諸趣하되 無所罣礙요 八者는 處處受生이 知不堅固요 九者는 一切佛法에 皆得自在요 十者는 一切神通을 悉能示現이니라

불자여, 보살마하살이 이와 같은 열 가지 바다를 얻고는 다시 열 가지 수승함을 얻나니 무엇이 열인가? 하나는 일체중생 가운데 가장 제일이요, 둘은 온갖 하늘 가운데 가장 특별하고, 셋은 모든 범천왕 가운데 가장 자재하고, 넷은 모든 세간에 물들지 않고, 다섯은 모든 세간이 가리어 무색하게 할 수 없고, 여섯은 모든 마군이 의혹하게 하지 못하고, 일곱은 여러 길에 두루 들어가도 걸림이 없고, 여덟은 곳곳에 태어나는 것이 견고하지 못함을 알고, 아홉은 온갖 불법에 자유자재 하여지고, 열은 모든 신통을 모두 나타내는 것이니라.

[疏] 六, 得殊勝超絶益이라 並可知로다
- f) 수승하고 특출한 이익을 얻음이니 함께하면 알 수 있으리라.

g) 모든 능력으로 가능한 이익을 얻다[得諸力幹能益] 2.
(a) 열 가지 능력을 나열하다[列其十力] (七得 17下9)

佛子여 菩薩摩訶薩이 得如是十種殊勝已하여는 復得十種力하여 於衆生界에 修習諸行하나니 何等爲十고 一은 謂勇健力이니 調伏世間故요 二는 謂精進力이니 恒不退轉故요 三은 謂無着力이니 離諸垢染故요 四는 謂寂靜力이니 於一切法에 無諍論故요 五는 謂逆順力이니 於一切法에 心自在故요 六은 謂法性力이니 於諸義中에 得自在故요 七은 謂無礙力이니 智慧廣大故요 八은 謂無畏力이

니 能說諸法故요 九는 謂辯才力이니 能持諸法故요 十은 謂開示力이니 智慧無邊故라

불자여, 보살마하살이 이와 같은 열 가지 수승함을 얻고는 다시 열 가지 힘을 얻어 중생 세계에서 여러 행을 닦나니, 무엇이 열인가? 하나는 용맹한 힘이니 세간을 조복함이요, 둘은 정진하는 힘이니 항상 물러나지 않음이요, 셋은 집착하지 않는 힘이니 모든 때를 여읨이요, 넷은 고요한 힘이니 모든 법에 다투는 일이 없음이요, 다섯은 순하고 거슬리는 힘이니 온갖 법에 마음이 자유로움이요, 여섯은 법의 성품을 아는 힘이니 모든 이치에 자유로워짐이요, 일곱은 걸림이 없는 힘이니 지혜가 광대함이요, 여덟은 두려움 없는 힘이니 법을 능히 말함이요, 아홉은 말 잘하는 힘이니 모든 법을 능히 지님이요, 열은 열어 보이는 힘이니 지혜가 그지없는 연고이니라.

[疏] 七, 得諸力幹能益이라 於中에 初, 列十力이요

- g) 모든 능력으로 가능한 이익을 얻음이다. 그중에 (a) 열 가지 능력을 나열함이요,

(b) 그 뛰어난 능력에 대해 밝히다[明其超勝] (後佛 18上10)

佛子여 此十種力이 是廣大力이며 最勝力이며 無能摧伏力이며 無量力이며 善集力이며 不動力이며 堅固力이며 智慧力이며 成就力이며 勝定力이며 淸淨力이며 極淸淨

力이며 法身力이며 法光明力이며 法燈力이며 法門力이며 無能壞力이며 極勇猛力이며 大丈夫力이며 善丈夫修習力이며 成正覺力이며 過去積集善根力이며 安住無量善根力이며 住如來力力이며 心思惟力이며 增長菩薩歡喜力이며 出生菩薩淨信力이며 增長菩薩勇猛力이며 菩提心所生力이며 菩薩淸淨深心力이며 菩薩殊勝深心力이며 菩薩善根熏習力이며 究竟諸法力이며 無障礙身力이며 入方便善巧法門力이며 淸淨妙法力이며 安住大勢하야 一切世間이 不能傾動力이며 一切衆生이 無能暎蔽力이니라

불자여, 이런 열 가지 힘은 곧 (1) 광대한 힘이며 가장 나은 힘이며 꺾지 못하는 힘이며 한량없는 힘이며 잘 모으는 힘이며, 동요하지 않는 힘이며 견고한 힘이며 지혜의 힘이며 성취하는 힘이며 훌륭한 선정의 힘이며, (11) 청정한 힘이며 매우 청정한 힘이며 법신의 힘이며 법의 광명의 힘이며 법 등불의 힘이며, 법문의 힘이며 깨뜨릴 수 없는 힘이며 매우 용맹한 힘이며 대장부의 힘이며 (20) 좋은 대장부의 닦아 익히는 힘이며, 바른 깨달음을 이루는 힘이며 과거에 착한 뿌리를 쌓은 힘이며 한량없는 착한 뿌리에 머무는 힘이니라. 또 (24) 여래의 힘에 머무른 힘이며 마음으로 생각하는 힘이며 보살의 기쁨을 더하는 힘이며 보살의 신심을 내는 힘이며 보살의 용맹을 늘게 하는 힘이며 보리심으로 생기는 힘이며 (30) 보살의 깨끗하고 깊은 마음으로 나는 힘이며, 보살의 훌륭하고 깊은 마음으로 나는 힘이며 보살의

착한 뿌리로 훈습하는 힘이며 모든 법을 한껏 깨달은 힘이며 장애가 없는 몸의 힘이며 (35) 방편과 교묘한 법문에 들어간 힘이며, 청정하고 기묘한 법의 힘이며 큰 세력에 머물러서 모든 세간에서 흔들지 못하는 힘이며 (38) 일체중생이 가릴 수 없는 힘이니라.

[疏] 後, 佛子此十種力下는 顯其超勝이라 隨前一一力하여 皆具三十八力이니라
- (b) 佛子此十種力 아래는 그 뛰어난 능력에 대해 밝힘이다. 앞의 낱낱의 능력을 따라서 모두 38가지 힘을 구비한다는 뜻이다.

h) 원만하게 하는 이익으로 결론하다[結能圓滿益] (八佛 18下5)

佛子여 此菩薩摩訶薩이 於如是無量功德法에 能生하며 能成就하며 能圓滿하며 能照明하며 能具足하며 能徧具足하며 能廣大하며 能堅固하며 能增長하며 能淨治하며 能徧淨治하나니라

불자여, 이 보살마하살이 이렇게 한량없는 공덕을 능히 내고 능히 성취하고 능히 원만하고 능히 비추고 능히 갖추고 능히 두루 구족하고 능히 넓히고 능히 견고하고 능히 증장하고 능히 깨끗하게 다스리고 능히 두루 깨끗하게 다스리느니라.

[疏] 八, 佛子此菩薩下는 結能圓滿益이라

■ h) 佛子此菩薩 아래는 능히 원만하게 하는 이익으로 결론함이요,

i) 열 가지 가없는 남이 능히 설하지 못하는 이익을 스스로 얻다
　[自得無邊他不能說益] (九此 19上1)

　　此菩薩의 功德邊際와 智慧邊際와 修行邊際와 法門邊際와 自在邊際와 苦行邊際와 成就邊際와 淸淨邊際와 出離邊際와 法自在邊際를 無能說者니라 此菩薩의 所獲得과 所成就와 所趣入과 所現前과 所有境界와 所有觀察과 所有證入과 所有淸淨과 所有了知와 所有建立인 一切法門을 於不可說劫에 無能說盡이니라
　　이 보살의 공덕의 가와 지혜의 가와 수행의 가와 법문의 가와 자유의 가와 고행의 가와 성취의 가와 청정의 가와 뛰어남의 가와 법에 자유로움의 가를 능히 말할 이가 없으며, 이 보살이 얻은 것·성취한 것·나아간 것·앞에 나타난 것·가진 경계·가진 관찰·가진 증득·가진 청정·분명히 아는 것·세워 놓은 온갖 법문을 말할 수 없는 겁에도 다 말할 수 없느니라.

[疏] 九, 此菩薩功德下는 自德無邊故로 他不能說益이니라
■ i) 此菩薩功德 아래는 (열 가지의 가없는 남이 능히 설하지 못하는 이익을 스스로 얻음이니) 자신의 덕이 그지없는 연고로 다른 이가 능히 설하지 못하는 이익이란 뜻이다.

j) 삼매가 그지없이 스스로 요달하지 못하는 이익을 얻다

[三昧無邊自無不了益] (十佛 19上8)

佛子여 菩薩摩訶薩이 住此三昧에 能了知無數無量無邊無等不可數不可稱不可思不可量不可說不可說不可說一切三昧하나니 彼一一三昧의 所有境界가 無量廣大하니 於境界中에 若入과 若起와 若住의 所有相狀과 所有示現과 所有行處와 所有等流와 所有自性과 所有除滅과 所有出離인 如是一切를 靡不明見이니라

불자여, 보살마하살이 이 삼매에 머무르면 수없고 한량없고, 그지없고 같을 이 없고, 셀 수 없고 일컬을 수 없고, 생각할 수 없고 헤아릴 수 없고, 말할 수 없고 말할 수 없이 말할 수 없는 모든 삼매를 분명히 알며, 저 낱낱 삼매에 있는 경계가 한량없이 광대하거든, 저러한 경계에 들어가고 일어나고 머무는 일과, 거기 있는 형상과 나타내는 일과 행할 곳과 평등하게 흐름과 제 성품과 없애는 것과 뛰어나는 것, 이런 것들을 분명하게 보지 못하는 것이 없느니라.

[疏] 十, 佛子至住此三昧下는 三昧無邊하여 自無不了益이라 上十段中에 前七은 別明이요 後三은 總結이라

- j) 佛子에서 住此三昧까지 아래는 삼매가 그지없어서 스스로 요달하지 못함이 없는 이익을 얻음이다. 위의 열 문단 중에 (a) 앞의 일곱 문단은 개별로 밝힘이요, (b) 뒤의 세 문단은 총합하여 결론함이다.

c. 비유에 의탁하여 밝히다[以喩寄顯] 2.
a) 비유한 체성을 총합하여 거론하다[總擧喩體] (第三 20下2)

佛子여 譬如無熱惱大龍王宮에 流出四河하되 無濁無雜하며 無有垢穢하여 光色淸淨이 猶如虛空이어든 其池四面에 各有一口하여 一一口中에 流出一河하되 於象口中엔 出恒伽河하고 師子口中엔 出私陀河하고 於牛口中엔 出信度河하고 於馬口中엔 出縛芻河하며 其四大河流出之時에 恒伽河口엔 流出銀沙하고 私陀河口엔 流出金剛沙하고 信度河口엔 流出金沙하고 縛芻河口엔 流出瑠璃沙하여 恒伽河口는 作白銀色하고 私陀河口는 作金剛色하고 信度河口는 作黃金色하고 縛芻河口는 作瑠璃色하며 一一河口가 廣이 一由旬이요 其四大河가 旣流出已에 各共圍遶大池七帀하여 隨其方面하여 四向分流하되 頹涌奔馳하여 入於大海라

其河旋遶一一之間에 有天寶所成優鉢羅華와 波頭摩華와 拘物頭華와 芬陀利華가 奇香發越하고 妙色淸淨하여 種種華葉과 種種臺藥가 悉是衆寶라 自然映徹하고 咸放光明하여 互相照現하며 其無熱池의 周圍廣大가 五十由旬이요 衆寶妙沙가 徧布其底하며 種種摩尼로 以爲嚴飾하며 無量妙寶로 莊嚴其岸하며 栴檀妙香으로 普散其中하며 優鉢羅華와 波頭摩華와 拘物頭華와 芬陀利華와 及餘寶華가 皆悉徧滿하여 微風吹動에 香氣遠徹하며 華林寶樹가 周帀圍遶하며 日光出時에 普皆照明하여 池河內

外에 一切衆物이 接影連輝하여 成光明網하니 如是衆物의 若遠若近과 若高若下와 若廣若狹과 若麤若細와 乃至極小한 一沙一塵에 悉是妙寶가 光明鑒徹하여 靡不於中에 日輪影現하며 亦復展轉更相現影하여 如是衆影이 不增不減이며 非合非散이라 皆如本質하여 而得明見이니라

불자여, 비유하건대 마치 무열뇌 큰 용왕의 궁전에서 네 강이 흘러나오는데, 흐리지도 않고 잡란하지도 않고 때가 없고 빛이 깨끗하기가 허공과 같으며, 그 사면에는 각각 한 개의 어귀가 있고, 어귀마다 강이 하나씩 흐르는데, 코끼리 어귀에서는 항하가 흘러나오고, 사자 어귀에서는 사타하강이 흘러나오고, 소 어귀에서는 신도강이 흘러나오고, 말 어귀에서는 박추강이 흘러나오느니라. 네 큰 강들이 흐를 적에 항하에서는 은모래가 흘러나오고, 사타하강에서는 금강 모래가 흘러나오고, 신도강에서는 금모래가 흘러나오고, 박추강에서는 유리 모래가 흘러나오며, 항하 어귀는 은빛이요 사타하강 어귀는 금강빛이요 신도강 어귀는 황금빛이요 박추강 어귀는 유리빛이며 낱낱 강의 어귀는 너비가 한 유순이니라.

네 강이 흘러나와서는 제각기 대지를 일곱 번씩 둘러 흐르고 제 방면을 따라 사방으로 나뉘어 흐르는데, 철철 흘러서 큰 바다로 들어가느니라. 그 강들이 둘러 흐르는 사이에는 하늘 보배로 된 청련화·홍련화·황련화·백련화들이 피었으니, 기이한 향기가 진동하고 빛깔이 깨끗하며, 가지가

지 꽃과 잎과 받침과 꽃술이 모두 보배로 되어 자연히 맑게 사무치며 광명을 놓아 서로서로 비추었느니라. 무열 못 둘레는 50유순인데 보배 모래가 밑에 깔리었고 갖가지 마니로 꾸미었으며, 한량없는 보배로 언덕을 단장하고 전단향을 그 가운데 흘었으며, 청련화·홍련화·황련화·백련화와 다른 꽃들이 가득히 피어, 실바람이 불 적마다 향기가 멀리 풍기고 꽃 숲과 보배 나무가 둘러섰으며, 해가 뜰 때는 못 속과 강 밖에 찬란하게 비치어 온갖 물건의 빛과 그림자가 한데 닿아서 광명 그물을 이루느니라. 이러한 여러 물건이 멀거나 가깝거나 높거나 낮거나 넓거나 좁거나 크거나 작거나 가장 작은 모래 티끌까지도 모두 보배 광명에 비치는 것이요, 햇빛을 받아 그림자가 나타나고 다시 서로 비치어 영상이 나타나나니, 이 모든 그림자가 늘지도 않고 줄지도 않으며 합하지도 않고 흩어지지도 아니하여 본바탕대로 분명히 볼 수 있느니라.

[疏] 第三, 喩顯中에 正顯前의 體用과 及益하며 亦明前所未顯하니 故로 不全似上文이라 文中에 二니 先, 總擧喩體요

- c. 비유로 밝힘 중에 앞의 체성과 작용과 이익을 바로 밝혔으며, 또한 앞에서 밝히지 못한 것을 설명한 연고로 완전히 위의 경문과 같지는 않다. 경문 중에 둘이니 a) 비유한 체성을 총합하여 거론함이요,

b) 비유를 상대하여 개별로 열 종류와 합하다[對喩別合十] 13.

(a) 모래가 흘러 바다로 들어가는 비유와 합하다[合流沙入海喩] 2.
㊀ 총합하여 밝히다[總明] (後佛 20下7)
㊁ 네 강을 개별로 밝히다[別顯] (後如)

佛子여 如無熱大池가 於四口中에 流出四河하여 入於大海인달하여 菩薩摩訶薩도 亦復如是하여 從四辯才로 流出諸行하여 究竟入於一切智海니라 如恒伽大河가 從銀色象口로 流出銀沙인달하여 菩薩摩訶薩도 亦復如是하여 以義辯才로 說一切如來所說一切義門하여 出生一切淸淨白法하여 究竟入於無礙智海니라 如私陀大河가 從金剛色師子口로 流出金剛沙인달하여 菩薩摩訶薩도 亦復如是하여 以法辯才로 爲一切衆生하야 說佛金剛句하고 引出金剛智하여 究竟入於無礙智海니라 如信度大河가 從金色牛口로 流出金沙인달하여 菩薩摩訶薩도 亦復如是하여 以訓詞辯說로 隨順世間緣起方便하여 開悟衆生하여 令皆歡喜調伏成熟하여 究竟入於緣起方便海라 如縛芻大河가 於瑠璃色馬口에 流出瑠璃沙인달하여 菩薩摩訶薩도 亦復如是하여 以無盡辯으로 雨百千億那由他不可說法하여 令其聞者로 皆得潤洽하여 究竟入於諸佛法海니라

불자여, 무열 못에서 네 어귀로 네 강이 흘러서 바다에 들어가듯이, 보살마하살도 그와 같아서 네 가지 변재로부터 여러 행이 흘러나와서 필경에 온갖 지혜 바다로 들어가느니라. 마치 항하가 은빛인 코끼리 어귀에서 은모래가 흘러내

리듯이, 보살마하살도 그와 같아서 뜻을 잘 아는 변재로 모든 여래가 말씀하신 온갖 뜻을 말하여 모든 깨끗한 법을 내며, 필경에 걸림 없는 지혜 바다에 들어가느니라. 마치 사타하강이 금강빛인 사자 어귀에서 금강 모래가 흘러내리듯이 보살마하살도 그와 같아서 법을 잘 아는 변재로 일체중생을 위하여 부처님의 금강 같은 글귀를 말하여 금강 같은 지혜를 끌어내고 필경에 걸림 없는 지혜 바다에 들어가게 하느니라. 마치 신도강이 황금빛인 소 어귀에서 금모래를 흘러내리듯이, 보살마하살도 그와 같아서 훈고에 능한 변재로 세간의 인연으로 일어나는 방편을 따라 중생을 깨닫게 하고 환희케 하며, 조복하고 성숙하여 필경에 인연으로 일어나는 방편 바다에 들어가게 하느니라. 마치 박추강이 유리빛인 말 어귀에서 유리 모래를 흘러내리듯이, 보살마하살도 그와 같아서 다함이 없는 변재로 백천억 나유타 말할 수 없는 법을 비 내려 듣는 이로 하여금 윤택하게 하며, 필경에 부처님 법 바다에 들어가게 하느니라.

[疏] 後, 佛子如無熱下는 對喩別合에 有十三門하니 各先, 喩요 後, 合이라 一, 合流沙入海喩니 中에 先, 總明이요 喩合에 雖擧四河나 意在四口出沙니 故로 下第九에 別明四河하니라 後, 如恒伽下는 別明이라 四辯은 卽喩四口오 所說은 卽喩四沙라 若開四辯하여 總別爲五하면 則有十七門이니라

- b) 佛子如無熱 아래는 비유를 상대하여 개별로 합함에 13문이 있으니, 각기 앞은 비유로 밝힘이요, 뒤는 법과 비유를 합함이다. (a) 모

래가 흘러 바다로 들어가는 비유와 합함이니, 그중에 ㊀ 총합하여 밝힘이요, 비유로 밝힘과 합함에서 비록 네 강을 거론하였지만 의미는 네 강의 입구에서 모래가 나옴에 있나니, 그러므로 아래 아홉째 구절에서 ㊁ 네 강을 개별로 밝힘이다. ㊂ 如恒伽 아래는 개별로 밝힘이다. 네 가지 변재는 곧 네 강의 입구에 비유함이요, 말한 내용은 곧 네 강의 모래에 비유한 것이다. 만일 네 가지 변재를 열어서 총상과 별상으로 다섯 가지가 되면 17문이 있게 된 것이다.

(b) 못을 돌아서 바다로 들어가는 비유와 합하다[合遶池入海喩] 2.

㊀ 비유로 밝히다[喩] (二如 21下4)
㊁ 법과 비유를 합하다[合] 2.
① 못을 도는 비유와 합하다[合遶池] (合中)
② 네 방소와 합하다[合四方] (後佛)

如四大河가 隨順圍遶無熱池已에 四方入海인달하여 菩薩摩訶薩도 亦復如是하여 成就隨順身業과 隨順語業과 隨順意業하며 成就智爲前導身業과 智爲前導語業과 智爲前導意業하여 四方流注하여 究竟入於一切智海니라
佛子여 何者가 名爲菩薩四方고 佛子여 所謂見一切佛하고 而得開悟하며 聞一切法하고 受持不忘하며 圓滿一切波羅蜜行하며 大悲說法하여 滿足衆生이니라
마치 네 큰 강이 무열 못을 따라 둘러 흐르고는 사방으로 바다에 들어가듯이, 보살마하살도 그와 같아서 남을 따라 주

는 몸의 업과 따라 주는 말의 업과 따라 주는 뜻의 업을 성취하고, 지혜가 앞잡이가 된 몸의 업과 지혜가 앞잡이가 된 말의 업과 지혜가 앞잡이가 된 뜻의 업을 성취하여 사방으로 흐르다가 필경에 온갖 지혜 바다에 들어가느니라.

불자여, 무엇을 보살의 사방이라 하는가? 불자여, 일체 부처님을 보고 깨침을 얻으며 일체 법을 듣고 기억하여 잊지 아니하며, 모든 바라밀다 행을 원만하며, 크게 가엾이 여기는 마음으로 법을 말하여 중생을 만족하게 함이니라.

[疏] 二, 如四大河下는 合繞池入海喩라 於中에 先, 喩요 後, 合이라 合中에 先, 合繞池니 菩提心智23)를 名之爲池요 三業隨順智慧는 卽爲繞義라 後, 佛子下는 合其四方이라

■ (b) 如四大河 아래는 못을 돌아서 바다로 들어가는 비유와 합함이다. 그중에 ㉠ 앞은 비유로 밝힘이요, ㉡ 뒤는 법과 비유를 합함이다. ㉡ 법과 비유를 합함 중에 ① 못을 도는 비유와 합함이니, 보리심의 지혜를 못이라 이름하였다. '삼업으로 수순하는 지혜'는 곧 돈다는 뜻이요, ② 佛子 아래는 네 방소와 합함이다.

(c) 못 사이에 보배 꽃이 있는 비유와 합하다[合池間寶華喩] (三如 22上7)

如四大河가 圍遶大池어든 於其中間에 優鉢羅華와 波頭摩華와 拘物頭華와 芬陀利華가 皆悉徧滿인달하여 菩薩摩訶薩도 亦復如是하여 於菩提心中間에 不捨衆生하고

---

23) 智는 甲綱續金本作志라 하나 誤植이다.

說法調伏하여 悉令圓滿無量三昧하여 見佛國土莊嚴淸
淨이니라
마치 네 큰 강이 큰 못을 둘러 흐르는데, 그 중간에 청련화·
홍련화·황련화·백련화가 가득히 차듯이, 보살마하살도
그와 같아서 보리심의 중간에서 중생을 버리지 않고 법을
말하여 조복하고 한량없는 삼매를 모두 원만하게 하여 부
처님 국토의 장엄이 청정함을 보게 하느니라.

[疏] 三, 如四大河圍繞下는 合池間寶華喩라 說法은 有開敷之義요 三
昧²⁴⁾는 有感果之能이요 莊嚴淸淨은 皆華上之別義니라
■ (c) 如四大河圍繞 아래는 못 사이에 보배 꽃이 있는 비유와 합함이
다. ㉠ 법을 설함이 꽃이 피는 이치에 있음이요, 삼매가 과덕을 감득
하는 능력이 있음이요, '장엄이 청정함'은 모두 꽃 위에 있는 특별한
뜻이다.

(d) 보배 나무가 못에 둘러서는 비유와 합하다[合寶樹遶池喩]

(四合 22下2)

如無熱大池에 寶樹圍遶인달하여 菩薩摩訶薩도 亦復如是
하여 現佛國土莊嚴圍遶하여 令諸衆生으로 趣向菩提니라
마치 무열 못에 보배 나무가 둘러섰듯이, 보살마하살도 그
와 같아서 부처님 국토에 장엄이 둘러 있는 것을 나타내어
중생들로 하여금 보리에 나아가게 하느니라.

---

24) 昧는 金本作寶라 하나 誤植이다.

[疏] 四, 合寶樹繞池喩라
- (d) 보배 나무가 못에 둘러서는 비유와 합함이요,

(e) 아누달 큰 못이 청정한 비유와 합하다[合大池淸淨喩] (五合 22下6)

如無熱大池가 其中縱廣이 五十由旬이요 淸淨無濁인달
하여 菩薩摩訶薩도 亦復如是하여 菩提之心이 其量無邊
하여 善根充滿하여 淸淨無濁이니라
마치 무열 못이 너비와 길이가 50유순이요, 청정하여 흐리
지 않듯이 보살마하살도 그와 같아서 보리심의 크기가 끝이
없으며 착한 뿌리가 가득하여 청정하고 흐리지 않으니라.

[疏] 五, 合大池淸淨喩니 卽是池體라
- (e) 아누달 큰 못이 청정한 비유와 합함이니 곧 큰 못의 체성이다.

(f) 전단향으로 언덕에 가득한 비유와 합하다[合栴檀香岸喩]

(六合 22下10)

如無熱大池가 以無量寶로 莊嚴其岸하고 散栴檀香하여
徧滿其中인달하여 菩薩摩訶薩도 亦復如是하여 以百千
億十種智寶로 莊嚴菩提心大願之岸하여 普散一切衆善
妙香이니라
마치 무열 못이 한량없는 보배로 언덕을 장엄하고 전단향
을 흩어 가운데 가득하듯이, 보살마하살도 그와 같아서 백

천억이 되는 열 가지 지혜 보배로 보리심의 소원 언덕을 장엄하고, 온갖 미묘하고 착한 향을 널리 흘느니라.

[疏] 六, 合栴檀香岸喩라 十種智寶는 有二義하니 一, 卽離世間中의 十·25)種如寶智요 二, 卽他心等十種智也니라
- (f) 전단향으로 언덕에 가득한 비유와 합함이다. 열 가지 지혜 보배는 두 가지 뜻이 있으니 (1) 이세간품 중에 열 가지 보배 같은 지혜의 뜻이요, (2) 다른 이의 마음을 아는 따위 열 가지 지혜를 뜻한다.

(g) 금모래가 못 아래에 깔린 비유와 합하다[合底布金寶喩] (七合 23上6)

如無熱大池가 底布金沙하고 種種摩尼로 間錯莊嚴인달하여 菩薩摩訶薩도 亦復如是하여 微妙智慧로 周徧觀察하며 不可思議菩薩解脫種種法寶로 間錯莊嚴하며 得一切法無礙光明하며 住於一切諸佛所住하며 入於一切甚深方便이니라

마치 무열 못이 밑에는 금모래가 깔렸고 갖가지 마니로 사이사이 장엄하듯이, 보살마하살도 그와 같아서 미묘한 지혜로 두루 관찰하며, 헤아릴 수 없는 보살의 해탈인 가지가지 법보로 사이사이 장엄하고, 온갖 법에 걸림 없는 광명을 얻으며, 모든 부처님의 머무시는 데 머무르고 모든 깊은 방편에 들어가느니라.

---
25) 十은 南綱續金本作七이라 하다.

[疏] 七, 合底布金寶喩라 妙智는 合金沙요 解脫은 合摩尼요 無礙光明은 合二種放光이요 住佛所住하여 入於甚深은 合布其底라 上四段이 各以無熱大池로 爲首니라

- (g) 금모래가 못 아래에 깔린 비유와 합함이다. '미묘한 지혜'는 금모래와 합하고, 해탈함은 마니주와 합하며, 장애 없는 광명은 두 가지 방광과 합함이요, 부처님 머무는 곳에 머물러서 매우 깊음에 들어감은 그 밑바닥에 퍼짐과 합하였다. 위의 네 문단은 각기 무열(無熱) 큰 연못으로 우두머리를 삼기 때문이다.

(h) 용왕은 번뇌가 없다는 비유와 합하다[合龍王無惱喩] (八如 23下2)

如阿那婆達多龍王이 永離龍中의 所有熱惱인달하여 菩薩摩訶薩도 亦復如是하여 永離一切世間憂惱하여 雖現受生이나 而無染着이니라

무열 용왕이 용에게 있는 뜨거운 번뇌를 아주 여의었듯이, 보살마하살도 그와 같아서 모든 세간의 번뇌와 근심을 여의었으므로 비록 지금에 태어나지마는 물들고 집착하지 않느니라.

[疏] 八, 如阿那下는 合龍王無惱喩라 即合池名이니 名因龍得故니라

- (h) 如阿那 아래는 용왕은 번뇌가 없다는 비유와 합함이니, 곧 못의 이름이 용으로 인해 얻은 것을 합한 내용인 까닭이다.

(i) 네 강이 염부제를 적시는 비유와 합하다[合四河潤澤喩] (九合 24上4)

如四大河가 潤澤一切閻浮提地하고 旣潤澤已에 入於大海인달하여 菩薩摩訶薩도 亦復如是하여 以四智河로 潤澤天人沙門婆羅門하여 令其普入阿耨多羅三藐三菩提智慧大海하여 以四種力으로 而爲莊嚴하나니 何者爲四오 一者는 願智河니 救護調伏一切衆生하여 常不休息이요 二者는 波羅蜜智河니 修菩提行하여 饒益衆生하여 去來今世에 相續無盡하여 究竟入於諸佛智海요 三者는 菩薩三昧智河니 無數三昧로 以爲莊嚴하여 見一切佛하고 入諸佛海요 四者는 大悲智河니 大慈自在하여 普救衆生하되 方便攝取하여 無有休息하며 修行秘密功德之門하여 究竟入於十力大海니라

마치 네 큰 강이 염부제를 적시고는 큰 바다에 들어가듯이, 보살마하살도 그와 같아서 네 지혜의 강으로 하늘·사람·사문·바라문을 적시고는 그로 하여금 아늇다라삼약삼보디의 지혜 바다에 들게 하며, 열 가지 힘으로 장엄하느니라. 무엇이 넷이냐? 하나는 서원의 지혜 강이니 일체중생을 구호하고 조복하여 쉬지 아니함이요, 둘은 바라밀다 지혜 강이니 보리의 행을 닦으며 중생을 이익하여 지난 세상·오는 세상·지금 세상에 계속하여 다하지 않다가 필경에 부처님 지혜의 바다에 들어감이요, 셋은 보살 삼매의 지혜 강이니 무수한 삼매로 장엄하고 모든 부처님을 뵈옵고 여러 부처님 바다에 들어감이요, 넷은 큰 자비의 지혜 강이니 자비로 자유자재하게 중생을 구원하여 방편으로 거두어서 쉬지 아니하며, 비밀한 공덕의 문을 수행하다가 필경에 열 가

지 힘인 큰 바다에 들어감이니라.

[疏] 九, 合四河潤澤喩라
- (i) 네 강이 염부제를 적시는 비유와 합함이요,

(j) 네 큰 강이 그지없는 비유와 합하다[合四河無盡喩] (十合 24上8)

如四大河가 從無熱池로 旣流出已에 究竟無盡하여 入於大海인달하여 菩薩摩訶薩도 亦復如是하여 以大願力으로 修菩薩行하여 自在知見이 無有窮盡하여 究竟入於一切智海니라

마치 네 큰 강이 무열 못으로 흘러나와서 필경에 다함이 없이 큰 바다에 들어가듯이, 보살마하살도 그와 같아서 큰 서원의 힘으로 보살행을 닦으며, 자유롭게 알고 보는 것이 다함이 없어 온갖 지혜의 바다에 들어가느니라.

[疏] 十, 合四河無盡喩라
- (j) 네 큰 강이 그지없는 비유와 합함이다.

(k) 바다에 들어감에 장애가 없다는 비유와 합하다[合入海無障喩]

(十一 24下2)

如四大河가 入於大海에 無能爲礙하여 令不入者인달하여 菩薩摩訶薩도 亦復如是하여 常勤修習普賢行願하여 成

就一切智慧光明하며 住於一切佛菩提法하여 入如來智
하되 無有障礙니라

마치 네 큰 강이 큰 바다에 들어가는 것을 방해하여 들어가
지 못하게 할 이가 없듯이, 보살마하살도 그와 같아서 보현
의 행과 원을 부지런히 닦아서 모든 지혜의 광명을 이루고
모든 부처들의 보리에 머물러서 여래의 지혜에 들어가는 것
을 장애할 이가 없느니라.

[疏] 十一, 合入海無障喩라
- (k) 바다에 들어감에 장애가 없다는 비유와 합함이요,

(1) 바다에 들어감에 고달픔이 없다는 비유와 합하다[合入海無厭喩]

(十二 24下6)

如四大河가 奔流入海에 經於累劫하되 亦無疲厭인달하
여 菩薩摩訶薩도 亦復如是하여 以普賢行願으로 盡未來
劫토록 修菩薩行하여 入如來海하되 不生疲厭이니라

마치 네 큰 강이 흘러서 바다에 들어가는데 여러 겁을 지내
어도 고달픔을 모르듯이, 보살마하살도 그와 같아서 보현
의 행과 원으로 오는 세월이 끝나도록 보살의 행을 닦아서
여래의 바다에 들어가되 고달픈 생각을 내지 않느니라.

[疏] 十二, 合入海無厭喩라 上之四喩는 各以如四大河로 而爲喩首요 上
之十喩는 皆以菩薩로 而爲合初니라

■ (1) 바다에 들어감에 고달픔이 없다는 비유와 합함이다. 위의 네 가지 비유는 각기 네 큰 강으로 비유의 우두머리를 삼기 때문이요, 위의 열 가지 비유는 모두 보살로써 처음과 합하기 위하려는 까닭이다.

(m) 많은 보배가 서로 비치는 비유와 합하다[合衆寶交影喩] 2.

㊀ 비유로 밝히다[喩] (十三 25上2)
㊁ 법과 비유를 합하다[合] 2.
① 바로 합하다[正合] (合中)
② 묻고 해석하다[徵釋] (後何)

佛子여 如日光出時에 無熱池中金沙銀沙金剛沙瑠璃沙와 及餘一切種種寶物에 皆有日影이 於中顯現하며 其金沙等一切寶物도 亦各展轉而現其影하여 互相鑒徹하여 無所妨礙인달하니라 菩薩摩訶薩도 亦復如是하여 住此三昧에 於自身一一毛孔中에 悉見不可說不可說佛刹微塵數諸佛如來하며 亦見彼佛所有國土道場衆會하여 一一佛所에 聽法受持하고 信解供養하여 各經不可說不可說億那由他劫하되 而不想念時節長短하며 其諸衆會도 亦無迫隘하나니 何以故오 以微妙心으로 入無邊法界故며 入無等差別業果故며 入不可思議三昧境界故며 入不思議思惟境界故며 入一切佛自在境界故며 得一切佛所護念故며 得一切佛大神變故며 得諸如來難得難知十種力故며 入普賢菩薩行圓滿境界故며 得一切佛無勞倦神通力故니라

불자여, 마치 해가 뜰 때에 무열 못에 있는 금모래·은모래·금강 모래·유리 모래와 다른 여러 가지 보물들마다 해의 영상이 나타나고, 금모래 등의 모든 보물들도 제각기 차츰차츰 영상이 나타나서 서로 사무쳐 비치어도 방해가 없느니라. 보살마하살도 그와 같아서 이 삼매에 머무르면 제 몸의 낱낱 털구멍마다 말할 수 없이 말할 수 없는 세계의 티끌 수 부처님을 뵈오며, 그 부처님의 국토와 도량에 모인 대중들도 보며, 낱낱 부처님 계신 데서 법을 듣고 받아 지니고 믿고 이해하고 공양하기를 말할 수 없이 말할 수 없는 억 나유타 겁을 지내더라도, 시간이 길고 짧은 것을 생각하지도 않고 모인 대중들도 비좁지 아니하니라. 무슨 까닭이냐? (1) 미묘한 마음으로 그지없는 법계에 들어가는 연고며, (2) 같을 이 없는 차별한 업과 과보에 들어가는 연고며, (3) 부사의한 삼매 경계에 들어간 연고며, (4) 헤아릴 수 없는 생각하는 경계에 들어가는 연고며, (5) 모든 부처님의 자유자재한 경계에 들어가는 연고며, (6) 모든 부처님의 호념하심을 받는 연고며, (7) 모든 부처님의 큰 신통변화를 얻는 연고며, (8) 모든 여래의 얻기 어렵고 알기 어려운 열 가지 힘을 얻는 연고며, (9) 보현보살의 행이 원만한 경계에 들어가는 연고며, (10) 모든 부처님의 피곤함이 없는 신통의 힘을 얻는 연고이니라.

[疏] 十三, 佛子如日光下는 合衆寶交影喩라 先, 喩요 後, 合이라 合中에 二니 先, 正合이요 後, 何以下는 徵釋涉入所由라

- (m) 佛子如日光 아래는 많은 보배가 서로 비치는 비유와 합함이다. ㊀ 비유로 밝힘이요, ㊁ 법과 비유를 합함이다. ㊁ 법과 비유를 합함 중에 둘이니 ① 바로 합함이요, ② 何以 아래는 묻고 해석함이니, 건너서 들어가는 이유이다.

d. 함께 행함을 총합하여 결론하다[總結雙行] 3.
a) 법으로 설하다[法] (第四 26下4)

佛子여 菩薩摩訶薩이 雖能於定에 一念入出이나 而亦不廢長時在定하고 亦無所着하며 雖於境界에 無所依住나 而亦不捨一切所緣하며 雖善入刹那際나 而爲利益一切衆生하여 現佛神通하여 無有厭足하며 雖等入法界나 而不得其邊하며 雖無所住無有處所나 而恒趣入一切智道하여 以變化力으로 普入無量衆生衆中하여 具足莊嚴一切世界하며 雖離世間顚倒分別하여 超過一切分別之地나 亦不捨於種種諸相하며 雖能具足方便善巧나 而究竟淸淨하며 雖不分別菩薩諸地나 而皆已善入하나니라

불자여, 보살마하살이 (1) 삼매에서 잠깐 동안에 들고 나고 하면서도 오랫동안 선정에 있는 일을 폐하지도 않고 또 집착하지도 않느니라. (2) 경계에 대하여 의지하지도 않지마는 모든 반연을 버리지도 않느니라. (3) 찰나의 경계에까지 잘 들어가지마는 중생을 이익하기 위하여 부처의 신통을 나타내기에 만족함이 없느니라. (4) 법계에 평등하게 들어가지마는, 그 끝닿은 데를 얻지 못하느니라. (5) 머무는 데도

없고 처소도 없지마는, 온갖 지혜의 길에 항상 들어가며, (6) 변화하는 힘으로 한량없는 중생들 가운데 들어가서 온갖 세계를 구족하게 장엄하느니라. 비록 세간의 뒤바뀐 분별을 여의어 모든 분별하는 자리에서 뛰어났지마는 가지가지 모양을 버리지도 않느니라. (7) 방편과 교묘함을 비록 구족하였으나 필경까지 청정하느니라. 비록 보살의 여러 지위를 분별하지 않지마는 모두 잘 들어갔느니라.

[疏] 第四, 佛子至雖能於定下는 總結雙行이니 謂權實定散이 無障礙故라 於中에 三이니 先, 法이요

- d. 佛子에서 雖能於定까지 아래는 함께 행함을 총합하여 결론함이니, 이른바 방편과 실법으로 정하고 흩어서 장애가 없는 까닭이다. 그중에 셋이니 a) 법으로 설함이요,

b) 비유로 밝히다[喩] (次佛 26下4)
c) 법과 비유를 합하다[合] (後菩)

佛子여 譬如虛空이 雖能容受一切諸物이나 而離有無인달하여 菩薩摩訶薩도 亦復如是하여 雖普入一切世間이나 而離世間想하며 雖勤度一切衆生이나 而離衆生想하며 雖深知一切法이나 而離諸法想하며 雖樂見一切佛이나 而離諸佛想하며 雖善入種種三昧나 而知一切法自性皆如하여 無所染着하며 雖以無邊辯才로 演無盡法句나 而心恒住離文字法하며 雖樂觀察無言說法이나 而恒示現

淸淨音聲하며 雖住一切離言法際나 而恒示現種種色相하며 雖敎化衆生이나 而知一切法畢竟性空하며 雖勤修大悲하여 度脫衆生이나 而知衆生界가 無盡無散하며 雖了達法界가 常住不變이나 而以三輪으로 調伏衆生하여 恒不休息하며 雖常安住如來所住나 而智慧淸淨하여 心無怖畏하고 分別演說種種諸法하여 轉於法輪하여 常不休息이니라

불자여, 마치 허공이 모든 물건을 포용하여 받지마는 <있다·없다> 함을 여의었듯이, 보살마하살도 그와 같아서 (1) 모든 세간에 널리 들어가지마는 세간이란 생각을 여의었느니라. (2) 비록 일체중생을 부지런히 제도하지마는 중생이란 생각을 여의었느니라. (3) 모든 법을 깊이 알지마는 여러 가지 법이란 생각을 여의었느니라. (4) 모든 부처님 뵈옵기를 좋아하지마는 부처님이란 생각을 여의었느니라. (5) 여러 가지 삼매에 잘 들어가지마는 온갖 법의 성품이 모두 진여이어서 물들 것이 없는 줄을 아느니라. (6) 그지없는 변재로 다함없는 법문을 연설하지마는 마음은 항상 문자를 떠난 법에 머무느니라. (7) 말이 없는 법을 관찰하기를 좋아하지마는 청정한 음성을 항상 나타내느니라. (8) 온갖 말을 떠난 법에 머물지마는 가지각색 모양을 항상 나타내느니라. (9) 비록 중생들을 교화하지마는 온갖 법의 성품이 끝까지 공한 줄을 아느니라. (10) 부지런히 대자비를 닦아 중생을 제도하지마는 중생 세계가 다하지도 않고 흩어지지도 않는 줄을 아느니라. (11) 법계가 항상 머물러 변하지 않는 줄을

알지마는 세 가지 바퀴로 중생 조복하기를 쉬지 않느니라.
(12) 여래의 머무신 곳에 항상 머물지마는 지혜가 청정하고 마음에 두려움이 없으며 가지가지 법을 연설하여 법 바퀴 굴리기를 쉬지 아니하느니라.

[疏] 次, 佛子下는 喩요 後, 菩薩下는 合이라 然이나 法中에는 明卽寂而用하고 喩合에는 乃明卽用而寂하니 文影略耳니라

- b) 佛子 아래는 비유로 밝힘이요, c) 菩薩 아래는 법과 비유를 합함이다. 그러나 a) 법으로 설함 중에 고요함과 합치하여 작용함을 밝혔고 b) 비유로 밝힘과 c) 법과 비유를 합함에는 작용과 합치하여 고요함을 비로소 밝혔으니, 경문은 비추어 생략되었을 뿐이다.

ㄷ) 결론하다[結] (經/佛子 26下8)

佛子여 是爲菩薩摩訶薩의 第九法界自在大三昧善巧智니라

불자여, 이것이 보살마하살의 아홉째 법계에 자유자재하는 큰 삼매의 교묘한 지혜이니라."

大方廣佛華嚴經 제43권
大方廣佛華嚴經疏鈔 제43권 珍字卷下
제27 十定品 ④

제27. 열 가지 선정을 말하는 품[十定品] ④

ㅊ. 걸림 없는 바퀴가 광대한 삼매[無礙輪大三昧]에 云,

"불자여, 어떤 것을 보살마하살의 걸림 없는 바퀴인 삼매라 하는가? 불자여, 보살마하살이 이 삼매에 들 적에 걸림 없는 몸의 업·걸림 없는 말의 업·걸림 없는 뜻의 업에 머물며, 걸림 없는 부처님 극토에 머무르며, 걸림 없이 중생을 성취하는 지혜를 얻으며, 걸림 없이 중생을 조복하는 지혜를 얻으며, 걸림 없는 광명을 놓으며, 걸림 없는 광명 그물을 나타내며, 걸림 없이 광대한 변화를 보이며, 걸림 없이 청정한 법륜을 굴리며, 보살의 걸림 없이 자유자재함을 얻느니라. … 불자여, 보살마하살이 이와 같이 보현의 행과 서원인 광대한 법에 편안히 머물면 이 사람의 마음이 청정해지는 줄을 알아야 하느니라. 불자여, 이것이 보살마하살의 열째 걸림 없는 바퀴 큰 삼매의 수승한 마음과 광대한 지혜니라."

> 大方廣佛華嚴經 제43권
> 大方廣佛華嚴經疏鈔 제43권 珍字卷下

제27. 열 가지 선정을 말하는 품[十定品] ④

ㅊ. 걸림 없는 바퀴가 광대한 삼매[無礙輪大三昧] 3.

ㄱ) 삼매의 명칭을 질문으로 표방하다[標] (第十 1上6)

佛子여 云何爲菩薩摩訶薩의 無礙輪三昧오
불자여, 어떤 것을 보살마하살의 걸림 없는 바퀴인 삼매라 하는가?

[疏] 第十, 無礙輪三昧라 亦初, 徵이요 次, 釋이요 後, 結이라
- ㅊ. 걸림 없는 바퀴가 광대한 삼매이다. 또한 ㄱ) 질문함이요, ㄴ) (양상을) 해석함이요, ㄷ) 결론함이다.

ㄴ) 양상을 해석하다[釋] 2.
(ㄱ) 과목 나누기[分科] (釋中 1下1)

佛子여 菩薩摩訶薩이 入此三昧時에 住無礙身業과 無礙語業과 無礙意業하며 住無礙佛國土하며 得無礙成就衆生智하며 獲無礙調伏衆生智하며 放無礙光明하며 現

無礙光明網하며 示無礙廣大變化하며 轉無礙淸淨法輪하며 得菩薩無礙自在하여

불자여, 보살마하살이 이 삼매에 들 적에 (1) 걸림 없는 몸의 업 (2) 걸림 없는 말의 업 (3) 걸림 없는 뜻의 업에 머물며, (4) 걸림 없는 부처님 국토에 머무르며, (5) 걸림 없이 중생을 성취하는 지혜를 얻으며, (6) 걸림 없이 중생을 조복하는 지혜를 얻으며, (7) 걸림 없는 광명을 놓으며, (8) 걸림 없는 광명 그물을 나타내며, (9) 걸림 없이 광대한 변화를 보이며, (10) 걸림 없이 청정한 법륜을 굴리며, (11) 보살의 걸림 없이 자유자재함을 얻느니라.

[疏] 釋中에 三이니 初, 明入時方便이요 二, 佛子菩薩摩訶薩住此三昧已下는 明入已智用이요 三, 佛子菩薩摩訶薩入普賢所住下는 定滿成益이라

- ㄴ) 양상을 해석함 중에 셋이니 a. 삼매에 들어갈 때의 방편이요, b. 佛子菩薩摩訶薩住此三昧已 아래는 삼매에 들어간 뒤의 지혜와 작용을 밝힘이요, c. 佛子菩薩摩訶薩入普賢所住 아래는 삼매가 원만하여 이익을 성취함이다.

(ㄴ) 과목에 따라 해석하다[隨釋] 3.

a. 삼매에 들어갈 때의 방편[明入時方便] 2.
a) 11구절은 인행의 작용이 걸림 없음이 바로 무애의 뜻이다

[十一句因用無礙是無礙義] (今初 1下3)

[疏] 今初에 有二十二句는 兼顯定名이니 初, 十一句는 因用無礙라 是無
礙義요 後, 普入下에 有十一句는 住果圓滿이니 卽是輪義라 今初段
中에 卽此無礙가 無所不摧니 亦卽輪義라 初三句는 三業無礙요 次
句는 器世間無礙요 次二句는 衆生世間無礙요 餘句는 智正覺無礙라

■ 지금은 a.에 22구절이 있음은 겸하여 삼매의 명칭을 밝혔으니, a) 11
구절은 인행의 작용이 걸림 없음이 바로 '무애'의 뜻이요, b) 普入 아
래 11구절은 과덕에 머무름이 원만함이 곧 '바퀴'의 뜻이다. 지금은
첫 문단 중에 곧 여기의 걸림 없음은 꺾지 못할 것이 없으니 또한 '바
퀴'의 뜻이 된다. (a) 세 구절은 삼업에 걸림 없음이요, (b) 넷째 구절
은 기세간에 걸림 없음이요, (c) 다섯째, 여섯째 두 구절은 중생세간
에 걸림 없음이요, (d) 나머지 일곱째부터 다섯 구절은 지정각세간에
걸림 없음이다.

b) 11구절은 과덕에 머무름이 원만함이 곧 바퀴의 뜻이다

[十一句住果圓滿卽是輪義] (後住 2上1)

普入諸佛力하며 普住諸佛智하며 作佛所作하며 淨佛所
淨하며 現佛神通하며 令佛歡喜하며 行如來行하며 住如
來道하며 常得親近無量諸佛하며 作諸佛事하며 紹諸佛
種이니라

(1) 부처님의 힘에 널리 들어가며, (2) 부처님의 지혜에 널
리 머무르며, (3) 부처님의 짓는 일을 지으며, (4) 부처님의
청정하심을 청정케 하며, (5) 부처님의 신통을 나타내며, (6)
부처님을 환희케 하며, (7) 여래의 행을 행하며, (8) 여래의

도에 머물며, (9) 한량없는 부처님을 항상 친근하며, (10) 부처님의 일을 지으며, (11) 부처님의 종성을 잇느니라.

[疏] 後, 住果中에 二, 智通權實일새 故云普住라 三, 作利樂事요 四, 淨二障種이요 七, 智契佛境이라 餘七은 可知니라
- b) 11구절은 과덕에 머무름이 원만함 중에 둘째 구절은 지혜가 방편과 실법에 통하므로 '널리 머문다'고 말하였다. 셋째 구절은 이롭고 즐거운 일을 지음이요, 넷째 구절은 두 가지 장애의 종자를 정화함이요, 일곱째 구절은 지혜로 부처님 경계에 계합함이다. 나머지 (첫째와 다섯째, 여섯째, 여덟째, 아홉째, 열째, 열한째 등) 일곱 구절은 알 수 있으리라.

[鈔] 二, 智通者는 此有十一句로되 但指二三四七인 四句하여 釋之일새 故云餘七은 可知라하니라
- '둘째 구절에서 지혜가 통한다'는 것은 여기에 11구절이 있되 단지 둘째, 셋째, 넷째, 일곱째만 지적하였다. 네 구절로 묶어서 해석한 연고로 '나머지 일곱 구절은 알 수 있다'고 말하였다.

b. 삼매에 들어간 뒤의 지혜와 작용[明入已智用] 2.
a) 과목 나누기[分科] (第二 2上8)

佛子여 菩薩摩訶薩이 住此三昧已에 觀一切智하되 總觀一切智하고 別觀一切智하며 隨順一切智하되 顯示一切智하고 攀緣一切智하며 見一切智하되 總見一切智하고 別見一切智하느니라

불자여, 보살마하살이 (1) 이 삼매에 머물고는 (2) 온갖 지혜를 관찰하는데, (3) 온갖 지혜를 통틀어 관찰하며, (4) 온갖 지혜를 따로 관찰하며, (5) 온갖 지혜를 따라 좇으며, (6) 온갖 지혜를 나타내며, (7) 온갖 지혜를 반연하며, (8) 온갖 지혜를 보며, (9) 온갖 지혜를 통틀어 보며, (10) 온갖 지혜를 따로 보느니라.

[疏] 第二, 入已智用이라 中에 四니 第一, 攝佛功德이요 二, 證入諸法이요 三, 普德無盡이요 四, 結示勸修라 初中에 卽攝如來二十一種殊勝功德하니 以此位中에 德[26]等佛故라 其間에 或全同佛相하며 或有約因相似호대 而次第無差라 於中에 三이니 初, 總明妙悟皆滿이요 次, 別顯二十一德이요 後, 顯德勝能이라

■ b. 삼매에 들어간 뒤의 지혜와 작용 중에 넷이니 (a) 부처님의 공덕을 섭수함이요, (b) 모든 법에 증득하여 들어감이요, (c) 그지없는 넓은 공덕이요, (d) 수행하기를 권유하기를 결론하여 보임이다. (a) 중에 곧 여래의 21가지 뛰어난 공덕을 포섭함이니, 이런 지위 중에 공덕이 부처님과 같은 까닭이다. 그 사이에 혹은 부처님 형상과 완전히 같기도 하고, 혹 어떤 이는 인행이 비슷함을 잡기도 한다. 그러나 순서는 차별이 없으니 그중에 셋이니, ㊀ 묘한 깨달음이 모두 원만함을 총합하여 밝힘이요, ㊁ 21가지 공덕을 개별로 밝힘이요, ㊂ 공덕의 뛰어난 능력을 밝힘이다.

b) 과목에 따라 해석하다[隨釋] 4.

---

26) 中德은 南續金本無라 하다.

(a) 부처님의 공덕을 섭수하다[攝佛功德] 3.
㊀ 묘한 깨달음이 모두 원만하다[總明妙悟皆滿] (今初 2下2)

[疏] 今初에 十句니 初句는 標滿時요 餘九는 顯滿相이라 然이나 一切智를 若對種智인대 即是根本이요 若直語佛智하면 則通權實이니 今此는 顯通이니라 於中에 初三句는 始觀이라 言觀一切智者는 標也라 云何觀고 觀有二種하니 一, 總觀이니 謂權實齊觀故요 二, 別觀이니 此是實이며 此是權이라 權中에 有多差別일새 皆審照了故라 次, 三句中에 順도 亦初句는 標요 次는 云何隨順고 由前總觀故로 頓能顯示요 由前別觀故로 各各攀緣이라 後三句는 終契니 釋同前觀이라 但由前觀察하여 今證見分明耳니라

■ 지금은 ㊀ (묘한 깨달음이 모두 원만함)은 열 구절이니 ① 첫 구절은 원만한 때를 표방함이요, ② 나머지 아홉 구절은 원만한 형상을 밝힘이다. 그러나 온갖 지혜를 만일 종자 지혜와 상대하면 바로 근본지이고, 만일 부처님 지혜를 바로 말하면 방편과 실법에 통하나니, 지금 여기서는 드러내어 회통하였다. 그중에 ㉮ 세 구절[(2) 觀一切智 (3) 總觀一切智 (4) 別觀一切智]은 관법을 시작함이다. '온갖 지혜를 관찰한다'고 말한 것은 표방함이니, 어떻게 관찰하는가? 관법에 두 종류가 있으니 ㉠ 총상으로 관함이다. 이른바 방편과 실법을 똑같이 관찰하기 때문이요, ㉡ 별상으로 관함이다. 이것은 실법이며, 이것은 방편이다. 방편 중에 여러 차별함이 있으므로 모두 살펴서 비추어 알기 때문이다. ㉯ 세 구절[(5) 隨順一切智 (6) 顯示一切智 (7) 攀緣一切智] 중에 순관도 또한 첫 구절은 표방함이요, 다음 구절은 어떻게 수순함인가? 앞의 총상으로 관찰함을 말미암은 연고로 단박에 능히 밝혀 보임이

요, 앞의 별상으로 관찰함을 말미암은 연고로 각기 반연한 것이다. ㉰ 세 구절[(8) 見一切智 (9) 總見一切智 (10) 別見一切智]은 마침내 계합함이니 앞의 관찰과 같이 해석함이다. 단지 앞의 관찰만을 말미암아 지금은 증득하여 보는 것이 분명할 뿐이다.

[鈔] 初三句者는 以妙悟皆滿이 是佛이니 今에 就等覺일새 故云觀順이라 據觀據順일새 故名菩薩이요 據三句見에 卽名爲佛耳라 皆等覺之義니라

- '㉯ 세 구절'은 묘한 깨달음이 모두 원만함은 바로 부처이기 때문이다. 지금은 등각(等覺)에 입각한 연고로 관찰을 따름이요, 관법에 의거하고 순관(順觀)에 의거하는 연고로 보살이라 이름하고, '㉰ 세 구절'을 의거하여 볼 적에 곧 부처라 이름할 뿐이니, 모두 등각(等覺)의 뜻이다.

㈂ 21가지 공덕을 개별로 밝히다[別明二十一種功德] 2.
① 과목 나누기[分科] (二於 3上6)

[疏] 二, 於普賢下는 別明二十一種功德이라 分二十段이니 後二가 合故라
- ㈂ 於普賢 아래는 21가지 공덕을 개별로 밝힘이다. 20문단으로 나누리니 ㈂ 뒤의 둘은 합한 까닭이다.

② 과목에 따라 해석하다[隨釋] 20.
㉮ 두 가지 행이 영원히 끊어진 공덕[二行永絶德] 2.

㉠ 대승의 작용은 항상함을 밝히다[總明大用常恒] 2.
ⓐ 법으로 설하다[法說] 2.

㉮ 바로 설명하다[正明] 2.
㉯ 행법의 체성[明行體] (今初 3上7)

於普賢菩薩의 廣大願과 廣大心과 廣大行과 廣大所趣와 廣大所入과 廣大光明과 廣大出現과 廣大護念과 廣大變化와 廣大道에
보현보살의 광대한 서원 · 광대한 마음 · 광대한 행 · 광대하게 나아감 · 광대하게 들어감 · 광대한 광명 · 광대하게 나는 일 · 광대하게 호념함 · 광대한 변화 · 광대한 도에

[疏] 今初에 第一, 明二行永絶이니 卽於所知에 一向無障轉功德이라 然이나 有二義하니 一, 謂非如二乘의 有無智故요 二, 不同凡夫의 現行生死하여 起諸雜染이요 不同二乘의 現行涅槃하여 棄利樂事니라 世尊은 無彼하시고 今菩薩도 亦無니라 文中에 廣顯利樂은 卽不同二乘이요 皆與智俱는 卽不同凡夫라 就文하여 分二니 先, 總明大用이 常恒이요 二, 佛子此菩薩有一蓮華下는 別顯一用이라 前中에 二니 先, 法說이요 後, 喩明이라 今初, 法說中에 二니 先, 正明이요 後, 徵釋이라 今初에 先, 明行體요

■ 지금은 ㉮에 첫째, 두 가지 행이 영원히 끊어진 공덕은 곧 알 대상에 대해 한결같이 장애하거나 바뀜이 없는 공덕이요. 그런데 두 가지 뜻이 있으니 (1) 이른바 이승의 같이 있고 없는 지혜와 같지 않기 때문

이요, (2) 범부의 현행하는 생사와 달라서 모든 잡되고 물듦을 일으키는 것이요, 이승의 현행하는 열반에서 이롭고 즐거운 일을 버림과는 같지 않다. 세존은 그런 일이 없고 지금의 보살도 또한 없다. 경문 중에 이롭고 즐거운 일을 자세히 밝힘은 곧 이승과 같지 않다는 뜻이다. 모두 지혜와 함께하는 것은 곧 범부와 같지 않다. 경문에 입각하여 둘로 나누리니 ㉠ 대승의 작용은 항상함을 총상으로 밝힘이요, ㉡ 佛子此菩薩有一蓮華 아래는 일승의 작용이 자재함을 따로 밝힘이다. ㉠ 중에 둘이니 ⓐ 법으로 설함이요, ⓑ 비유로 밝힘이다. 지금은 ⓐ 법으로 설함 중에 둘이니 ㉮ 바로 설명함이요, ㉯ 묻고 해석함이다. 지금은 ㉴ 행법의 체성을 밝힘이다.

[鈔] 卽於所知者는 卽攝論에 無着立名이라 然有二義下는 釋初義니 卽無性이 釋無着義요 後意는 乃是佛地論이니 親光所釋이라 疏家가 順經하여 但取親光의 所解하여 消文이니라

- '곧 알 대상에 대해'란 곧 『섭대승론』에서 무착(無着)보살이 세운 명칭이다. 然有二義 아래는 첫째 뜻을 해석함이니 곧 무성(無性)보살이 무착(無着)보살의 뜻을 해석한 내용이요, 뒤의 의미는 바야흐로 『불지론』의 친광(親光)보살의 해석이다. 소가는 경문에 수순하여 다만 친광보살이 해석한 내용만 취하여 경문을 풀이하였다.

㉴ 항상함에 대해 밝히다[辨常恒] (後不 3下10)

不斷不退하며 無休無替하며 無倦無捨하며 無散無亂하여 常增進恒相續하나니라

끊지 않고 물러나지 않고 쉬지 않고 갈마들지 않고 게으르지 않고, 버리지 않고 흩어지지 않고 어지럽지 않고 항상 나아가고 항상 계속하느니라.

[疏] 後, 不斷下는 辨常恒이라
- ㉣ 不斷 아래는 항상함에 대해 밝힘이요,

㊁ 묻고 해석하다[徵釋] (二徵 4上6)

何以故오 此菩薩摩訶薩이 於諸法中에 成就大願하고 發行大乘하여 入於佛法大方便海하며 以勝願力으로 於諸菩薩所行之行에 智慧明照하여 皆得善巧하며 具足菩薩神通變化하야 善能護念一切衆生을 如去來今一切諸佛之所護念하여 於諸衆生에 恒起大悲하여 成就如來不變異法이니라

무슨 까닭이냐? 이 보살마하살이 (1) 여러 가지 법에서 큰 서원을 성취하며, (2) 대승을 행하며, (3) 부처님 법의 큰 방편 바다에 들어가며, (4) 훌륭한 서원으로 보살들의 수행하던 행을 지혜로 비추어 교묘함을 얻었으며, (5) 보살의 신통변화를 갖추어 일체중생을 잘 호념하며, (6) 과거 · 미래 · 현재의 부처님들의 호념하던 바와 같이, (9) 모든 중생에게 가엾이 여기는 마음을 일으키며, (10) 여래의 변하지 않는 법을 성취하느니라.

[疏] 二, 徵釋中에 徵意에 云, 何以得此智滿行常고 釋意에 云, 願行善成하며 智慧善巧故니라
■ ⓑ 묻고 해석함 중에 질문한 의미를 말하되, "어째서 이런 지혜가 원만한 행법이 항상함을 얻었는가?" 의미를 해석하여 말하되, "원행(願行)을 잘 성취하며 지혜가 교묘한 까닭이다"라 하였다.

ⓑ 비유로 밝히다[喻顯] 4.
ⓒ 마니주의 비유를 말하다[喻] (第二 4上10)
ⓓ 법과 비유를 합하다[合] (二合)

佛子여 譬如有人이 以摩尼寶로 置色衣中에 其摩尼寶가 雖同衣色이나 不捨自性인달하여 菩薩摩訶薩도 亦復如是하여 成就智慧로 以爲心寶하여 觀一切智하여 普皆明現이나 然不捨於菩薩諸行하나니라
불자여, 어떤 사람이 무색 옷에 마니보배를 두면 그 마니보배가 옷빛과 같아지면서도 제 성품을 버리지 아니하나니, 보살마하살도 그와 같아서 지혜를 성취하여 마음의 보배를 삼고 온갖 지혜를 관찰하면 분명히 나타나거니와 보살의 행을 버리지 아니하느니라.

[疏] 第二, 喻顯이라 中에 四니 初, 喻요 二, 合이요 三, 徵이요 四, 釋이라 今初에 摩尼寶를 置色衣中은 即總喻菩薩心智를 置佛智中이라 雖同衣色은 喻前智滿十句니 故로 合에 云, 觀一切智等이라 不捨自性은 喻前行常二十句니라 二, 合이니 如喻辨이니라

■ ⓑ 비유로 밝힘이다. 그중에 넷이니 ㉮ 비유로 밝힘이요, ㉯ 법과 비유를 합함이요, ㉰ 질문함이요, ㉱ 양상을 해석함이다. 지금은 ㉮ 에서 마니보배로 색깔 있는 옷 속에 둔 것은 곧 총합하여 보살의 마음과 지혜를 부처님 지혜 속에 둠에 비유하였다. 비록 옷과 색깔은 같지만 앞의 지혜가 원만한 열 구절에 비유한 연고로 합하여 말하되, "온갖 지혜 따위를 관찰한다"는 등이다. '자기 성품을 버리지 않음'은 앞의 행법이 항상 20구절인 것에 비유함이다. ㉯ 법과 비유를 합함은 비유와 같이 밝힌다는 뜻이다.

㉰ 질문하다[徵] (三徵 4下8)
㉱ 양상을 해석하다[釋] 2.
㉲ 법으로 설하다[法說] (四釋)

何以故오 菩薩摩訶薩이 發大誓願하여 利益一切衆生하며 度脫一切衆生하며 承事一切諸佛하며 嚴淨一切世界하며 安慰衆生하며 深入法海하며 爲淨衆生界하여 現大自在하며 給施衆生하며 普照世間하며 入於無邊幻化法門하여 不退不轉하며 無疲無厭이니라

왜냐하면 보살마하살이 (1) 큰 서원을 내어 일체중생을 이익하게 하며, (2) 일체중생을 제도하며, (3) 모든 부처님을 섬기며, (4) 모든 세계를 깨끗이 하며, (5) 중생을 위로하여 법 바다에 들게 하며, (6) 중생 세계를 깨끗이 하려고 크게 자재함을 나타내어 중생들에게 베풀어 주며, (7) 세간을 두루 비추어 그지없이 요술같이 변화하는 법문에 들게 하되,

(8) 물러나지 않고 달라지지 아니하며 (9) 고달프지도 않고 (10) 싫은 마음도 없느니라.

[疏] 三, 徵意에 云何得已能滿智하여 而不斷行耶아 四, 釋이라 意에 云, 菩薩의 無障礙願이 法應爾故며 窮盡生界하시고 益無疲故라하니 文中에 二니 先, 法說이니 可知니라

- ㉮ 질문한 의미에 "어떤 것이 얻고 나서 능히 지혜를 원만하면서도 행을 단절하지 않음인가?" ㉯ 양상을 해석함이다. 의미를 말하되, "보살의 장애 없는 원은 법이 응당히 그러한 까닭이며, 모든 중생계를 끝까지 이익함에 피로함이 없기 때문이다"라 하였으니, 경문 중에 둘이니 ㉮ 법으로 설함은 알 수 있으리라.

㉯ 전전이 비유로 견주다[轉以喩況] 3.
Ⓐ 허공이 국토를 지탱하는 비유[虛空持刹喩] (後轉 5上9)

佛子여 譬如虛空이 持衆世界하되 若成若住에 無厭無倦하며 無羸無朽하며 無散無壞하며 無變無異하며 無有差別하여 不捨自性하나니 何以故오 虛空自性이 法應爾故인달하여 菩薩摩訶薩도 亦復如是하여 立無量大願하여 度一切衆生하되 心無厭倦이니라

불자여, 마치 허공이 모든 세계를 ① 싸고 있으면서 ② 이루어지거나 ③ 머물러 있거나 ④ 싫은 마음도 없고, ⑤ 게으르지도 않고 ⑥ 병들지도 않고 ⑦ 늙지도 않고 ⑧ 흩어지지도 않고 ⑨ 파괴되지도 않고 ⑩ 변하지도 않고 ⑪ 달라지지도

않고 ⑫ 차별도 없어서 ⑬ 제 성품을 버리지 않느니라. 무슨 까닭이냐? 허공의 성품이 으레 그런 까닭이니라. 보살마하살도 그와 같아서 한량없는 큰 원을 세우고 일체중생을 제도하여 게으른 마음이 없느니라.

[疏] 後, 轉以喩況이라 於中에 三喩가 皆喩利生無厭이라 各有法合하니
一, 虛空持刹喩는 喩大願法爾故로 無厭이라

■ ㉞ 전전이 비유로 견줌이다. 그중에 세 가지 비유가 모두 중생을 이롭게 하는 것에 싫어함 없음에 비유함이다. 각기 ㉞ 법으로 설함과 ㉞ 법과 비유를 합함이 있다. Ⓐ 허공이 국토를 지탱하는 비유는 큰 원력은 법이 그러한 연고로 싫어함이 없음에 비유한 것이다.

Ⓑ 열반은 누구나 (게으름이) 없다는 비유[涅槃普滅喩] (二涅 5下5)

佛子여 譬如涅槃이 去來現在無量衆生이 於中滅度하되 終無厭倦하나니 何以故오 一切諸法의 本性淸淨이 是謂 涅槃이어니 云何於中에 而有厭倦인달하여 菩薩摩訶薩도 亦復如是하여 爲欲度脫一切衆生하여 皆令出離하여 而 現於世어니 云何而起疲厭之心이리오

불자여, 마치 열반은 과거·미래·현재에 한량없는 중생이 그 가운데서 죽더라도 게으름이 없느니라. 왜냐하면 모든 법의 본 성품이 청정한 것을 열반이라 하나니 어찌하여 그 가운데 게으름이 있겠느냐? 보살마하살도 그와 같아서 일체중생을 제도하여 모두 뛰어나게 하려고 세상에 났는데 어

찌하여 고달픈 마음을 내겠느냐?

[疏] 二, 涅槃普滅喩는 喩爲淨衆生故로 無厭이라 上二는 喩悲니라
- ⑧ 열반은 누구나 게으름이 없다는 비유는 중생을 청정케 하기 위한 연고로 게으름이 없음에 비유하였으니, 위의 두 가지는 자비에 비유한 것이다.

ⓒ 부처님 지혜는 누구나 성취한다는 비유[佛智普成喩] (三佛 6上1)

佛子여 如薩婆若가 能令過去未來現在一切菩薩로 於諸佛家에 已現當生하며 乃至令成無上菩提하되 終無疲厭하나니 何以故오 一切智가 與法界無二故며 於一切法에 無所着故인달하여 菩薩摩訶薩도 亦復如是하여 其心平等하여 住一切智어니 云何而有疲厭之心이리오
불자여, 온갖 지혜가 과거 · 미래 · 현재의 모든 보살들로 하여금 부처님 가문에 이미 났고, 지금 나고, 장차 나서 위가 없는 보리를 이루게 하여도 고달픔이 없느니라. 왜냐하면 온갖 지혜와 법계가 둘이 아닌 까닭이며, 온갖 법에 집착이 없는 까닭이니, 보살마하살도 그와 같아서 마음이 평등하여 온갖 지혜에 머물렀는데 어찌 고달픈 마음이 있겠느냐?

[疏] 三, 佛智普成喩는 喩能所不二故로 無厭이라 此一은 喩智라 旣非愛見之悲어니 何有厭乎아
- ⓒ 부처님 지혜는 누구나 성취한다는 비유는 주체와 대상이 둘이 아

닌 연고로 게으름이 없음에 비유하였다. 이 하나는 지혜를 비유하였으니, 이미 애견대비(愛見大悲)가 아닌데 어찌 게으름이 있겠는가?

㉡ 일승의 작용이 자재함을 따로 밝히다[別顯一用自在] 2.

ⓐ 의보의 과덕이 수승하다[依果殊勝] 2.
ⓑ 형상으로 장엄하다[明相嚴] (第二 6上9)

佛子여 此菩薩摩訶薩이 有一蓮華하되 其華廣大가 盡十方際하여 以不可說葉과 不可說寶와 不可說香으로 而爲莊嚴하고 其不可說寶가 復各示現種種衆寶하여 淸淨妙好하여 極善安住하며 其華가 常放衆色光明하여 普照十方一切世界하여 無所障礙하며 眞金爲網하여 彌覆其上하고 寶鐸徐搖하여 出微妙音하되 其音이 演暢一切智法하며

불자여, 보살마하살에게 한 연꽃이 있으니 (1) 그 꽃이 매우 커서 시방의 끝까지 이르렀고 (2) 말할 수 없는 잎과 (3) 말할 수 없는 보배와 (4) 말할 수 없는 향으로 장엄하였는데, (5) 말할 수 없는 보배에서는 각각 여러 가지 보배를 나타내어 (6) 깨끗하고 훌륭하여 편안히 머물러 있으며, (7) 꽃에서는 여러 빛깔 광명을 항상 놓아 시방세계에 두루 비치어도 장애가 없으며, (8) 진금으로 그물이 되어 그 위에 덮이었고 (9) 보배 풍경에서는 미묘한 음성이 나오는데 (10) 그 음성은 온갖 지혜와 법을 연설하느니라.

[疏] 第二, 別顯一用이라 中에 二니 初, 明依果殊勝이요 後, 菩薩摩訶薩 於此華下는 正報自在라 前中에 二니 先, 明相嚴이라 過前十地일새 故窮十方際니라

- ⓛ 일승의 작용이 자재함을 따로 밝힘이다. 그중에 둘이니 ⓐ 의보의 과덕이 수승함을 밝힘이요, ⓑ 菩薩摩訶薩於此華 아래는 정보가 자재함이다. ⓐ 중에 둘이니, ㉮ 형상으로 장엄함을 밝힘이니, 앞의 십지보다 뛰어난 연고로 시방의 끝까지 다하는 경계이다.

[鈔] 過前十地者는 十地의 華에 云, 量等百萬三千大千世界故라할새 今盡十方하니 知是過也로다 上十信과 及十地蓮華에는 亦不言葉數러니 今葉等이 皆不可說이라하니 明은 是等覺之依報也로다

- '십지보다 뛰어남'이란 십지품(十地品)에서 연꽃에 대해 말하되, "그 꽃이 넓고 커서 백만 삼천대천세계와 같다"라고 하였으므로 지금은 시방 끝까지 다하였으니 아는 것이 뛰어나다는 뜻이다. 위의 십신(十信)위와 십지(十地)위의 연꽃에도 역시 잎의 숫자는 말하지 않았는데, 지금의 꽃잎 등은 '모두 말할 수 없다'고 하였으니, '광명'은 바로 등각(等覺) 지위의 의보(依報)라는 뜻이다.

㉯ 공덕으로 장엄하다[辨德嚴] (後此 6下10)

此大蓮華가 具足如來淸淨莊嚴하니 一切善根之所生起며 吉祥爲表하니 神力所現이며 有十千阿僧祇淸淨功德하니 菩薩妙道之所成就며 一切智心之所流出이며 十方佛影이 於中顯現하여 世間瞻仰을 猶如佛塔하고 衆生見

者가 無不禮敬하니 從能了幻正法所生이라 一切世間이 不可爲喩러라

이 큰 연꽃은 여래의 청정한 장엄을 구족하였으니 (1) 모든 착한 뿌리로 생기었으며, (2) 길상한 것으로 표시하고 신통으로 나타났으며, (3) 10천 아승지 청정한 공덕이 있으니 (4) 보살의 묘한 도로 이루어지고 (5) 온갖 지혜의 마음으로 나왔으며, (6) 시방 부처님의 그림자가 그 가운데 나타나서 (7) 세상에서 우러러보기를 부처님 탑과 같이 하며 (8) 중생들은 보는 이마다 예경하니, (9) 요술 같은 줄을 아는 바른 법에서 나왔으며, (10) 세간 것으로는 비유할 수가 없느니라.

[疏] 後, 此大蓮華下는 辨德嚴이라 自內而觀에 量周法界요 自外而觀에 許衆生見이니 此는 乃卽小之大也니라

- ㉠ 此大蓮華 아래는 공덕으로 장엄함을 밝힘이다. 안으로부터 관하건대 분량이 법계에 두루함이요, 밖으로부터 관하건대 중생의 소견을 허락함이니, 이때에야 비로소 소승과 합치한 대승이 되는 것이다.

ⓑ 정보가 자재하다[正報自在] 2.
㉠ 몸의 분량이 크고 작음을 밝히다[明身量大小] (二正 7上4)
㉡ 부처님의 가피로 방광하다[明佛加放光] (後一)

菩薩摩訶薩이 於此華上에 結跏趺坐하니 其身大小가 與華相稱하여 一切諸佛神力所加로 令菩薩身一一毛孔에

各出百萬億那由他不可說佛刹微塵數光明하며 一一光
明에 現百萬億那由他不可說佛刹微塵數摩尼寶하니 其
寶가 皆名普光明藏이라 種種色相으로 以爲莊嚴하니 無
量功德之所成就며 衆寶及華로 以爲羅網하여 彌覆其上
하고 散百千億那由他殊勝妙香하여 無量色相으로 種種
莊嚴하며 復現不思議寶莊嚴蓋하여 以覆其上하고 一一
摩尼寶에 悉現百萬億那由他不可說佛刹微塵數樓閣하
며 一一樓閣에 現百萬億那由他不可說佛刹微塵數蓮華
藏師子之座하며 一一師子座에 現百萬億那由他不可說
佛刹微塵數光明하며 一一光明에 現百萬億那由他不可
說佛刹微塵數色相하며 一一色相에 現百萬億那由他不
可說佛刹微塵數光明輪하며 一一光明輪에 現百萬億那
由他不可說佛刹微塵數毘盧遮那摩尼寶華하며 一一華
에 現百萬億那由他不可說佛刹微塵數臺하며 一一臺에
現百萬億那由他不可說佛刹微塵數佛하며 一一佛에 現
百萬億那由他不可說佛刹微塵數神變하며 一一神變에
淨百萬億那由他不可說佛刹微塵數衆生衆하며 一一衆
生衆中에 現百萬億那由他不可說佛刹微塵數諸佛自在
하며 一一自在에 雨百萬億那由他不可說佛刹微塵數佛
法하며 一一佛法에 有百萬億那由他不可說佛刹微塵數
修多羅하며 一一修多羅에 說百萬億那由他不可說佛刹
微塵數法門하며 一一法門에 有百萬億那由他不可說佛
刹微塵數金剛智所入法輪하여 差別言辭로 各別演說하
며 一一法輪에 成熟百萬億那由他不可說佛刹微塵數衆

生界하며 一一衆生界에 有百萬億那由他不可說佛刹微塵數衆生하여 於佛法中에 而得調伏하나니라

보살마하살이 이 연꽃 위에 가부좌하고 앉으시니 몸의 크기가 연꽃과 잘 어울리며, 모든 부처님이 신통한 힘으로 가피하여 (1) 보살들 몸의 털구멍마다 백만억 나유타 말할 수 없는 세계의 티끌 수 광명을 내고, (2) 낱낱 광명에서 백만억 나유타 말할 수 없는 세계의 티끌 수 마니보배를 나타내니, 보배 이름은 넓은 광명 광이고, 가지가지 빛으로 장엄하였으니 한량없는 공덕으로 성취되었으며, 여러 보배와 연꽃으로 그물이 되어 위에 덮였고, 백천억 나유타 수승한 향을 흘렸으니 한량없는 빛으로 장엄하였고, 다시 헤아릴 수 없는 보배 일산으로 그 위에 덮었느니라. (3) 낱낱 마니보배에서는 백만억 나유타 말할 수 없는 세계의 티끌 수 누각을 나타내고, (4) 낱낱 누각에는 백만억 나유타 말할 수 없는 연화장 사자좌를 나타내고, (5) 낱낱 사자좌에서는 백만억 나유타 말할 수 없는 세계의 티끌 수 광명을 나타내고, (6) 낱낱 광명에서는 백만억 나유타 말할 수 없는 세계의 티끌 수 빛깔을 나타내고, (7) 낱낱 빛깔에서는 백만억 나유타 말할 수 없는 세계의 티끌 수 광명 바퀴를 나타내었느니라. (8) 낱낱 광명 바퀴에서는 백만억 나유타 말할 수 없는 세계의 티끌 수 비로자나 마니 꽃을 나타내고, (9) 낱낱 꽃에는 백만억 나유타 말할 수 없는 세계의 티끌 수 꽃받침을 나타내고, (10) 낱낱 꽃받침에는 백만억 나유타 말할 수 없는 세계의 티끌 수 부처님을 나타내고, (11) 낱낱 부처님은 백만억

나유타 말할 수 없는 세계의 티끌 수 신통변화를 나타내고, (12) 날날 신통변화는 백만억 나유타 말할 수 없는 세계의 티끌 수 중생들을 깨끗이 하였고, (13) 날날 중생들 가운데는 백만억 나유타 말할 수 없는 세계의 티끌 수 부처님의 자유자재 하심을 나타내었느니라. (14) 날날 자유자재함으로는 백만억 나유타 말할 수 없는 세계의 티끌 수 불법을 비 내리고, (15) 날날 불법에는 백만억 나유타 말할 수 없는 세계의 티끌 수 수다라가 있고, (16) 날날 수다라에는 백만억 나유타 말할 수 없는 세계의 티끌 수 법문을 말하고, (17) 날날 법문에는 백만억 나유타 말할 수 없는 세계의 티끌 수 금강 지혜로 들어갈 법 바퀴가 있는 것을 차별한 말로 따로따로 연설하고, (18) 날날 법 바퀴로는 백만억 나유타 말할 수 없는 세계의 티끌 수 중생 세계를 성숙하게 하고, (19) 날날 중생 세계에는 백만억 나유타 말할 수 없는 세계의 티끌 수 중생이 있어 불법 가운데서 조복함을 얻었느니라.

[疏] 二, 正報라 中에 二니 初, 明身量大小요 後, 一切諸佛下는 明佛加放光이라 有二十重하니 後後重中에 皆倍前前이라 百萬億那由他不可說佛刹微塵數倍면 則數難量矣니라

- ⓑ 정보가 자재함이다. 그중에 둘이니 ㉠ 몸의 분량이 크고 작음을 밝힘이요, ㉡ 一切諸佛 아래는 부처님의 가피로 방광함을 밝힘이다. 20번의 거듭함이 있으니 뒤로 갈수록 거듭함 중에서 모두 앞으로 갈수록 배로 늘어남이요, 백만억 나유타 말할 수 없는 부처님 국토의 티끌 수 배로 한 것은 숫자로 헤아리기 어렵다는 뜻이다.

⑭ 모양 없는 법을 통달한 공덕[達無相法德] 2.
㉠ 앞을 결론하고 뒤를 시작하다[結前生後] (第二 8下7)

佛子여 菩薩摩訶薩이 住此三昧에 示現如是神通境界無
量變化하되 悉知如幻하여 而不染着하며
불자여, 보살마하살이 이 삼매에 머물러서는 (1) 이렇게 신
통한 경계와 한량없는 변화를 나타내지마는 요술과 같음을
알고 물들지 않으며,

[疏] 第二, 佛子菩薩로 至住此三昧下는 明達無相法이니 即同諸如來가 於
最淸淨眞如에 能入功德이라 初, 結前生後니 達無相故로 不染이니라
■ ⑭ 佛子菩薩로부터 住此三昧까지 아래는 모양 없는 법을 통달한 공
덕을 밝힘이니, 곧 모든 여래가 저 가장 청정한 진여에 들어가는 주체
의 공덕이다. ㉠ 앞을 결론하고 뒤를 시작함이니, 모양 없음을 통달
한 연고로 물들지 않음이요,

㉡ 편안히 머무름에 대해 바로 밝히다[正顯安住] (後安 9上3)

安住無邊한 不可說法과 自性淸淨과 法界實相과 如來
種性의 無礙際中하여 無去無來며 非先非後라 甚深無底
하니 現量所得일새 以智自入이요 不由他悟며 心不迷亂
하고 亦無分別하나라
(2) 그지없고 말할 수 없는 법의 성품이 청정한 법계의 실상
과 여래의 종성인 걸림 없는 경계에 편안히 머무나니, (3)

가는 것도 없고 오는 것도 없고 (4) 앞도 아니고 뒤도 아니며, (5) 깊고 깊어 밑이 없이 현상대로 증득하며, (6) 지혜로 들어가서 다른 이를 말미암지 않고 깨달았으며, (7) 마음이 아득하지도 않고 분별도 없느니라.

[疏] 後, 安住下는 正顯安住니 卽是入義라 謂此眞如는 非有非無일새 故云無邊이요 定有定無는 卽是邊故라 不可說法은 卽離言眞如라 其法界와 實相과 及無礙際는 皆眞如異名이라 而云如來種性者는 諸佛이 以無性眞如로 而爲性故라 出現品에 云, 皆同一性이니 所謂無性이라하며 法華에 云, 知法常無性이나 佛種이 從緣起라하니라 無去來 等은 重顯眞如가 卽是中道니 故로 深無底라 現量已下는 別明能入之義니라

- ㉡ 安住 아래는 편안히 머무름에 대해 바로 밝힘은 곧 들어간다는 뜻이다. 말하자면 이런 진여가 있지도 않고 없지도 않은 연고로 '그지없음'이라 말함이요, 삼매가 있고 삼매가 없음이 곧 '끝이다'라고 말한 까닭이다. 말할 수 없는 법은 곧 '말을 여읜 진여'이다. 그 법계의 실다운 성품과 걸림 없는 경계는 모두 진여의 다른 명칭이다. 그러나 여래의 종성이라 말한 것은 모든 부처님이 성품 없는 진여로 성품을 삼은 까닭이다. 여래출현품(如來出現品)에 이르되, "모두 동일한 성품이니 이른바 성품 없음이라 한다"라 하였고, 『법화경』(제2 방편품)에 이르되, "성품 없는 진실한 법 (양족존은 알지마는) 부처 되는 종성들이 인연 따라 생기므로"라고 하였고, 가고 옴이 없는 따위는 진여가 바로 중도임을 거듭 밝힌 연고로 깊어서 바닥이 없다. 現量 아래는 들어가는 주체의 뜻을 개별로 밝힘이다.

[鈔] 謂此眞如下는 釋文이니 先, 釋無邊이라 故로 經에 云, 無相者는 無有無等相故라하니 卽無有無二邊之義라 言不可說法[27]은 卽離言眞如者는 眞如有二하니 一, 安立眞如니 謂眞實如常을 寄言顯故요 二, 離言眞如라 故로 起信에 云, 心眞如者는 卽是一法界大總相法門體니 所謂心性은 不生不滅이라 一切諸法이 唯依妄念하여 而有差別이니 若離妄念하면 則無一切境界之相이라 是故로 一切法이 從本已來로 離言說相하며 離名字相하며 離心緣相하여 畢竟平等하여 無有變異요 不可破壞라 唯是一心이니 故名眞如니라 離一切言說은 假名無實이니 但隨妄念이라 不可得故니라 言眞如者도 亦無有相하니 謂言說之極으로 因言遣言이어니와 此眞如體는 無有可遣이니 以一切法이 悉皆眞故라 亦無可立이니 以一切法이 皆同如故니라 當知一切法을 不可說이며 不可念일새 故名眞如라하니라 釋曰, 此卽離言眞如意也니라

● 謂此眞如 아래는 경문 해석이니 ⓐ 그지없음에 대한 해석이다. 그러므로 경문에 이르되, "모양 없음이란 동등함 없는 모양이 없기 때문이다"라 하였으니, 곧 유와 무의 두 가지 변두리가 없다는 뜻이다. 말로 설할 수 없음이 곧 '말을 여읜 진여[離言眞如]'라는 것에서 진여에 둘이 있으니 ㉠ 안립된 진여이다. 이른바 진실하여 항상함과 같음을 말에 의탁하여 밝히려는 연고요, ㉡ 말을 여읜 진여이다. 그러므로 『기신론(起信論)』에 이르되, "심진여(心眞如)라 함은 곧 일법계 대총상 법문의 체성이니, 이른바 심성(心性)이 불생불멸(不生不滅)하는 것이다. 일체 모든 법이 오직 망념(妄念)에 의지하여 차별이 있으니, 만일 마음의 망념을 여의면 일체 경계의 모양도 없다. 그러므로 일체 모든 법이

---

27) 法은 南續金本無라 하다.

본래부터 언설의 모양을 여의었으며, 명자(名字)의 모양을 여의었으며, 마음에 관계되는 모양을 여의어서, 필경에 평등하여 변하고 달라짐이 없고 무너뜨릴 수도 없는 것이다. 오직 한 마음일 뿐이니, 그러므로 진여(眞如)라 이름한다. 일체의 언설이 거짓된 이름이요, 실체가 없으니 다만 망념을 따를지언정 얻을 수 없기 때문이다. '진여(眞如)'라고 말하는 것도 또한 모양이 없는 것이니, 이른바 언설의 극치로 말을 인해 말을 물리쳤거니와 이 진여의 체성은 물리칠 수 없는 것이니, 일체법이 모두가 진(眞)이기 때문이다. 또 세울 수도 없으니 일체법이 모두가 다 같이 여여(如如)하기 때문이다. 마땅히 알라. 일체법은 말할 수도 없고 생각할 수도 없으니 그러므로 진여라 한다"라고 하였다. 해석하자면 이것이 곧 '말을 여읜 진여'의 뜻이다.

次下論文에 云, 復次眞如(者)는 依言說分別하여 有二種義하니 云何爲二오 一者, 如實空이라 以能究竟顯實故요 二者, 如實不空이라 以有自體에 具足無漏性功德故라하니라 釋曰, 上卽依言眞如也니라 法華云下는 此義는 玄中에 已引이요 今是義引이라 若具云하면 諸佛兩足尊이 知法常無性이나 佛種이 從緣起일새 是故로 說一乘이라하니라 無去無來者는 中道는 非唯非有非無라 非斷非常等이 皆中道義니라

● 다음 아래 논문에 이르되, "또 진여(眞如)라는 것은 언설에 의해 분별하여 두 가지의 뜻이 있으니 무엇이 두 가지인가? (1) 여실히 공한 것[如實空]이니 구경에 실(實)을 드러내기 때문이요, (2) 여실히 공하지 않은 것[如實不空]이니 자체에 무루(無漏)의 성품의 공덕을 갖추어 있기 때문이다"라고 하였다. 해석하자면 위는 곧 '말을 의지한 진여[依言眞如]'이다. 法華云 아래는 이런 뜻은 현담(玄談)에서 이미 인용하였고,

지금은 뜻으로 인용하였다. 만일 갖추어 말하되, "양족존은 성품 없는 진실한 법 알지마는 부처 되는 종성들이 인연 따라 생기므로 그래서 일승(一乘)을 말했나니"라 하였고, '가고 옴이 없다'는 것은 중도(中道)로 비유한 것이 아니라 있지도 않고 없지도 않으며, 단견도 아니요 상견도 아닌 뜻이니 모두 중도의 뜻이다.

㉣ 부처님 머무는 자리에 머무는 공덕[住於佛住德] (第三 10下3)

爲去來今一切諸佛之所稱讚이며 從諸佛力之所流出이라 入於一切諸佛境界하여 體性如實하며 淨眼現證하고 慧眼普見하여 成就佛眼하여 爲世明燈하며 行於智眼의 所知境界하여 廣能開示微妙法門하니라

(8) 과거·미래·현재 모든 부처님의 칭찬하는 바이니, 부처님의 힘으로 생겨났으며, (9) 모든 부처님 경계에 들어가니, 성품이 실상과 같으며, (10) 깨끗한 눈으로 증득하고 지혜 눈으로 두루 보며, (11) 부처님 눈을 증득하여 세상의 등불이 되며, (12) 슬기로운 눈으로 아는 경계에 나아가 미묘한 법문을 널리 열어 보이느니라.

[疏] 第三, 爲去來今下는 明住於佛住德이니 謂佛無功用하사 常住聖天梵住故라 文中에 先, 三世佛讚이니 文通前後二段이라 從諸佛力下는 正顯其義니 謂入一切佛境이 卽聖天等所住境也라 淨眼現證下는 明能住相이니 十眼圓明하여 而安住故라 文有五眼이요 餘但義含이니라

■ ㉰ 爲去來今 아래는 부처님 머무는 자리에 머무는 공덕이다. 말하자면 부처님은 공용이 없어서 항상 성인과 천상, 범천에 편안히 머무르는 까닭이다. 경문 중에 ㉠ 삼세 부처님을 찬탄하였으니, 경문이 앞과 뒤의 두 문단과 통한다. ㉡ 從諸佛力 아래는 그 뜻을 바로 밝힘이다. 이른바 일체의 부처님 경계에 들어감이 곧 성인과 천상 따위 머무는 곳의 경계요, ㉢ 淨眼現證 아래는 능히 머무는 양상을 밝힘이니, 열 가지 눈이 두렷이 밝아서 편안히 머무는 까닭이다. 경문에는 다섯 가지 눈이 있으니, 나머지는 다만 뜻으로만 포함되었을 뿐이다.

㉣ 부처님의 평등에 머무는 공덕[得佛平等德] (第四 11上1)

成菩提心하고 趣勝丈夫하여 於諸境界에 無有障礙하며 入智種性하여 出生諸智하며 離世生法하되 而現受生하며 神通變化와 方便調伏하는 如是一切가 無非善巧하니라
(13) 보리심을 성취하여 훌륭한 대장부가 되며, (14) 모든 경계에 장애가 없고 지혜의 성품에 들어가 여러 가지 지혜를 내며, (15) 세간에서 태어나는 법을 여의었지마는 일부러 태어나며, (16) 신통과 변화와 방편으로 조복하는 모든 것이 착하고 교묘하지 않은 것이 없느니라.

[疏] 第四, 成菩提心下는 明得佛平等德이니 謂佛佛相望컨대 有三平等故라 文卽爲三이니 初, 明所依平等이니 諸佛이 皆依淸淨智故라 文中에 始發菩提心하고 終成種智하여 出生智用이 皆所依也라 次, 離世生法下는 明意樂平等이니 同以調生으로 爲意樂故라 後, 神通變

化下는 作業平等이니 同作受用變化業故니라

- ㉔ 成菩提心 아래는 부처님의 평등에 머무는 공덕이니, 말하자면 부처와 부처가 서로 바라볼 적에 세 가지 평등함이 있기 때문이다. 경문이 곧 셋이 되나니, ㉠ 의지할 대상이 평등함을 밝힘이니 모든 부처님이 다 청정한 지혜를 의지한 까닭이다. 경문 중에 '보리심을 처음 발하고 마침내 일체종지를 이루어서 지혜의 작용을 낸 것이 모두 의지할 대상'이라 하였다. ㉡ 離世生法 아래는 의요(意樂)가 평등함을 밝힘이니, 똑같이 중생을 조복함으로 의요를 삼은 까닭이다. ㉢ 神通變化 아래는 지은 업이 평등함이니, 변화신(變化身)을 수용한 업을 함께 지은 까닭이다.

㉤ 장애 없는 자리에 도달한 공덕[到無障處德] (第五 11下3)

功德解欲이 悉皆淸淨하여 最極微妙하여 具足圓滿하며 智慧廣大가 猶如虛空하여 善能觀察衆聖境界하며 信行願力이 堅固不動하여 功德無盡하여 世所稱歎이며 於一切佛所觀之藏과 大菩提處와 一切智海에 集衆妙寶하여 爲大智者가 猶如蓮華의 自性淸淨하여 衆生見者가 皆生歡喜하여 咸得利益하며 智光普照하여 見無量佛하고 淨一切法하나니라

(17) 공덕과 지혜와 욕망이 모두 청정하고 가장 미묘하여 구족히 원만하였으며, (18) 지혜가 넓고 커서 허공과 같으므로 성인들의 경계를 잘 관찰하며, (19) 믿는 행과 서원의 힘이 견고하여 흔들리지 않으며, (20) 공덕이 그지없어 세

상이 칭찬하며, (21) 모든 부처님이 관찰하는 법장과 큰 보리의 장소인 온갖 지혜의 바다에서 여러 가지 묘한 보배를 모아 큰 지혜 있는 이가 되었으니, 마치 연꽃의 성품이 깨끗함과 같아서 중생들이 보기만 하면 모두 환희하여 이익을 얻으며, (22) 지혜 빛으로 널리 비추어 한량없는 부처님을 뵈옵고 (23) 모든 법을 깨끗이 하느니라.

[疏] 第五, 功德解欲下는 明到無障處德이니 以修一切障對治故로 福智皆淨하여 離於二障이라 文中에 初二句는 功德이요 次二句는 智慧라 各上句는 障淨이요 下句는 德滿이라 次二句는 重顯功德이요 餘四句는 重顯智慧니라

㈒ 功德解欲 아래는 장애 없는 자리에 도달한 공덕이다. 온갖 장애를 수행하여 대치하는 연고로 복과 지혜가 모두 청정하여 두 가지 장애를 여읜 것이다. 경문 중에 ㉠ 처음 두 구절[(1) 功德解欲, 悉皆淸淨]은 공덕이요, ㉡ 두 구절[(2) 智慧廣大, 猶如虛空]은 지혜이다. 각기 위 구절은 장애가 청정해짐이요, 아래 구절은 공덕이 원만함이요, ㉢ 두 구절[(3) 信行願力, 堅固不動]은 공덕에 대해 거듭 밝힘이요, ㉣ 나머지 네 구절[(4) 功德無盡 世所稱歎 (5) 於一切佛所觀之藏大菩提處 ㅡ (6) 智光普照 見無量佛 (7) 淨一切法]은 지혜에 대해 거듭 밝힘이다.

㈓ 뒤바꿀 수 없는 법의 공덕[不可轉法德] (第六 12上2)

所行寂靜하여 於諸佛法에 究竟無礙하며 恒以方便으로 住佛菩提功德行中하여 而得出生하여 具菩薩智하고 爲

菩薩首하며 一切諸佛의 共所護念으로 得佛威神하고 成
佛法身하며 念力難思하여 於境一緣하되 而無所緣하며
其行廣大하여 無相無礙하며 等于法界하여 無量無邊하며
所證菩提가 猶如虛空하여 無有邊際하고 無所縛着하니라
(24) 행하는 일이 고요하여 부처님 법에 끝까지 장애가 없
으며, (25) 항상 방편으로 부처님의 보리와 공덕의 행에 머
물러서 나게 되며, (26) 보살의 지혜를 갖추고 보살의 우두
머리가 되며, (27) 부처님들의 호념함이 되어 부처님 위신
을 얻고 부처님 법신을 이루며, (28) 생각하는 힘이 헤아릴
수 없고 (29) 경계를 한결같이 반연하되 반연할 것이 없으
며, (30) 행하는 일이 커서 형상도 없고 장애가 없으며, (31)
법계와 같아서 한량이 없고 가이없으며, (32) 증득한 보리
는 허공과 같아서 끝닿은 데가 없고 속박도 없느니라.

[疏] 第六, 所行寂靜下는 明不可轉法德이니 謂敎證二法을 他不能轉이
라 文中에 初二句는 略標敎證이니 謂寂靜은 證也요 於諸28)佛法은 敎
也라 恒以下는 別顯敎요 念力下는 重顯證이라 旣如空無着等이어니
他安能轉耶아

- ㈅ 所行寂靜 아래는 뒤바꿀 수 없는 법의 공덕을 밝힘이다. 이른바
교도와 증도의 두 법으로는 다른 이를 능히 바꾸지 못한다는 뜻이
다. 경문 중에 ㉠ 첫째와 둘째의 두 구절[(1) 所行寂靜 於諸佛法-]은 교
도와 증도를 간략히 표방함이니 이른바 고요함은 증도요, 모든 불법
은 교도요, ㉡ 恒以 아래[(2) 恒以方便 住佛菩提-]는 교도에 대해 따로

---

28) 於는 南續金本無라 하다.

밝힘이요, ㉢ 念力 아래[(3) 念力難思 於境一緣而無所緣]는 증도에 대해 거듭 밝힘이다. 이미 허공과 같이 집착 없는 따위일 텐데 저가 어찌 능히 바꿀 수 있겠는가?

㊃ 행하는 바에 걸림 없는 공덕[所行無礙德] (第七 12上10)

於諸世間에 普作饒益하되 一切智海善根所流로 悉能通達無量境界하여 已善成就淸淨施法하며 住菩薩心하고 淨菩薩種하여 能隨順生諸佛菩提하며 於諸佛法에 皆得善巧하여 具微妙行하고 成堅固力하니라
(33) 여러 세간에서 이익한 일을 두루 지으며, (34) 온갖 지혜의 바다는 착한 뿌리에서 흐르는 것이므로 한량없는 경계를 다 통달하고 (35) 청정하게 보시하는 법을 잘 성취하였으니 (36) 보리의 마음에 머물러 보살의 종성을 깨끗이 하고 (37) 부처님의 보리를 따라서 내며, (38) 부처님의 법에 교묘함을 얻고 (39) 미묘한 행을 갖추어 (40) 견고한 힘을 이루었느니라.

[疏] 第七, 於諸世間下는 明所行無礙德이니 謂雖於世間作利樂事나 世間八法은 不能礙故라 文中에 住菩薩心하고 成堅固力等이 卽不礙之因也니라

■ ㊃ 於諸世間 아래는 행하는 바에 걸림 없는 공덕이다. 말하자면 비록 세간에서 이롭고 즐거움을 지었더라도 세간의 여덟 가지 법은 능히 장애하지 못하기 때문이다. 경문 중에 '보살의 마음에 머무르고 견

고한 힘을 이룬다'는 따위는 곧 장애하지 못하는 인행이란 뜻이다.

㉑ 불가사의함을 건립한 공덕[立不思議德] (第八 12下6)

一切諸佛의 自在威神을 衆生이 難聞이어늘 菩薩이 悉知하며 入不二門하고 住無相法하여 雖復永捨一切諸相이나 而能廣說種種諸法하며 隨諸衆生의 心樂欲解하여 悉使調伏하여 咸令歡喜하나라
(41) 모든 부처님의 자유로운 위엄과 신통을 중생은 듣기 어려우나 보살은 모두 알며, (42) 둘이 아닌 문에 들어가 형상이 없는 법에 머물렀으니, (43) 비록 모든 모양을 아주 버렸으나 가지가지 법을 연설하며, (44) 중생의 좋아하는 마음과 욕망을 따라서 조복하여 기쁘게 하느니라.

[疏] 第八, 一切諸佛下는 明立不思議德이니 謂安立正法을 凡遇는 不能思故라 文中에 初는 總顯一切敎法이 皆是如來威力之所建立이니 菩薩能知는 反顯凡夫不思니라 入不二下는 別顯安立難思之相이니 謂依無相而廣說故며 隨欲解之多端故로 並難思也니라

- ㉑ 一切諸佛 아래는 불가사의함을 건립한 공덕이다. 이른바 정법을 안립해도 범부나 어리석은 소승이 능히 생각하지 못하는 까닭이다. 경문 중에 ㉠ 온갖 교법이 모두 여래의 위신력에서 건립한 것임을 총합하여 밝혔으니, 보살이 잘 아는 것은 범부는 생각하지 못함을 반대로 밝혔다. ㉡ 入不二 아래는 생각하기 어려움을 안립한 모양을 따로 밝힌 내용이다. 이른바 모양 없음을 의지하여 자세하게 말한

까닭이며, 욕망으로 이해함을 따름이 여러 갈래인 연고로 함께 생각하기 어렵다는 뜻이다.

㉔ 삼세를 널리 보는 공덕[普見三世德] (第九 13上3)

法界爲身하여 無有分別하며 智慧境界를 不可窮盡이며 志常勇猛하고 心恒平等하며 見一切佛의 功德邊際하며 了一切劫의 差別次第하니라
(45) 법계로 몸이 되었으매 분별이 없으나 지혜의 경계를 다할 수 없으며, (46) 뜻은 항상 용맹하고 마음은 항상 평등하여, (47) 모든 부처님 공덕의 끝닿은 데를 보며 모든 겁의 차별과 차례를 아느니라.

[疏] 第九, 法界爲身下는 明普見三世니 以身心이 等於法界일새 故於三世事에 記別無差니 在文可見이니라
■ ㉔ 法界爲身 아래는 삼세를 널리 보는 공덕을 밝힘이다. 몸과 마음이 법계와 평등한 연고로 삼세의 일에 기록하여 차별함에 차이가 없나니, 경문에 있으니 볼 수 있으리라.

㉕ 몸이 항상 온갖 국토에 충만한 공덕[身恒充滿一切國土之德]
(第十 13上8)

開示一切法하며 安住一切刹하며 嚴淨一切諸佛國土하며 顯現一切正法光明하며 演去來今一切佛法하며 示諸

菩薩所住之處하며 爲世明燈하여 生諸善根하며 永離世間하고 常生佛所하니라

(48) 모든 법을 열어 보이며 모든 세계에 편안히 머물러 있어 모든 부처님의 국토를 깨끗이 장엄하며, (49) 모든 바른 법의 광명을 나타내어 과거·미래·현재 모든 부처님 법을 연설하며, (50) 보살의 머물러 있는 처지를 보이고 세상의 등불이 되어 모든 착한 뿌리를 내며, (51) 세간을 영원히 떠나서 부처님 계신 데 태어나느니라.

[疏] 第十, 開示一切法下는 明身恒充滿一切國土니 謂爲開法故로 示現受用變化之身하여 徧諸世界하여 而爲利樂이라 文相이 亦顯이로다

- ㉝ 開示一切法 아래는 몸이 항상 온갖 국토에 충만한 공덕을 밝힘이다. 말하자면 법을 열기 위한 연고로 수용신(受用身)과 변화신(變化身)을 나타내 보여서 모든 세계에 두루하되 이롭고 즐겁기 위함이다. 경문의 양상이 또한 드러나 있다.

㉮ 지혜로 항상 온갖 법을 분명하게 통달하는 공덕
  [智恒明達一切諸法德] (第十一 13下3)

得佛智慧하여 明了第一이며 一切諸佛이 皆共攝受하며 已入未來諸佛之數하며 從諸善友하여 而得出生하며 所有志求를 皆無不果하며

(52) 부처님 지혜를 얻었으므로 분명히 앎이 제일이며, (53) 여러 부처님의 거둬 주심으로 오는 세상의 부처님 수에 들

어갔으며, (54) 선지식을 따라 태어나서 구하는 일을 성취하지 못함이 없으며,

[疏] 第十一, 得佛智慧下는 明智恒明達一切諸法이니 謂於境에 善決하여 能斷他疑故라 文相이 亦顯이니라
- ㉮ 得佛智慧 아래는 지혜로 항상 온갖 법을 분명하게 통달하는 공덕이니, 이른바 경계를 잘 결정하여 능히 다른 이의 의심을 끊어 준 까닭이니, 경문의 양상이 또한 드러나 있다.

㉯ 온갖 행법을 아는 공덕[了一切行德] (第十二 13下6)

具大威德하여 住增上意하며 隨所聽聞하여 咸能善說하며 (55) 큰 위력을 갖추고 위로 나아가려는 뜻에 머물러서 한 번 들은 것을 모두 잘 연설하며,

[疏] 第十二, 具大威德下는 明了一切行이니 謂具增上意樂하여 能了有情意樂性行하고 如其所應하여 而爲現身이 即有威德이라
- ㉯ 具大威德 아래는 온갖 행법을 아는 공덕을 밝힘이다. 말하자면 증상의요(增上意樂)를 갖추어 능히 중생의 의요와 성행(性行)을 알고 그 응할 바와 같이 위하여 몸을 나타낸 것이 곧 위덕을 가진다는 뜻이다.

㉰ 온갖 의심을 없애 주는 공덕[除一切疑之德] (第十三 14上1)

亦爲開示聞法善根하여 住實際輪하며 於一切法에 心無
障礙하여 不捨諸行하고 離諸分別하니라
(56) 법을 들을 수 있는 착한 뿌리를 열어 보이기 위하여 진
실한 법륜에 머물게 하며, (57) 모든 법에 장애가 없어 모든
행을 버리지 않고 여러 분별을 여의게 하느니라.

[疏] 第十三, 亦爲開示下는 明除一切疑니 謂聲聞人은 言其全無少分善
根이어늘 今能開示하여 令其로 知當生如來妙智일새 故로 心無障礙니라
■ ㉣ 亦爲開示 아래는 온갖 의심을 없애 주는 공덕을 밝힘이다. 말하
자면 성문 지위의 사람은 그 온전히 작은 부분의 선근도 없음을 말하
였는데, 지금은 능히 열어 보여서 그 아는 것으로 하여금 미래에 여래
의 묘한 지혜가 생겨나게 하는 연고로 마음에 장애함이 없다.

㉥ 능히 몸을 측량하지 못하는 공덕[無能測身之德] (第十四 14上7)

於一切法에 心無動念하며 得智慧明하여 滅諸癡闇하며
悉能明照一切佛法하며 不壞諸有하고 而生其中하며 了
知一切諸有境界가 從本已來로 無有動作하여 身語意業
이 皆悉無邊하니라
(58) 모든 법에 대하여 생각이 동하지 않으며, (59) 지혜를
얻어 어두움을 멸하고 일체 불법을 밝게 비추며, (60) 모든
생사를 헐지 않고 그 속에 태어나서 온갖 경계를 분명히 알
며, (61) 본래부터 동작하지 않으면서도 몸과 입과 뜻으로
짓는 업이 모두 끝이 없느니라.

[疏] 第十四, 於一切法心無動下는 明無能測身이라 然有二義하니 一, 謂其身이 非虛妄分別所起며 無煩惱業生雜染일새 故로 不可測이니 初一行經에 顯之니라 二, 其身이 雖無分別이 如摩尼珠나 然由佛增上과 及衆生勝解力하여 見金色等호대 而佛無有分別이니 卽不壞諸有下의 經文에 顯之니라

■ ㉠ 於一切法心無動 아래는 능히 몸을 측량하지 못하는 공덕을 밝힘이다. 그런데 두 가지 뜻이 있으니 (1) 이른바 그 몸이 허망한 분별로 일으킨 것이 아니며 번뇌와 업에서 잡염법이 생겨남이 없는 연고로 측량할 수 없나니, 처음 한 줄의 경문에 밝힌 내용이다. (2) 그 몸이 비록 분별함이 없는 것이 마니주와 같지만 그런데 부처님의 증상의요와 중생의 뛰어난 이해력으로 말미암아 금색(金色) 따위를 보았지만, 부처님은 분별함이 없나니 곧 不壞諸有 아래 경문에 드러나 있다.

㉯ 보살이 구하는 지혜와 평등한 공덕[菩薩等所求智德] (第十五 14下4)

雖隨世俗하여 演說種種無量文字나 而恒不壞離文字法하며 深入佛海하여 知一切法이 但有假名하여 於諸境界에 無繫無着하며
(62) 세속을 따라서 여러 가지 한량없는 문자를 연설하지마는 문자 여의는 법을 깨뜨리지 아니하며, (63) 부처 바다에 깊이 들어가서 모든 법이 빌린 이름뿐임을 알아 (64) 여러 경계에 속박되지도 않고 집착하지도 않느니라.

[疏] 十五, 雖隨世俗下는 明一切菩薩等의 所求智니 謂菩薩이 以無量文

字로 調伏有情호대 要依佛所에 聞法爲先하야 獲得妙智일새 故諸菩薩等이 皆求也라 文相이 甚顯이니라

- ㉙ 雖隨世俗 아래는 모든 보살이 구하는 지혜와 평등한 공덕을 밝힘이니, 말하자면 보살이 한량없는 문자로 중생을 조복하지만 중요한 것은 부처님의 처소를 의지할 적에 들은 법을 우선으로 하여 묘한 지혜를 획득하는 연고로 모든 보살 등이 다 구하는 것이다. 경문의 양상이 아주 뚜렷하다.

㉗ 부처님이 둘이 없는 마지막 언덕까지 이르는 공덕
[到佛無二究竟彼岸德] (第十六 14下8)

了一切法의 空無所有하야 所修諸行이 從法界生하며
(65) 온갖 법이 공하여 있는 것이 아님을 알아서 닦는 행이 법계에 나는 것이며,

[疏] 第十六, 了一切法下는 明到佛無二究竟彼岸이니 謂了一切法空과 法界等이 卽佛無二法身이니 依此法身하야 修波羅密多等行하야 而得圓滿이 爲從法界生이니라

- ㉗ 了一切法 아래는 부처님의 둘이 없는 마지막 언덕까지 이르는 공덕이다. 말하자면 일체 법이 공함과 법계를 깨닫는 등은 곧 부처님의 둘이 없는 법신을 뜻한다. 이런 법신에 의지하여 바라밀다 등의 행법을 닦아서 원만함을 얻은 것은 법계에서 태어나기 위함이다.

㉘ 여래의 평등함을 구족한 공덕[具足如來平等德] (第十七 15上3)

猶如虛空이 無相無形하여 深入法界하며 隨順演說하여 於一境門에 生一切智하며
(66) 마치 허공이 모양도 없고 형상도 없듯이 법계에 깊이 들어가며, (67) 따라서 연설하여 한 경지에서 온갖 지혜를 내느니라.

[疏] 第十七, 猶如虛空下는 明具足如來平等解脫이니 謂一一如來의 所現身土가 皆徧法界가 猶如虛空이 無相無形하여 不相障礙며 而不相雜하여 隨其化緣하여 現各別故라 故로 文에 云, 隨順演說하여 於一境門에 生一切智라하시니 各順一一境故니라

■ ㉗ 猶如虛空 아래는 여래의 평등한 해탈을 구족한 공덕을 밝힘이다. 말하자면 하나하나 여래가 나타낸 몸과 국토가 모두 법계에 두루함이 마치 허공이 모양도 없고 형상도 없어서 서로 장애하지 않음과 같으며 서로 섞이지 않아서 그 교화의 인연을 따라서 각기 차별됨을 나타내는 까닭이다. 그러므로 경문에 이르되, "따라서 연설하여 한 경지에서 온갖 지혜를 낸다"고 말하였으니, 각기 낱낱 경계를 따르는 까닭이다.

㉘ 중간도 가도 없는 부처님의 평등을 증득한 공덕[證無中邊佛平等德]
(第十八 15上10)

觀十力地하여 以智修學하고 智爲橋梁하여 至薩婆若하며 以智慧眼으로 見法無礙하여 善入諸地하며
(68) 열 가지 힘을 관찰하여 지혜로 학문을 연구하며, (69)

지혜로 다리를 삼고 온갖 지혜에 이르며, (70) 지혜 눈으로
법을 보기를 장애 없이 하고 모든 지위에 잘 들어가며,

[疏] 第十八, 觀十力地下는 卽證無中邊佛平等地니 謂三種佛身이 平等
遍滿하여 無有中邊之異故라 至薩婆若는 卽自受用이요 智爲橋梁은
卽通變化요 見法無礙는 卽是法身이라 結云, 善入諸地者는 卽佛十
地也니라

- ㈔ 觀十力地 아래는 중간도 가도 없는 부처님의 평등한 경지를 증득
한 공덕이다. 말하자면 세 종류의 부처님 몸이 평등하고 두루하여 중
간도 가의 차이가 없는 까닭이다. 살바야(薩婆若)까지는 곧 자수용신
(自受用身)이요, 지혜로 교량이 됨은 곧 변화신(變化身)과 통함이요, 법
을 보는 데 장애 없음이 바로 법신(法身)이다. 결론하여 '모든 지위에
잘 들어간다'고 말한 것은 곧 부처님의 열 가지 지위[十地]이다.

㊎ 법계를 다하는 공덕[盡於法界之德] (第十九 15下5)

知種種義하여 一一法門에 悉得明了하며
(71) 가지가지 이치를 알고 낱낱 법문을 모두 분명히 알며,

[疏] 第十九, 知種種下는 明盡於法界니 謂此法界가 最清淨故로 能起等
流契經等法하여 極此法界일새 於當來世에 作諸有情의 隨應利樂이
라 今文에 但有所起하고 略無能起니라

- ㊎ 知種種 아래는 법계를 다하는 공덕을 밝힘이다. 말하자면 이 법
계가 가장 청정한 연고로 능히 등류인(等流因) 등 계경의 법을 일으켜

서 이런 법계에 지극하므로 미래의 세상에 모든 유정이 따라 응하는 이롭고 즐거움을 짓는다. 지금 경문에는 단지 일으킬 대상만 있고 일으키는 주체는 생략하여 없다.

㊉ 허공과 평등하여 미래제가 다함과 합치한 공덕[卽等虛空窮未來際德]
(第二十 15下9)

所有大願을 靡不成就니라
(72) 가진 큰 서원을 이루지 못함이 없느니라.

[疏] 第二十, 所有大願을 靡不成就는 卽等虛空界하고 窮未來際라 無有盡故로 方云成就니라 上來에 略辨이나 若廣引諸論인대 如升兜率品하니라

■ ㊉ '가진 큰 서원을 이루지 못함이 없음'은 곧 허공계와 평등하고 미래제가 다함이 그지없는 연고로 비로소 '성취한다'고 하였다. 여기까지는 간략히 밝혔지만 만일 자세하게 모든 논문을 인용한다면 승도솔천궁품의 내용과 같다.

㊂ 공덕의 뛰어난 능력을 밝히다[顯德勝能] 2.
① 총합하여 설명하다[總明] (第三 16上7)

佛子여 菩薩摩訶薩이 以此開示一切如來無差別性하나니 此是無礙方便之門이며 此能出生菩薩衆會며 此法이 唯是三昧境界며 此能勇進入薩婆若며 此能開顯諸三昧

門이며 此能無礙普入諸刹이며 此能調伏一切衆生이며 此能住於無衆生際며 此能開示一切佛法이며 此於境界에 皆無所得이라

불자여, 보살마하살이 이것으로 모든 여래의 차별이 없는 성품을 열어 보이나니 (1) 이것이 걸림 없는 방편문이며, (2) 이것이 보살 대중을 내며, (3) 이 법이 삼매의 경계며, (4) 이것으로 온갖 지혜에 용맹하게 들어가며, (5) 이것으로 모든 삼매문을 열며, (6) 이것이 장애가 없어서 여러 세계에 들어가며, (7) 이것으로 일체중생을 조복하며, (8) 이것으로 중생이 없는 경계에 머물며, (9) 이것으로 일체 불법을 열어 보이며, (10) 이것이 경계에 대하여 조금도 얻음이 없느니라.

[疏] 第三, 佛子以此開示下는 顯德勝能이라 中에 二니 初, 總明이요 後, 雖一切下는 別顯이라 今初에 先, 標니 謂用此會事之德하여 開示佛平等性者가 同有二十一種功德故라 後, 此是下는 總歎前德이니라

■ ㊂ 佛子以此開示 아래는 공덕의 뛰어난 능력을 밝힘이다. 그중에 둘이니 ① 총합하여 밝힘이요, ② 雖一切 아래는 개별로 밝힘이다. 지금은 ①에 ㉮ 표방함이다. 이른바 이 법회의 현상적인 덕을 사용하여 부처님의 평등한 성품의 지혜를 열어 보인 것은 함께 21종 공덕이 있는 까닭이다. ㉯ 此是 아래는 앞의 공덕을 총합하여 찬탄함이다.

② 개별로 밝히다[別顯] (二別 17下10)

雖一切時에 演說開示나 而恒遠離妄想分別하며 雖知諸法이 皆無所作이나 而能示現一切作業하며 雖知諸佛이 無有二相이나 而能顯示一切諸佛하며 雖知無色이나 而演說諸色하며 雖知無受나 而演說諸受하며 雖知無想이나 而演說諸想하며 雖知無行이나 而演說諸行하며 雖知無識이나 而演說諸識하야 恒以法輪으로 開示一切하며 雖知法無生이나 而常轉法輪하며 雖知法無差別이나 而說諸差別門하며 雖知諸法이 無有生滅이나 而說一切生滅之相하며 雖知諸法이 無麤無細나 而說諸法麤細之相하며 雖知諸法이 無上中下나 而能宣說最上之法하며 雖知諸法이 不可言說이나 而能演說淸淨言辭하며 雖知諸法이 無內無外나 而說一切內外諸法하며 雖知諸法이 不可了知나 而說種種智慧觀察하며 雖知諸法이 無有眞實이나 而說出離眞實之道하며 雖知諸法이 畢竟無盡이나 而能演說盡諸有漏하며 雖知諸法이 無違無諍이나 然亦不無自他差別하며 雖知諸法이 畢竟無師나 而常尊敬一切師長하며 雖知諸法이 不由他悟나 而常尊敬諸善知識하며 雖知法無轉이나 而轉法輪하며 雖知法無起나 而示諸因緣하며 雖知諸法이 無有前際나 而廣說過去하며 雖知諸法이 無有後際나 而廣說未來하며 雖知諸法이 無有中際나 而廣說現在하며 雖知諸法이 無有作者나 而說諸作業하며 雖知諸法이 無有因緣이나 而說諸集因하며 雖知諸法이 無有等比나 而說平等不平等道하며 雖知諸法이 無有言說이나 而決定說三世之法하며 雖知諸法이 無

有所依나 而說依善法하여 而得出離하며 雖知法無身이
나 而廣說法身하며 雖知三世諸佛無邊이나 而能演說唯
有一佛하며 雖知法無色이나 而現種種色하며 雖知法無
見이나 而廣說諸見하며 雖知法無相이나 而說種種相하
며 雖知諸法이 無有境界나 而廣宣說智慧境界하며 雖知
諸法이 無有差別이나 而說行果種種差別하며 雖知諸法
이 無有出離나 而說淸淨諸出離行하며 雖知諸法이 本來
常住나 而說一切諸流轉法하며 雖知諸法이 無有照明이
나 而恒廣說照明之法이니라

(1) 비록 온갖 시기에 연설하지마는 허망하게 분별함을 멀리 여의며, (2) 모든 법이 지을 것 없는 줄을 알지마는 모든 짓는 업을 나타내며, (3) 부처님이 두 모양 없음을 알지마는 모든 부처님을 나타내 보이며, (4) 물질이 없는 줄 알지마는 여러 가지 물질을 말하며, (5) 느낌이 없는 줄 알지마는 여러 가지 느낌을 말하며, (6) 생각이 없는 줄 알지마는 여러 가지 생각을 말하며, (7) 지어 감이 없는 줄 알지마는 모든 지어 감을 말하며, (8) 의식이 없는 줄 알지마는 여러 가지 의식을 말하여 항상 법 바퀴로써 모든 이에게 열어 보이며, (9) 비록 법이 생겨남이 없음을 알지마는 항상 법 바퀴를 굴리며, (10) 법이 차별 없음을 알지마는 모든 차별한 문을 말하느니라. (11) 비록 모든 법이 생멸 없음을 알지마는 모든 생멸하는 모양을 말하며, (12) 모든 법이 크고 작음이 없음을 알지마는 법의 크고 작은 모양을 말하며, (13) 법이 상·중·하가 없음을 알지마는 가장 으뜸이란 법을 말하며,

(14) 모든 법이 말할 수 없음을 알지마는 청정한 말을 연설하며, (15) 모든 법이 안팎이 없음을 알지마는 안의 법과 밖의 법을 말하며, (16) 모든 법이 알 수 없음을 알지마는 가지가지 지혜로 관찰함을 말하며, (17) 모든 법이 진실함이 없음을 알지마는 벗어나는 진실한 길을 말하며, (18) 모든 법이 끝까지 다함이 없음을 알지마는 여러 가지 번뇌를 끝낼 것을 말하며, (19) 모든 법이 어김도 없고 다를 것도 없음을 알지마는 나와 남의 차별이 없지 않으며, (20) 모든 법이 필경에 스승이 없음을 알지마는 모든 스승을 항상 존경하느니라.

(21) 비록 모든 법이 다른 이에게서 깨닫는 것 아님을 알지마는 선지식을 항상 존경하며, (22) 법을 굴릴 것 없음을 알지마는 법 바퀴를 굴리며, (23) 법은 일어남이 없음을 알지마는 인연을 보이며, (24) 법은 앞 시절이 없음을 알지마는 과거를 널리 말하며, (25) 법은 뒤 시절이 없음을 알지마는 미래를 널리 말하며, (26) 법은 중간이 없음을 알지마는 현재를 널리 말하며, (27) 법은 지은 이가 없음을 알지마는 업지음을 말하며, (28) 법은 인연이 없음을 알지마는 모든 인이 모임을 말하며, (29) 법은 비등할 이가 없음을 알지마는 평등하고 평등하지 않은 길을 말하며, (30) 법은 말이 없음을 알지마는 결정코 삼세의 법을 말하느니라. (31) 비록 법은 의지할 데 없음을 알지마는 선한 법을 의지하여 뛰어남을 말하며, (32) 법은 몸이 없음을 알지마는 널리 법신을 말하며, (33) 세 세상 부처님이 그지없음을 알지마는 한 부처

님만이라고 말하며, (34) 법은 빛깔이 없음을 알지마는 가지각색 빛깔을 나타내며, (35) 법에는 소견이 없음을 알지마는 여러 소견을 널리 말하며, (36) 법은 모양이 없음을 알지마는 가지가지 모양을 말하며, (37) 법에는 경계가 없음을 알지마는 지혜의 경계를 널리 말하며, (38) 법은 차별이 없음을 알지마는 수행한 결과가 가지가지로 차별함을 말하며, (39) 법은 벗어날 것이 없음을 알지마는 청정하게 벗어나는 행을 말하며, (40) 법은 본래 항상 머무는 줄을 알지마는 모든 흘러다니는 법을 말하며, (41) 법은 비칠 것이 없음을 알지마는 비치는 법을 항상 말하느니라.

[疏] 二, 別顯中에 餘九는 不言하고 且廣初無礙之義라 自有四十一句하니 初句는 有不礙無니 以有是無之有故라 後, 四十句는 明無不礙有니 以無是有之無故니라 又前은 是二而不二요 後, 是不二而二라 及寂用相卽等은 並顯可知니라

- ② 개별로 밝힘 중에 나머지 아홉 구절은 말하지 않고 우선 처음 걸림 없는 뜻을 자세히 밝힘이니, 자연히 41구절이 되었다. ㉮ 첫 구절 [(1) 雖一切時 演說開示 而恒遠離妄想分別]은 있음이 없음을 장애하지 않나니, 있음은 없음의 유(有)인 까닭이다. ㉯ 40구절[(2) 雖知諸法 皆無所作 而能示現一切作業 — (41) 雖知諸法 無有照明 —]은 없음이 있음을 장애하지 않음을 밝혔으니, 없음은 있음의 무(無)인 까닭이다. 또한 앞은 둘이면서 둘이 아님이요, 뒤는 둘이 아니면서 둘이다. 고요함과 작용함이 서로 합치함 등은 (경문과) 함께 밝히면 알 수 있으리라.

(b) 모든 법에 증득하여 들어가다[證入諸法] 4.

㊀ 증득해 들어감에 대해 설명하다[明證入] (第二 18上8)

佛子여 菩薩摩訶薩이 入如是大威德三昧智輪에 則能證得一切佛法하며 則能趣入一切佛法하며 則能成就하며 則能圓滿하며 則能積集하며 則能淸淨하며 則能安住하며 則能了達하여 與一切法自性相應이니라

불자여, 보살마하살이 (1) 이와 같은 큰 위덕 있는 지혜 바퀴 삼매에 들어가면 (2) 온갖 부처님 법을 증득하고 (3) 온갖 부처님 법에 들어가서 (4) 능히 성취하고 (5) 능히 원만하고 (6) 능히 모으고 (7) 능히 청정케 하고 (8) 능히 편안히 머물고 (9) 능히 통달하여 (10) 일체 법의 성품과 서로 응하느니라.

[疏] 第二, 佛子菩薩入如是下는 證入諸法用이라 中에 四니 初, 明證入이요 二, 離證相이요 三, 徵이요 四, 釋이라 今初에 十句니 初句는 明能證之定이라 三昧智輪은 尙順梵語니 若正인대 應云, 智輪三昧라 因定最勝하여 名大威德이라 則能下는 顯所證法이니 謂證佛果法이라 初句는 總이라 無爲果가 爲證이요 有爲果를 日得이라 餘句는 別이라 趣入으로 釋證하고 成就로 釋得이라 圓滿은 通二라 積集은 約因圓이요 淸淨은 謂障盡이라 定能安住하고 慧能了達이라 定慧兩亡에 則自性相應하여 爲證入也니라

■ (b) 佛子菩薩入如是 아래는 모든 법의 작용에 증득해 들어감이다. 그중에 넷이니 ㊀ 증득해 들어감을 밝힘이요, ㊁ 여의고 증득한 양상

이요, ㈢ 질문함이요, ㈣ 해석함이다. 지금은 ㈠에 열 구절이니, ① 첫 구절[入如是大威德三昧智輪]은 증득하는 주체인 삼매를 밝힘이다. 삼매의 지혜 바퀴는 범어를 숭상하여 수순하나니, 만일 바로잡으면 응하여 '지혜 바퀴 삼매'라 말해야 한다. 삼매가 가장 뛰어남을 인하여 '큰 위덕'이라 이름한다. ② 則能 아래는 증득할 법을 나타냄이니, 이른바 부처님 과덕의 법을 증득함을 뜻한다. ㉮ 첫 구절[(1) 入如是大威德三昧智輪]은 총상이다. 무위(無爲)의 과덕으로 증득을 삼고 유위(有爲)의 과덕을 얻음이라 말한다. ㉯ 나머지 구절[(2) 則能證得—]은 별상이다. 나아가 들어감을 '증득함'이라 해석하고, '성취함[(4) 則能成就]'을 얻음이라 해석하였다. 원만함은 두 가지에 통한다. '적집함[(6) 則能積集]'은 인행이 원만함이요, 청정함은 장애가 다함을 말하나니, 삼매로 능히 안주하고 지혜로 능히 알아 통달함을 뜻한다. 삼매와 지혜가 다 없어지면 자체 성품과 서로 응하여 증득해 들어감이 되는 것이다.

㈢ 여의고 증득한 양상[離證相] (二而 18下10)

而此菩薩摩訶薩이 不作是念하되 有若干諸菩薩과 若干菩薩法과 若干菩薩究竟과 若干幻究竟과 若干化究竟과 若干神通成就와 若干智成就와 若干思惟와 若干證入과 若干趣向과 若干境界라하나니라
그러나 이 보살마하살은 얼마의 보살과 얼마의 보살법과 얼마의 보살의 끝닿은 데와 얼마의 요술의 끝닿은 데와 얼마의 변화의 끝닿은 데와 얼마의 신통을 성취함과 얼마의 지혜를 성취함과 얼마의 생각함과 얼마의 증득함과 얼마의 나

아감과 얼마의 경계가 있다고 생각하지 않느니라.

[疏] 二, 而此下는 明離證相이니 以無念方證故라 尙不念無礙慧境이온 況所證法有若干耶아
- ㈡ 而此 아래는 여의고 증득한 양상을 밝힘이다. 생각함이 없어야 비로소 증득하는 까닭이다. 오히려 걸림 없는 지혜 경계를 생각하지 않는데 증득할 대상인 법과 비교하면 (어찌) 얼마만 있겠는가!

㈢ 질문하다[徵] (三徵 19上3)
㈣ 해석하다[釋] 2.

① 간략히 개별로 해석하다[略別釋] (四釋)
② 자세하게 통틀어 해석하다[廣通釋] 2.
㉮ 총상으로 해석하다[總釋] (後廣)

何以故오 菩薩三昧가 如是體性이며 如是無邊이며 如是殊勝故며 此三昧가 種種境界며 種種威力이며 種種深入이니라
왜냐하면 보살의 삼매는 이러한 성품이요, 이렇게 그지없고 이렇게 훌륭한 까닭이며, 이 삼매는 가지가지 경계에 가지가지 위엄과 힘으로써 가지가지로 깊이 들어가느니라.

[疏] 三, 徵意라 有三하니 一, 何以證而無念耶아 二, 何以一定多果耶아 三, 何以因定하여 得果法耶아 四, 釋이라 中에 二니 初, 略別釋이요

後, 此三昧下는 廣以通釋이라 今初에 別釋三徵이니 一, 體性離念故요 二, 定體雖一이나 用無邊故요 三, 以殊勝故로 因得果法이니라

後, 廣通釋者는 謂文廣義通하니 通明上三句라 於中에 二니 先, 總標라 境은 是定之所緣이요 深入은 是定證契요 威力은 是定之用이니 三皆定體일새 皆言種種이라 故로 上에 云, 無邊이라하고 具三又多일새 故云, 殊勝이니라

■ ㈢ 질문한 의미에 셋이 있으니 (1) 어찌하여 증득하고도 생각함이 없는가? (2) 어찌하여 한 가지 삼매에 여러 과덕이 되는가? (3) 어찌하여 삼매로 인하여 과덕의 법을 얻겠는가? ㈣ 해석함 중에 둘이니 ① 간략히 개별로 해석함이요, ② 此三昧 아래는 자세하게 통틀어 해석함이다. 지금은 ①에서 세 가지 질문에 대해 개별로 해석하나니 (1) 체성이 생각을 여읜 까닭이요, (2) 삼매의 체성은 비록 하나지만 작용은 그지없는 까닭이요, (3) 훌륭한 연고로 인행으로 과덕의 법을 얻은 것이다.

② 자세하게 통틀어 해석함이란 이른바 경문은 넓고 뜻은 통함이니, 위의 세 구절을 통틀어 설명함이다. 그중에 둘이니 ㉮ 총합하여 표방함이다. 경계는 삼매의 반연할 대상이요, 깊이 들어감은 삼매로 증득하여 계합함이요, 위력은 삼매의 작용이니, 셋이 다 삼매의 체성이므로 모두에 '갖가지'라 말하였다. 그러므로 위에서 '그지없다'고 말하고, 셋을 갖추면 또한 여럿이 되는 연고로 '훌륭하다'고 말하였다.

㉯ 별상으로 밝히다[別顯] (後所 20上6)

所謂入不可說智門하며 入離分別諸莊嚴하며 入無邊殊

勝波羅蜜하며 入無數禪定하며 入百千億那由他不可說
廣大智하며 入見無邊佛勝妙藏하며 入於境界不休息하
며 入淸淨信解助道法하며 入諸根猛利大神通하며 入於
境界心無礙하며 入見一切佛平等眼하며 入積集普賢勝
志行하며 入住那羅延妙智身하며 入說如來智慧海하며
入起無量種自在神變하며

入生一切佛無盡智門하며 入住一切佛現前境界하며 入淨
普賢菩薩自在智하며 入開示無比普門智하며 入普知法界
一切微細境界하며 入普現法界一切微細境界하며 入一切
殊勝智光明하며 入一切自在邊際하며 入一切辯才法門際하
며 入徧法界智慧身하며 入成就一切處徧行道하며 入善住
一切差別三昧하며 入知一切諸佛心이니라

이른바 (1) 말할 수 없는 지혜의 문에 들어가고, (2) 분별을 여읜 모든 장엄에 들어가고, (3) 그지없이 훌륭한 바라밀다에 들어가고, (4) 수없는 선정에 들어가고, (5) 백천억 나유타 말할 수 없이 광대한 지혜에 들어가고, (6) 그지없는 부처님을 보는 기묘한 광에 들어가고, (7) 모든 경계에 쉬지 않는 데 들어가고, (8) 청정하게 믿고 아는 도를 돕는 법에 들어가고, (9) 모든 감관이 영리한 큰 신통에 들어가고, (10) 경계에 대하여 걸림이 없는 데 들어가고, (11) 모든 부처님의 평등함을 보는 눈에 들어가고, (12) 보현의 훌륭한 뜻과 행을 모으는 데 들어가고, (13) 나라연의 묘한 지혜의 몸에 머무는 데 들어가고, (14) 여래의 지혜 바다를 말하는 데 들어가고, (15) 한량없이 자유자재한 신통변화를 일으키는 데 들어가느니라.

(16) 모든 부처님의 다함이 없는 지혜를 내는 데 들어가고, (17) 모든 부처님이 앞에 나타나는 경계에 머무는 데 들어가고, (18) 보현보살의 자재한 지혜를 깨끗이 하는 데 들어가고, (19) 견줄 데 없는 여러 문의 지혜를 보이는 데 들어가고, (20) 법계의 온갖 미세한 경계를 두루 아는 데 들어가고, (21) 법계의 모든 미세한 경계를 널리 나타내는 데 들어가고, (22) 온갖 훌륭한 지혜의 광명에 들어가고, (23) 모든 자유자재한 경계에 들어가고, (24) 모든 변재의 법문 경계에 들어가고, (25) 법계에 두루한 지혜의 몸에 들어가고, (26) 온갖 곳에 두루 다니는 도를 성취하는 데 들어가고, (27) 모든 차별한 삼매에 머무는 데 들어가고, (28) 모든 부처님의 마음을 아는 데 들어가느니라.

[疏] 後, 所謂下는 別顯이라 有二十八句하니 句皆有上三義라 如初句入은 卽深入義요 不可說等은 卽無邊義요 智門은 卽境界義라 其間에 或有關無邊義하니 蓋文略耳라 知와 智는 在說이니 說爲智門이요 二, 入功德智慧不二之莊嚴이요 六, 入不空如來藏이요 七, 悲智之境을 觀度無休라 餘는 可知니라

- ⓵ 所謂 아래는 별상으로 밝힘이다. 28구절이 있으니 구절마다 모두 위의 세 가지 뜻이 있다. ㉠ 첫 구절과 같이 '들어감'은 곧 깊이 들어간다는 뜻이요, '말할 수 없는' 따위는 곧 그지없는 뜻이요, 지혜의 문은 곧 경계라는 뜻이다. 그 사이에 혹은 관문이 그지없다는 뜻이 있나니, 대개 경문이 생략되었을 뿐이다. 앎과 지혜는 설함에 있나니

설함은 지혜의 문이 된다. ㉡ 공덕과 지혜에 들어감에 둘이 아닌 장엄이요, ㉥ 入見無邊佛勝妙藏은 공하지 않은 여래의 광에 들어감이요, ㉦ 入於境界不休息은 자비와 지혜의 경계를 관하고 헤아림에 쉼이 없음이다. 나머지 구절은 알 수 있으리라.

(c) 보편한 공덕이 끝이 없다[普德無盡] 4.
㉠ 끝없는 공덕을 밝히다[正顯無盡] (第三 20下3)
㉡ 질문하다[徵] (二徵)
㉢ 해석하다[釋] (三釋)

佛子여 此菩薩摩訶薩이 住普賢行하여 念念入百億不可說三昧나 然이나 不見普賢菩薩三昧와 及佛境界莊嚴前際하나니라 何以故오 知一切法究竟無盡故며 知一切佛刹無邊故며 知一切衆生界不思議故며 知前際無始故며 知未來無窮故며 知現在盡虛空徧法界無邊故며 知一切諸佛境界不可思議故며 知一切菩薩行無數故며 知一切諸佛辯才所說境界不可說無邊故며 知一切幻心所緣法無量故니라

불자여, 이 보살마하살이 보현의 행에 머물러서 잠깐잠깐 동안에 백억 말할 수 없는 삼매에 들어가지마는 보현보살의 삼매와 부처님의 경계를 장엄한 앞 시절을 보지 못하느니라. 왜냐하면, (1) 온갖 법이 끝까지 다함이 없음을 아는 까닭이며, (2) 모든 부처님 세계가 그지없음을 아는 까닭이며, (3) 온갖 중생의 세계가 헤아릴 수 없음을 아는 까닭이

며, (4) 앞 시절이 비롯함 없음을 아는 까닭이며, (5) 오는 세월이 다함없음을 아는 까닭이며, (6) 현재의 온 허공과 법계가 그지없음을 아는 까닭이며, (7) 모든 부처님의 경계가 헤아릴 수 없음을 아는 까닭이며, (8) 온갖 보살의 행이 수가 없음을 아는 까닭이며, (9) 온갖 부처님의 변재로 말하는 경계가 말할 수 없고 그지없음을 아는 까닭이며, (10) 모든 요술 같은 마음으로 반연하는 법이 한량없음을 아는 까닭이니라.

[疏] 第三, 佛子此菩薩住普賢下는 普德無盡이라 於中에 四니 一, 正顯無盡이라 謂非唯上列諸用이라 又能念念에 入多三昧호대 亦不能盡이니라 二, 徵이라 徵意에 云, 旣念念에 入多어니 何以不盡고 三, 釋意에 云, 此三昧緣境이 究竟無盡故라 文有十句하니 初는 總이요 餘는 別을 並可知니라

■ (c) 佛子此菩薩住普賢 아래는 넓은 공덕이 끝이 없음이다. 그중에 넷이니 ㊀ 그지없는 공덕을 바로 밝힘이니, 이른바 오로지 위에서 열거한 모든 작용뿐만 아니라 또한 능히 잠깐잠깐 동안에 여러 삼매에 들어가되 또한 능히 다하지 못함의 뜻이다. ㊁ 질문함이다. 질문한 의미를 말하면, "이미 잠깐잠깐 동안에 여러 삼매에 들어갔다면 어찌하여 다하지 않았는가?" ㊂ 의미를 해석하여 말하되, "이런 삼매를 반연한 경계가 끝까지 다함이 없는 까닭이다"라고 하였다. 경문에 열 구절이 있으니 ① 첫 구절은 총상이요, ② 나머지 구절은 별상이다. 경문과 함께하면 알 수 있으리라.

㈣ 비유로 견주다[喩況] 3.
① 마음대로 따라 구하는 비유[如意隨求喩] (四喩 21上10)

佛子여 如如意珠가 隨有所求하여 一切皆得일새 求者無盡에 意皆滿足하되 而珠勢力은 終不匱止인달하여 菩薩摩訶薩도 亦復如是하여 入此三昧에 知心如幻하되 出生一切諸法境界하여 周徧無盡하여 不匱不息하나니 何以故오 菩薩摩訶薩이 成就普賢無礙行智하여 觀察無量廣大幻境이 猶如影像하여 無增減故니라

불자여, 마치 여의주가 구하는 대로 얻게 하는데 구하는 이의 다함이 없는 뜻을 모두 만족하게 하지마는 여의주의 힘은 다하지 아니하듯이, 보살마하살도 그와 같아서 이 삼매에 들어가면 마음이 요술처럼 모든 법을 내어 두루함이 끝이 없지마는 마침내 다하지 않느니라. 무슨 까닭이냐. 보살마하살이 보현의 걸림 없는 행과 지혜를 성취하고 한량없고 엄청난 요술 경계를 관찰하되, 영상과 같아서 늘고 주는 것이 없는 연고이니라.

[疏] 四, 喩況이라 於中에 有三喩하여 喩前無盡호대 各有喩合이라 前二는 合中에 復加徵釋하니 一, 如意隨求喩는 喩定心이 隨應하여 出法無盡이라 徵意에 云, 何以出法無盡하여 不匱息耶아 釋意에 云, 了多幻境이 皆同影像하여 緣至則生이니 何有盡耶아 體無增減이니 何有匱息耶아

■ ㈣ 비유로 견줌이다. 그중에 세 가지 비유가 있어서 앞의 그지없음을 비유할 적에 각기 비유함과 합함이 있다. 앞의 둘은 합함 중에 다시

질문함과 해석함을 더하였다. ① 마음대로 따라 구하는 비유는 삼매의 마음이 따라 응하여 법에서 나온 것이 끝이 없음에 비유하였다. 질문한 의미에 말하되, "어찌하여 법에서 나온 것이 끝이 없고 다하지 않는가?" 의미를 해석하여 말하되, "여러 허깨비 경계를 요달함이 모두 영상과 같아서 인연이 이르면 생기나니 어찌하여 다함이 있겠는가? 체성이 늘고 줄어듦이 없는데 어찌하여 쉬는 것을 다하겠는가?"

② 생기는 마음이 각기 다른 비유[生心各別喩] (二生 21下9)

佛子여 譬如凡夫가 各別生心하되 已生現生과 及以當生에 無有邊際하며 無斷無盡하여 其心流轉하여 相續不絶이 不可思議인달하여 菩薩摩訶薩도 亦復如是하여 入此普幻門三昧에 無有邊際하여 不可測量이니 何以故오 了達普賢菩薩의 普幻門無量法故니라

불자여, 마치 범부들이 제각기 마음을 내는데, 이미 내었고 지금 내고 장차 낼 것이 끝이 없어서 간단이 없고 다함이 없으며, 그 마음의 흘러가는 일이 계속하여 끊어지지 아니하여 헤아릴 수 없느니라. 보살마하살도 그와 같아서 이 요술 같은 넓은 문 삼매에 들어가면 그지없어 헤아릴 수 없나니, 왜냐하면 보현보살의 요술 같은 넓은 문의 한량없는 법을 잘 아는 까닭이니라.

[疏] 二, 生心各別喩는 喩緣境無盡을 可知로다
- ② 생기는 마음이 각기 다른 비유는 경계를 반연함이 그지없음에 비

유함은 알 수 있으리라.

③ 용왕이 비 내리는 비유[龍王降雨喩] 2.
㉮ 비유로 밝히다[喩] (三龍 22上3)

佛子여 譬如難陀와 跋難陀와 摩那斯龍王과 及餘大龍이 降雨之時에 滴如車軸하여 無有邊際라 雖如是雨나 雨終不盡이니 此是諸龍의 無作境界인달하여
불자여, 마치 난타·발난타·마나사 용왕과 다른 용왕들이 비를 내릴 적에 수레통같이 굵은 빗방울이 그지없이 퍼붓지마는 이러한 비가 다하지 않음은 모든 용왕의 함이 없는 경계이니라.

[疏] 三, 龍王降雨喩는 喩入法無盡이라 於中에 初, 喩요 後, 合이라
■ ③ 용왕이 비 내리는 비유는 그지없는 법에 들어감에 비유하였다. 그 중에 ㉮ 비유로 밝힘이요, ㉯ 법과 비유를 합함이다.

㉯ 법과 비유를 합하다[合] 3.
㉠ 법에 들어감을 바로 밝히다[正明入法] (合中 22下3)

菩薩摩訶薩도 亦復如是하여 住此三昧에 入普賢菩薩諸三昧門과 智門과 法門과 見諸佛門과 往諸方門과 心自在門과 加持門과 神變門과 神通門과 幻化門과 諸法如幻門과 不可說不可說諸菩薩充滿門하며 親近不可說不

可說佛刹微塵數如來正覺門하며 入不可說不可說廣大
幻網門하며 知不可說不可說差別廣大佛刹門하며 知不
可說不可說有體性無體性世界門하며 知不可說不可說
衆生想門하며 知不可說不可說時劫差別門하며 知不可
說不可說世界成壞門하며 知不可說不可說覆住仰住諸
佛刹門하나니라

보살마하살도 그와 같아서 이 삼매에 머물고는 (1) 보현보
살의 모든 삼매문인 지혜 문·법문·부처님들을 보는 문·
여러 방위에 가는 문·마음이 자유로운 문·가지하는 문·
변화하는 문·신통 문·요술로 변화하는 문·모든 법이 요
술 같은 문·(2) 말할 수 없이 말할 수 없는 보살들이 가득
한 문에 들어가느니라. (3) 말할 수 없이 말할 수 없는 세계
의 미진수 같은 여래의 바르게 깨닫는 문을 친근하며, (4) 말
할 수 없이 말할 수 없는 엄청난 요술 그물 문에 들어가며,
(5) 말할 수 없이 말할 수 없는 차별하고 광대한 부처 세계
의 문을 알며, (6) 말할 수 없이 말할 수 없는 성품이 있고 성
품이 없는 세계의 문을 알며, (7) 말할 수 없이 말할 수 없는
중생의 생각하는 문을 알며, (8) 말할 수 없이 말할 수 없는
시간과 겁이 차별한 문을 알며, (9) 말할 수 없이 말할 수 없
는 세계가 이룩하고 파괴하는 문을 알며, (10) 말할 수 없이
말할 수 없는 엎어지고 잦혀진 모든 세계의 문을 아느니라.

[疏] 合中에 分三이니 初, 正明入法하여 合滴如車軸이니 謂入廣大法故라
初句는 總이요 智門下는 別이라 皆云門者는 自他遊入故라 幻網者는

一切皆幻이니 互爲緣起하여 相交暎故라 世界가 性空故로 無體요 隨緣染淨故로 有體니라 又法性土故로 有體요 事土從緣故로 無體니라 又淨刹은 順理故로 有體요 染刹은 妄成故로 無體라 餘는 可知니라

■ ⑭ 법과 비유를 합함 중에 셋으로 나누리니 ㉠ 법에 들어감을 바로 밝혀서 물방울이 수레의 굴대와 같음과 합하였으니, 말하자면 광대한 법에 들어간 까닭이다. ⓐ 첫 구절[入普賢菩薩諸三昧門]은 총상이요, ⓑ 智門 아래는 별상이다. 모두에 '문'이라 말한 것은 나와 남에게 유행하여 들어간 까닭이다. '요술 그물'이란 온갖 것이 모두 요술 같나니 번갈아 연기가 되고, 서로 교차하여 비치는 까닭이다. 세계는 성품이 공한 연고로 체성이 없으며, 인연을 따라 물들고 깨끗한 연고로 체성이 있다. 또한 법성의 국토인 연고로 체성이 있으며, 일과 국토가 인연을 따르는 연고로 체성이 없다. 또한 청정한 국토는 이치를 따르는 연고로 체성이 있으며, 물든 국토는 망념으로 이룬 연고로 체성이 없다. 나머지 구절은 알 수 있으리라.

[鈔] 世界性空下는 釋經의 有體性과 無體性인 世界門이라 文有三釋하니 一, 雙約事理明이니 謂緣生故有며 無性故空은 義卽法性宗의 一義요 義亦無相宗義니라 二는 云, 又法性土故로 有體者는 亦約性相이니 而含二宗之義라 若就法性宗釋인대 性上에 取空義하고 相上에 取有義어니와 今性上에 取有義하고 相上에 取空義니 謂緣生故로 空義니라 若共二宗釋者인대 法性有體가 是法相宗義요 事上無體가 是法性宗義라 然可會通일새 故今通用이니라 三, 又淨刹順理下는 喩就相土하여 以明有體와 無體之義라 淨順於理는 是事淨이니 順上法性土요 染刹妄成은 卽從緣無性義니라 又第二義는 亦順瓔珞과 仁王이

니 三賢과 十聖은 住果報요 唯佛一人이 居淨土라하니라 三賢과 十聖은 忍中行이어니와 唯佛一人은 能盡源이라하니라 亦順涅槃이니 空者는 所謂生死요 不空者는 謂大涅槃이라하니라 餘義는 如前後說也니라 其一品內에 更有文義하고 皆前後에 已有일새 故不委示하노라

● 世界性空 아래는 경문의 체성이 있고 체성이 없는 세계문을 해석함이다. 경문에 세 가지 해석이 있으니 (1) 현상과 이치를 함께 잡아 밝힘이다. 말하자면 연기로 생긴 연고로 있으며, 체성이 없는 연고로 공함은 이치는 곧 법성종(法性宗)의 한 가지 뜻이요, 이치도 역시 무상종(無相宗)의 뜻이다. (2)에 이르되, "또한 법성토(法性土)인 연고로 체성이 있다"고 말한 것은 또한 성품과 모양을 잡았으니 두 종파를 포함한 뜻이다. 만일 법성종에 입각하여 해석한다면 체성 위에 공한 이치를 취하였고, 모양 위에 유의 이치를 취하였거니와 지금은 체성 위에 유의 이치를 취하였고, 모양 위에 공의 이치를 취하였다. 이른바 인연으로 생긴 연고로 공한 이치이다. 만일 두 종파를 함께 해석함과 같다면 법성에 체성이 있음은 법상종의 이치요, 현상에 체성이 없음은 법성종의 이치이다. 그러나 회통할 수 있는 연고로 지금은 통틀어 작용한다. (3) 又淨刹順理 아래는 비유로 모양과 국토에 입각하여 체성 있고 체성 없음의 뜻을 밝힌 해석이다. '청정함이 이치를 따름'은 현상이 청정함이니, 위의 법성토를 따름이요, 물든 국토를 망념되게 이룸은 곧 인연 따라 체성이 없는 이치이다. 또한 둘째 이치는 또한 영락경과 인왕경의 "삼현(三賢)보살과 십지(十地) 성인은 과보에 머무르고, 오직 부처님 한 분만 정토에 산다"라 하였다. "삼현보살과 십지성인은 오인(五忍) 중의 행이지만, 오직 부처님 한 사람만은 능히 근원을 다하였다"고 하였다. 또한 "열반이 공함을 따른다는 것은 이른

바 생사요, 공하지 않음은 대열반을 말한다"라고 하였다. 나머지 이 치는 앞과 뒤에서 설명한 내용과 같다. 그 한 품 속에 다시 경문의 뜻이 있고, 모두 앞과 뒤에 이미 있으므로 자세하게 보이지 않는다.

ⓒ 법에 들어가는 시간의 분량[入法時分] (二於 23下3)

於一念中에 皆如實知하나니
잠깐 동안에 모두 사실대로 알고

[疏] 二, 於一念下는 入法時分이니 合前降雨之時니라
- ⓒ 於一念 아래는 법에 들어가는 시간의 분량이니, 앞의 비 내리는 시간과 합함이다.

ⓒ 시간에 들어가는 양상과 작용[入時相用] 3.
ⓐ 그 양상을 밝히다[明其相狀] (三如 23下6)

如是入時에 無有邊際하며 無有窮盡하며 不疲不厭하며
不斷不息하며 無退無失하며 於諸法中에 不住非處하며
恒正思惟하여 不沈不擧하니라
이렇게 들어갈 적에 (1) 가이없고 다함이 없으며, (2) 고달프지 않고 싫지도 않고 (3) 끊어지지도 않고 (4) 쉬지도 않고 (5) 물러나지도 않고 (6) 잃어버리지도 않으며, (7) 모든 법에서 잘못된 곳에 머물지도 않으며, (8) 항상 옳게 생각하여 (9) 혼침하지도 않고 (10) 딴생각 하지도 않느니라.

[疏] 三, 如是入時下는 明入時相用하여 合前無邊無盡과 無作境界라 於中에 三이니 初, 十句는 明其相狀이요 次, 求一切智下는 明其業用이요 三, 徵釋所由라 今初라 初二句는 合雲無邊과 雨無盡이요 不疲下는 合無作境이니 無作은 卽無功用故라 身不疲하고 心不厭하며 不永斷하고 不暫息하며 未入常入故로 不退요 已入永常故로 不失이요 無法非所入門故로 不住非處요 無心不契故로 恒正思惟요 不沈不擧가 正是入相이니라

■ ㉢ 如是入時 아래는 들어가는 시간의 양상과 작용을 밝혀서 앞의 끝이 없음과 다함없음과 지음 없는 경계와 합함이다. 그중에 셋이니 ⓐ 열 구절은 그 양상을 밝힘이요, ⓑ 求一切智 아래는 그 업과 작용을 밝힘이요, ⓒ 그 이유를 묻고 해석함이다. 지금은 ⓐ이다. ㉮ 두 구절은 구름 가득 끼고 끝없이 비 내림과 합함이요, ㉯ 不疲 아래는 지음 없는 경계와 합함이니, '지음 없음'은 곧 공용 없는 까닭이다. 몸이 피곤하지 않고 마음에 싫어하지 않으며 길이 끊어지지 않고 잠시도 쉬지 않으며 아직 들어가지 못함과 항상 들어가는 연고로 물러나지 않음이요, 이미 영원하고 항상함에 들어간 연고로 잃지 않음이요, 법이 없이 들어갈 문이 아닌 연고로 머물지 않음은 장소가 아니요, 마음으로 계합하지 못하는 것이 없는 연고로 항상 바르게 사유함이요, 혼침도 아니고 도거도 아닌 것이 바로 들어간 양상이다.

ⓑ 그 업과 작용을 밝히다[明其業用] (二業 24上8)

求一切智하여 常無退捨하며 爲一切佛刹의 照世明燈하여 轉不可說不可說法輪하며 以妙辯才로 諮問如來하되

無窮盡時하며 示成佛道하되 無有邊際하며 調伏衆生하되 恒無廢捨하며 常勤修習普賢行願하여 未曾休息하며 示現無量不可說不可說色相身하여 無有斷絶이니라

(1) 온갖 지혜를 구하되 물러서거나 버리지 아니하며, (2) 여러 부처님 세계에서 세상을 비추는 등불이 되어 말할 수 없이 말할 수 없는 법 바퀴를 굴리며, (3) 묘한 변재로 여래께 묻는 일이 다하지 않으며, (4) 부처님 도를 이루는 일이 끝이 없으며, (5) 중생 조복하기를 언제나 폐하지 않으며, (6) 보현보살의 행과 원을 닦아서 쉬지 않으며, (7) 한량없고 말할 수 없이 말할 수 없는 육신을 나타내는 일이 끊인 적이 없느니라.

[疏] 二, 業用者는 隨入一一門하여 皆有斯業이라 門門이 即不可盡이니 文顯可知로다

■ ⓑ 업과 작용이란 하나하나의 문에 따라 들어가서 모두 업의 문이 있다. 문마다 곧 다할 수 없다는 뜻이니, 경문이 뚜렷하니 알 수 있으리라.

ⓒ 그 이유를 묻고 해석하다[徵釋所由] 2.
㉠ 질문하다[徵] (三徵 24下1)
㉡ 해석하다[釋] 3.

㉮ 비유로 밝히다[喩] (後釋)
㉯ 법과 비유를 합하다[合] (次合)

何以故오 譬如燃火에 隨所有緣하여 於爾所時에 火起不息인달하여 菩薩摩訶薩도 亦復如是하여 觀察衆生界法界世界가 猶如虛空하여 無有邊際하며 乃至能於一念之頃에 往不可說不可說佛刹微塵數佛所하여 一一佛所에 入不可說不可說一切智種種差別法하여 令不可說不可說衆生界로 出家爲道하여 勤修善根하여 究竟淸淨하며 令不可說不可說菩薩이 於普賢行願에 未決定者로 而得決定하여 安住普賢智慧之門하여 以無量方便으로 入不可說不可說三世成住壞廣大差別劫하여 於不可說不可說成住壞世間差別境界에 起於爾所大悲大願하여 調伏無量一切衆生하여 悉使無餘하나니라

무슨 까닭이냐? 마치 타는 불이 인연을 따르므로 인연이 있으면 불이 쉬지 아니하듯이, 보살마하살도 그와 같아서 (1) 중생계와 법계와 세계가 허공처럼 가이없음을 관찰하며, (2) 내지 잠깐 동안에 말할 수 없이 말할 수 없는 세계의 티끌 수같이 많은 부처님 계신 데 가며, (3) 낱낱 부처님 계신 데서 말할 수 없이 말할 수 없는 온갖 지혜와 가지가지 차별한 법에 들어가서, (4) 말할 수 없이 말할 수 없는 중생들로 하여금 출가하여 도를 배우고 (5) 착한 뿌리를 닦아 끝까지 청정케 하느니라. (6) 말할 수 없이 말할 수 없는 보살로 하여금 보현보살의 행과 원에 결정치 못한 이는 결정케 하여 보현보살의 지혜의 문에 머물게 하며, (7) 한량없는 방편으로 말할 수 없이 말할 수 없는 삼세가 이루고 머물고 파괴되는 엄청나게 차별한 겁에 들어가며, (8) 말할 수 없이 말할 수 없는

이루고 머물고 파괴되는 세간의 차별한 경계에 있으면서 (9)
그와 같이 많은 대자대비하고 큰 서원의 마음을 내어 (10)
한량없는 일체중생을 조복하여 남음이 없게 하느니라.

[疏] 三, 徵釋이라 中에 徵意가 有二하니 一은 云, 菩薩이 豈無行滿成佛인대 何以業用이 無際限耶아 二는 云, 說橫顯無盡은 可爾어니와 何以一一門中에 用卽無盡가 後, 釋이라 意亦二니 一은 云, 菩薩은 本爲衆生하니 生無盡故로 用亦無盡이요 二, 釋後意에 云, 生及世界가 旣如虛空일새 故隨一門하여 卽用無盡이 如芥子中空하니 由此하여 不但一門成多라 一念에 亦能成多事矣니라 文中에 三이니 初, 喩니 明火隨薪緣이라 薪多에 火在하여 喩菩薩의 生界緣廣일새 用無有涯라 次, 合이니 可知로다

■ ⓒ 그 이유를 묻고 해석함이다. 그중에 ㉠ 질문한 의미에 둘이 있다. 하나는 이르되, "보살이 어찌 수행이 만족함 없이 부처가 되었다면 어찌하여 업과 작용이 경계의 한계가 없겠는가?" 둘은 이르되, "설함이 가로로 끝없음은 가히 그러하거니와 어찌하여 낱낱 문 중에 작용이 끝없음과 합치하겠는가?" ㉡ 해석함이다. 의미에도 또한 둘이니, 하나는 이르되, "보살은 본래 중생을 위하나니 중생이 끝이 없는 연고로 작용 또한 끝이 없다." 둘은 뒤를 해석한 의미를 말하되, "중생과 세계가 이미 허공과 같은 연고로 한 문을 따라서 끝없는 작용과 합치함이 마치 개자 속의 하늘과 같나니, 이로 말미암아 단지 하나의 문이 여럿을 이루는 것만이 아니다. 한 생각에 또한 능히 여러 현상을 이루게 된다." 경문 중에 셋이니 ㉮ 비유로 밝힘이다. 불은 땔나무의 인연을 따른다. 땔나무가 많으면 불이 있어서 보살이 세상에 태

어나는 인연이 넓음에 비유하였으므로 작용이 끝이 없다는 뜻이다.
㉣ 법과 비유를 합함은 알 수 있으리라.

㉤ 전전이 묻고 해석하다[轉徵釋] (後轉 25下2)

何以故오 此菩薩摩訶薩이 爲欲度脫一切衆生하여 修普賢行하며 生普賢智하며 滿足普賢의 所有行願이니라
왜냐하면 이 보살마하살이 일체중생을 제도하기 위하여 보현의 행을 닦고 보현의 지혜를 내고 보현보살이 가진 행과 원을 만족하게 하려는 것이니라.

[疏] 後, 轉徵釋이라 徵意에 云, 菩薩이 何以起多業用고 釋意에 云, 爲普度生하여 滿普願故라
  ㉤ 전전이 묻고 해석함이다. 질문한 의미에 말하되, "보살은 어찌하여 많은 업과 작용을 일으키는가?" 의미를 해석하여 말하되, "널리 중생을 제도하고 넓은 원을 만족시키기 위한 까닭이다."

(d) 수행하기 권함을 결론하여 보이다[結示勸修] 2.

㈀ 부지런히 수행할 것을 권함으로 결론하다[結勸勤修] 2.
① 수행할 대상의 법을 거론하다[擧所修法] (第四 25下8)

是故로 諸菩薩이 應於如是種類와 如是境界와 如是威德과 如是廣大와 如是無量과 如是不思議와 如是普照

明과 如是一切諸佛現前住와 如是一切如來所護念과 如
是成就往昔善根과 如是其心無礙不動三昧之中에
그러므로 여러 보살이 ① 이러한 종류와 ② 이러한 경계와
③ 이러한 위덕과 ④ 이렇게 광대함과 ⑤ 이렇게 한량없음
과 ⑥ 이렇게 부사의함과 ⑦ 이렇게 널리 비침과, ⑧ 이렇게
모든 부처님이 앞에 나타남과, ⑨ 이렇게 모든 여래의 호념
함과, ⑩ 이렇게 옛날의 착한 뿌리를 성취함과, ⑪ 이렇게
마음이 막히지 않고 동하지 않는 삼매 가운데서

[疏] 第四, 是故諸菩薩下는 結示勸修라 中에 二니 初, 結勸勤修요 二,
佛子로 至如是修行普賢行下는 總結顯示라 今初니 謂菩薩이 心窮
生界하여 定用無涯일새 故應修習이라 文中에 二니 初, 擧所修之法이
요 後, 勤加下는 示勸修相이라 今初라 是故諸菩薩의 五字는 該下二
段이라 其所修法이 有十一句하니 末後一句는 擧定名體요 前之十句
는 別明無礙輪之業用이라 於中에 倒牒前來諸文이니라 初種類者는
業用이 非一故니 如合龍喩中에 入法衆多가 是種類義니라 二, 境界
者는 卽定所緣이니 如前妄念이 緣境喩니라 三, 威德者는 卽通顯定
用이니 如前寶29)珠가 能出生喩니라 四, 此上三種이 皆悉廣大라하여
一一無涯니 如前不見三昧前際故니라 五, 數不可極이니 如前入不
可說智門等이 卽無邊故니라 六, 並絶心言이니 如前不作是念有若
干菩薩等故니라 七, 皆與智俱니 如前雖知諸法無作이나 而能示現
一切作業이 是權實明照故니라 八, 體用이 齊於佛境에 則諸佛現前
이니 如前의 觀十力地하여 至薩婆若故니라 九, 如來護念이니 如前의

---

29) 寶는 南縮續金本無, 源原本有라 하다.

諸佛攝受已에 入未來諸佛數故니라 十, 非但現用自在라 亦成昔善이니 如前功德과 解欲이 悉淸淨故니라

■ (d) 是故諸菩薩 아래는 부지런히 수행할 것을 결론하여 보임이다. 그중에 둘이니 ㊀ 부지런히 수행할 것을 결론하고 권함이요, ㊁ 佛子부터 如是修行普賢行까지 아래는 총합하여 결론하고 밝혀 보임이다. 지금은 ㊀이니 이른바 보살이 마음으로 중생계를 궁구하여 삼매의 작용이 끝이 없으므로 응당히 닦고 익히는 것이다. 경문 중에 둘이니 ① 수행할 대상의 법을 거론함이요, ② 勤加 아래는 수행하기 권하는 양상을 보임이다. 지금은 ①이다. 是故諸菩薩의 다섯 글자는 아래 두 문단을 아우른다. 그 닦을 대상인 법에 11구절이 있으니, 마지막 한 구절은 삼매의 이름과 체성을 거론함이요, 앞의 열 구절은 걸림 없는 바퀴의 업과 작용을 개별로 밝힘이다. 그중에 앞까지의 여러 경문을 거꾸로 따왔다. (1) '종류'는 업과 작용이 하나가 아닌 까닭이니, 마치 용의 비유와 합한 중에 법에 들어감이 여럿이고 많음이 종류의 뜻이다. (2) '경계'는 삼매로 인연할 대상과 합치하나니, 앞[② 生心各別喩]의 망념으로 반연한 경계의 비유와 같다. (3) '위덕(威德)'이란 곧 삼매의 작용을 통틀어 밝힘이니 마치 앞[① 如意隨求喩]의 구슬이 능히 출생시키는 비유와 같다. (4) 이 위의 세 가지가 모두 '광대하다'고 하여 낱낱이 그지없음이 앞[(c) 普德無盡]의 앞 시절을 보지 못하는 삼매와 같은 까닭이다. (5) '헤아려 궁극을 알 수 없음'은 마치 앞[(1) 入不可說智門]의 말할 수 없는 지혜의 문에 들어감과 같은 따위가 곧 그 지없는 까닭이다. (6) '마음과 말이 함께 끊어짐'이니 마치 앞의 얼마의 보살 따위를 짓지 않음과 같은 까닭이다. (7) '모두 지혜와 함께 함'은 앞[②別顯 중 둘째 구절]의 '모든 법이 지을 것 없는 줄을 알지마는

모든 짓는 업을 나타낸다'는 것이 권교와 실법을 밝게 비춤과 같은 까닭이다. (8) 체성과 작용이 부처님 경계와 가지런할 적에 '여러 부처님이 앞에 나타남'이니 마치 앞[㊄ 證無中邊佛平等德]의 '십력(十力)의 지위를 관찰하여 온갖 지혜에 이르며'와 같은 까닭이다. (9) '여래가 호념하심'은 마치 앞[㊆ 智恒明達一切諸法德]의 '여러 부처님의 거둬 주시고 나서 오는 세상의 부처님 수에 들어감'과 같은 까닭이다. (10) '다만 작용이 자재함뿐 아니라 또한 예전의 선행을 이룸이니 마치 앞[㊇ 到無障處德]의 공덕과 지혜와 욕망이 모두 청정함과 같은 까닭이다.

② 수행하기 권하는 양상을 보이다[示勸修相] 2.
㉮ 허물을 여의고 정진하는 덕을 간략히 보이다[略示離過進德]

(第二 26下7)

勤加修習하여 **離諸熱惱**하며 **無有疲厭**하여 **心不退轉**하며 **立深志樂**하여 **勇猛無怯**하며 **順三昧境界**하여 **入難思智地**하니라

(1) 부지런히 닦아 번뇌를 여의며, (2) 마음이 고달프지도 않고 (3) 물러나지도 않으며 (4) 뜻을 굳게 세우고 (5) 용맹하여 겁이 없어 (6) 삼매의 경계를 따라 헤아릴 수 없는 지혜에 들어갈 것이니라.

[疏] 第二, 示修相이라 中에 二니 初, 略示離過進德이요
- ② 수행하기 권하는 양상을 보임이다. 그중에 둘이니 ㉮ 허물을 여의고 정진하는 덕을 간략히 보임이요,

㉯ 허물을 여의고 정진하는 덕을 개별로 보이다[別示離過進德] 2.
㉠ 허물을 여의다[離過] (後不 26下10)
㉡ 정진하는 공덕[進德] (後於)

不依文字하고 不着世間하며 不取諸法하고 不起分別하며 不染着世事하고 不分別境界하여 於諸法智에 但應安住하고 不應稱量이니 所謂親近一切智하여 悟解佛菩提하며 成就法光明하여 施與一切衆生善根하며 於魔界中에 拔出衆生하여 令其得入佛法境界하며 令不捨大願하고 勤觀出道하여 增廣淨境하며 成就諸度하여 於一切佛에 深生信解하며 常應觀察一切法性하여 無時暫捨하며 應知自身이 與諸法性으로 普皆平等하며 應當明解世間所作하여 示其如法智慧方便하며 應常精進하여 無有休息하며 應觀自身의 善根鮮少하며 應勤增長他諸善根하며 應自修行一切智道하며 應勤增長菩薩境界하며 應樂親近諸善知識하며 應與同行으로 而共止住하며 應不分別佛하며 應不捨離念하며 應常安住平等法界하며 應知一切心識이 如幻하며 應知世間諸行如夢하며 應知諸佛의 願力出現이 猶如影像하며 應知一切諸廣大業이 猶如變化하며 應知言語가 悉皆如響하며 應觀諸法이 一切如幻하며 應知一切生滅之法이 皆如音聲하며 應知所往一切佛刹이 皆無體性하며 應爲請問如來佛法하되 不生疲倦하며 應爲開悟一切世間하되 勤加敎誨하여 而不捨離하며 應爲調伏一切衆生하되 知時說法하여 而不休息이니라

(1) 글자에 의지하지도 말고 (2) 세간에 집착하지도 말고 (3) 법을 취하지도 말고 (4) 분별을 내지도 말고 (5) 세상일에 물들지도 말고 (6) 경계를 분별하지도 말며, 모든 법을 아는 지혜에 편안히 머물고 헤아리려 하지 말지니, 이른바 (7) 온갖 지혜에 친근하며 부처님의 보리를 깨닫고 법의 광명을 성취하여 일체중생에게 착한 뿌리를 베풀며, (8) 마의 경계에서 중생을 건져 내어 불법의 경계에 들어가게 하며, (9) 큰 서원을 버리지 말고 벗어나는 길을 부지런히 관찰하고 청정한 경계를 늘게 하여 여러 바라밀다를 성취케 할 것이니라. (10) 모든 부처님께 깊은 신심을 내고 항상 모든 법의 성품을 관찰하여 잠깐도 버리지 말며, (11) 자기의 몸이 모든 법의 성품에 모두 평등한 줄을 알며, (12) 세간에서 짓는 일을 분명히 알고 법과 같은 지혜와 방편을 보이며, (13) 항상 꾸준히 노력하고 쉬지 말며, (14) 내 몸에 착한 뿌리가 적은 줄을 살피고 다른 이의 착한 뿌리를 늘게 하며, (15) 온갖 지혜의 도를 스스로 수행하여 보살의 경지를 증장케 하며, (16) 선지식을 친근하기를 좋아하고 (17) 함께 수행하는 이와 같이 머물며, (18) 부처를 분별하지 말고 (19) 생각여의기를 버리지 말며 (20) 평등한 법계에 항상 머물며 (21) 모든 마음과 의식이 요술과 같음을 알 것이니라.

(22) 세간의 모든 일이 꿈과 같음을 알며, (23) 부처님이 원력으로 나타나심이 영상과 같은 줄을 알며, (24) 모든 크고 넓은 업이 변화함과 같음을 알며, (25) 모든 말이 메아리와 같음을 알며, (26) 모든 법이 요술과 같음을 알며, (27) 모

든 나고 없어지는 법이 음성과 같음을 알며, (28) 가는 곳마다 부처님의 세계가 자체의 성품이 없음을 알며, (29) 여래께 불법을 묻되 고달픈 생각을 내지 말며, (30) 일체 세간을 깨우치기 위하여 부지런히 가르쳐서 버리지 말며, (31) 일체중생을 조복하기 위하여 시기를 알고 법을 말하여 쉬지 말 것이니라.

[疏] 後, 不依下는 別示離過進德이라 於中에 先, 離過요 後, 於諸法下는 進德이라 文並이면 可知니라

■ ⑭ 不依 아래는 허물을 여의고 정진하는 덕을 개별로 보임이다. 그 중에 ㉠ 허물을 여읨이요, ㉡ 於諸法 아래는 정진하는 공덕이다. 경문과 함께하면 알 수 있으리라.

㈢ 총합하여 결론하고 밝혀 보이다[總結顯示] (第二 28上3)

佛子여 菩薩摩訶薩이 如是修行普賢之行하며 如是圓滿菩薩境界하며 如是通達出離之道하며 如是受持三世佛法하며 如是觀察一切智門하며 如是思惟不變異法하며 如是明潔增上志樂하며 如是信解一切如來하며 如是了知佛廣大力하며 如是決定無所礙心하며 如是攝受一切衆生이니라

불자여, 보살마하살이 (1) 이렇게 보현의 행을 닦고 (2) 이렇게 보살의 경계를 원만하고 (3) 이렇게 뛰어나는 길을 통달하고 (4) 이렇게 세 세상 부처님 법을 받아 지니고 (5) 이

렇게 온갖 지혜의 문을 관찰하고 (6) 이렇게 변하지 않는 법을 생각하고 (7) 이렇게 더욱 올라가는 뜻을 깨끗이 하고 (8) 이렇게 모든 여래를 믿고 (9) 이렇게 부처님의 넓고 큰 힘을 알고 (10) 이렇게 걸림 없는 마음을 결정하고 (11) 이렇게 중생을 거두어 주느니라.

[疏] 第二, 總結顯示者는 遠則30)通結前來諸段이요 近則逆結上來進德之文이라 欲一一配屬이로되 恐厭繁文하노라
■ ㉢ 총합하여 결론하고 밝게 보임이란 멀게는 앞까지 모든 문단을 전체로 결론함이요, 가깝게는 여기까지 정진하는 공덕의 경문을 거꾸로 결론하였다. 하나하나 배대하여 속하려고 하면 문장이 번거로움을 싫어할까 두렵다.

[鈔] 近則逆結下는 前經에 從於諸法智하여 但應安住不應稱量下는 是進德文이라 今有十一如是31)하니 初一과 後一은 即是總意라 初句, 明前皆普賢行이요 末後는 明前皆爲攝生이요 中間九句는 攝前進德하여 即爲九段이라 一, 如是圓滿菩薩境界니 即前經에 云, 應爲請問如來佛法下의 三句라 以三句中에 初一, 上求佛道法이요 二, 下化衆生이 皆是菩薩之境界故니라 二, 如是通達出離之道는 即前에 應觀諸法一切如幻下의 三句라 如幻과 如聲이 皆無體性이니 是出離法故니라 三, 如是受持三世佛法은 即前에 應知諸佛力下의 三句니라 四, 如是觀察一切智門은 即前에 應常安住平等法界下의 三句니라 五, 如是思惟不變異法은 即前에 應不分別佛下의 二句니라 六, 如

---
30) 則은 南綱續金本作亦이라 하다.
31) 如是는 南續金本無라 하다.

是明潔增上志樂은 卽前에 應當明解世間所作下의 八[32]句니 八句는 皆增上志樂故니라 七, 如是信解一切如來는 卽前에 於一切佛에 深生信解下의 三句니라 八, 如是了知佛廣大力은 卽前에 於魔境界中에 拔出衆生下로 至成就諸度四句니라 九, 如是決定心無所礙는 卽前에 所謂親近一切智下의 四句니라 末句는 如是總結攝生은 已如前釋이니 對前諸段하여 類取耳니라

● 近則逆結 아래는 앞의 경문에서 於諸法智에서부터 但應安住不應稱量 아래는 ㉡ 정진하는 공덕이다. 지금 ㉢ 총합하여 결론함에는 11개의 여시(如是)가 있으니 처음 하나와 뒤의 하나는 바로 총합한 의미이다. 첫 구절[如是修行普賢之行]은 앞의 모두가 보현의 행임을 밝혔고, 마지막 구절[如是攝受一切衆生]은 앞의 모두가 중생을 섭수함이 됨이요, 중간의 아홉 구절은 앞의 ㉡ 정진하는 공덕을 포섭하여 곧 아홉 문단이 되었다. (1) '이렇게 보살의 경계를 원만함'이니 곧 앞의 경문에 이르되 '(29) 응당히 여래께 불법을 묻되' 아래의 세 구절이다. 세 구절 중에서 ⓐ 한 구절은 위로 부처님 도법을 구함이요, ⓑ 둘째는 아래로 중생을 교화함이 모두가 보살의 경계인 까닭이다. (2) '이렇게 뛰어나는 길을 통달하고'는 곧 앞의 '(26) 모든 법이 요술과 같음을 알고' 아래의 세 구절이다. 요술과 같고 음성과 같음이 모두 체성 없음이니 곧 벗어나는 법인 까닭이다. (3) '이렇게 세 세상 부처님 법을 받아 지니고'는 곧 앞의 '(23) 부처님이 원력으로 나타나심이 영상과 같은 줄을 알며' 아래의 세 구절이요, (4) '이렇게 온갖 지혜의 문을 관찰함'은 곧 '(20) 앞의 평등한 법계에 항상 머물며' 아래의 세 구절이다. (5) '이렇게 변하지 않는 법을 생각하고'는 곧 앞의 '(18) 부

---

32) 八은 南金本七誤라 하다.

처를 분별하지 말고' 아래의 두 구절이다. (6) '이렇게 더욱 올라가는 뜻을 깨끗이 하고'는 곧 앞의 '(12) 세간에서 짓는 일을 분명히 알고' 아래의 여덟 구절이다. 여덟 구절이 모두 '더욱 올라가는 뜻[增上志樂]' 인 까닭이다. (7) '이렇게 모든 여래를 믿고 알고'는 곧 앞의 '(10) 모든 부처님께 깊은 신심을 내고' 아래의 세 구절이다. (8) '이렇게 부처님의 넓고 큰 힘을 알고'는 곧 앞의 (8) 於魔境界中拔出衆生아래로 成就諸度 까지의 네 구절이다. (9) '이렇게 걸림 없는 마음을 결정하고'는 곧 앞의 '(7) 온갖 지혜에 친근하며' 아래의 네 구절이다. (10) 마지막의 '이렇게 중생을 거두어 주심'은 이미 앞에서 해석한 내용과 같나니 앞의 모든 문단과 상대하여 유례하여 취했을 뿐이다.

c. 삼매가 원만하여 성취한 이익[明定滿成益] 2.
a) 과목 나누기[分科] (大文 29上5)
b) 과목에 따라 해석하다[隨釋] 4.

(a) 밖으로 부처님 가피를 느끼는 이익[外感佛加益] 5.
㊀ 가피가 의지할 대상을 밝히다[辨加所依] (初中 29上7)
㊁ 가피하는 주체[顯能加者] (二十)

佛子여 菩薩摩訶薩이 入普賢菩薩所住如是大智慧三昧時에 十方各有不可說不可說國土어든 一一國土에 各有不可說不可說佛刹微塵數如來名號하며 一一名號에 各有不可說不可說佛刹微塵數諸佛이 而現其前하여
불자여, 보살마하살이 보현보살의 머무르신 이와 같은 큰

지혜 삼매에 들어갔을 적에, (1) 시방에 각각 말할 수 없이 말할 수 없는 국토가 있고 (2) 낱낱 국토마다 말할 수 없이 말할 수 없는 세계의 티끌 수 여래의 이름이 있고, (3) 낱낱 이름마다 말할 수 없이 말할 수 없는 세계의 티끌 수 부처님이 앞에 나타났느니라.

[疏] 大文第三, 定滿成益이라 文屬此定이나 意兼前九니라 於中에 四니 一, 外感佛加益이요 二, 內德圓滿益이요 三, 上攝佛果益이요 四, 正同佛果益이니라 初中에 五니 一, 辨加所依니 謂在定時故라 二, 十方下는 顯能加者요

■ 큰 문단으로 c. 삼매가 원만하여 성취한 이익이니, 경문은 이 선정에 속하지만 의미로는 앞의 아홉 구절을 겸한다. 그중에 넷이니 (a) 밖으로 부처님 가피를 느끼는 이익이요, (b) 안으로 공덕이 원만한 이익이요, (c) 위로 부처님 과덕을 포섭한 이익이요, (d) 부처님 과덕과 바로 동등한 이익이다. (a) 밖으로 부처님 가피를 느끼는 이익 중에 다섯이니 ㉠ 가피가 의지할 대상을 밝힘이니 이른바 삼매에 들었을 때인 까닭이다. ㉡ 十方 아래는 가피하는 주체를 밝힘이요,

㉢ 가피하는 양상[正顯加相] (三與 30上2)
㉣ 가피로 이룬 작용[加以成用] (四佛)

與如來念力하사 令不忘失如來境界하며 與一切法究竟慧하사 令入一切智하며 與知一切法種種義決定慧하사 令受持一切佛法하여 趣入無礙하며 與無上佛菩提하사

令入一切智하여 開悟法界하며 與菩薩究竟慧하사 令得
一切法光明하여 無諸黑闇하며 與菩薩不退智하사 令知
時非時善巧方便하여 調伏衆生하며 與無障礙菩薩辯才
하사 令悟解無邊法하여 演說無盡하며 與神通變化力하
사 令現不可說不可說差別身의 無邊色相이 種種不同하
여 開悟衆生하며 與圓滿言音하사 令現不可說不可說差
別音聲의 種種言辭하여 開悟衆生하며 與不唐捐力하사
令一切衆生으로 若得見形이어나 若得聞法에 皆悉成就
하여 無空過者니라
佛子여 菩薩摩訶薩이 如是滿足普賢行故로 得如來力하고
淨出離道하고 滿一切智하여 以無礙辯才와 神通變化로 究
竟調伏一切衆生하며 具佛威德하고 淨普賢行하고 住普賢
道하여 盡未來際토록 爲欲調伏一切衆生하여 轉一切佛微
妙法輪하나니라

(4) 여래의 기억하는 힘을 주어 여래의 경계를 잊지 않게 하며, (5) 일체 법에 끝까지 이르는 지혜를 주어 온갖 지혜에 들어가게 하며, (6) 온갖 법과 갖가지 이치를 아는 결정한 지혜를 주어 모든 불법을 받아 가지고 걸림 없이 들어가게 하며, (7) 위가 없는 부처의 보리를 주어 온갖 지혜에 들어가 법계를 깨우치게 하며, (8) 보살의 마지막 지혜를 주어 모든 법의 광명을 얻고 캄캄함이 없게 하며, (9) 보살의 물러나지 않는 지혜를 주어 때인지 때 아닌지를 알고 교묘한 방편으로 중생을 조복하게 하며, (10) 걸림 없는 보살의 변재를 주어 그지없는 법을 깨닫고 다함이 없이 연설케 하느

니라. (11) 신통변화하는 힘을 주어 말할 수 없이 말할 수 없는 차별한 몸과 그지없는 모양이 같지 아니함을 나타내어 중생을 깨우치게 하며, (12) 원만한 음성을 주어 말할 수 없이 말할 수 없는 차별한 음성과 가지가지 말을 나타내어 중생을 깨우치게 하며, (13) 헛되지 않은 힘을 주어 일체중생들이 형상을 보거나 법을 들은 이는 모두 성취하고 헛되이 지나간 이가 없느니라.

불자여, 보살마하살이 이렇게 보현의 행을 만족하였으므로 (1) 여래의 힘을 얻고 (2) 뛰어나는 길을 깨끗이 하고 (3) 온갖 지혜를 갖추었으며, (4) 걸림 없는 변재와 (5) 신통변화로 일체중생을 끝까지 조복하며, (6) 부처의 위력을 갖추고 (7) 보현의 행을 깨끗이 하고 (8) 보현의 도에 머물러서 (9) 오는 세월이 끝나도록 일체중생을 조복하기 위하여 (10) 모든 부처님의 미묘한 법 바퀴를 굴리느니라.

[疏] 三, 與如來下는 正顯加相이요 四, 佛子菩薩下는 加以成用이니 文並可知로다

- ㈢ 與如來 아래는 가피하는 양상을 바로 밝힘이요, ㈣ 佛子菩薩 아래는 가피로 이룬 작용이니, 경문과 함께하면 알 수 있으리라.

㈤ 이유를 묻고 해석하다[徵釋所由] 2.
① 질문하다[徵] (五何 30下6)
② 해석하다[釋] (釋意)

何以故오 佛子여 此菩薩摩訶薩이 成就如是殊勝大願諸菩薩行하면 則爲一切世間法師하며 則爲一切世間法日하며 則爲一切世間智月하며 則爲一切世間須彌山王하여 巍然高出하여 堅固不動하며 則爲一切世間無涯智海하며 則爲一切世間王法明燈하여 普照無邊하여 相續不斷하며 爲一切衆生하여 開示無邊淸淨功德하여 皆令安住功德善根하며 順一切智大願平等하여 修習普賢廣大之行하며 常能勸發無量衆生하여 住不可說不可說廣大行三昧하여 現大自在니라

무슨 까닭이냐? 불자여, 보살마하살이 여래의 수승한 큰 서원과 보살의 행을 성취하면 (1) 일체 세간의 법사가 되며, (2) 일체 세간의 법 해가 되며, (3) 일체 세간의 지혜 달이 되며, (4) 일체 세간의 수미산왕이 되어 우뚝하게 높이 솟아 견고하여 동하지 않으며, (5) 일체 세간의 끝없는 지혜 바다가 되며, (6) 일체 세간에서 바른 법의 등불이 되어 그지없는 데까지 널리 비치어 끊어지지 않으며, (7) 일체중생을 위하여 그지없이 청정한 공덕을 열어 보이어 공덕과 착한 뿌리에 머물게 하며, (8) 온갖 지혜를 따라서 큰 서원이 평등하며, (9) 보현의 넓고 큰 행을 닦으며, (10) 한량없는 중생에게 발심하기를 권하여 말할 수 없이 말할 수 없는 광대한 행인 삼매에 머물러서 크게 자유자재함을 나타내게 하느니라.

[疏] 五, 何以下는 徵釋所由라 徵意에 云, 普行旣滿이어니 何須盡未來際

의 行調生行耶아 釋意에 云, 無障礙願이 法應爾故며 已成大願에 眞能調故니라
- ㉤ 何以 아래는 이유를 묻고 해석함이다. 의미를 물어 말하되, "넓은 행법이 이미 만족하지만 어찌하여 모름지기 미래제가 다하는 행법으로 중생을 조복하는 행을 구하겠는가?" 의미를 해석하여 이르되, "장애가 없는 원은 법이 응당히 그러한 까닭이며, 이미 큰 원을 이룰 적에 진실로 능히 조복하는 까닭이다."

(b) 안으로 공덕이 원만한 이익[內德圓滿益] 4.
㈠ 앞의 삼매에 머무는 인행이 원만함을 따오다[牒前住定因圓]

(第二 31上6)

佛子여 此菩薩摩訶薩이 獲如是智하며 證如是法하여 於如是法에 審住明見하며 得如是神力하며 住如是境界하며 現如是神變하며 起如是神通하여 常安住大悲하며 常利益衆生하야 開示衆生安隱正道하며 建立福智大光明幢하며 證不思議解脫하며 住一切智解脫하며 到諸佛解脫彼岸하며 學不思議解脫方便門하여 已得成就하며 入法界差別門하여 無有錯亂하며 於普賢不可說不可說三昧에 遊戲自在하며 住師子奮迅智하여 心意無礙하니라

불자여, 이 보살마하살이 (1) 이러한 지혜를 얻고 (2) 이러한 법을 증득하고 (3) 이러한 법에 자세히 머물러서 분명하게 보며, (4) 이러한 신통력을 얻고 (5) 이러한 경계에 머물러서 (6) 이러한 변화를 나타내고 (7) 이러한 신통을 일으

키며, (8) 큰 자비에 항상 있으면서 중생을 이익하게 하고 (9) 중생에게 편안한 길을 보여 주고 (10) 복과 지혜의 광명한 당기를 세우며, (11) 부사의한 해탈을 증득하고 (12) 온갖 지혜의 해탈에 머물고 (13) 부처님의 해탈한 저 언덕에 이르며, (14) 부사의한 해탈의 방편문을 배워서 성취하였고 (15) 법계의 차별한 문에 들어가서 착란하지 않으며, (16) 말할 수 없이 말할 수 없는 보현의 삼매에서 유희하고 자재하며, (17) 사자의 기운 뻗는 지혜에 머물러서 마음에 장애가 없느니라.

[疏] 二, 佛子此菩薩獲如是下는 內德圓滿益이라 中에 四니 初, 牒前住定之因圓이요 通牒上文을 並顯可知로다

- (b) 佛子此菩薩獲如是 아래는 안으로 공덕이 원만한 이익이다. 그 중에 넷이니 ㊀ 앞의 삼매에 머무는 인행이 원만함을 따옴이요, 통틀어 위의 경문을 따온 것은 함께 밝히면 알 수 있으리라.

㊁ 원만할 대상을 개별로 보이다[別示所滿] (二其 31下8)

其心이 恒住十大法藏하나니 何者爲十고 所謂住憶念一切諸佛하며 住憶念一切佛法하며 住調伏一切衆生大悲하며 住示現不思議淸淨國土智하며 住深入諸佛境界決定解하며 住去來現在一切佛平等相菩提하며 住無礙無着際하며 住一切法無相性하며 住去來現在一切佛平等善根하며 住去來現在一切如來法界無差別身語意業先

導智하며 住觀察三世一切諸佛의 受生出家와 詣道場成正覺과 轉法輪般涅槃이 悉入刹那際니라
佛子여 此十大法藏이 廣大無量하여 不可數며 不可稱이며 不可思며 不可說이며 無窮盡이며 難忍受니 一切世智로 無能稱述이니라

그 마음은 열 가지 큰 법장에 머무르나니, 무엇이 열인가? 이른바 (1) 온갖 부처님을 생각하는 데 머물며, (2) 온갖 부처님의 법을 생각하는 데 머물며, (3) 일체중생을 조복하는 큰 자비에 머물며, (4) 헤아릴 수 없이 청정한 국토를 나타내는 지혜에 머물며, (5) 부처님의 경계에 깊이 들어가는 결정한 지혜에 머물며, (6) 과거·미래·현재의 모든 부처님의 평등한 보리에 머물며, (7) 걸림 없고 집착이 없는 경계에 머물며, (8) 모든 법이 모양이 없는 성품에 머물며, (9) 과거·미래·현재의 모든 부처님의 평등한 착한 뿌리에 머물며, (10) 과거·미래·현재의 모든 여래께서 법계에 차별 없는 몸과 말과 뜻으로 짓는 업으로 앞에 서서 지도하는 지혜에 머물며, (11) 삼세의 모든 부처님이 태어나고 출가하고 바른 깨달음을 이루고 법 바퀴를 굴리고 열반에 드심을 관찰하여 찰나의 경계에 들어가는 데 머무는 것이니라.

불자여, 이 열 가지 큰 법장은 크고 넓어 한량이 없으며, 셀 수 없고 일컬을 수 없고 생각할 수 없고 말할 수 없으며, 다 할 수 없고 그대로 받기 어려우니, 모든 세간의 지혜로는 이루 말할 수 없느니라.

[疏] 二, 其心恒住下는 別示所滿이요 十表無盡이라
- ㈡ 其心恒住 아래는 원만할 대상을 개별로 보임이요, 열 가지로 끝이 없음을 표하였다.

㈢ 구경의 언덕을 총합하여 결론하다[總結究竟] (三佛 32上4)
㈣ 그 이유를 묻고 해석하다[徵釋所由] (四何)

佛子여 此菩薩摩訶薩이 已到普賢諸行彼岸에 證淸淨法하여 志力廣大하여 開示衆生無量善根하며 增長菩薩一切勢力하여 於念念頃에 滿足菩薩一切功德하며 成就菩薩一切諸行하며 得一切佛陀羅尼法하며 受持一切諸佛所說하며 雖常安住眞如實際나 而隨一切世俗言說하여 示現調伏一切衆生하나니 何以故오 菩薩摩訶薩이 住此三昧에 法如是故니라

불자여, 이 보살마하살은 (1) 보현의 행의 저 언덕에 이르렀으며, (2) 청정한 법을 증득하여 뜻이 넓고 크며, (3) 중생의 한량없는 착한 뿌리를 열어 보이며, (4) 보살의 모든 세력을 늘게 하여 잠깐 동안에 보살의 모든 공덕을 만족하며, (5) 보살의 모든 행을 성취하며, (6) 모든 부처님의 다라니 법을 얻고 (7) 모든 부처님의 말씀하신 것을 받아 지니며, (8) 진여의 실체에 편안히 머물면서도 (9) 모든 세속의 말을 따라서 (10) 일체중생을 조복하나니, 왜냐하면 보살마하살이 이 삼매에 머물면 으레 그런 것이니라.

[疏] 三, 佛子此菩薩로 至已到普賢下는 總結究竟이요 四, 何以下는 徵釋所由라 徵意에 云, 菩薩은 何以能滿爾所德耶아 釋意는 可知니라

- ㈢ 佛子此菩薩로 已到普賢까지 아래는 구경의 언덕을 총합하여 결론함이요, ㈣ 何以 아래는 그 이유를 묻고 해석함이다. 의미를 해석하여 말하되, "보살은 어찌하여 능히 그 많은 공덕을 만족하였는가?" 의미를 해석함은 알 수 있으리라.

(c) 위로 부처님 과덕을 포섭하는 공덕[上攝佛果益] 3.
㈠ 바로 설명하다[正明] (第三 32下5)

佛子여 菩薩摩訶薩이 以此三昧로 得一切佛廣大智하며 得巧說一切廣大法自在辯才하며 得一切世中最爲殊勝淸淨無畏法하며 得入一切三昧智하며 得一切菩薩善巧方便하며 得一切法光明門하며 到安慰一切世間法彼岸하며 知一切衆生時非時하며 照十方世界一切處하며 令一切衆生得勝智하며 作一切世間無上師하며 安住一切諸功德하며 開示一切衆生淸淨三昧하여 令入最上智하나니라

불자여, 보살마하살이 이 삼매로써 (1) 모든 부처님의 넓고 큰 지혜를 얻으며, (2) 모든 광대한 법을 교묘하게 말하는 자유로운 변재를 얻으며, (3) 모든 세계의 가장 훌륭하고 청정하고 두려움이 없는 법을 얻으며, (4) 모든 삼매에 들어가는 지혜를 얻으며, (5) 모든 보살의 교묘한 방편을 얻으며, (6) 모든 법의 광명을 얻으며, (7) 모든 세간을 위로하는 법

의 저 언덕에 이르며, (8) 일체중생의 때와 때 아닌 것을 알고 (9) 시방 세계의 모든 곳에 비추어 모든 중생으로 훌륭한 지혜를 얻게 하며, (10) 모든 세간의 더없는 스승이 되고 모든 공덕에 머물러서 (11) 일체중생에게 청정한 삼매를 보이어 가장 높은 지혜에 들어가게 하느니라.

[疏] 第三, 佛子로 至以此三昧下는 上攝佛果益이라 中에 三이니 初, 正明이요

- (c) 佛子로 以此三昧까지 아래는 위로 부처님 과덕을 포섭하는 이익이다. 그중에 셋이니 ㊀ 바로 설명함이요,

㊁ 질문으로 시작하다[徵起] (次何 33上1)
㊂ 바로 해석하다[正釋] 3.
① 남김 없는 업을 밝히다[顯無餘之業] (後菩)

何以故오 菩薩摩訶薩이 如是修行하면 則利益衆生하며 則增長大悲하며 則親近善知識하며 則見一切佛하며 則了一切法하며 則詣一切刹하며 則入一切方하며 則入一切世하며 則悟一切法平等性하며 則知一切佛平等性하며 則住一切智平等性하며

무슨 까닭이냐? 보살마하살이 이와 같이 수행하면 (1) 중생을 이익하게 하고 (2) 큰 자비심이 늘고 (3) 선지식을 친근하고 (4) 모든 부처님을 보고 일체 법을 알고 (5) 세계에 나아가고 (6) 온갖 방위에 들어가고 (7) 온갖 세상에 들어가

고 (8) 온갖 법의 평등한 성품을 깨닫고 (9) 온갖 부처님의 평등한 성품을 알고 (10) 온갖 지혜의 평등한 성품에 머무느니라.

[疏] 次, 何以故는 徵이라 徵意에 云, 上是佛德이어니 何能攝耶아 後, 菩薩下는 釋이라 意에 云, 住此三昧에 能所作無餘하여 同如來故라 於中에 三이니 初, 正顯無餘之業이라 故로 皆云一切니라

■ ㈢ 何以故는 질문으로 시작함이다. 의미를 물어 말하되, "위는 부처님의 과덕인데 어찌 능히 포섭하겠는가?" ㈢ 菩薩 아래는 해석함이다. 의미를 해석하여 이르되, "이 삼매에 짓는 주체와 대상이 남김이 없음에 머물러서 여래와 같아진 까닭이다." 그중에 셋이니 ① 남김 없는 업을 바로 밝힘이다. 그러므로 모두에 '일체(一切)'라고 하였다.

② 업을 짓는 행법의 양상을 밝히다[明作業行相] (二於 33上7)

於此法中에 作如是業하고 不作餘業하나니 住未足心하며 住不散亂心하며 住專一心하며 住勤修心하며 住決定心하며 住不變異心하여 如是思惟하며 如是作業하며 如是究竟이니라

이 법 가운데서 (1) 이런 업을 짓고 다른 업은 짓지 아니하며, (2) 부족한 마음에 머물고 (3) 산란하지 않은 마음에 머물고 (4) 한결같은 마음에 머물고 (5) 부지런히 수행하는 마음에 머물고 (6) 결정한 마음에 머물고 (7) 변동하지 않는 마음에 머물러서 (8) 이렇게 생각하고 (9) 이렇게 업을 짓

고 (10) 이렇게 끝까지 이르느니라.

[疏] 二, 於此法中下는 明作業行相이라 初句는 總顯이니 依前而作하고 更不作이며 餘不足之業이라 住未足等은 顯其作義요 如是已下는 總結前作이니라

■ ② 於此法中 아래는 업을 짓는 행법의 양상을 밝힘이다. 첫 구절[作如是業 不作餘業]은 ㉠ 총상으로 밝힘이니 앞을 의지하여 짓고는 다시 짓지 않으며, 나머지 만족하지 않은 업이다. 부족한 마음에 머무는 따위는 그 짓는 뜻을 밝혔고, ㉡ 如是 아래는 앞에서 지은 것을 총합 결론함이다.

③ 힐난을 따라 거듭 해석하다[逐難重釋] 3.

㉠ 간략히 표방하다[略標] (第三 33下1)
㉡ 질문으로 시작하다[徵起] (次徵)
㉢ 자세하게 해석하다[廣釋] 10.
㉠ 파괴되지 않는 금강의 비유[金剛不壞喩] (文有)

佛子여 菩薩摩訶薩이 無異語異作하고 有如語如作하나니라 何以故오 譬如金剛이 以不可壞로 而得其名이라 終無有時에 離於不壞인달하여 菩薩摩訶薩도 亦復如是하여 以諸行法으로 而得其名이라 終無有時에 離諸行法하나라 불자여, 보살마하살은 다른 말과 다르게 짓는 일이 없고, 같은 말과 같이 짓는 일만 있느니라. 왜냐하면 (1) 마치 금강

은 깨뜨릴 수 없다는 이름을 얻었으므로 언제나 깨뜨릴 수 없음을 떠날 수 없듯이, 보살마하살도 그와 같아서 여러 가지 행하는 법이란 이름을 얻었으므로 행하는 법을 떠날 때가 없느니라.

[疏] 三, 佛子下는 逐難重釋이니 謂廣前의 作如是業하고 不作餘業이라 文中에 三이니 初, 略標擧라 其中에 如作은 通身과 及意니라 次, 徵이라 徵意에 云, 何以不作餘耶아 後, 廣釋이라 釋意에 云, 若作異前하면 非菩薩故라 文有十喩하니 卽爲十段에 各自有合이라 一, 金剛不壞喩는 喩行體堅牢라

■ ③ 佛子 아래는 힐난을 따라 거듭 해석함이다. 말하자면 앞의 이런 업을 짓고 나머지 업은 짓지 않는 것을 자세하게 밝혔다. 경문 중에 셋이니 ㉮ 간략히 표방하여 거론함이다. 그중에 지음이 신업과 의업에 통틀어 (지음과) 같다. ㉯ 질문으로 시작함이다. 질문한 의미를 말하되, "어찌하여 나머지 업은 짓지 않았는가?" ㉰ 자세하게 해석함이다. 의미를 해석하여 말하되, "짓는 것이 앞과 다르면 보살이 아닌 까닭이다." 경문에 열 가지 비유가 있으니 곧 열 문단에 각기 자연히 합함이 있다. ㉠ 파괴되지 않는 금강의 비유는 행법의 체성이 견고함에 비유하였다.

㉡ 황금의 묘한 빛의 비유[眞金妙色喩] (二眞 34上2)
㉢ 태양은 광명 바퀴를 떠날 때가 없다는 비유[日輪光明喩] (三日)

譬如眞金이 以有妙色으로 而得其名이라 終無有時에 離

於妙色인달하여 菩薩摩訶薩도 亦復如是하여 以諸善業
으로 而得其名이라 終無有時에 離諸善業하나니라
譬如日天子가 以光明輪으로 而得其名이라 終無有時에
離光明輪인달하여 菩薩摩訶薩도 亦復如是하여 以智慧
光으로 而得其名이라 終無有時에 離智慧光하나니라
(2) 또 황금은 묘한 빛이란 이름을 얻었으므로 묘한 빛을 떠
날 때가 없듯이, 보살마하살도 그와 같아서 착한 업이란 이
름을 얻었으므로 착한 업을 떠날 때가 없느니라.
(3) 또 해는 광명 바퀴라는 이름을 얻었으므로 광명 바퀴를
떠날 때가 없듯이, 보살마하살도 그와 같아서 지혜 빛이란
이름을 얻었으므로 지혜의 빛을 떠날 때가 없느니라.

[疏] 二, 眞金妙色喩는 喩善業外飾이니라 三, 日輪光明喩는 喩智慧圓明
이니라

- ㉡ 황금의 묘한 색깔의 비유는 선업은 밖으로 장엄함에 비유하였다.
  ㉢ 태양은 광명 바퀴를 떠날 때가 없다는 비유는 지혜가 두렷이 밝음
  에 비유하였다.

㉣ 수미산 네 봉우리의 비유[須彌四峰喩] (四須 34下1)
㉤ 대지가 잘 지탱하는 비유[大地能持喩] (五大)

譬如須彌山王이 以四寶峯으로 處於大海하여 逈然高出
로 而得其名이라 終無有時에 捨離四峯인달하여 菩薩摩
訶薩도 亦復如是하여 以諸善根으로 處在於世하여 逈然

高出로 而得其名이라 終無有時에 捨離善根하며
譬如大地가 以持一切로 而得其名이라 終無有時에 捨離能
持인달하여 菩薩摩訶薩도 亦復如是하여 以度一切로 而得
其名이라 終無有時에 捨離大悲하니라

(4) 또 수미산은 네 가지 보배로 된 봉우리가 바다 속에서 우뚝 솟았다는 이름을 얻었으므로 네 봉우리를 떠날 때가 없듯이, 보살마하살도 그와 같아서 여러 가지 착한 뿌리가 세상에서 유달리 우뚝하다는 이름을 얻었으므로 착한 뿌리를 떠날 때가 없느니라.

(5) 비유컨대 또 땅덩이는 온갖 것을 싣고 있다는 이름을 얻었으므로 싣는 일을 떠날 때가 없듯이, 보살마하살도 그와 같아서 온갖 것을 제도한다는 이름을 얻었으므로 크게 가엾이 여기는 마음을 떠날 때가 없느니라.

[疏] 四, 須彌四峰喩는 喩善根超出이라 不合四峰하니 若合인댄 可以四菩薩行으로 合也니라 五, 大地能持喩는 喩大悲荷負라

■ ㉣ 수미산 네 봉우리의 비유는 선근이 훌륭하고 특출함에 비유하였다. 네 봉우리와 합하지 않았으니 만약 합한다면 네 가지 보살의 행과 합할 수 있는 까닭이다. ㉤ 대지가 잘 지탱하는 비유는 (보살이) 대비심을 짊어짐에 비유하였다.

㉥ 큰 바다가 물을 포함하는 비유[大海含水喩] (六大 34下10)
㉦ 장군은 전쟁에 밝은 비유[將軍明戰喩] (七軍)

譬如大海가 以含衆水로 而得其名이라 終無有時에 捨離
於水인달하여 菩薩摩訶薩도 亦復如是하여 以諸大願으로
而得其名이라 終不暫捨度衆生願하나니라
譬如軍將이 以能慣習戰鬪之法으로 而得其名이라 終無
有時에 捨離此能인달하여 菩薩摩訶薩도 亦復如是하여
以能慣習如是三昧로 而得其名이라 乃至成就一切智智
히 終無有時에 捨離此行하나니라

(6) 또 바다는 여러 강물을 포함한다는 이름을 얻었으므로
마침내 물을 떠날 때가 없듯이, 보살마하살도 그와 같아서
큰 서원이란 이름을 얻었으므로 언제나 중생을 제도하려는
원을 버리지 않느니라.

(7) 또 장군은 전쟁을 잘한다는 이름을 얻었으므로 마침내
그 잘하는 것을 버릴 때가 없듯이, 보살마하살도 그와 같아
서 이런 삼매를 잘 닦는다는 이름을 얻었으므로 온갖 지혜
를 성취할 때까지 이런 행을 버릴 때가 없느니라.

[疏] 六, 大海含水喩는 喩大願이니라 七, 軍將明戰喩는 喩習定防寃이라
- ㉥ 큰 바다가 물을 포함하는 비유는 (보살의) 큰 서원에 비유하였다.
㉦ 장군은 전쟁에 밝은 비유는 삼매를 익혀 원한을 방어함에 비유하
였다.

◎ 전륜왕이 사천하를 잘 보호하는 비유[輪王護世喩] (八輪 35上9)
㉧ 씨 뿌려 자라게 하는 비유[植種生長喩] (九植)

如轉輪王이 馭四天下에 常勤守護一切衆生하여 令無橫死하고 恒受快樂인달하여 菩薩摩訶薩도 亦復如是하여 入如是等諸大三昧에 常勤化度一切衆生하여 乃至令其究竟淸淨하니라

譬如種子를 植之於地에 乃至能令莖葉增長인달하여 菩薩摩訶薩도 亦復如是하여 修普賢行하여 乃至能令一切衆生으로 善法增長하며

(8) 또 전륜왕은 사천하를 통치하면서 일체중생을 잘 보호하여 횡사하는 일이 없고 항상 즐거움을 받게 하듯이, 보살마하살도 그와 같아서 이러한 모든 삼매에 들어가 일체중생을 교화하여 끝까지 청정하게 하느니라.

(9) 또 씨앗을 땅에 심으면 줄기와 잎이 자라나듯이, 보살마하살도 그와 같아서 보현의 행을 닦으면 일체중생으로 하여금 착한 뿌리가 자라게 하느니라.

[疏] 八, 輪王護世喩는 喩定淸物感이니라 九, 植種生長喩는 喩行增物善이라

- ◎ 전륜왕이 사천하를 잘 보호하는 비유는 삼매가 청정하면 중생이 감응함에 비유하였다. ㉻ 씨 뿌려 자라게 하는 비유는 행법으로 중생의 선근이 늘어나게 함에 비유하였다.

㉻ 때맞추어 내리는 비가 종자를 자라게 하는 비유[時雨生種喩] 2.

ⓐ 비유를 말하다[喩] (十時 35下5)
ⓑ 법과 비유를 합하다[合] 2.

㉰ 바로 합하다[正合] (合中)

譬如大雲이 於夏暑月에 降霪大雨하여 乃至增長一切種子인달하여 菩薩摩訶薩도 亦復如是하여 入如是等諸大三昧에 修菩薩行하여 雨大法雨하여 乃至能令一切衆生으로 究竟淸淨하며 究竟涅槃하며 究竟安隱하며 究竟彼岸하며 究竟歡喜하며 究竟斷疑하며 爲諸衆生의 究竟福田하며 令其施業으로 皆得淸淨하며 令其皆住不退轉道하며 令其同得一切智智하며 令其皆得出離三界하며 令其皆得究竟之智하며 令其皆得諸佛如來究竟之法하며 置諸衆生一切智處니라

(10) 또 큰 구름이 여름에 큰비를 내려서 온갖 종자를 자라게 하듯이, 보살마하살도 그와 같아서 이런 큰 삼매에 들어서 보살의 행을 닦고 법 비를 내려, 내지 일체중생으로 하여금 한껏 청정하고 한껏 열반하고 한껏 편안하고 필경 저 언덕에 이르고 한껏 즐겁고 한껏 의심을 끊게 하며, 중생의 마지막 복밭이 되어 그들의 보시하는 일을 청정케 하며, 그들로 하여금 물러나지 않는 도에 머물게 하며, 한 가지로 온갖 지혜의 지혜를 얻게 하며 삼계에서 벗어나게 하며 마지막 지혜를 얻게 하며 모든 부처님의 필경 법을 얻게 하며 중생들을 온갖 지혜에 이르게 하느니라.

[疏] 十, 時雨生種喩는 喩法雨普成이라 先, 喩요 後, 合이라 合中에 二니 先, 正合이요 後, 徵釋이라 前中에 云乃至者는 越初生種하여 直合終

成故라 由應時而降故로 獲斯十四種益하니 一, 得智果니 淨二障故
요 二, 得斷果니 達無相法故요 三, 得恩果니 住大悲故요 四, 得所
依淸淨하여 究竟彼岸果라 上四는 自利요 餘皆利他니라 五, 了有情
行하여 令他歡喜하며 自離十怖하고 則自歡喜니라 六, 得斷疑요 七,
成應供이라 次下諸句는 由此而成이니 文並可知니라

- ㉢ 때맞추어 내리는 비가 종자를 자라게 하는 비유는 법 비가 널리 성취함에 비유하였다. ⓐ 비유로 밝힘이요, ⓑ 법과 비유를 합함이다. ⓑ 법과 비유를 합함 중에 둘이니 ㉠ 바로 합함이요, ㉡ 묻고 해석함이다. ㉠ 중에 말하되, "내지라 말한 것은 처음 종자에서 바로 생김을 넘겨서 마침내 이룰 것에 곧바로 합한 까닭이다." 때에 맞추어 비 내림으로 말미암아 14종류의 이익을 얻게 된다. (1) 지혜의 결과를 얻으니 두 가지 장애가 깨끗해지는 까닭이요, (2) 단절한 결과를 얻음이니 모양 없는 법을 통달한 연고요, (3) 은혜로운 결과를 얻음이니 대비에 머무는 연고요, (4) 의지할 대상이 청정함을 얻어서 열반의 언덕에 끝까지 완성한다. 위의 넷은 자리행이요, 나머지는 모두 이타행이다. (5) 중생의 행을 알아서 저로 하여금 환희케 하며 자연히 열 가지 두려움을 여의면 스스로 환희함이요, (6) 의심 끊음을 얻음이요, (7) 응공(應供)을 성취함이다. 다음 아래 여러 구절은 이로 말미암아 성취함이다. 경문과 함께하면 알 수 있으리라.

㉡ 묻고 해석하다[徵釋] 2.
㉮ 질문하다[徵] (後徵 36下2)
㉯ 해석하다[釋] 3.

Ⓐ 깨끗이 할 공덕을 나열하다[列所淨功德] (二釋)

何以故오 菩薩摩訶薩이 成就此法에 智慧明了하야 入法界門하야 能淨菩薩不可思議無量諸行하나니라 所謂能淨諸智하야 求一切智故며 能淨衆生하야 使調伏故며 能淨刹土하야 常廻向故며 能淨諸法하야 普了知故며 能淨無畏하야 無怯弱故며 能淨無礙辯하야 巧演說故며 能淨陀羅尼하야 於一切法에 得自在故며 能淨親近行하야 常見一切佛興世故니라

무슨 까닭이냐? 보살마하살이 이 법을 성취하면 지혜가 밝고 법계의 문에 들어가서 보살의 헤아릴 수 없고 한량없는 행을 깨끗이 하느니라. 이른바 (1) 모든 지혜를 깨끗이 하나니 온갖 지혜를 구함이며, (2) 중생을 깨끗이 하나니 조복하려는 것이며, (3) 국토를 깨끗이 하나니 항상 회향함이며, (4) 법을 깨끗이 하나니 두루 아는 까닭이며, (5) 두려움 없음을 깨끗이 하나니 겁약함이 없음이며, (6) 걸림 없는 변재를 깨끗이 하나니 교묘하게 연설함이며, (7) 다라니를 깨끗이 하나니 온갖 법에 자유로움이며, (8) 친근하는 행을 깨끗이 하나니 모든 부처님이 세상에 나심을 보는 까닭이니라.

[疏] 後, 徵釋中에 徵意에 云, 菩薩이 依何行力說法하야 成斯大益고 釋意에 云, 由成大智하야 證法界故라 尙能淨無量行이어니 豈止成衆生耶아 文中에 二니 初, 標요 後, 所謂下는 釋이라 釋中에 三이니 初, 列所淨功德이요

■ ㈐ 묻고 해석함 중에 질문한 의미를 말하되, "보살은 어떤 수행의 힘을 의지하여 법을 설하여 이런 큰 이익을 성취하는가?" 의미를 해석하여 말하되, "큰 지혜를 성취함으로 말미암아 법계를 증득한 까닭이다. 오히려 한량없는 행을 능히 청정케 할 텐데 어찌 중생 성취함을 그치겠는가?" 경문 중에 둘이니 ㉮ 질문으로 표방함이요, ㉯ 所謂 아래는 해석함이다. ㉯ 해석함 중에 셋이니 Ⓐ 깨끗이 할 공덕을 나열함이요,

Ⓑ 그 넓고 많음을 결론하다[結其廣多] (二佛 37上2)
Ⓒ 깨끗이 하는 주체의 원인을 밝히다[顯能淨因] (三於)

佛子여 菩薩摩訶薩이 住此三昧에 得如是等百千億那由他不可說不可說淸淨功德하나니 於如是等三昧境界에 得自在故며 一切諸佛의 所加被故며 自善根力之所流故며 入智慧地大威力故며 諸善知識의 引導力故며 摧伏一切諸魔力故며 同分善根의 淳淨力故며 廣大誓願欲樂力故며 所種善根成就力故며 超諸世間無盡之福無對力故니라

불자여, 보살마하살이 이 삼매에 머물면 이러한 백천억 나유타 말할 수 없이 말할 수 없는 청정한 공덕을 얻나니 (1) 이러한 삼매의 경계에 자재하게 됨이며, (2) 모든 부처님이 가피함이며, (3) 자기의 착한 뿌리의 힘으로 생김이며, (4) 지혜 있는 지위에 들어간 큰 위엄이며, (5) 여러 선지식의 지도하는 힘이며, (6) 모든 마군을 꺾는 힘이며, (7) 다 같이

착한 뿌리가 청정하여진 힘이며, (8) 광대한 서원과 욕망의 힘이며, (9) 심어 놓은 착한 뿌리가 성취하는 힘이며, (10) 세간을 초월한 그지없는 복에 상대가 없는 힘이니라.

[疏] 二, 佛子下는 結其廣多니 以別說難盡故니라 三, 於如是等下는 顯能淨因이라 同分善根者는 一一善根으로 廻向法界하여 成主伴故라 超諸世間等者는 法性相應所修之福일새 故超於世法이니 性不並眞일새 故無有對라 餘並易了니라

- ⓑ 佛子 아래는 그 넓고 많음을 결론함이니, 개별로 다 설하기 어려운 까닭이다. ⓒ 於如是等 아래는 깨끗이 하는 주체의 원인을 밝힘이다. '동일한 부분의 선근'이란 낱낱의 선근으로 법계에 회향하여 주인과 반려가 되는 까닭이다. '세간을 초월한다'는 따위는 법의 성품과 상응하여 닦을 대상의 복이 되는 연고로 세간법을 초월하였으니, 성품이 함께 진실하지 않으므로 상대함이 없다. 나머지는 함께하면 알기 쉬우리라.

(d) 부처님 과덕과 같아지는 이익[正同佛果益] 2.
㊀ 부처님과 같아짐을 바로 밝히다[正顯同佛] (第四 38上2)

佛子여 菩薩摩訶薩이 住此三昧에 得十種法이 同去來今一切諸佛하나니 何者爲十고 所謂得諸相好種種莊嚴이 同於諸佛하며 能放淸淨大光明網이 同於諸佛하며 神通變化로 調伏衆生이 同於諸佛하며 無邊色身과 淸淨圓音이 同於諸佛하며 隨衆生業하여 現淨佛國이 同於諸佛

하며 一切衆生의 所有語言을 皆能攝持하여 不忘不失이 同於諸佛하며 無盡辯才로 隨衆生心하여 而轉法輪하여 令生智慧가 同於諸佛하며 大師子吼가 無所怯畏하여 以無量法으로 開悟群生이 同於諸佛하며 於一念頃에 以大神通으로 普入三世가 同於諸佛하며 普能顯示一切衆生 諸佛莊嚴과 諸佛威力과 諸佛境界가 同於諸佛이니라

불자여, 보살마하살이 이 삼매에 머물러서는 열 가지 법을 얻어서 과거·미래·현재의 부처님들과 같게 되나니, 무엇이 열인가? (1) 여러 가지 몸매로 장엄하는 것이 부처님과 같고, (2) 청정한 광명 그물을 놓음이 부처님과 같고, (3) 신통변화로 중생을 조복함이 부처님과 같고, (4) 그지없는 몸매와 청정한 음성이 부처님과 같고, (5) 중생의 업을 따라 깨끗한 국토를 나타냄이 부처님과 같고, (6) 여러 종류 중생의 말을 알아서 잊지 않음이 부처님과 같으니라. (7) 또 다함이 없는 변재로 중생의 마음을 따라서 법 바퀴를 굴리어 지혜가 생기게 함이 부처님과 같고, (8) 크게 사자후하여 두려움이 없으며, 한량없는 법으로 중생을 깨우침이 부처님과 같고, (9) 잠깐 동안에 큰 신통으로 세 세상에 두루 들어감이 부처님과 같고, (10) 일체중생에게 모든 부처님의 장엄과 부처님의 위력과 부처님의 경계를 나타내 보이는 것이 부처님과 같으니라."

[疏] 第四, 佛子菩薩摩訶薩住此三昧下는 正同佛果益이라 於中에 二니 初, 正顯同佛이니 有標와 徵과 及列이라 等覺之名은 由此而立이니라

■ (d) 佛子菩薩摩訶薩住此三昧 아래는 부처님 과덕과 같아지는 이익이다. 그중에 둘이니 ㊀ 부처님과 같아짐을 바로 밝힘이니 ① 표방함과 ② 질문함과 ③ 나열함이 있다. 등각(等覺)이란 명칭은 이로 말미암아 건립된 것이다.

㊁ 질문과 대답으로 구분하다[問答料揀] 2.

① 질문하다[問] 2.
㉮ 앞의 부처님과 같음을 따오다[牒前同佛] (二爾 38上7)
㉯ 자신의 의심을 말하다[陳己所疑] (後何)

爾時에 普眼菩薩이 白普賢菩薩言하시되 佛子여 此菩薩摩訶薩이 得如是法하여 同諸如來인댄 何故로 不名佛이며 何故로 不名十力이며 何故로 不名一切智이며 何故로 不名一切法中得菩提者며 何故로 不得名爲普眼이며 何故로 不名一切境中無礙見者며 何故로 不名覺一切法이며 何故로 不名與三世佛로 無二住者며 何故로 不名住實際者며 何故로 修行普賢行願을 猶未休息이며 何故로 不能究竟法界에 捨菩薩道니잇고

그때 보안보살이 보현보살에게 말하였다. "불자시여, 이 보살마하살이 이러한 법을 얻어 여래와 같다 하오면, (1) 어찌하여 부처라 하지 않으며, (2) 어찌하여 열 가지 힘이라 하지 않으며, (3) 어찌하여 온갖 지혜라 하지 않으며, (4) 어찌하여 모든 법에서 보리를 얻은 이라 하지 않으며, (5) 어찌

하여 넓은 눈이라 하지 않으며, (6) 어찌하여 온갖 경계를 걸림이 없이 보는 이라 하지 않으며, (7) 어찌하여 온갖 법을 깨달았다 하지 않으며, (8) 어찌하여 세 세상 부처님과 둘이 없이 머문 이라 하지 않으며, (9) 어찌하여 실제에 머문 이라 하지 않으며, (10) 어찌하여 보현의 행과 원을 수행하여 쉬지 않으며, (11) 어찌하여 법계를 끝내도록 보살의 도를 버리지 않나이까?"

[疏] 二, 爾時普眼下는 問答料揀이라 於中에 先, 問이요 後, 答이라 問中에 先, 牒前同佛이요 後, 何故下는 陳己所疑라 於中에 初, 疑不名爲果요 後, 問不捨於因이라

- ㈡ 爾時普眼 아래는 질문과 대답으로 구분함이다. 그중에 ① 질문함이요, ② 대답함이다. ① 질문함 중에 ㉮ 앞의 부처님과 같음을 따옴이며, ㉯ 何故 아래는 자신의 의심을 말함이다. 그중에 ㉠ 과덕이라 이름하지 않음을 의심함이요, ㉡ 원인을 버리지 않음에 대해 질문함이다.

② 대답하다[答] 2.
㉮ 질문을 칭찬하고 의심을 따오다[讚問牒疑] (後爾 38下10)

爾時에 普賢菩薩이 告普眼菩薩言하시되 善哉라 佛子여 如汝所言하여 若此菩薩摩訶薩이 同一切佛인댄 以何義故로 不名爲佛이며 乃至不能捨菩薩道오

그때 보현보살이 보안보살에게 말하였다. "선재라 불자여, 그대가 말하기를 '이 보살이 모든 부처님과 같다면 무슨 연

고로 부처라 이름하지 않으며, 내지 보살의 도를 버리지 않느냐?' 하거니와

[疏] 後, 爾時普賢下는 答이라 中에 二니 初, 讚問牒疑요
- ② 爾時普賢 아래는 대답함이다. 그중에 둘이니 ㉮ 질문을 칭찬하고 의심을 따옴이요,

㉯ 질문한 바에 바로 대답하다[正答所問] 3.
㉠ 법으로 설하다[法說] (後佛 40上2)

佛子여 此菩薩摩訶薩이 已能修習去來今世一切菩薩種種行願하여 入智境界일새 則名爲佛이요 於如來所에 修菩薩行하여 無有休息일새 說名菩薩이며 如來諸力에 皆悉已入일새 則名十力이요 雖成十力이나 行普賢行하여 而無休息일새 說名菩薩이며 知一切法하여 而能演說일새 名一切智요 雖能演說一切諸法이나 於一一法에 善巧思惟하여 未嘗止息일새 說名菩薩이며 知一切法이 無有二相일새 是則說名悟一切法이요 於二不二一切諸法差別之道에 善巧觀察하여 展轉增勝하여 無有休息일새 說名菩薩이며 已能明見普眼境界일새 說名普眼이요 雖能證得普眼境界나 念念增長하여 未曾休息일새 說名菩薩이며 於一切法에 悉能明照하여 離諸闇障일새 名無礙見이요 常勤憶念無礙見者일새 說名菩薩이며 已得諸佛智慧之眼일새 是則說名覺一切法이요 觀諸如來正覺智眼

하여 而不放逸일새 說名菩薩이며 住佛所住하여 與佛無 二일새 說名與佛無二住者요 爲佛攝受하여 修諸智慧일 새 說名菩薩이며 常觀一切世間實際일새 是則說名住實 際者요 雖常觀察諸法實際나 而不證入하고 亦不捨離일 새 說名菩薩이며 不來不去하고 無同無異하여 此等分別 을 悉皆永息일새 是則說名休息願者요 廣大修習하여 圓 滿不退일새 則名未息普賢願者며 了知法界의 無有邊際 와 一切諸法의 一相無相일새 是則說名究竟法界에 捨菩 薩道요 雖知法界無有邊際나 而知一切種種異相하여 起 大悲心하여 度諸衆生하되 盡未來際토록 無有疲厭일새 是則說名普賢菩薩이니라

불자여, 이 보살마하살이 이미 세 세상 모든 보살의 가지가 지 행과 원을 닦아서 (1) 지혜의 경계에 들어갔으면 부처라 하고, 부처님 계신 데서 보살의 행을 닦아서 쉬지 않으면 보 살이라 하느니라. (2) 여래의 모든 힘에 모두 들어갔으면 열 가지 힘이라 하고, 비록 열 가지 힘을 성취하였으나 보현의 행을 닦아서 쉬지 않으면 보살이라 하느니라. (3) 모든 법을 알고 능히 연설하면 온갖 지혜라 하고, 모든 법을 연설하면 서도 잘 생각하여 쉬지 않으면 보살이라 하느니라. (4) 모든 법의 두 모양이 없음을 알면 모든 법을 깨달았다 하고, 둘이 면서 둘이 아닌 모든 법의 차별한 길을 교묘하게 관찰하고 점점 더 수승하게 하여 쉬지 않으면 보살이라 하느니라. (5) 넓은 눈의 경계를 이미 분명하게 보았으면 넓은 눈이라 하 고, 넓은 눈의 경계를 증득하고 잠깐잠깐마다 증장하여 쉬

지 않으면 보살이라 하느니라. (6) 모든 법을 모두 잘 비추어 어둠이 없으면 걸림 없이 보는 이라 하고, 걸림 없이 보는 일을 항상 생각하면 보살이라 하느니라. (7) 모든 부처님의 지혜 눈을 얻었으면 온갖 법을 깨달았다 하고, 여래의 옳게 깨달은 지혜 눈을 관찰하여 방일하지 않으면 보살이라 하느니라. (8) 부처님의 머무는 데 머물러 부처님으로 더불어 둘이 아니면 부처님과 둘이 없이 머문 이라 하고, 부처님의 거두어 주심을 받아 모든 지혜를 닦으면 보살이라 하느니라. (9) 모든 세간의 실제를 항상 관찰하면 실제에 머문 이라 하고, 모든 법의 실제를 항상 관찰하면서도 증득하지도 않고 버리지도 않으면 보살이라 하느니라.

(10) 오지도 않고 가지도 않으며 같지도 않고 다르지도 않아서 이런 분별이 아주 쉬었으면 서원을 쉰 이라 하고, 널리 닦아 원만하고도 물러나지 않으면 보현의 원을 쉬지 못한 이라 하느니라. (11) 법계는 가없어 모든 법이 한 모양이며 모양이 없음을 알면 법계가 끝나도록 보살의 도를 버리지 않는다 하고, 법계가 가없음을 알면서도 온갖 것이 여러 가지 다른 모양임을 알고 가엾이 여기는 마음을 내어 중생을 제도하되 오는 세월이 끝나도록 싫어하지 않으면 보현보살이라 이름하느니라.

[疏] 後, 佛子此菩薩下는 正答所問이라 於中에 三이니 一, 法說이요 二, 喩況이요 三, 法合이라 今初의 十一段이 次第答前十一問이니 在文易了나 意猶難見이라 謂何得已入十力호대 而普行無息耶아 今에 總以

喩顯하리라 如人이 習誦에 雖已得通이나 而數溫習이 不如久精이니라 下香象喩는 顯相雖相似나 而體不同이니라 故로 瓔珞에 云, 等覺은 照寂하고 妙覺은 寂照라하니 亦似功用滿位를 比無功用也라 亦顯得果不捨因이니 盡未來際히 皆位後普賢故니라

■ ㉮ 佛子此菩薩 아래는 질문한 바에 바로 대답함이다. 그중에 셋이니 ㉠ 법으로 설함이요 ㉡ 비유로 견줌이요 ㉢ 법과 비유를 합함이다. 지금은 ㉠에 11문단이 순서대로 앞의 11가지 질문에 대답함이니 경문에 있으니 쉽게 알 수 있지만 의미는 오히려 보기 어렵다. 말하자면 어떻게 이미 십력(十力)에 들어감을 얻었지만 널리 행하고 쉬지 않는가? 지금에 총합하여 비유로 밝히리라. 마치 사람이 익히고 외울 적에 비록 이미 통함을 얻었지만 자주 따뜻하게 익힘이 오래 정진함과 같지 않다. 아래의 '향기로운 코끼리 왕의 비유'는 모양이 비록 비슷함을 밝히지만 그러나 체성은 같지 않다. 그러므로 『보살영락경』에 이르되, "등각 지위는 비춤이 고요함이요, 묘각 지위는 고요하게 비춤이다"라고 하였으니, 또한 공용이 원만한 지위를 무공용(無功用)의 지위를 비교함과 같다. 또한 과덕이 인행을 버리지 않음을 밝혔으니, 미래제가 다하도록 모두 '지위를 마친 보현[位後普賢]'인 것이다.

㉡ 비유로 견주다[喩況] 3.
ⓐ 코끼리 왕이 의보와 정보가 뛰어나게 장엄하는 비유[象王依正勝嚴喩]
(喩中 40下4)

佛子여 譬如伊羅鉢那象王이 住金脇山七寶窟中에 其窟周圍가 悉以七寶로 而爲欄楯하고 寶多羅樹가 次第行列

하며 眞金羅網으로 彌覆其上하며 象身潔白이 猶如珂雪이어든 上立金幢하여 金爲瓔珞하며 寶網覆鼻하고 寶鈴垂下하며 七支成就하고 六牙具足하며 端正充滿하여 見者欣樂하며 調良善順하여 心無所逆이라가

불자여, 마치 이라발나 코끼리가 금협산 칠보굴 속에 있는데, 굴의 주위에는 칠보로 난간이 되고, 보배 다라 나무가 차례로 줄지었으며, 황금 그물이 위에 덮이었고, 코끼리 몸은 깨끗하여 눈과 같고 위에 황금 당기를 세웠는데, 금으로 영락이 되었고 보배 그물로 코를 덮고 보배 풍경을 드리웠으며, 일곱 지등을 이루고 여섯 어금니가 구족하여 단정하고 원만하여, 보는 이마다 기뻐하며 길 잘 들고 순하여 거슬리려는 마음이 없느니라.

[疏] 喩中에 三이니 一, 擧象王依正勝嚴이라 伊羅鉢那는 此云香葉이니 常居第一金山之脇이라

■ ⓛ 비유로 견줌 중에 셋이니 ⓐ 코끼리 왕이 의보와 정보가 뛰어나게 장엄하는 비유를 거론하였다. 이라발나(伊羅鉢那)는 '향기로운 잎사귀'라 번역하나니, 항상 제1 금산(金山)의 옆구리에 머문다는 뜻이다.

ⓑ 코끼리 왕의 신변이 자재한 비유[象王神變自在喩] (二若 41上8)

若天帝釋이 將欲遊行하면 爾時象王이 卽知其意하고 便於寶窟에 而沒其形하여 至忉利天釋主之前하여 以神通力으로 種種變現하여 令其身으로 有三十三頭하며 於一

一頭에 化作六牙하며 於一一牙에 化作七池하며 一一池中에 有七蓮華하며 一一華中에 有七婇女하여 一時俱奏百千天樂이어든 是時帝釋이 乘茲寶象하고 從難勝殿으로 往詣華園에 芬陀利華가 徧滿其中이라 是時帝釋이 至華園已에 從象而下하여 入於一切寶莊嚴殿하여 無量婇女로 以爲侍從하고 歌詠妓樂으로 受諸快樂이러라

爾時象王이 復以神通으로 隱其象形하고 現作天身하여 與三十三天과 及諸婇女로 於芬陀利華園之內에 歡娛戲樂하니 所現身相과 光明衣服과 往來進止와 語笑觀瞻이 皆如彼天하여 等無有異라 無能分別此象此天하여 象之與天이 更互相似하니

제석천왕이 놀러가려 하면 코끼리가 벌써 알고 칠보굴에서 형상을 감추고 도리천에 이르러 제석천왕 앞에 신통력으로써 갖가지로 변하는데, (1) 몸에는 33개 머리가 있고 (2) 머리마다 일곱 어금니가 있으며, (3) 어금니마다 일곱 못이 있고, (4) 못마다 일곱 연꽃이 있으며, (5) 낱낱 연꽃에는 일곱 채녀가 있어 한꺼번에 백천 가지 하늘 풍류를 연주하느니라. 이때 제석천왕은 이 코끼리를 타고 난승전에서부터 꽃동산에 나아가면 흰 연꽃이 동산에 만발하였느니라. (6) 제석천왕이 꽃동산에 가서는 내려서 일체보장엄전에 들어가 한량없는 채녀가 시위하고 노래와 풍류로 즐거워하느니라.

그때 코끼리는 신통으로 (7) 코끼리 몸을 숨기고 하늘 몸이 되어, (8) 삼십삼천 사람들과 채녀들로 더불어 흰 연꽃이 만

발한 동산에서 즐겁게 노는데, (9) 몸매나 의복이나 오고 가는 거동과 말하고 웃고 하는 것이 모두 하늘 사람들과 조금도 다름이 없으며, (10) 코끼리인지 하늘인지 분별할 수 없으리만큼 코끼리와 하늘이 서로 흡사하였느니라.

[疏] 二, 若天帝下는 明象王神變自在라 言七牙者는 準賢首品에 但有六牙하니 或是譯者가 類後三七하여 便言七耳라 若作表義인대 于何不可리요 無能分別此象此天者는 正意取此하여 以喩菩薩等佛之義니라

■ ⓑ 若天帝 아래는 코끼리 왕의 신변이 자재한 비유이다. '일곱 어금니'라 말한 것은 현수품에 준해 보면 단지 여섯 어금니뿐이니, 혹은 번역자가 뒤의 3과 7을 유례하여 문득 일곱 귀를 말하였다. 만일 표한 이치를 짓는다면 무엇 때문에 가능하지 않겠는가? '이런 코끼리와 이런 하늘을 능히 분별하지 못함'은 바른 의미를 여기서 취하여 보살이 부처와 동등하다는 이치에 비유하였다.

ⓒ 근본을 무너뜨리지 않고 변하여 나타나는 비유[不壞本而變現喩]

(三佛 41下5)

佛子여 彼伊羅鉢那象王이 於金脇山七寶窟中에 無所變化하고 至於三十三千之上하여 爲欲供養釋提桓因하여 化作種種諸可樂物하여 受天快樂이 與天無異인달하니라
불자여, 이 이라발나 코끼리가 금협산의 칠보굴 속에서는 변화하는 일이 없지마는, 삼십삼천에서는 제석천왕에게 공양하기 위하여 가지가지 즐거운 것들을 변화하여 만들며 하

늪들처럼 즐거움을 받느니라.

[疏] 三, 佛子彼伊羅下는 明不壞本而能現이라
- ⓒ 佛子彼伊羅 아래는 근본을 무너뜨리지 않고 능히 변하여 나타남을 밝힌다.

ⓒ 법과 비유를 합하다[法合] 4.
ⓐ 여러 행법을 갖추어 장엄하다[具衆行嚴] (第三 42上1)

佛子여 菩薩摩訶薩도 亦復如是하여 修習普賢菩薩行願과 及諸三昧로 以爲衆寶莊嚴之具하며 七菩提分으로 爲菩薩身하며 所放光明으로 以之爲網하며 建大法幢하며 鳴大法鐘하며 大悲爲窟하며 堅固大願으로 以爲其牙하며 智慧無畏가 猶如師子하며 法繒繫頂하여 開示秘密하며 到諸菩薩行願彼岸하니라

불자여, 보살마하살도 그와 같아서 (1) 보현보살의 행과 원과 삼매를 닦는 것으로써 보배의 장엄거리를 삼고, (2) 일곱 가지 보리의 부분법으로 보살의 몸을 삼으며, (3) 몸에서 놓는 광명으로 그물이 되며, (4) 큰 법의 당기를 세우고, (5) 법의 종을 치며, (6) 가엾이 여기는 마음으로 굴을 삼고, (7) 견고한 서원으로 어금니를 삼으며, (8) 지혜와 두려움 없기는 사자와 같고, (9) 법 비단을 정수리에 매고 비밀을 열어 보이며, (10) 보살의 행과 원의 저 언덕에 이르느니라.

- [疏] 第三, 法合이라 中에 分四니 一, 具衆行嚴이니 合前依正이요 二, 爲欲安處下는 明因果無礙니 合前神變自在요 三, 佛子菩薩摩訶薩本身下는 結成不壞因而現果니 合前不壞本而能現이요 四, 何以故下는 徵釋重合이라 初中은 可知니라
- ㉢ 법과 비유를 합함이다. 그중에 넷으로 나누니 ⓐ 여러 행법을 갖추어 장엄함이니 앞의 의보와 정보와 합함이요, ⓑ 爲欲安處 아래는 인행과 과덕이 무애함을 밝힘이니 앞의 신변이 자재함과 합함이요, ⓒ 佛子菩薩摩訶薩本身 아래는 인행을 무너뜨리지 않고 과덕 나타냄을 결론함이니, 앞의 근본을 무너뜨리지 않고 능히 나타냄과 합함이요, ⓓ 何以故 아래는 묻고 해석하여 거듭 합함이다. ⓐ에 대해서는 알 수 있으리라.

ⓑ 인행과 과덕이 무애하다[明因果無礙] 2.
㉠ 무애행을 닦아서 할 역할[明修無礙行所爲] (二中 42上8)

爲欲安處菩提之座하여 成一切智하여 得最正覺하며 增長普賢廣大行願하여 不退不息하고 不斷不捨하며 大悲精進하여 盡未來際토록 度脫一切苦惱衆生하며
(1) 보리의 자리에 앉아서 온갖 지혜를 이루고 가장 바른 깨달음을 얻기 위하여, (2) 보현의 광대한 행과 원을 증장하여 물러나지 않고 쉬지 않고 끊이지 않고 버리지 않으며 큰 자비로 정진하여, 오는 세월이 끝나도록 모든 고통에 빠진 중생을 제도하는 것이니라.

[疏] 二中에 二니 一, 明修無礙行所爲라 於中에 先, 爲果요 後, 增長下는 爲因이라

- ⓑ (인행과 과덕이 무애함을 밝힘) 중에 둘이니 ⒡ 무애행을 닦아서 할 역할을 밝힘이다. 그중에 ㉮ 과덕이 됨이요, ㉯ 增長 아래는 인행이 됨이다.

⒡ 무애행의 양상[正顯無礙行相] 2.

㉮ 총합하여 밝히다[總明] (二不 42下1)
㉯ 개별로 밝히다[別顯] 3.
Ⓐ 인행문의 과덕의 행법을 밝히다[顯因門果行] (後現)

不捨普賢道하고 現成最正覺하며 現不可說不可說成正覺門하며 現不可說不可說轉法輪門하며 現不可說不可說住深心門하며 於不可說不可說廣大國土에 現涅槃變化門하며

보현의 도를 버리지 않고 가장 바른 깨달음을 이루나니, (1) 말할 수 없이 말할 수 없는 바른 깨달음을 이루는 문을 나타내며, (2) 말할 수 없이 말할 수 없는 법 바퀴 굴리는 문을 나타내며, (3) 말할 수 없이 말할 수 없는 깊은 마음에 머무는 문을 나타내며, (4) 말할 수 없이 말할 수 없는 광대한 국토에서 열반의 변화라는 문을 나타내며,

[疏] 二, 不捨普賢下는 正顯無礙行相이라 於中에 先, 總明이니 以法界因果가 無障礙故라 後, 現不可說下는 別顯이라 於中에 分三이니 初, 顯

因門果行이라 文有四果하니 一, 智果요 二, 說法果요 三, 般若相應果요 四, 斷果니라

■ ㊦ 不捨普賢 아래는 무애행의 양상을 바로 밝힘이다. 그중에 ㉠ 총합하여 밝힘이니, 법계의 인행과 과덕이 장애가 없기 때문이다. ㉡ 現不可說 아래는 개별로 밝힘이다. 그중에 셋으로 나누리니 Ⓐ 인행문의 과덕의 행법을 밝힘이다. 경문에 네 가지 과덕이 있으니, ㉮ 지혜로운 과덕이요, ㉯ 법을 설하는 과덕이요, ㉰ 반야와 상응하는 과덕이요, ㉱ 단절하는 과덕이다.

Ⓑ 과덕은 인행으로부터 나옴을 밝히다[明果從因行] (次於 43上6)

於不可說不可說差別世界에 而現受生하여 修普賢行하며 現不可說不可說如來가 於不可說不可說廣大國土菩提樹下에 成最正覺이어든 不可說不可說菩薩衆이 親近圍遶하며 或於一念頃에 修普賢行하여 而成正覺하며 或須臾頃과 或於一時와 或於一日과 或於半月과 或於一月과 或於一年과 或無數年과 或於一劫과 如是乃至不可說不可說劫에 修普賢行하여 而成正覺하니라

(5) 말할 수 없이 말할 수 없는 차별한 세계에 태어나서 보현의 행을 닦으며, (6) 말할 수 없이 말할 수 없는 여래가 말할 수 없이 말할 수 없는 넓은 국토에 있는 보리수 아래서 가장 바른 깨달음을 이루고, (7) 말할 수 없이 말할 수 없는 보살 대중이 친근하게 둘러앉음을 나타내느니라. (8) 혹 한 찰나 동안에 보현의 행을 닦아 바른 깨달음을 이루며, (9)

혹은 잠깐, 혹은 한 시, 혹은 하루, 혹은 반 달, 혹은 한 달, 일 년, 여러 해, 한 겁으로 내지 말할 수 없이 말할 수 없는 겁에 보현의 행을 닦아서 바른 깨달음을 이루느니라.

[疏] 次, 於不可說로 至而現受生下는 顯果從因行하며 及說得時不同이니 隨物現故라

- ⓑ 於不可說부터 而現受生까지 아래는 과덕은 인행으로부터 나오며 설하고 얻는 시기가 같지 않음을 밝힘이니, 중생을 따라 나타나는 까닭이다.

ⓒ 과덕문의 인행의 행법을 밝히다[顯果門因行] (後復 43下2)

復於一切諸佛刹中에 而爲上首하여 親近於佛하여 頂禮供養하고 請問觀察如幻境界하여 淨修菩薩의 無量諸行과 無量諸智와 種種神變과 種種威德과 種種智慧와 種種境界와 種種神通과 種種自在와 種種解脫과 種種法明과 種種敎化調伏之法이니라

(10) 또 모든 부처님 세계에서 우두머리가 되어 부처님을 친근하고 예배하고 공양하며 요술 같은 경계를 묻고 관찰하고, 보살의 한량없는 행과 한량없는 지혜와 갖가지 신통변화와 갖가지 위덕과 갖가지 지혜와 갖가지 경계와 갖가지 신통과 갖가지 자재함과 갖가지 해탈과 갖가지 법의 밝음과 갖가지로 교화하고 조복하는 법을 깨끗이 닦느니라.

[疏] 後, 復於一切下는 顯果門因行을 並可知로다
- ⓒ 復於一切 아래는 과덕문의 인행의 행법을 밝힘은 (경문과) 함께하면 알 수 있으리라.

ⓒ 인행을 무너뜨리지 않고 과덕 나타냄을 결론하다
[結成不壞因而現果] (第三 43下5)

佛子여 菩薩摩訶薩이 本身不滅하고 以行願力으로 於一切處에 如是變現하나니라
불자여, 보살마하살의 본래 몸은 없어지지 않지마는 행과 서원의 힘으로 온갖 곳에서 이렇게 변화하여 나타나느니라.

[疏] 第三, 明不壞因而現果라 中에 本身不滅은 即因不壞니 合在窟無變이요 一切處變現은 即能現果니 合在天神變이니라
- ⓒ 인행을 무너뜨리지 않고 과덕 나타냄이다. 그중에 본래의 몸을 멸하지 않음은 곧 인행을 무너뜨리지 않나니, 동굴 속에서 변하지 않음과 합함이요, 온갖 곳에서 변하여 나타남은 곧 나타나는 주체의 과덕이니 하늘에 있으면서 신변함과 합하였다.

ⓓ 묻고 해석하여 거듭 합하다[徵釋重合] 2.

㉠ 질문하다[徵] (四徵 44上3)
㉡ 해석하다[釋] 2.
㋐ 과덕은 인행으로 짓는다는 의미를 해석하다[釋果作因意] (釋意)

何以故오 欲以普賢自在神力으로 調伏一切諸衆生故며 令不可說不可說衆生으로 得淸淨故며 令其永斷生死輪 故며 嚴淨廣大諸世界故며 常見一切諸如來故며 深入一 切佛法流故며 憶念三世諸佛種故며 憶念十方一切佛法 과 及法身故며 普修一切菩薩諸行하여 使圓滿故며 入普 賢流하여 自在能證一切智故니라

무슨 까닭이냐? (1) 보현의 자유자재한 신통의 힘으로 일체 중생을 조복하려 함이며, (2) 말할 수 없이 말할 수 없는 중 생들로 하여금 청정함을 얻게 하려 함이며, (3) 그들로 하여 금 생사에서 윤회함을 끊게 하려 함이며, (4) 광대한 모든 세계를 깨끗이 장엄하려 함이며, (5) 모든 여래를 항상 뵈오 려 함이며, (6) 모든 부처님 법의 흐름에 깊이 들어가려 함 이며, (7) 삼세의 부처님 종성을 생각함이며, (8) 시방의 모 든 부처님 법과 법신을 생각함이며, (9) 모든 보살의 행을 닦아서 원만하게 하려 함이며, (10) 보현의 무리에 들어가 서 자유롭게 온갖 지혜를 증득하려 함이니라.

[疏] 四, 徵釋重合이라 中에 先, 徵이니 意에 云, 因果相違어니 云何因門에 現果며 果復爲因고 釋意에 云, 調衆生法은 應如是故라 文中에 二니 初, 釋果作因意라 十 句니 可知로다

■ ⓓ 묻고 해석하고 거듭 합함이다. 그중에 ㉮ 의미를 질문함이니 의미 를 말하되, "인행과 과덕이 서로 위배되는데, 어찌하여 인행의 문에서 과덕을 나타내며, 과덕이 다시 인행이 되었는가?" 의미를 해석하여 말하되, "중생을 조복하는 법은 응당 이러한 까닭이다." 경문 중에

둘이니 ㉮ 과덕은 인행으로 짓는다는 의미를 해석함이다. 열 구절은 알 수 있으리라.

㉯ 인행은 과덕에서 나타난다는 의미를 해석하다[釋因現果意] 4.
Ⓐ 법으로 설하다[法說] (後佛 44上8)
Ⓑ 비유로 견주다[喻況] (二如)

佛子여 汝應觀此菩薩摩訶薩의 不捨普賢行하며 不斷菩薩道하고 見一切佛하며 證一切智하여 自在受用一切智法하라 如伊羅鉢那象王이 不捨象身하고 往三十三天하여 爲天所乘하며 受天快樂하며 作天遊戲하여 承事天主하고 與天婇女로 而作歡娛하되 同於諸天하여 無有差別인달하니라

불자여, 그대는 이 보살마하살을 보아라. 보현의 행을 버리지 않으며, 보살의 도를 끊지 않고서 모든 부처님을 보며, 온갖 지혜를 증득하고, 온갖 지혜의 법을 자재하게 받아 가지느니라. 마치 이라발나 코끼리가 제 몸을 버리지 않고 삼십삼천에 가서 하늘을 태우고, 하늘의 즐거움을 받고, 하늘의 유희를 하고, 천왕을 섬기면서 하늘 아가씨들과 함께 즐기는 것이 하늘들과 같고 차별이 없느니라.

[疏] 後, 佛子汝應下는 釋因現果意라 於中에 四니 一, 法說이니 謂不捨因而現果니라 二, 如伊羅下는 擧前喻顯이요

■ ㉯ 佛子汝應 아래는 인행은 과덕에서 나타난다는 의미를 해석함이다.

그중에 넷이니 Ⓐ 법으로 설함이다. 이른바 인행을 버리지 않고 결과를 나타냄을 말한다. Ⓑ 如伊羅 아래는 앞을 거론하여 비유로 견줌이다.

Ⓒ 법과 비유를 합하다[法合] (三佛 44下9)
Ⓓ 뛰어남을 찬탄하다[歎勝] (四佛)

佛子여 菩薩摩訶薩도 亦復如是하여 不捨普賢大乘諸行하며 不退諸願하고 得佛自在하여 具一切智하며 證佛解脫하여 無障無礙하며 成就淸淨하여 於諸國土에 無所染着하고 於佛法中에 無所分別하며 雖知諸法이 普皆平等하여 無有二相이나 而恒明見一切佛土하며 雖已等同三世諸佛이나 而修菩薩行하여 相續不斷하나니라 佛子여 菩薩摩訶薩이 安住如是普賢行願廣大之法하면 當知是人은 心得淸淨하리라

불자여, 보살마하살도 그와 같아서 (1) 보현의 대승행을 버리지 않으며, (2) 서원에서 물러나지 않고, (3) 부처님같이 자재함을 얻어 온갖 지혜를 갖추며, (4) 부처님의 해탈을 증득하여 막힘도 없고 걸림도 없으며, (5) 청정함을 성취하여 모든 국토에 물들지 않으며, (6) 부처님 법에는 분별이 없느니라. (7) 비록 모든 법이 평등하여 두 모양이 없음을 알지마는 모든 부처님 국토를 분명히 보며, (8) 이미 세 세상 부처님들과 비등하지마는 보살의 행을 닦아서 끊이지 않느니라. 불자여, 보살마하살이 이와 같이 보현의 행과 서원인 광대한 법에 편안히 머무르면 이 사람의 마음이 청정해지는

줄을 알아야 하느니라.

[疏] 三, 佛子下는 重以法合이라 於中에 初, 明不捨因而現果요 後, 雖知諸法普皆平等下는 不壞果而現因이라 四, 佛子로 至安住下는 歎勝이라 上來에 釋相은 竟하다
- ⓒ 佛子 아래는 거듭하여 법과 비유를 합함이다. 그중에 ㉮ 인행을 버리지 않고 과덕을 나타냄이요, ㉯ 雖知諸法普皆平等 아래는 과덕을 무너뜨리지 않고 인행을 나타냄이다. ⓓ 佛子로부터 安住까지 아래는 뛰어남을 찬탄함이다. 여기까지 ㄴ) 양상을 해석함은 마친다.

ㄷ) 명칭을 결론하다[結] (第三 45上6)

佛子여 此是菩薩摩訶薩의 第十無礙輪大三昧殊勝心廣大智니라
불자여, 이것이 보살마하살의 열째 걸림 없는 바퀴 큰 삼매의 수승한 마음과 광대한 지혜이니라.

[疏] 第三, 結名을 可知로다 上來에 別釋十定은 竟하다
- ㄷ) 명칭을 결론함은 알 수 있으리라. 여기까지 (나) 열 가지 삼매를 개별로 해석함은 마친다.

(다) 열 가지 삼매를 총합하여 결론하다[總結十數] (最後 45上8)

佛子여 此是菩薩摩訶薩의 所住普賢行十大三昧輪이니라

불자여, 이것이 보살마하살이 머무는 보현행의 열 가지 큰 삼매 바퀴이니라."

[疏] 最後佛子는 卽大文의 第三, 總結十數니라
- 마지막 佛子는 곧 큰 문단으로 (다) 열 가지 삼매를 총합하여 결론함이다.

제27. 십정품(十定品) 終

大方廣佛華嚴經 제44권

大方廣佛華嚴經疏鈔 제44권의 ① 李字卷上

제28 十通品

제28. 열 가지 신통을 말하는 품[十通品]

(1) 남의 속마음 아는 신통[他心智神通]에 云,

"불자여, 보살마하살이 남의 속 아는 신통으로 한 삼천대천세계에 있는 중생의 마음이 차별함을 아나니, 이른바 착한 마음·나쁜 마음·넓은 마음·좁은 마음·큰 마음·작은 마음·생사 따르는 마음·생사 등지는 마음·성문의 마음·독각의 마음·보살의 마음·성문의 수행하는 마음·독각의 수행하는 마음·보살의 수행하는 마음·하늘 마음···사람의 마음·사람 아닌 이의 마음·지옥 마음·축생 마음·염마왕 있는 데의 마음·아귀의 마음·8난 중생의 마음, 이와 같이 한량없이 차별한 모든 중생의 마음을 다 분별하여 아느니라. 한 세계와 같이 백 세계·천 세계·백천 세계·백천억 나유타 세계와 내지 말할 수 없이 말할 수 없는 세계의 티끌 수 세계 가운데 있는 중생들의 마음을 다 분별하여 아나니, 이것을 보살 마하살의 첫째 남의 속을 잘 아는 지혜의 신통이라 하느니라."

大方廣佛華嚴經 제44권
大方廣佛華嚴經疏鈔 제44권의 ① 李字卷上

제28. 열 가지 신통을 말하는 품[十通品]

一) 신통에 입각하여 작용을 밝히다[就通明用] 4.

(一) 오게 된 뜻[來意] (初來 1上5)

[疏] 初, 來意는 爲答第二會中의 十通問故라 以二品이 明業用廣大니 前定此通이니 義次第故며 亦由依定하여 發通이니라
- (一) 오게 된 뜻은 제2회 보광명전법회 중의 열 가지 신통에 대한 질문에 대답하기 위한 까닭이다. 두 품은 업과 작용이 광대함을 밝힘이니, 앞은 삼매이고 여기는 신통이니, 이치의 순서대로이며, 또한 삼매에 의지함을 말미암아 신통을 발하였음을 말한다.

(二) 명칭 해석[釋名] 3.

1. 본경을 바로 해석하다[正釋今經] (二釋 1上7)
2. 다른 경전과 회통하다[會通他經] (晉經)

[疏] 二, 釋名者는 通은 卽神通이라 謂妙用難測을 曰神이요 自在無擁을 曰通이니 妙用無極일새 寄十하여 顯圓이라 晉經과 本業에 俱稱十明

者는 委照無遺故라

- (二) 명칭 해석이다. 신통은 곧 신령스럽게 통함의 뜻이니, 말하자면 묘한 작용이 측량하기 어려움을 '신령함'이라 하고, 자재하게 막힘이 없음을 '통함'이라 하나니, 묘한 작용이 끝이 없고 열이란 숫자를 의탁하여 원만함을 밝혔다. 『60권 화엄경』과 『보살본업경』에 모두 열 가지 밝음이라 칭한 것은 남김없이 자세하게 비추는 까닭이다.

3. 잘못을 구분하고 회통하여 해석하다[揀濫會釋] 2.
1) 논서를 인용하여 육신통과 삼명(三明)이 서로 다름을 밝히다
   [引論明通明相異] (然通 1上9)

[疏] 然이나 通與明은 經論皆異하니 故로 智度論第三에 云, 直知過去宿命之事는 爲通이요 若知過去因緣行業은 爲明等이라하니라

- 그러나 신통과 밝음은 경과 논이 모두 다르므로 『대지도론』제3권에 이르되, "곧바로 과거 숙명의 일을 아는 것을 신통이라 하고, 저 과거의 인연의 행법과 업을 아는 것은 밝음 따위라 한다"라고 하였다.

2) 경문을 회통하여 해석하다[會釋經文] 2,
(1) 진경을 먼저 회통하다[先會晉經] (今以 1下1)
(2) 본경의 문장과 회통하다[會今經文] (晉經)

[疏] 今以此經은 通은 卽委照요 亦得稱明이니 如文廣說이라 故로 下經에 云, 非諸菩薩의 通明境界라하니라 晉經은 意存順義요 今譯은 務不違文이니라

■ 지금은 이 본경에서 신통은 곧 자세하게 비춤의 뜻이요, 또한 밝음이라 칭하기도 한다. 경문에 자세하게 설명함과 같다. 그러므로 아래 경문에 이르되, "모든 보살의 신통과 밝음의 경계가 아니다"라고 하였다. 진경[60권경]은 의미에 수순함의 뜻을 두었다. 본경에서 번역함은 경문과 위배되지 않음에 힘쓴 것이다.

[鈔] 然通與明下는 初, 引論이라 論에 有問曰, 神通與明으로 有何等異오 答曰, 直知過去宿命事를 是名爲通이요 若知過去行業은 爲明이니라 復次直知死此生彼는 是名爲通이요 知行因緣際會不失은 是名爲明이니라 復次直盡結使하고 不知更生更不生은 名漏盡通이요 若知漏盡하여 更不復生은 是名爲明이라하니라 釋曰, 此論의 前文은 釋明行足이니 所謂三明이요 因以三明으로 對於六通하여 辨差別也니라 今疏는 但擧一明하고 末에 云等者는 等於後二니라 今以此經下는 第二, 會釋經文이라 於中에 有二하니 先, 會晉經이니 明順文順義하여 義33)皆委照니 文有證故니라 二, 晉經意存下는 會今經文이라
言務不違文者는 文有十通은 同六通故오 明但有三하니 十無從故라 通은 梵語에 云吃嘌地平聲오 明은 云婆上聲哆니라

● 1) 然通與 아래는 논서를 인용함이다. 논에서 "어떤 이가 묻기를, '신통과 밝음으로 어떤 등이 다른 점이 있는가?' 답하되, '곧바로 과거 숙명의 일을 아는 것을 이름하여 신통이라 하고, 저 과거의 행과 업을 아는 것은 밝음이라 한다'" 또다시 곧바로 여기서 죽어 저기 나는 것을 아는 것은 이름하여 신통이라 한다. 행의 인연을 알고 경계를 알고 잃지 않음을 이름하여 밝음이라 한다. 또다시 곧바로 결사번뇌

---

33) 義는 甲南續金本無라 하다.

[結使]를 다하고 다시 태어남과 다시 태어나지 않음을 알지 못하는 것을 이름하여 누진통(漏盡通)이라 한다. 저 누진통을 알고 다시 거듭 태어나지 않음을 이름하여 밝음이라 한다'"라고 하였다. 해석하자면 이 논의 앞의 논문을 명행족(明行足)이라 해석하였으니, 이른바 세 가지 밝음[三明]은 세 가지 밝음으로 인하여 여섯 가지 신통과 상대하여 차별함을 밝혔다. 지금 소가는 단지 한 가지 밝음만 거론하고 마지막에 등(等)이라 말한 것은 뒤의 둘과 같음이다. 今以此經 아래는 2) 경문을 회통하여 해석함이다. 그중에 둘이 있으니 (1) 진경과 먼저 회통함이니, 경문을 따르고 이치를 따름이 모두 자세하게 경문을 비추나니 문장에 증거가 있는 까닭이다. (2) 晉經意存 아래는 본경의 문장과 회통함이다.

'번역하는 일은 경문과 위배되지 않는다'고 말한 것은 경문에 열 가지 신통이 있고, 여섯 가지 신통과 같은 까닭이요, 밝음은 단지 세 가지만 있나니, 열 가지는 원인이 없는 까닭이다. 통함은 범어에 말하되, "흘표지(吃嘌地, 평성)라 하고, 밝음을 '파다(婆哆, 상성)'라 말한다.

(三) 근본 가르침[宗趣] (三宗 2上5)

[疏] 三, 宗趣者는 智用自在로 爲宗이요 爲滿等覺하여 無方攝化로 爲趣니라

- (三) 근본 가르침은 지혜의 작용이 자재함으로 근본을 삼고, 등각(等覺)을 원만히 하기 위하여 방위가 없이 섭수하고 교화함으로 가르침을 삼는다.

(四) 경문 해석[釋文] 2.

1. 총합하여 과목 나누다[總科] (次正 2上9)

爾時에 普賢菩薩摩訶薩이 告諸菩薩言하시되 佛子여 菩薩摩訶薩이 有十種通하니라
그때 보현보살마하살이 여러 보살에게 말하였다. "불자여, 보살마하살이 열 가지 신통이 있느니라.

[疏] 次, 正釋文이라 長分爲四니 一, 擧數標告요 二, 徵數列釋이요 三, 總歎勝能이요 四, 結數辨果라
- (四) 경문 해석이다. 길게 넷으로 나누리니 1) 숫자를 거론하여 표방하여 고함이요, 2) 숫자를 묻고 나열하여 해석함이요, 3) 뛰어난 능력을 총합하여 찬탄함이요, 4) 숫자를 결론하여 과덕을 밝힘이다.

2. 개별로 해석하다[別釋] 4.
1) 숫자를 거론하여 표방하여 고하다[擧數標告] 4.
(1) 개별 명칭을 나열하다[列別名] (今初 2上10)

[疏] 今初라 言十者는 一, 他心이요 二, 天眼이요 三, 知過去劫宿住요 四, 盡未來際劫이요 五, 無礙淸淨天耳요 六, 無體性無動作하여 往一切佛刹이요 七, 善分別一切言辭요 八, 無數色身이요 九, 一切法智요 十, 入一切法滅盡三昧라
- 지금은 1)이다. 열 가지라 말한 것은 ① 타심지(他心智) 신통이요, ②

천안지(天眼智) 신통이요, ③ 과거겁 숙주지(宿住智) 신통이요, ④ 진미래겁(盡未來劫) 신통이요, ⑤ 걸림 없이 청정한 천이(天耳) 신통이요, ⑥ 체성이 없고 동작이 없어서 온갖 불국토에 감을 아는 신통이요, ⑦ 온갖 언사를 잘 분별하는 신통이요, ⑧ 헤아릴 수 없는 형색의 몸을 나타내는 신통이요, ⑨ 온갖 법을 아는 지혜 신통이요, ⑩ 온갖 법이 없어지는 삼매에 들어가는 신통이다.

(2) 그 전체 명칭을 밝히다[辨其通稱] (此十 2下4)

[疏] 此十을 皆言智通者는 皆以大智로 爲體性故라 若隨相說인대 前八은 量智요 後二는 理智어니와 據實컨대 唯一無礙大智니라
■ 이런 열 가지를 모두 '지혜 신통'이라 말한 것은 모두 큰 지혜로 체성을 삼은 까닭이다. 만일 모양을 따라 말한다면 앞의 여덟 가지는 여량지(如量智)요, 뒤의 둘은 여리지(如理智)이다. 실법에 의거하면 오직 한 가지 걸림 없는 큰 지혜일 뿐이다.

(3) 육신통을 상대하여 열고 합하다[對六開合] (此十 2下6)

[疏] 此十이 亦是開彼六通이니 天眼과 天耳와 神足과 漏盡을 各分二故라 天眼은 約見現未하여 分成二四하고 天耳가 約音聲言辭하여 分出五七하니 亦是約聞聖敎와 及諸類言辭故라 神足은 約業用과 及色身하여 分成六八하고 漏盡은 約慧定하여 分成九十하고 一三은 不分일새 故六이 爲十이니라
■ 이런 열 가지도 또한 저 여섯 가지 신통을 전개함이니 ② 천안통과

⑤ 천이통과 ⑥ 신족통과 ⑩ 누진통을 각기 둘로 나누는 까닭이다. ② 천안통(天眼通)은 현재와 미래를 보는 것을 잡아서 나누어 둘과 넷[④ 진미래겁지(盡未來劫智) 신통]이 되었고, ⑤ 천이통(天耳通)은 음성과 언사를 잡아서 나누어 다섯과 일곱[⑦ 온갖 언사를 잘 분별하는 신통]이 나왔으니, 또한 성인의 가르침과 모든 부류의 언사를 들음을 잡은 까닭이다. ⑥ 신족통(神足通)은 업과 작용, 형색의 몸을 잡아서 나누어 여섯과 여덟[⑧ 헤아릴 수 없는 형색의 몸을 나타내는 지혜 신통]으로 되었다. ⑩ 누진통(漏盡通)은 지혜와 선정을 잡아서 나누어 아홉[⑨ 온갖 법을 아는 지혜 신통]과 열이 되었고, 하나[① 타심통]와 셋[③ 숙명통 ; 과거겁 숙주지(宿住智) 신통]은 나누지 못하는 연고로 여섯이 열이 된 것이다.

(4) 비방과 힐난을 해명하다[通妨難] (然小 2下10)

[疏] 然이나 小乘六通은 智用이 有分하고 三乘은 平徧이라 亦非曲盡이어니와 今一乘의 十通은 智用이 重重하여 徧周法界가 猶如帝網하니 念劫圓融故라 尙越彼明이온 況於通用가 爲顯圓旨하여 開成十通이니라

■ 그러나 소승의 여섯 가지 신통은 지혜작용으로 구분함이 있고, 삼승은 평등하고 두루하다. 또한 모두 자세하지 않겠지만 지금 일승은 열 가지 신통은 지혜 작용이 거듭거듭 하여 법계에 두루한 것이 마치 인드라망과 같나니, 찰나와 겁에 원융한 까닭이다. 오히려 저 밝음을 뛰어넘고 신통의 작용과 견준 것이 원만한 종지를 밝히기 위하여 전개하여 열 가지 신통을 이루었다.

[鈔] 一他心者는 以經無總列일새 故今列名이라 文中에 有四니 一, 列別

名이요 二, 此十皆言下는 辨其通稱이라 通名神通은 已如上說이요 今에 但釋智字하여 便當出體라 若隨相下는 辨智差別이니라 三, 此十亦是下는 對六開合이라 但看前列次第하면 在文易了니라

● ① '타심지 신통'이란 경문에 총상과 별상이 없는 연고로 지금 명칭을 나열하였다. 경문 중에 넷이 있으니 (1) 개별 명칭을 나열함이요, (2) 此十皆言 아래는 그 전체 명칭을 밝힘이다. 전체를 신통이라 이름한 것은 이미 위에서 말한 것과 같으며, 지금에 단지 지(智) 자만 해석하여 문득 체성을 드러냄에 해당함이요, 若隨相 아래는 지혜로 차별함을 밝힘이다. (3) 此十亦是 아래는 여섯 신통을 상대하여 열고 합함이다. 단지 앞을 보고 순서만 나열하면 경문에 있으니 알기 쉬우리라.

四, 然小乘下는 通妨難이니 謂有難言호대 十通全異하니 可分權實이어니와 十六之殊는 旣依六開어니 何能過六고할새 故今釋之호대 名數小異하며 義旨全乖니라 文有三節하니 一, 明小乘이요 二, 辨三乘이요 三, 釋一乘이라 言小乘智用有分者는 宿命은 但知八萬劫事하고 天眼은 但見三千世界하고 天耳와 他心과 神足은 皆局三千之內요 漏盡은 不盡所知일새 故云有分이니라 三乘平徧은 明其不盡重重이요 一乘重重이니 居然有異로다 如天眼이 見塵中之刹과 刹中之塵과 塵刹之佛과 佛身毛孔의 塵刹重重하며 彼重重刹中에 如來說法을 天耳로 皆聞하며 彼中衆生의 他心을 盡了하여 一念에 即知多刹이온 況局八萬之中가 一塵에 即往刹無窮이어든 況局三千之內아 三明은 雖知因起나 未盡重重일새 故云尙越彼明이온 況於小乘六通之境가 次有難云호대 若爾인대 但明六通하야도 而義有異일새 已揀權實이어늘 何要十耶아 故로 云, 託事顯圓일새 故開爲十이라하니 十十法門이 是本宗故니라

● (4) 然小乘 아래는 비방과 힐난을 해명함이다. 말하자면 어떤 이가 힐난하되, "열 가지 신통은 완전히 다르니 권교와 실법으로 나눌 수 있겠지만 열 가지와 여섯 가지가 다른 것은 이미 여섯 가지에 의지하여 전개할 텐데 어찌 여섯 가지를 능히 지나갈 수 있겠는가?" 그러므로 지금 해석하되 명칭과 숫자는 조금 달라서 이치와 뜻이 완전히 어긋난 것이다. 경문에 세 구절이 있으니 ① 소승을 밝힘이요, ② 삼승을 밝힘이요, ③ 일승으로 해석함이다. '소승의 지혜와 작용에 나눔이 있다'고 말한 것에서 숙명통은 다만 8만 겁의 일만 아는 것이요, 천안통은 다만 삼천세계를 볼 뿐이요, 천이통과 타심통과 신족통은 모두 삼천세계의 안에 국한함이요, 누진통은 아는 바를 다하지 못하는 연고로 '나눔이 있다'고 말한다. 삼승은 평등하고 두루함은 그 중 중무진(重重無盡)함을 밝힘이요, 일승으로 거듭거듭 하나니 편안하게 다름이 있다. 마치 천안통이 티끌 속의 국토와 국토 속의 티끌과 티끌 국토의 부처님과 부처님 몸의 털구멍이 티끌 수 국토에 중중무진함을 보는 것과 같다. 저 거듭거듭 한 국토 중에 여래가 법을 설하는 것을 천이통(天耳通)으로 모두 들으며, 저 가운데 중생이 타심통으로 다 알아서 한 생각 사이에 곧 여러 국토를 알 텐데, 하물며 8만 겁 중에 국한함과 견주겠는가? 한 티끌에 곧 끝없는 국토에 가지 못할 텐데 하물며 삼천세계 안에 국한하겠는가? 세 가지 밝음[三明]은 비록 인연으로 일어난 줄 알지만 거듭거듭 함을 다하지 못하는 연고로 말하되, "오히려 저 밝음을 지날 것인데 소승의 육신통의 경계와 비교하겠는가?" 다음에 힐난하여 말하되, "만일 그렇다면 단지 육신통을 밝혔어도 이치가 다름이 있으므로 이미 권교와 실법으로 구분하거늘 어찌하여 열 가지를 요구하겠는가?" 그러므로 말하되, "일에 의탁하

여 원만함을 밝히려는 연고로 전개하여 열 가지가 되었다"라고 하였으니 열 가지와 열 가지의 법문이 근본 종지인 까닭이다.

2) 숫자를 묻고 나열하여 해석하다[徵數列釋] 2.
(1) 총합하여 질문하다[總徵] (第二 4上2)

何者爲十고
무엇이 열인가?

[疏] 第二, 何者下는 徵數列釋이라 中에 先, 總徵이요 後, 佛子下는 別釋이라 十通이 卽爲十段이라 段各有三하니 謂標와 釋과 結이라
- 2) 何者 아래는 숫자를 묻고 나열하여 해석함이다. 그중에 (1) 총합하여 질문함이요, (2) 佛子 아래는 개별로 해석함이다. 열 가지 신통은 곧 열 문단이 되는데, 문단마다 각기 셋이 있으니 이른바 가) 표방함과 나) 양상을 해석함과 다) 결론함이다.

(2) 개별로 해석하다[別釋] 10.
가. 다른 이의 마음을 아는 지혜의 신통[他心智神通] 3.

가) 표방하다[標] 2.
(가) 명칭 해석[釋名] (今初 4上4)

佛子여 菩薩摩訶薩이 以他心智通으로
불자여, 보살마하살이 남의 속마음 아는 신통으로

[疏] 今初標에 云他心者는 智는 以他心으로 爲所緣故라 若直就所緣인대 應名心差別通이니 若所와 若王인 種類多種을 皆能知故라 並依主受名이니라

- 지금은 가) 표방함에 '타심통'이라 말한 것은 지혜는 타심통으로 반연할 대상을 삼은 까닭이다. 만일 바로 반연할 대상에 입각하면 응당히 마음으로 차별한 신통이라 이름하니, 만일 심소(心所)와 심왕(心王)의 종류가 여러 가지인 것을 모두 능히 아는 까닭이다. 아울러 의주석(依主釋)으로 받은 명칭이다.

[鈔] 今初標下는 疏文이 有二하니 一, 釋名이요 二, 辨相[34]이라 文中에 有 三하니 初, 能所合釋이니 智爲能緣이요 他心爲所緣이라 二, 直就所緣하여 去能就所[35]釋이요 三, 若所若王下는 顯智寬狹이라

- 今初標 아래는 소문에 둘이 있으니 (가) 명칭 해석이요, (나) 양상을 밝힘이다. 경문 중에 셋이 있으니 ㄱ. 주체와 대상을 합하여 해석함이니 지혜는 반연하는 주체가 되고, 타심통은 반연할 대상이 되었다. ㄴ. 바로 반연할 대상에 입각하여 주체를 버리고 대상에 입각하여 해석함이요, ㄷ. 若所若王 아래는 지혜가 넓고 좁음을 밝힘이다.

(나) 양상을 밝히다[辨相] 2.
ㄱ. 다른 해석을 뚜렷하게 말하다[懸敍異釋] (然智 4上10)

[疏] 然이나 智緣他心을 諸說不同하니 安慧論師는 云, 佛智가 緣他心에 緣得本質하고 餘皆變影이라하며 護法論師는 則佛亦變影이라하니 若緣

---

34) 上三字는 南金本無라 하다.
35) 上五字는 甲南續金本無라 하다.

本質하면 得心外法이니 壞唯識故라 但極似本質하고 有異因人이니라
- 그러나 지혜가 타심통을 반연하면 모든 말씀이 같지 않나니, 안혜(安慧)논사가 말하되, "부처님 지혜는 타심통을 반연할 적에 반연하여 본질을 얻으며, 나머지는 모두 그림자를 변화한다"고 하였고, 호법(護法)논사는, "부처님도 역시 그림자를 변화한다"라고 하였으니, 만일 본질을 반연하면 마음 밖의 법을 얻나니 오직 인식을 무너뜨리는 까닭이다. 단지 궁극이 본질과 같고 인행의 사람과 차이남이 있다.

ㄴ. 본경의 의미와 회통하다[會今經意] 3.
ㄱ) 취할 대상을 총합하여 표방하다[總標所取] (依唯 4下3)

[疏] 依唯識宗에 護法으로 爲正하니 以今經으로 望前에 亦未爲³⁶⁾失이라
- 유식론의 종지에 의지할 적에 호법논사로 정의를 삼았고, 본경에는 앞을 바라볼 적에 또한 잃음이 아닐 것이다.

ㄴ) 잃지 않는 이유[無失所以] 3.
(ㄱ) 안혜논사가 잃지 않는 이유를 바로 내보이다[直出安慧無失所以]

(以攝 4下3)

[疏] 以攝境從心하여 不壞境故며 能所兩亡하여 不礙存故며 第一義唯心은 非一非異니 正緣他時에 卽是自故니라
- 경계를 마음으로부터 섭수하여 경계를 무너뜨리지 않기 때문이며, 주체와 대상을 함께 없애서 남겨 둠에 장애되지 않기 때문이며, 제일가

---

36) 爲는 原南綱纂續金本無, 源有鈔合이라 하다.

는 이치가 마음뿐인 것은 하나도 아니고 다름도 아니다. 바로 다른 이를 반연할 때는 곧 자신이기 때문이다.

(ㄴ) 법성이 타심통의 양상임을 따로 보이다[別示法性他心之相] (以卽)
(ㄷ) 바른 이치로 결론하다[結成正義] (如是 4下7)

[疏] 以卽佛心之衆生心과 非卽衆生心之佛心으로 爲所緣하고 以卽衆生心之佛心과 非卽佛心之衆生心으로 爲能緣하나니 如是鎔融故로 非一非異라

■ 부처님 마음과 합치한 중생의 마음과 곧 중생의 마음과 합치한 부처님 마음이 아닌 것으로 반연할 대상을 삼고, 중생의 마음과 합치한 부처님 마음과 곧 부처님 마음과 합치한 중생의 마음으로 반연하는 주체를 삼는다. 이와 같이 녹아서 원용한 연고로 하나도 아니고 다른 것도 아니다.

ㄷ) 호법논사를 결론하여 비판하다[結彈護法] (若離 4下8)

[疏] 若離佛外에 別有衆生인대 更須變影이니 却失眞唯識義니라

■ 만일 부처님을 여읜 밖에 따로 중생이 있는데, 다시 모름지기 그림자를 변화하면 도리어 참된 유식의 이치를 잃게 된다.

[鈔] 然智緣下는 第二, 辨相이라 於中에 二니 先, 敍異釋이요 後, 會今經이라 前中37)에 卽彼二十唯識偈에 云, 他心智는 云何緣境不如實고

---

37) 上六字는 南金本無라 하다.

如知自心智라도 不知如佛境이라하니 不知如佛境者는 唯佛이 得本質故니라 依唯識下는 二, 會今經意라 於中에 有三하니 初, 標所取니 取前安慧일새 故로 云, 望前亦未爲失이라 二, 以攝境下는 出無失所以[38]라 初中에 直出所以는 卽示法相宗이라 有其三義하니 一은 云, 攝境從心者는 卽示心境有無니 彼得本質에 恐壞唯心이라 旣不壞境이어니 得之何妨이며 壞有何失가 以無心者는 無心於萬物이요 萬物未嘗無라 此는 得在於神靜하고 失在於物虛니 謂物實有故라 若唯心壞境이면 則得在於境空이요 失在於心有故라 以境由心變일새 故說唯心이라 所變不無어니 何必須壞리요 若以緣生無性이면 卽心境兩亡이니 故云借心以遣境이라 境遣而心亡이니 非獨存心矣니라

- (나) 然智緣 아래는 양상을 밝힘이다. 그중에 둘이니 ㄱ. 다른 해석을 밝힘이요, ㄴ. 본경의 의미와 회통함이다. ㄱ. 중에 곧 저 『20권유식론』게송에 이르되, "남의 마음 아는 지혜는 어떻게 대상을 아는 것이 사실 그대로가 아닌가? 자기 마음을 아는 지혜와 같더라도 알지 못함이 부처님의 경계와 같다네"라 하였다. '알지 못함이 부처님의 경계와 같다'는 것은 오직 부처님만이 본질을 얻기 때문이다. ㄴ. 依唯識 아래는 본경의 의미와 회통함이다. 그중에 셋이 있으니 ㄱ) 취할 대상을 표방함이니, 앞의 안혜(安慧)논사의 주장을 취한 연고로 이르되, "앞을 바라보아도 또한 잃음이 되지 않는다." (ㄱ) 以攝境 아래는 안혜논사가 잃지 않는 이유를 바로 내보임이다. 바로 내보인 이유는 곧 법상종이다. 그 세 가지 이치가 있으니 첫째에 이르되, "경계가 마음에서부터 섭수한다"고 말한 것은 곧 마음과 경계가 있고 없음을 보임이니 저것은 본질을 얻을 적에 마음뿐임을 무너뜨릴까 두려

---

[38] 上五字는 南金本無라 하다.

위함이다. 이미 경계를 무너뜨리지 않는데 얼음에 무엇이 방해롭겠으며 무너뜨림에 무슨 잃음이 있겠는가? '무심(無心) 때문'이란 만물에 무심한 것이요, 만물은 일찍이 없는 것이 아니다. 여기서 얼음은 정신이 고요할 적에 있고, 잃음은 만물이 텅 빈 것에 있나니 이른바 만물은 진실로 있는 까닭이다. 만일 오직 마음만이 경계를 무너뜨리면 얼음은 경계가 공함에 있고, 잃음은 마음에 있기 때문이다. 경계는 마음이 변함으로 말미암은 연고로 오직 마음뿐이라 말한다. 변화할 대상이 없지 않은데 어째서 반드시 무너뜨림을 구하겠는가? 만일 인연으로 생기므로 성품이 없다면 곧 마음과 경계가 모두 없나니 그러므로 말하되, "마음을 빌려서 경계를 남긴 것이다. 경계는 남아도 마음은 없나니 홀로 마음에 두지 않는 까닭이다."

二云,³⁹⁾ 能所兩亡者는 上不壞境이요 且遣懼質之病이어니와 今에 遣空有之理일새 故心境을 並許存亡이라 心境相藉일새 故空有相依니 緣生故有라 有卽存也요 空은 卽亡也라 空有交徹일새 存亡이 兩全이니라 三云,⁴⁰⁾ 第一義唯心者는 正出具分唯心之理라 上第一釋은 雖有唯心之義나 尙通生滅唯心이요 第二義는 雖兩亡不羈나 而未言心境相攝이어니와 今에 明具分唯識일새 故云第一義唯心이라 同第一義故로 非異요 不壞能所故로 非一이니 非一故로 有能所하여 緣他義成矣요 非異故로 能所平等하여 唯心義가 成矣니라 云, 正緣他時에 卽是自故者는 結成得於本質이 無心外過니 以卽自故로 不失唯識이라

- (ㄴ) '주체와 대상이 모두 없다'고 말한 것에서 위는 경계를 무너뜨리지 않음이요, 우선 본질을 두려워하는 병을 보냈거니와 지금은 공과

---

39) 云은 南金本無라 하다.
40) 云은 南金本無라 하다.

유의 이치를 보낸 연고로 마음과 경계를 아울러 두고 없앰을 허락하는 것이다. 마음과 경계를 서로 빌리는 연고로 공과 유가 서로 의지하나니 인연으로 생기는 연고로 있음이니 유를 곧 두는 것이요, 공은 곧 없는 것이다. 공과 유가 서로 사무치므로 두고 없앰이 둘 다 완전하다. (ㄷ) 셋째에 이르되, "제일가는 이치가 마음뿐"이라 말한 것은 바로 구분유식(具分唯識)의 마음뿐인 이치를 내보인 것이다. 위의 첫째 해석은 비록 마음뿐인 이치가 있지만 오히려 생멸하는 마음뿐인 이치와 통한다. 둘째 이치는 비록 둘 다 없어도 얽매이지 않지만 마음과 경계가 서로 포섭한다고 말하지 않거니와 지금은 구분유식(具分唯識)을 밝혔으므로 말하되, '제일가는 이치가 마음뿐이다'. 제일가는 이치와 같은 연고로 다른 것이 아니다. 주체와 대상을 무너뜨리지 않는 연고로 하나가 아니요, 하나가 아닌 연고로 주체와 대상이 있어서 다른 이치를 반연하여 성립한다. 다르지 않은 연고로 주체와 대상이 평등하여 마음뿐인 이치가 성립한다. 이르되, "바로 다른 것을 반연할 때에는 곧 자신 때문인 것은 본질에서 얻음을 결론하여 이룸이 무심한 밖에 초과하나니 자기와 합치한 연고로 유식의 이치를 잃지 않는다.

以卽佛心下는 二, 正示法性他心之相이라 此有兩對하니 前對는 明所緣이요 後對는 明能緣이라 今初에 言卽佛心之衆生心者는 此明所緣이니 衆生心이 卽是佛心은 此明不異요 次云, 非卽衆生心之佛心者는 此句[41]는 明衆生心이 與佛心으로 非卽이라 非卽故로 有所緣義하고 非異故로 不壞唯心義라

---

41) 此句는 南金本無라 하다.

言爲所緣者는 結成所緣이니 揀非能緣也라 次下⁴²⁾에 辨能緣云호대 以卽衆生心之佛心者는 此句는 明能緣이니 佛心이 卽是衆生心은 此明非異요 次云 非卽佛心之衆生心者는 此明佛心이 與衆生心으로 有非一義라 非一故로 爲能緣이요 非異故로 不壞唯識之義라

- (ㄴ) 以卽佛心 아래는 법성이 타심통의 양상임을 바로 보임이다. 여기는 두 가지 대구가 있으니, 앞의 대구는 반연할 대상을 밝히고, 뒤의 대구는 반연하는 주체를 밝혔다. 지금은 처음에 '부처님 마음과 합치한 중생의 마음'이라 말한 것은 여기서 반연할 대상을 밝힘이니, 중생의 마음이 바로 부처님 마음인 것은 여기서 다르지 않음을 밝힘이다. 다음에 이르되, "중생의 마음과 합치한 부처님 마음이 아니다"라고 말한 것에서 이 구절은 중생의 마음과 부처님 마음이 합치하지 않음을 밝혔다. 합치하지 않은 연고로 반연할 대상의 뜻이 있고, 다르지 않은 연고로 '오직 마음뿐'이란 뜻을 무너뜨리지 않는다.

'반연할 대상이 된다'고 말한 것은 반연할 대상을 결론함이니, 반연하는 주체가 아님을 구분함이다. 다음 아래에 반연하는 주체를 밝혀서 말하되, "중생의 마음과 합치한 부처님 마음 때문"이란 이 구절은 반연하는 주체를 밝힘이니, 부처님 마음이 곧 중생의 마음이니 여기서 다르지 않음을 밝혔고, 다음에 이르되, "부처님 마음과 합치한 중생의 마음이 아니다"라고 말한 것은 여기서 부처님 마음이 중생의 마음과 하나가 아닌 이치가 있음을 밝혔다. 하나가 아닌 연고로 반연하는 주체가 되고 다르지 않은 연고로 유식(唯識)의 이치를 무너뜨리지 않는다.

---

42) 下는 甲南續金本無라 하다.

言爲能緣者는 結成能緣이니 揀非所緣也라 更以喩況하리라 如水和乳에 乳爲所和는 喩衆生心이 是所緣이요 水爲能和는 喩佛心이 爲能緣이라 以此二和合에 如似一味나 鵝王嗛之에 乳盡水存하니 則知非一이라 然此水는 名卽乳之水요 又此乳를 名卽水之乳라 二雖相卽이나 而有不一之義일새 故應喩之니 以卽水之乳와 非卽乳之水로 爲所和하고 以卽乳之水와 非卽水之乳로 爲能和를 義可知矣로다

若離佛外下는 第三, 結彈護法이라 言却失眞唯識者는 不知外質이 卽佛心故라

● '반연하는 주체가 된다'고 말한 것은 반연하는 주체를 결론함이니 반연할 대상이 아님을 구분함이다. 다시 비유로 견준다면 마치 물이 우유와 섞일 적에 우유는 섞일 대상이 됨은 중생의 마음이 반연할 대상임에 비유함이요, 물을 섞는 주체가 됨은 부처님 마음이 반연하는 주체가 됨에 비유하였다. 이런 둘을 섞고 화합할 적에 마치 한 맛과 같지만 거위왕이 우유를 다 쪼아 먹더라도 물이 남는 것과 같나니 하나가 아님을 알았다. 그러나 이 물은 명칭이 우유와 합치한 물이요, 또한 이 우유를 물과 합치한 우유라 이름한다. 둘이 비록 서로 합치하지만 하나가 아닌 뜻이 있으므로 응하여 비유한 것이다. 물과 합치한 우유와 우유와 합치하지 않은 물로 섞을 대상이 되며, 우유와 합치한 물과 물과 합치하지 않은 우유로 섞는 주체가 되는 것을 이치로 알 수 있으리라.

ㄷ) 若離佛外 아래는 호법(護法)논사를 결론하여 비판함이다. '도리어 참된 유식의 이치를 잃게 된다'고 말한 것은 바깥 본질이 곧 부처님 마음임을 알지 못한 까닭이다.

나) 양상을 해석하다[釋] 2.

(가) 한 국토에 대해 먼저 알다[先知一刹] 3.
ㄱ. 총상으로 말하다[總] (二知 7上5)
ㄴ. 별상으로 말하다[別] 2.

ㄱ) 열 가지 마음은 양상을 잡아 총합하여 밝히다[前十約相總顯] (前十)

知一三千大千世界衆生心差別하나니 所謂善心과 不善心과 廣心과 狹心과 大心과 小心과 順生死心과 背生死心과
한 삼천대천세계에 있는 중생의 마음이 차별함을 아나니, 이른바 (1) 착한 마음 · 나쁜 마음 · 넓은 마음 · 좁은 마음 · 큰 마음 · 작은 마음 · 생사 따르는 마음 · (8) 생사 등지는 마음과

[疏] 二, 知一下는 釋相이라 中에 二니 初, 知一刹이요 後, 如一下는 以少類多라 前中에 三이니 初, 總이요 次, 所謂下는 別이요 後, 如是下는 結이라 別中에 有三十類心호대 闕第三無記요 晋經에는 具有니라 於中에 前十은 約相總顯이요 後, 二十心은 約人別顯이라 前中에 初二는 約性이니 總該諸心이요 次二는 約行이니 兼濟獨善故라 次二는 約報니 天大人小故라 上四는 唯善이요 次二는 約向背니 而順通三性이라 善은 唯有漏요 背은 唯是善이니 通漏無漏라

■ 나) 知一 아래는 양상을 해석함이다. 그중에 둘이니 (가) 한 국토에 대해 앎이요, (나) 如一 아래는 적은 것으로 많은 것을 유례하여 밝

힘이다. (가) 중에 셋이니 ㄱ. 총상으로 말함이요, ㄴ. 所謂 아래는 별상으로 말함이요, ㄷ. 如是 아는 결론함이다. ㄴ. 별상 중에 30종류의 마음이 있되 셋째 무기의 마음이 빠졌고, 진경에는 갖추어 있다. 그중에서 ㄱ) 앞의 열 가지 마음은 양상을 잡아 총합하여 밝힘이요, ㄴ) 뒤의 20가지 마음은 사람을 잡아 개별로 밝힘이다. ㄱ) 중에 (1) 처음의 둘은 성품을 잡나니 여러 마음을 총합하여 포섭함이요, (2) 다음의 둘은 행법을 잡나니 독각의 착한 마음을 겸하여 제도한 까닭이요, (3) 다음의 둘은 보답을 잡은 해석이니, 하늘은 크고 사람은 작기 때문이다. 이 위의 넷[(2) (3)]은 오직 착한 마음뿐이요, (4) 다음의 둘은 향하고 등짐을 잡았으니 세 가지 성품을 순리로 통한다. 착한 마음은 유루(有漏)일 뿐이요, 등지는 마음은 착한 마음뿐이니, 유루와 무루에 통한다.

ㄴ) 21구절은 사람을 잡아 개별로 밝히다[後二十一約人別顯]

(約人 6下9)

聲聞心과 獨覺心과 菩薩心과 聲聞行心과 獨覺行心과 菩薩行心과 天心과 龍心과 夜叉心과 乾闥婆心과 阿修羅心과 迦樓羅心과 緊那羅心과 摩睺羅伽心과 人心과 非人心과 地獄心과 畜生心과 閻魔王處心과 餓鬼心과 諸難處衆生心이라

(9) 성문의 마음 · 독각의 마음 · (11) 보살의 마음 · 성문의 수행하는 마음 · 독각의 수행하는 마음 · 보살의 수행하는 마음 · 하늘 마음 · 용의 마음 · 야차의 마음 · 건달바의 마

음·아수라의 마음·가루라의 마음·(21) 긴나라의 마음·마후라가의 마음·사람의 마음·사람 아닌 이의 마음·지옥 마음·축생 마음·염마왕 있는 데의 마음·아귀의 마음·(29) 팔난 중생의 마음,

[疏] 約人辨中에 初六은 約乘이니 前三은 是果요 後三은 是因이니 卽前背生死心과 及廣狹心이라 次八部는 約類니 卽前順生死와 及大小心이라 地獄等은 約趣니 亦順生死니 是不善心이라 餘並可知니라

■ ㄴ) 사람을 잡아 밝힘 중에 (ㄱ) 처음의 여섯 가지 마음은 수레를 잡았으니 앞의 셋[聲聞心, 獨覺心, 菩薩心]은 결과요, 뒤의 셋[聲聞行心, 獨覺行心, 菩薩行心]은 원인이니 곧 앞의 생사를 등지는 마음과 넓은 마음, 좁은 마음이다. (ㄴ) 다음의 여덟 부류는 부류를 잡았으니 곧 앞의 생사를 따르는 마음과 큰 마음, 작은 마음이다. 지옥 따위는 갈래를 잡았으니 또한 생사를 따르는 마음이니 착하지 않은 마음이다. 나머지는 경문과 함께하면 알 수 있으리라.

ㄷ. 결론하다[結] (經/如是 7上3)

如是等無量差別種種眾生心을 悉分別知하며
이와 같이 한량없이 차별한 모든 중생의 마음을 다 분별하여 아느니라.

(나) 적은 것으로 많은 것을 유례하여 밝히다[以少類多] (經/如一 7下5)

如一世界하여 如是百世界와 千世界와 百千世界와 百千
億那由他世界와 乃至不可說不可說佛刹微塵數世界中
에 所有衆生心을 悉分別知하나니
한 세계와 같이 백 세계 · 천 세계 · 백천 세계 · 백천억 나
유타 세계와 내지 말할 수 없이 말할 수 없는 세계의 티끌
수 세계 가운데 있는 중생들의 마음을 다 분별하여 아나니,

다) 결론하다[結] (經/是名 7下8)

是名菩薩摩訶薩의 第一善知他心智神通이니라
이것을 보살마하살의 첫째 남의 속을 잘 아는 지혜의
신통이라 하느니라.

나. 천안으로 아는 지혜의 신통[天眼智神通] 3.

가) 표방하다[標] (第二 7下10)
나) 양상을 해석하다[釋] 3.
(가) 많은 세계가 서로 다름을 총합하여 밝히다[總明多界相別] (二見)

佛子여 菩薩摩訶薩이 以無礙淸淨天眼智通으로 見無量
不可說不可說佛刹微塵數世界中衆生의 死此生彼하는
善趣惡趣와 福相罪相과 或好或醜와 或垢或淨한 如是
品類의 無量衆生하나니 所謂天衆과 龍衆과 夜叉衆과 乾
闥婆衆과 阿修羅衆과 迦樓羅衆과 緊那羅衆과 摩睺羅伽

衆과 人衆과 非人衆과 微細身衆生衆과 廣大身衆生衆과 小衆과 大衆이라 如是種種衆生衆中을 以無礙眼으로 悉皆明見하되 隨所積集業하며 隨所受苦樂하며 隨心하며 隨分別하며 隨見하며 隨言說하며 隨因하며 隨業하며 隨所緣하며 隨所起하여 悉皆見之하여 無有錯謬하나니 是名菩薩摩訶薩의 第二無礙天眼智神通이니라

불자여, 보살마하살이 걸림 없이 청정한 하늘 눈 지혜 신통으로 한량없고 말할 수 없이 말할 수 없는 부처님 세계의 티끌 수 세계에 있는 중생들이 (1) 여기서 죽어 저기 나는 일과 (2) 좋은 길·나쁜 길과 (3) 복 받고 죄 받음과 (4) 아름답고 추하고 (5) 더럽고 깨끗한 여러 종류의 한량없는 중생을 보나니, 이른바 하늘 무리·용의 무리·야차의 무리·건달바 무리·아수라 무리·가루라 무리·긴나라 무리·마후라가 무리·사람의 무리·사람 아닌 무리·몸이 작은 중생의 무리·몸이 큰 중생의 무리·작은 무리·큰 무리들이니라. 이러한 가지가지 중생들을 걸림 없는 눈으로 모두 분명히 보되, (1) 쌓은 업을 따르고 (2) 받는 괴로움과 즐거움을 따르고 (3) 마음을 따르고 (4) 분별을 따르고 (5) 소견을 따르고 (6) 말을 따르고 (7) 원인을 따르고 (8) 업을 따르고 (9) 반연함을 따르고 (10) 일어남을 따라서 모두 보아 잘못이 없나니, 이것을 보살마하살의 둘째 걸림 없는 하늘 눈 지혜의 신통이라 하느니라.

[疏] 第二, 天眼이라 標云無礙者는 見自在故요 淸淨者는 離障故라 天眼

이 卽通이니라 二, 見無量下는 釋이라 中에 分三이니 初, 總明多界相
殊니 其善惡趣等은 後後展開니 如問明品하니라
- 나. 천안으로 아는 지혜의 신통이다. 가) 표방하기를 '걸림 없이'라 말한 것은 보는 것이 자유자재한 까닭이요, '청정함'이란 장애를 여읜 까닭이니 하늘 눈이 곧 신통인 것이다. 나) 見無量 아래는 양상을 해석함 중에 셋으로 나누니 (가) 많은 세계의 양상이 서로 다름을 총합하여 밝힘이니, 그 선한 갈래와 악한 갈래 등이 뒤로 갈수록 전개되나니 제10. 보살문명품의 내용과 같다.

(나) 많은 종류가 하나가 아님을 개별로 밝히다[別明多類非一]

(次所 8下1)

(다) 자세히 비추어 분명하게 보다[委照分明] (三如)

[疏] 次, 所謂下는 別明多類非一이니 隨一一類하여 有前罪等이니라 三, 如是種種下는 委照分明이라 前은 但覩其現相이요 此則照其因緣이라 十明之目이 由此而立이라 於中에 初, 能見分明이요 次, 隨所下는 所見委悉이라 言隨所者는 所知非一故니라 後, 悉皆下는 結其無謬라 文並可知로다

- (나) 所謂 아래는 많은 부류가 하나가 아님을 개별로 밝힘이니 하나하나 부류를 따라서 앞의 죄 받음 등이 있다. (다) 如是種種 아래는 자세히 비추어 분명하게 봄이다. 앞은 단지 그 나타난 모양을 봄이요, 여기는 그 원인과 인연을 비춤이다. 열 가지 밝음이란 제목은 이로 인해 세운 명칭이다. 그중에 ㄱ. 보는 주체가 분명함이요, ㄴ. 隨所 아래는 볼 대상이 자세함이다. 그곳을 따라 말한 것은 알 바가 하

나가 아닌 까닭이다. ㄷ. 悉皆 아래는 그 잘못 없음을 결론함이다. 경문과 함께하면 알 수 있으리라.

다. 과거겁의 숙주지혜로 한량없는 중생의 일을 기억하는 신통
[知過去際劫宿住智神通] 3.

가) 표방하다[標] (第三 8下8)

佛子여 菩薩摩訶薩이 以宿住隨念智通으로
불자여, 보살마하살이 지나간 세상 일을 모두 기억하는 신통으로써,

[疏] 第三, 宿住通이라 標中에 謝往之事를 名宿住니 在過去오 明了記憶이 爲隨念이니 卽宿住之隨念이요 宿住隨念之通이니라
■ 다. 과거겁의 숙주지혜로 한량없는 중생의 일을 기억하는 신통이다. 가) 표방함 중에 지나간 과거 일을 '지나간 세상'이라 이름하였으니 과거에 있음이요, 분명히 아는 기억을 따라 기억함이 되나니 곧 '지나간 과거의 따라 기억함'이요, 과거에 따라 머물고 따라 기억하는 신통이다.

나) 양상을 해석하다[釋] 2.

(가) 범부의 일을 아는 신통[知凡事] 2.
ㄱ. 총상으로 말하다[總] (二能 9上7)
ㄴ. 별상으로 말하다[別] (所謂)

能知自身과 及不可說不可說佛刹의 微塵數世界中一切
衆生의 過去不可說不可說佛刹의 微塵數劫宿住之事하
나니 所謂某處生에 如是名과 如是姓과 如是種族과 如是
飮食과 如是苦樂과 從無始來로 於諸有中에 以因以緣으
로 展轉滋長하며 次第相續하여 輪廻不絶하는 種種品類
와 種種國土와 種種趣生과 種種形相과 種種業行과 種
種結使와 種種心念과 種種因緣과 受生差別의 如是等
事를 皆悉了知하나라

자기와 말할 수 없이 말할 수 없는 세계의 티끌 수 세계에 있는 중생들의 말할 수 없이 말할 수 없는 세계의 티끌 수 겁 전의 지나간 일을 능히 아느니라. 이른바 ① 어느 곳에 태어나서 ② 이런 이름 · ③ 이런 성씨 · ④ 이런 종족 · ⑤ 이런 음식 · ⑥ 이런 괴로움과 ⑦ 즐거움을 받으며, 비롯함 없는 옛적부터 여러 생사하는 가운데서 인과 연으로 자라나고 차례차례 계속하여 윤회하던 ⑧ 갖가지 종류 · ⑨ 갖가지 국토 · ⑩ 갖가지 길과 ⑪ 태어남 · ⑫ 갖가지 형상 · ⑬ 갖가지 업과 ⑭ 행동 · ⑮ 갖가지 번뇌 · ⑯ 갖가지 마음 · ⑰ 갖가지 인연과 ⑱ 태어나던 것들을 모두 분명하게 아느니라.

[疏] 二, 能知下는 釋相이라 中에 二니 一, 知凡事라 於中에 先, 總이요 所謂下는 別이라

- 나) 能知 아래는 양상을 해석함이다. 그중에 둘이니 (가) 범부의 일을 아는 신통이다. 그중에 ㄱ. 총상으로 말함이요, ㄴ. 所謂 아래는

별상으로 말함이다.

(나) 과거 모든 부처님의 일을 기억하는 신통[憶念過去諸佛事] 2.
ㄱ. 세계를 잡아 많은 것을 밝히다[約界顯多] (二又 9下7)

又憶過去爾所佛刹微塵數劫의 爾所佛刹微塵數世界中에 有爾所佛刹微塵數諸佛이어든 一一佛의 如是名號와 如是出興과 如是衆會와 如是父母와 如是侍者와 如是聲聞과 如是最勝二大弟子와 於如是城邑에 如是出家와 復於如是菩提樹下에 成最正覺과 於如是處에 坐如是座하여 演說如是若干經典하여 如是利益爾所衆生과 於爾所時에 住於壽命하여 施作如是若干佛事와 依無餘依般涅槃界하여 而般涅槃과 般涅槃後法住久近하여 如是一切를 悉能憶念하나니라

또 (16) 그러한 세계의 티끌 수 겁 전에 그러한 세계의 티끌 수 세계에 나셨던 그러한 세계의 티끌 수 부처님을 기억하며, 그 여러 부처님의 명호·이렇게 나심·이러한 대중의 모임·이러한 부모·(21) 이러한 시자·이러한 성문·이렇게 가장 나은 두 제자들이 이러한 성읍에서 이렇게 출가하던 일과, 또 (24) 이렇게 보리수 아래서 바른 깨달음을 이루고, 이러한 곳에서 이런 자리에 앉아서 이런 경전을 연설하여 그러한 중생들을 이익하게 하던 일과, 그러한 세월에 사시면서 이러한 부처님 일을 하시던 것과, 남은 의지함이 없는 열반으로 열반하던 일과, (28) 열반한 뒤에 불법이 얼

마 동안 머무른 일들을 모두 기억하느니라.

[疏] 二, 又憶過去下는 知佛事라 於中에 亦二니 先, 約界顯多니 但知其果라
- (나) 又憶過去 아래는 과거 모든 부처님의 일을 기억하는 신통이다. 그중에 또한 둘이니 ㄱ. 세계를 잡아 많은 것을 밝힘이니, 단지 그 결과만 알게 함이다.

ㄴ. 과거의 모든 부처님 명호를 기억하는 신통[憶念過去諸佛名號] 2.
ㄱ) 표방하다[標] (後又 10上4)

又憶念不可說不可說佛剎微塵數諸佛名號가 一一名號에 有不可說不可說佛剎微塵數佛이 從初發心으로 起願修行하여 供養諸佛과 調伏衆生과 衆會說法과 壽命多少와 神通變化와 乃至入於無餘涅槃과 般涅槃後法住久近과 造立塔廟하여 種種莊嚴하여 令諸衆生으로 種植善根하여 皆悉能知하나니

또 (29) 말할 수 없이 말할 수 없는 세계의 티끌 수 부처님 이름을 기억하며, (30) 낱낱 이름마다 말할 수 없이 말할 수 없는 세계의 티끌 수 부처님이 계시어서 처음 발심하여 원을 세우고 행을 닦으며, (31) 부처님께 공양하고 중생을 조복하며 대중이 모인 데서 법을 말하던 일과 (32) 얼마 동안 사시던 일과 (33) 신통변화와 내지 (34) 남음이 없는 열반에 들며 (35) 열반하신 뒤에 법이 머무는 시간과 (36) 탑을

조성하고 가지가지를 장엄하여 (37) 중생들로 하여금 착한 뿌리를 심게 하던 일을 모두 다 아나니,

[疏] 後, 又憶念下는 約人顯多니 兼知其因이라
- ㄴ. 又憶念 아래는 사람을 잡아 많음을 밝힘이니 겸하여 그 원인을 아는 것을 뜻한다.

ㄴ) 아는 것에 대한 해석[釋] 3.
(ㄱ) 바로 밝히다[正明] (皆以 10上4)
(ㄴ) 반대로 힐난하다[反難] (若不)

[疏] 皆以菩薩이 得九世眼하여 如見現在故라 若不爾者인대 過去之法이 若不落謝하면 不名過去요 若已落謝하면 無法可知요
- 모두 보살이 9세(九世)의 눈을 얻어서 마치 현재를 보는 것과 같은 까닭이다. 만일 그렇지 않다면 과거의 법이 만약 떨어지고 그만두지 않으면 과거라 이름하지 않으며, 만약 이미 떨어지고 그만두었으면 법이 없음을 알 수 있을 것이요,

(ㄷ) 막고 구제하다[遮救] 3.
a. 뺏고 타파하다[奪破] (若但 10上6)
b. 놓아 허락하다[縱許] (又曾)
c. 결론하여 성취하다[結成] (又但)

[疏] 若但曾經하여 心中에 有種影現前일새 故說憶知者인대 是則但見自

心이요 不見彼法이니라 又曾不經事하면 應不憶知니라 又但見現在가 非是過去면 何名宿住리요 餘文은 可知니라

- 만약 다만 일찍이 지나가서 마음 중에서 종자의 그림자가 앞에 나타남이 있으므로 '기억하여 안다'고 말한다면 이것은 단지 자기의 마음만을 봄이요, 저 법은 보지 못한 것이다. 또한 일찍이 지나간 일이 아니면 응당히 기억하여 알지 못할 것이다. 또한 단지 현재가 과거가 아님만을 보면 어떻게 숙주(宿住)라 이름하겠는가? 나머지 경문은 알 수 있으리라.

[鈔] 皆以已下는 此釋知義로되 而云見者는 是知見也라 此上은 正明이요 二, 若不爾下는 反難成立이요 三, 若但下는 遮救니 謂恐救云호대 昔曾見事가 事則雖滅이나 見種猶存일새 故得知耳라 是則已下는 爲遮此救라 文有三破하니 一, 奪破니 謂但見心이요 不見法故라 所見不同커니 豈見現心을 名宿住智리오 二, 又曾下는 縱破니 縱許有種을 能知見者나 昔不經事는 應不知見이라 謂昔爲人하여 何能普見이리요 今得宿智하여 廣遠皆知니라 三, 又但見下는 結成이니 卽乖名破니라

- ㄴ) 皆以 아래는 여기서 아는 것에 대한 해석이다. 그러나 '본다'고 말한 것은 알고 본다는 뜻이다. 이 위는 (ㄱ) 바로 밝힘이요, (ㄴ) 若不爾 아래는 반대로 힐난하여 성립함이요, (ㄷ) 若但 아래는 막고 구제함이다. 이른바 구제할까 두려워서 말하되, "예전에 일찍이 본 일이면 비록 없어졌지만 종자는 아직도 남은 것을 본 연고로 아는 것일 뿐이다. 是則 아래는 이것을 막고 구제하기 위함이다. 경문에 세 가지 타파함이 있으니, a. 뺏고 타파함이니 이른바 다만 마음만을 보고 법을 보지 못하기 때문이다. 볼 대상이 같지 않은데 어찌 현재의

마음을 보는 것을 '숙주(宿住)의 지혜'라고 이름하겠는가? b. 又曾 아래는 놓고 타파함이니, 종자가 있음을 놓아 허락함을 능히 알고 보는 것이나 예전에 지나간 일은 응당히 알고 보지 못한다. 말하자면 예전에는 사람을 위하여 어떻게 능히 널리 보겠는가? 지금은 숙세의 지혜를 얻어서 광대하고 먼 것을 모두 안다. c. 又但見 아래는 결론하여 이룸이니 곧 명칭과 어긋난다고 타파함이다.

다) 명칭을 결론하다[結] (經/是名 10下7)

是名菩薩摩訶薩의 第三知過去際劫宿住智神通이니라
이것이 보살마하살의 셋째 지나간 일을 아는 지혜의 신통이니라.

라. 미래제 겁을 아는 지혜의 신통[知盡未來際劫智神通] 3.

가) 표방하다[標] (第四 10下9)

佛子여 菩薩摩訶薩이 以知盡未來際劫智通으로
불자여, 보살마하살이 오는 세월이 끝날 때까지를 아는 지혜의 신통으로써

[疏] 第四, 知劫通이니 亦從境受名이니라
■ 라. 미래제 겁을 아는 지혜의 신통이니 또한 경계를 따라 받은 명칭이다.

나) 양상을 해석하다[釋] 2.

(가) 범부의 일을 아는 신통[知凡] 2.
ㄱ. 의지할 대상인 겁을 밝히다[明所依劫] (二知 11下4)

知不可說不可說佛刹微塵數世界中所有劫에 一一劫中所有衆生의 命終受生에 諸有相續하는 業行果報의 若善과 若不善과 若出離와 若不出離와 若決定과 若不決定과 若邪定과 若正定과 若善根與使俱와 若善根不與使俱와 若具足善根과 若不具足善根과 若攝取善根과 若不攝取善根과 若積集善根과 若不積集善根과 若積集罪法과 若不積集罪法하여 如是一切를 皆能了知하나니라

말할 수 없이 말할 수 없는 세계의 (1) 티끌 수 세계에 있는 겁을 알며, (2) 날날 겁마다 있는 중생들이 죽어서 다시 태어나던 일과, (3) 생사가 차례차례 계속하며, (4) 짓는 업과 받는 과보가 착하고 착하지 못하며, (5) 벗어나고 벗어나지 못하며, (6) 결정하고 결정하지 못하며, (7) 잘못된 삼매와 바른 삼매며, (8) 착한 뿌리가 번뇌와 함께 있고 착한 뿌리가 번뇌와 함께 있지 않으며, (9) 착한 뿌리를 구족하고 착한 뿌리를 구족하지 못하며, (10) 착한 뿌리를 거두어 갖고 착한 뿌리를 거두어 갖지 못하며, (11) 착한 뿌리를 모으고 착한 뿌리를 모으지 못하며, (12) 죄를 모으고 죄를 모으지 아니한 이런 것을 다 아느니라.

[疏] 二, 知不可說下는 釋相이라 中에 二니 先, 知凡이요 後, 又知下는 知佛이라 前中에 亦二니 先, 明所依劫이니 但寄多界하여 以顯多劫이 非有際限이요 名及後段이 皆盡未來하나니 此位所知가 同於佛故니라

- 나) 知不可說 아래는 양상을 해석함이다. 그중에 둘이니 (가) 범부의 일을 아는 신통이요, (나) 又知 아래는 미래 모든 부처님의 명호를 앎이다. (가) 중에도 또한 둘이니 ㄱ. 의지할 대상인 겁을 밝힘이니, 단지 여러 세계만 의탁하여 여러 겁이 경계의 제한이 없음을 밝힘이요, 명칭이 뒤의 문단까지 미친 것이 모두 미래제가 다하나니, 이 지위에서 아는 것이 부처님과 같은 까닭이다.

ㄴ. 의지하는 주체의 일을 밝히다[顯能依事] 2.
ㄱ) 같은 점을 지적하다[指同] (後一 11下7)

[疏] 後, 一一下는 顯能依事니 義如十地中辨이니라

- ㄴ. 一一 아래는 의지하는 주체의 일을 밝힘이니, 뜻은 십지품 중에서 밝힌 내용과 같다.

ㄴ) 이치를 알다[知義] 2.

(ㄱ) 총합하여 질문하다[總徵] (然大 11下8)
(ㄴ) 바로 대답하다[正答] 2.
a. 방편교를 의지하여 이치를 세워 대답하다[依權敎立理答] (依方)

[疏] 然이나 大乘宗에는 未來世法이 體用俱無어니 今云何知오 依方便敎

컨대 但見現在因種하여 知當果相이요 非見未來法體어니와
- 그러나 대승의 종지에는 미래 세상의 법이 체성과 작용이 모두 없는데 지금 어떻게 알겠는가. 방편교를 의지하건대 단지 현재의 원인인 종자만 보아서 미래의 과보의 양상을 아는 것이요, 미래의 법과 체성은 보지 못하겠지만,

b. 일승교를 잡아서 실법과 칭합하여 대답하다[約一乘稱實答] 4.
 a) 실법의 이치를 바로 밝히다[正明實義] (若一 11下9)
 b) 비방과 힐난을 해명하다[通其妨難] (然非)

[疏] 若一乘宗인대 於九世中에 未來中現在가 體用俱有일새 今에 稱實而知라 然이나 非現在之現在일새 故稱未來니라
- 만일 일승의 종지라면 9세(世) 중에 미래 가운데 현재는 체성과 작용이 함께 있으며, 지금은 실법과 칭합하여 아는 것이다. 그러나 현재의 현재가 아닌 연고로 미래라 칭한 것이다.

[鈔] 然大乘下는 總徵知義라 謂小乘에 惑說三世俱有나 未來는 但未有用이요 或縱可見이나 而未有體어니와 大乘에는 體用俱無하니 則無可知見이니라 次, 依方便教下는 答中에 有二하니 初, 依權教立理答이니 謂見因知果니 如見色相하고 知後吉凶이니라 若一乘下는 二, 通妨이니 謂有問云호대 若爾인대 何名見未來耶아 答意는 可知니라
- (ㄱ) 然大乘 아래는 안다는 뜻을 총합하여 질문함이다. 말하자면 소승에서 미혹하여 삼세에 함께 있다고 말하지만 미래에는 단지 작용만 없으며, 혹은 놓아 허용하면 볼 수도 있지만 체성이 있지 않거니와 대

승에는 체성과 작용이 모두 없으니 알고 볼 수가 없다. (ㄴ) 依方便敎 아래는 대답함 중에 둘이 있으니 a. 방편교를 의지하여 이치를 세워 대답함이다. 말하자면 원인을 보고 결과를 아는 것이니 형색의 모양을 보고 뒤의 길하고 흉함을 아는 것이다. b) 若一乘 아래는 비방과 힐난을 해명함이다. 말하자면 어떤 이가 말하되, "만일 그렇다면 어떤 것을 미래를 본다고 이름하는가?"라 하였고, 대답한 의미는 알 수 있으리라.

c) 이치를 세워 거듭 힐난하다[立理重難] (此有 12上7)
d) 이치로 모아 해명하다[以理會通] (若今)

[疏] 此有若是性有인댄 卽同小乘이요 若是緣有인댄 緣今未會어니 云何言有요 若今時看인댄 緣과 性이 俱無하니 以是現在와 未來가 定非有故라 若逐未來時看하면 以是未來之現在故로 還如今有니라

■ 여기에 있음이 성품이 있음과 같다면 곧 소승과 같음이요, 만일 인연으로 있다면 인연에 대해 지금은 알지 못하는데 어째서 있다고 말하겠는가? 만일 지금의 시간으로 본다면 인연과 성품이 모두 없나니 현재와 미래가 결정코 있지 않은 까닭이다. 만일 미래의 시간을 따라 본다면 미래의 현재인 연고로 도리어 지금에 있는 것과 같다.

[鈔] 三, 此有若是下는 立理重難이니 縱其性有緣有라도 二俱有過니라 四, 若今時看下는 以理會通이니 謂不向今時看未라 若向今時하여 看未하면 此未는 卽⁴³⁾現在未來니 如何得有리요 若逐未下는 向未來하여 看未하면 未는 是未之現在矣라 故로 異於今이니라

---

43) 卽下에 南續金本有是字라 하다.

● c) 此有若是 아래는 이치를 세워 거듭 힐난함이니, 설사 그 성품이 있고 인연이 있더라도 둘이 모두 과거에 있는 것이다. d) 若今時看 아래는 이치로 모아 해명함이다. 말하자면 지금의 시간을 향하지 않고 미래를 보는 것이다. 만일 지금의 시간을 향하여 미래를 보면 여기의 미래는 곧 현재의 미래일 텐데 어떻게 있음을 얻으리오. 若逐未 아래는 미래를 향하여 미래를 보면 미래는 곧 미래의 현재일 것이다. 그러므로 지금과는 다르다.

(나) 미래 모든 부처님의 명호를 아는 신통[了知未來諸佛名號]

(經/又知 11上6)

又知不可說不可說佛刹微塵數世界에 盡未來際토록 有不可說不可說佛刹微塵數劫이어든 一一劫에 有不可說不可說佛刹微塵數諸佛名號하며 一一名號에 有不可說不可說佛刹微塵數諸佛如來하사 一一如來가 從初發心으로 起願立行하여 供養諸佛과 敎化衆生과 衆會說法과 壽命多少와 神通變化와 乃至入於無餘涅槃과 般涅槃後法住久近과 造立塔廟하고 種種莊嚴하여 令諸衆生으로 種植善根하여 如是等事를 悉能了知하나니

또 (13) 말할 수 없이 말할 수 없는 세계의 티끌 수 세계에 오는 세월이 끝나는 동안에 말할 수 없이 말할 수 없는 세계의 티끌 수 겁이 있음을 알며, (14) 낱낱 겁에 말할 수 없이 말할 수 없는 세계의 티끌 수 부처님 이름이 있고, (15) 낱낱 이름마다 말할 수 없이 말할 수 없는 세계의 티끌 수 부

처님 여래가 있으며, (16) 낱낱 여래가 처음 발심하여 원을 세우고 행을 닦으며, (17) 부처님께 공양하고 중생을 교화하며, (18) 대중이 모인 데서 법을 말하던 일과, (19) 수명이 길고 짧음과, (20) 신통변화와, 내지 (21) 남음이 없는 열반에 들며, (22) 열반하신 뒤에 법이 얼마 동안 머무는 것과, (23) 탑을 조성하고 (24) 가지가지로 장엄하여 중생들로 하여금 착한 뿌리를 심게 하던 일들을 모두 아나니,

다) 명칭을 결론하다[結] (經/是名 12下5)

是名菩薩摩訶薩의 第四知盡未來際劫智神通이니라
이것이 보살마하살의 넷째 오는 세월이 끝날 때까지의 겁을 아는 지혜의 신통이니라.

마. 걸림 없는 청정한 하늘 귀의 지혜로 아는 신통[無礙淸淨天耳智神通] 2.

가) 과목 나누기[分科] (第五 13上2)

佛子여 菩薩摩訶薩이 成就無礙淸淨天耳하여
불자여, 보살마하살이 걸림 없이 청정한 하늘 귀를 성취하여

[疏] 第五, 天耳通이라 初, 標名이니 略無智通이라 若直云天耳인대 卽當體受名이요 若取無礙淸淨之天耳인대 卽依有德業受稱이니라
■ 마. 걸림 없는 청정한 하늘 귀의 지혜로 아는 신통이다. (가) 명칭을

표방함이니, 지혜 신통은 생략하여 없다. 만일 바로 '천이통(天耳通)'이라 말한다면 곧 체성에 맞추어 받은 명칭이요, 만일 걸림 없이 청정한 천이통을 취한다면 곧 덕업(德業)이 있음에 의지하여 받은 명칭이다.

나) 과목에 따라 해석하다[隨釋] 3.
(가) 명칭을 표방하다[標] (二圓 12下7)

圓滿廣大하며 聰徹離障하며 了達無礙하며 具足成就하며 於諸一切所有音聲에 欲聞不聞을 隨意自在하나니라
(1) 원만하고 (2) 광대하며 (3) 끝까지 사무쳐 (4) 듣고 막힘을 여의며 (5) 분명히 통달하여 (6) 걸림이 없으며 (7) 구족하게 성취하여 (8) 모든 음성을 듣기도 하고 (9) 듣지 않기도 하는데 (10) 마음대로 자유로우니라.

[疏] 二, 圓滿下는 釋相이라 中에 三이니 初, 總顯德業自在요 二, 佛子下는 別示一方業用이요 三, 如東方下는 擧一例餘라
- (나) 圓滿 아래는 양상을 해석함이다. 그중에 셋이니 ㄱ. 덕과 업이 자재함을 총합하여 밝힘이요, ㄴ. 佛子 아래는 한 방위의 업과 작용을 개별로 보임이요, ㄷ. 如東方 아래는 하나를 거론하여 나머지와 유례함이다.

(나) 양상을 해석하다[釋] 3.

ㄱ. 덕업이 자재함을 총합하여 밝히다[總顯德業自在] (今初 13上3)

ㄴ. 한 방위의 업과 작용을 개별로 보이다[別示一方業用] 2.
ㄱ) 여러 부처님을 거론하여 명성이 넓음을 밝히다[擧多佛以顯聞廣]

(第二)

佛子여 東方에 有不可說不可說佛刹微塵數佛이어든
불자여, 동방에 말할 수 없이 말할 수 없는 부처님 세계의
티끌 수 부처님이 계시는데,

[疏] 今初九句는 皆約用辨德이요 前之標名은 卽是總句니라 一, 圓滿者는 能互用故요 二, 徧聞十方과 及九世故요 三, 一時領攬하여 通其源故요 四, 離二障故요 五, 明了所知故요 六, 緣不能礙故요 七, 非如權小가 聞有分限하여 不盡重重故요 八, 已證得故요 九, 於一切皆自在故라 謂欲聞則細遠無逃하고 欲不聞則近大不撓일새 故云自在니라 第二, 別示一方業用이라 中에 二니 初, 擧多佛하여 欲顯聞廣이요

■ 지금은 ㄱ.에서 아홉 구절은 모두 작용을 의지하여 공덕을 밝힘이요, 앞의 (가) 명칭을 표방함은 곧 총상 구절이다. (1) 원만함이란 능히 번갈아 바꾸어 작용하는 연고요, (2) 시방과 및 9세에 두루 듣는 연고요, (3) 일시에 받고 잡아서 그 근원으로 통하는 연고요, (4) 두 가지 장애를 여읜 연고요, (5) 알 대상을 분명히 아는 연고요, (6) 인연에 대해 능히 장애하지 않는 연고요, (7) 방편교와 소승이 들음에 분한이 있음과 같지 않아서 다하지 않고 거듭거듭 하는 연고요, (8) 이미 증득한 연고요, (9) 온갖 것에 모두 자재한 연고니, 말하자면 들으려 하면 작고 멀어도 달아나지 않음이요, 듣지 않으려 하면 가깝

고 커도 어지럽지 않으므로 '자재하다'고 말하였다. ㄴ. 한 방위의 업
과 작용을 개별로 보임이다. 그중에 둘이니 ㄱ) 여러 부처님을 거론
하여 명성이 넓음을 밝히려 함이요,

ㄴ) 명성을 기억하여 가짐을 밝히다[顯聞憶持] 2.
(ㄱ) 교법을 듣고 가지다[聞持教法] (二是 13下5)

是諸佛의 所說所示와 所開所演과 所安立과 所教化와
所調伏과 所憶念과 所分別인 甚深廣大種種差別과 無
量方便과 無量善巧의 清淨之法인 於彼一切를 皆能受
持하며
그 부처님들이 말씀하고 보여 주고 열고 연설하고 나란히
정돈하고 교화하고 조복하고 기억하고 분별하신 바, 깊고
넓고 크고 차별한 한량없는 방편과 한량없이 교묘하고 청
정한 법들을 모두 받아 지니느니라.

[疏] 二, 是諸佛下는 顯聞憶持라 於中에 二니 先, 聞持教法하여 隨釋을
可知로다
- ㄴ) 是諸佛 아래는 명성을 기억하여 가짐을 밝힘이다. 그중에 둘이
니 (ㄱ) 교법을 듣고 가져서 따라 해석함은 알 수 있으리라.

(ㄴ) 기억하여 가짐이 원만함을 밝히다[顯持圓滿] 2.
a. 가질 대상을 거론하다[擧所持] (後又 14上2)
b. 기억하여 가지는 주체[辨能持] (後於)

又於其中에 若義若文과 若一人과 若衆會에 如其音辭하
며 如其智慧하며 如所了達하며 如所示現하며 如所調伏
하며 如其境界하며 如其所依하며 如其出道하여 於彼一
切를 悉能記持하여 不忘不失하며 不斷不退하며 無迷無
惑하여 爲他演說하여 令得悟解하여 終不忘失一文一句
하나니라

또 그 가운데서 뜻이나 글이나 한 사람이거나 여러 모인 이
들을, 그 음성과 그 지혜와 그 통달함과 그 나타냄과 그 조
복함과 그 경계와 그 의지함과 그 뛰어나는 길을 그대로 다
기억하여, 잊지 않고 끊지 않고 물러나지 않고 아득하지 않
고 의혹하지 않으며, 다른 이에게 연설하여 깨닫게 하며, 한
글자 한 구절도 잊지 아니하느니라.

[疏] 後, 又於下는 顯持圓滿이니 卽能持之相이라 於中에 二니 先, 擧所持
니 上文에는 通顯佛所說法이요 今辨所說差別이니라 後, 於彼下는 辨
能持相이니 兼明轉化라 餘文은 可知니라

- (ㄴ) 又於 아래는 기억하여 가짐이 원만함을 밝힘이니 곧 가지는 주
체의 양상이다. 그중에 둘이니 a. 가질 대상을 거론함이니, 위의 경문
에는 부처님이 설하신 법을 통틀어 밝혔고, 지금은 설할 대상인 법이
차별함을 밝혔다. b. 於彼 아래는 기억하여 가지는 주체의 양상을
밝힘이니 바뀌고 변화함을 겸하여 밝혔다. 나머지 경문은 알 수 있으
리라.

ㄷ. 하나를 거론하여 나머지와 유례하다[擧一例餘] (經/如東 14上5)

如東方하여 南西北方과 四維上下도 亦復如是하나니
동방에서와 같이 남방 서방 북방과 네 간방과 위와 아래에서도 역시 그러하나니,

(다) 명칭을 결론하다[結] (經/是名 14上6)

是名菩薩摩訶薩의 第五無礙清淨天耳智神通이니라
이것이 보살마하살의 다섯째 걸림 없이 청정한 하늘 귀로 듣는 지혜의 신통이니라.

바. 체성이 없고 동작함이 없이 온갖 부처님 국토를 가는 지혜의 신통
  [無體性無動作往一切佛剎智神通] 3.

가) 명칭을 표방하다[標] (第六 14下1)

佛子여 菩薩摩訶薩이 住無體性神通과 無作神通과 平等神通과 廣大神通과 無量神通과 無依神通과 隨念神通과 起神通과 不起神通과 不退神通과 不斷神通과 不壞神通과 增長神通과 隨詣神通하여
불자여, 보살마하살이 (1) 자체 성품이 없는 신통과 (2) 지음이 없는 신통 · (3) 평등한 신통 · (4) 광대한 신통 · (5) 한량없는 신통 · (6) 의지함이 없는 신통 · (7) 생각대로 되는 신통 · (8) 일어나는 신통 · (9) 일어나지 않는 신통 · (10) 물러나지 않는 신통 · (11) 끊기지 않는 신통 · (12) 깨

뜨리지 못하는 신통 · (13) 늘어나는 신통 · (14) 뜻대로 나아가는 신통에 머무르면

[疏] 第六, 無體性智通이라 初, 標名이니 中에 有十四名이라 初一은 總通이니 卽無體性이요 餘는 皆別이라 別中에 一, 無功作用이요 二, 同理平等이요 三, 能普徧이요 四, 量難知요 五, 非謂依體起用이요 六, 但隨念卽形이요 七, 現有作用이요 八, 不動本處요 九, 作必究竟이요 十, 用無間歇이니 亦不斷佛種이요 十一, 他不能壞요 十二, 能生善根이요 十三, 隨何所詣라 於十三中에 初와 二와 五와 八은 是無體性義요 餘卽神通義라 此二無礙일새 故受斯名이니라

■ 바. 체성이 없고 동작함이 없이 온갖 부처님 국토를 가는 지혜의 신통이다. 가) 명칭을 표방함이니 그중에 14가지 명칭이 있다. 처음 하나[無體性神通]는 총상인 신통이니 곧 체성이 없는 신통이요, 나머지는 모두 별상이다. 별상 중에 (1) 공용 없는 작용이요, (2) 이치와 동등하게 평등함이요, (3) 능히 두루 변만함이요, (4) 분량을 알기 어려움이요, (5) 체성에 의지하여 작용을 시작한다고 말하지 않음이요, (6) 다만 생각을 따라 형상과 합치함이요, (7) 작용이 있음을 나타냄이요, (8) 본래 처소에서 움직이지 않음이요, (9) 지어서 반드시 완성함이요, (10) 작용하면서 사이하거나 쉬지 않나니 또한 부처 종자를 끊지도 않음이요, (11) 다른 이가 능히 무너뜨리지 못함이요, (12) 능히 선근을 일으킴이요, (13) 어떤 참예할 것을 따름이다. 13가지 중에 처음[無作神通]과 둘[平等神通]과 다섯[無量神通]과 여덟[起神通]은 체성이 없는 뜻이요, 나머지는 곧 신통함의 뜻이다. 이런 둘이 걸림 없으므로 이런 명칭을 받은 것이다.

나) 양상을 해석하다[釋] 3.
(가) 광대한 세계를 밝히다[明廣大] (二此 15上1)

此菩薩이 聞極遠一切世界中諸佛名하나니 所謂無數世
界와 無量世界와 乃至不可說不可說佛刹微塵數世界中
諸佛名이라 聞其名已에 卽自見身이 在彼佛所하나라
이 보살이 아무리 먼 세계에 있는 부처님 이름이라도 듣나
니, 이른바 수없는 세계·한량없는 세계와 내지 말할 수 없
이 말할 수 없는 세계의 티끌 수 세계에 있는 부처님 이름들
이며, 그 이름을 듣고는 자기의 몸이 그 부처님 세계에 있음
을 보게 되느니라.

[疏] 二, 此菩薩下는 釋相이라 中에 三이니 一, 明廣大니 謂聞多刹佛名하
고 卽見身在彼多刹故니라
- 나) 此菩薩 아래는 양상을 해석함이다. 그중에 셋이니 (가) 광대한
세계를 밝힘이니 이른바 많은 국토의 부처님 명호를 듣고 곧 몸이 저
여러 국토에 있음을 보는 까닭이다.

(나) 한량없고 일어나지 않는 등의 뜻[無量不起等義] (二彼 15上10)

彼諸世界의 或仰或覆한 各各形狀과 各各方所와 各各
差別과 無邊無礙과 種種國土와 種種時劫과 無量功德과
各別莊嚴에 彼彼如來가 於中出現하사 示現神變과 稱揚
名號가 無量無數하여 各各不同이어든 此菩薩이 一得聞

彼諸如來名에 不動本處하고 而見其身이 在彼佛所하여 禮拜尊重하며 承事供養하고 問菩薩法하며 入佛智慧하여 悉能了達諸佛國土의 道場衆會와 及所說法하여 至於究竟하여 無所取着하며

저 여러 세계가 (1) 잦혀 있기도 하고 (2) 엎어져 있기도 하여, (3) 각각 형상과 각각 방소와 각각 차별한 것이 그지없고 걸림이 없으며, (4) 갖가지 국토와 갖가지 시간에 한량없는 공덕으로 제각기 장엄하였는데, (5) 여러 여래께서 그 가운데 나타나시어 신통변화를 보이시고 이름을 일컫는 것이 한량이 없고 수가 없어서 (6) 제각기 같지 아니한 이들을 이 보살이 한 번 이름을 듣고는, (7) 본 고장에서 일어나지 않고 그 몸이 저 부처님들의 세계에 있어서 예배하고 존중하고 섬기고 공양함을 보며, (8) 보살의 법을 묻고 부처님의 지혜에 들어가며, (9) 그 부처님의 국토와 도량에 모인 대중과 (10) 말씀하는 법을 모두 통달하여도 끝까지 집착함이 없느니라.

[疏] 二, 彼諸世界下는 明無量不起等義니 謂又於彼佛에 重聞佛名로 便往敬事하여 受道無着故니라

- (나) 彼諸世界 아래는 한량없고 일어나지 않는 등의 뜻이다. 이른바 또한 저 부처님에서 거듭하여 부처님 명호를 듣고 문득 과거의 공경한 일로 도를 받음에 집착함이 없는 까닭이다.

(다) 단절하지 않는 뜻을 밝히다[明不斷義] (三如 15下6)

如是經不可說不可說佛刹微塵數劫토록 普至十方하되 而無所往이라 然이나 詣刹觀佛하여 聽法請道를 無有斷絶하며 無有廢捨하며 無有休息하며 無有疲厭하여 修菩薩行하여 成就大願하되 悉令具足하여 曾無退轉은 爲令如來廣大種性으로 不斷絶故니라

이와 같이 말할 수 없이 말할 수 없는 세계의 미진수 겁 동안에 (1) 시방에 두루 다녀도 가는 데가 없지마는, 그러나 세계에 나아가서 (2) 부처님을 뵈옵고 (3) 법을 듣고 (4) 도를 행함이 끊기지도 않고 (5) 폐하지도 않고 (6) 쉬지도 않고 고달프지도 않으며, (7) 보살의 행을 닦고 (8) 큰 서원을 이루는 일이 모두 구족하여 물러나지 않나니, (9) 여래의 광대한 종성이 끊어지지 않게 하는 까닭이니라.

[疏] 三, 如是經下는 明不斷義니 謂於多時에 體用無礙故니라

- (다) 如是經 아래는 단절하지 않는 뜻을 밝힘이니, 이른바 많은 시간에 체성과 작용이 걸림 없는 까닭이다.

다) 명칭을 결론하다[結] (經/是名 15下7)

是名菩薩摩訶薩의 第六住無體性無動作하여 往一切佛刹智神通이니라

이것이 보살마하살의 여섯째 자체 성품이 없고 동작이 없고 모든 부처님 세계에 이르는 지혜의 신통에 머무르는 것이니라.

사. 온갖 언사를 잘 분별하는 지혜의 신통[善分別一切言辭智神通] 3.

가) 명칭을 표방하다[標] (第七 15下10)

佛子여 菩薩摩訶薩이 以善分別一切衆生言音智通으로
불자여, 보살마하살이 일체중생의 말을 잘 분별하는 지혜
의 신통으로써,

[疏] 第七, 善分別言音通이라 中에 初, 標名이니 從所了得名이니 卽依主
立稱이라 若從所發得名인대 卽通持業이니라
- 사. 온갖 언사를 잘 분별하는 지혜의 신통이다. 그중에 가) 명칭을 표방함이니, 아는 바로부터 얻은 명칭이니 의주석(依主釋)으로 세운 명칭이다. 만일 시작한 바로부터 얻은 명칭이라면 곧 지업석(持業釋)과 통한다.

나) 양상을 해석하다[釋] 2.
(가) 언사를 아는 신통[知言詞] (二知 16上7)
(나) 언사를 잘 말하다[發言詞] (後此)

知不可說不可說佛刹微塵數世界中衆生의 種種言辭하
나니 所謂聖言辭와 非聖言辭와 天言辭와 龍言辭와 夜叉
言辭와 乾闥婆와 阿修羅와 迦樓羅와 緊那羅와 摩睺羅
伽와 人及非人과 乃至不可說不可說衆生의 所有言辭가
各各表示하여 種種差別인 如是一切를 皆能了知하나니라

此菩薩이 隨所入世界하여 能知其中一切衆生의 所有性欲하고 如其性欲하여 爲出言辭하여 悉能解了하여 無有疑惑하나니 如日光出現에 普照衆色하여 令有目者로 悉得明見인달하여 菩薩摩訶薩도 亦復如是하여 以善分別一切言辭智로 深入一切言辭雲하여 所有言辭를 令諸世間聰慧之者로 悉得解了하나니

말할 수 없이 말할 수 없는 세계의 티끌 수 세계에 있는 중생들의 갖가지 말을 아나니, 이른바 성인의 말·성인 아닌 이의 말·하늘의 말·용의 말·야차의 말과 건달바·아수라·가루라·긴나라·마후라가 사람과 사람 아닌 이의 말과, 내지 말할 수 없이 말할 수 없는 중생의 말로 제각기 표현하고 갖가지 차별한 것들을 모두 다 아느니라. 이 보살이 들어가는 세계마다 그 안에 있는 일체중생의 성품과 욕망을 알며, 그 성품이나 욕망과 같이 내는 말을 모두 잘 알아서 의심이 없나니, 마치 햇빛이 나서 여러 가지 빛을 비추면 눈이 있는 이는 다 보게 되듯이 보살마하살도 그와 같아서 모든 말을 잘 분별하는 지혜로써 모든 말 구름에 깊이 들어가면 온갖 말을 모든 세간의 총명한 사람들로 하여금 다 알게 하나니,

[疏] 二, 知不可說下는 釋相이라 中에 二니 先, 知言辭니 有標와 列과 及結이라 後, 此菩薩下는 明發言辭니 謂隨樂差別하여 而發言故라 有法과 喩와 合이니 文並可知니라

- 나) 知不可說 아래는 양상을 해석함이다. 그중에 둘이니 (가) 언사

를 잘 앎이니, ㄱ. 표방함과 ㄴ. 나열함과 ㄷ. 결론함이 있다. (나) 此菩薩 아래는 언사를 잘 말함을 밝힘이다. 이른바 즐거움을 따라 차별하여 언사를 발하는 까닭이다. 여기에 ㄱ. 법으로 설함과 ㄴ. 비유로 밝힘과 ㄷ. 법과 비유를 합함이 있으니, 경문과 함께하면 알 수 있으리라.

다) 명칭을 결론하다[結] (經/是名 16下6)

是名菩薩摩訶薩의 第七善分別一切言辭智神通이니라
이것이 보살마하살의 일곱째 모든 말을 잘 분별하는 지혜의 신통이니라.

아. 헤아릴 수 없는 색신을 아는 지혜의 신통[知無數色身智神通] 3.

가) 명칭을 표방하다[標] (第八 16下9)

佛子여 菩薩摩訶薩이 以出生無量阿僧祇色身莊嚴智通으로 불자여, 보살마하살이 한량없는 아승지 육신의 장엄을 내는 지혜 신통으로써,

[疏] 第八, 色身莊嚴智通이라 依所現得名이니 卽有財立稱이니라
- 아. 헤아릴 수 없는 색신의 장엄을 아는 지혜 신통이다. 나타날 대상에 의지하여 얻은 명칭이니 곧 유재석(有財釋)으로 세운 명칭이다.

나) 양상을 해석하다[釋] 2.

(가) 과목 나누기[分科] (二 知 17上2)
(나) 과목에 따라 해석하다[隨釋] 3.
ㄱ. 색상이 없음은 색이 곧 공임을 아는 까닭[知無色以色卽空故] 2.

ㄱ) 대의를 밝히다[彰大意] 2.
(ㄱ) 색과 합치한 공임을 밝히다[明卽色之空] (今初)
(ㄴ) 위의 뜻을 결론하다[結成上義] (存亡)

知一切法의 遠離色相과 無差別相과 無種種相과 無無量相과 無分別相과 無青黄赤白相이니라
온갖 법이 빛을 여의었으므로 차별한 모양이 없고 가지가지 모양이 없고 한량없는 모양이 없고 분별하는 모양이 없고 푸르고 누르고 붉고 흰 모양이 없음을 아느니라.

[疏] 二, 知一切下는 釋相이라 中에 三이니 初, 知無色이니 以色卽空故요 二, 菩薩如是下는 明能現色이니 以空卽色故요 三, 佛子下는 雙明無色現色이니 所爲가 不礙悲故니라 今初니 由了法界가 無定實色이며 擧體卽空이며 非斷空故로 空中에 無色호대 不礙色故며 存亡隱顯이 皆自在故로 方能隨樂하여 現種種色이라 故로 先明之니라

■ 나) 知一切 아래는 양상을 해석함이다. 그중에 셋이니 ㄱ. 색상이 없음을 아는 것이니 색이 곧 공인 연고요, ㄴ. 菩薩如是 아래는 나타나는 주체인 색이니 공이 곧 색임을 밝히는 연고요, ㄷ. 佛子 아래는 색

상 없이 색상을 나타냄을 함께 밝힘이니 하는 일이 대비를 장애하지 않는 까닭이다. 지금은 ㄱ.이니 법계가 정해진 실다운 색이 없으며 전체가 공과 합치함을 앎으로 말미암았으며 단멸의 공이 아닌 연고로 공 가운데 색이 없지만 색에 걸림 없는 까닭이며, 있고 없음과 숨고 나타남에 모두 자재한 연고로 비로소 능히 즐거움을 따르고 갖가지 형색을 나타낸다. 그러므로 먼저 그것을 밝힌 것이다.

[鈔] 今初由了下는 疏文有二하니 先, 彰大意요 後, 於中六句下는 釋文이라 前中[44]에 意明此是卽色之空이요 非色絶[45]之眞空일새 故不礙現色이라 於中에 先, 明卽色之空일새 故能現色이라 由上에 無實色故로 卽色是空이니 旣卽色是空일새 故非斷空이니라 又無定實일새 則顯非常이며 非是斷空이니라 又顯非斷이니 以定有則常이요 定無則斷故라 今非斷常일새 卽眞法界니라 從空中無色下는 明空不礙色일새 故能現色이라 存亡隱顯下는 結成上義니 至下當知니라 然이나 此段文이 乃含多意[46]하니 第一이니 謂色空相望에 總有三義하니 一, 相違義니 故로 云空中에 無色이니라 二, 不相礙義니 故로 云不礙色故니라 三, 相作義니 故로 前에 云無定實色이니 擧體卽空이며 非斷空故라 謂此幻色이 若不擧體卽空이면 不成幻色故라 亦合云, 色中에 無空故며 色不礙空故며 擧體卽色이라 非斷滅故니라 以此正說了無色義일새 故로 唯說色卽空邊이요 下第二段에 能現色邊하야사 方合明於 色不礙[47]空等이라 此三이 無礙하야사 方曰眞空이며 亦稱妙有니라

- 지금은 ㄱ. 由了 아래는 (색이 없음을 아는 것)의 소문에 둘이 있으니 ㄱ)

---

44) 上十字는 南金本無라 하다.
45) 色絶은 南續金本作絶色이라 하다.
46) 意下에 甲南續金本有一字라 하다.
47) 不礙는 甲南續金本作無라 하다.

대의를 밝힘이요, ㄴ) 於中六句 아래는 경문을 바로 해석함이다. ㄱ) 중에 의미를 밝히면 이것은 색과 합치한 공이요, 색이 끊어진 진공이 아닌 연고로 색을 나타냄에 걸림이 없다. 그중에 (ㄱ) 색과 합치한 공임을 밝힌 연고로 색을 잘 나타낸다. 위의 실법이 없음으로 말미암은 연고로 곧 색이 공인 것이니 이미 곧 색이 공인 연고로 단멸의 공이 아닌 것이다. 또한 정해진 실법이 없으므로 항상함 아님을 밝힐 것이며, 단멸의 공이 아닌 것이다. 또한 단멸이 아님을 밝혔으니 삼매가 있음은 항상함이요, 삼매가 없으면 단멸인 까닭이다. 지금은 단멸도 항상함도 아니므로 진여와 합치한 법계인 것이다. 空中無色부터 아래는 공이 색을 장애하지 않음을 밝힌 연고로 능히 색을 나타낸다. (ㄴ) 存亡隱顯 아래는 위의 뜻을 결론함이다. 아래에 가면 알게 되리라. 그러나 이 문단의 경문은 비로소 여러 의미를 포함하나니 (1) 첫째는 이른바 색과 공이 서로 바라보아서 총합하여 세 가지 뜻이 있으니, ① 서로 위배되는 이치이니, 그래서 '공 가운데 색이 없다'고 말한다. ② 서로 장애하지 않는 뜻이니, 그러므로 '색을 장애하지 않는다'고 말한 까닭이다. ③ 서로 짓는 이치이니, 그러므로 앞에서 '정해진 실다운 색이 없다'고 하였으니, 전체가 곧 공하며 단멸의 공이 아닌 까닭이다. 말하자면 이 환술과 같은 색이 만일 전체가 곧 공이 아니면 환술과 같은 색을 이루지 못하기 때문이다." 또한 합하여 말하되, "색 가운데 공이 없기 때문이며, 색이 공을 장애하지 않는 연고며 전체가 곧 색이니 단멸이 아닌 까닭이다. 이렇게 바로 설하여 색이 없는 이치를 요달한 연고로 오직 색이 곧 공의 끝뿐임을 말함이요, 아래 둘째 문단에 색의 끝을 능히 나타내어야 바야흐로 색이 공을 장애하지 않는 등을 합하여 밝혔다. 이런 세 가지가 장애 없어야 바야흐로 '진공(眞空)'이라 말하며 또한 '묘유(妙有)'라 칭한다.

第48)二의 此之二句가 遣於地前의 三空亂意니 謂無定實色이며 擧體卽空이며 非斷空故는 遣第二, 疑空滅色하여 取斷滅空이요 以空中無色으로 遣第三의 疑空是物하여 謂空爲有라 今에 明空尙無色이어니 豈有體耶아 況色中에 無空이며 空定無體아 次에 云, 不礙色故는 卽遣第一, 疑空異色하여 取色外空이라 旣云不礙於色하니 明非色外로다 離此三過하야사 方曰眞空이며 淸淨法界니라 第三은 亦含法界觀意니 卽第一, 眞空絶相觀이라 彼有四門하니 第一은 會色歸空觀이니 卽今門의 空意니라 第二, 明空卽色觀이니 是第二段에 能現色意니라 第三, 色空49)無礙觀이니 卽此第三段의 無色現色意니라 第四, 泯絶無寄觀이니 亦在此段之中이니라 彼第一, 會色歸空觀中에 有四句하니 各先은 標요 後는 釋이라 前三의 標語에 皆同云色不卽空이니 以卽空故라하니라 今에 云, 無定實色이며 以擧體卽空이며 非斷空故는 卽彼第一句라 彼에 云, 以色不卽空은 是斷空이니 故云不卽空이라하고 以色擧體가 是眞空일새 故云以卽空故라하니라 今에 云不礙色은 卽彼第二句에 靑黃之相은 非卽眞空之理라 故로 云色不卽空이니라 然이나 靑黃無體하여 莫不皆空일새 故云以卽空故라 良以靑黃無體之空은 非卽靑黃이니 故로 云不卽空이라하니라 卽50)要有靑黃하야사 方說無體며 明不礙色矣니라

● (2) 둘째 여기의 두 구절이 십지(十地) 이전의 세 가지 공[三空]의 산란한 의미를 보내었다. 이른바 '정해진 실다운 색이 아니며 전체가 곧 공

---

48) 第上에 甲南續金本有二字誤라 하다.
49) 色空은 甲南續金本作空色이라 하다.
50) 卽은 甲南續金本無라 하다.

이며 단멸의 공이 아닌 까닭'이란 둘째 공이 색을 멸함을 의심하여 단멸의 공을 취함을 보낸 것이요, 공 가운데 색이 없음으로 셋째 공이 바로 사물임을 의심함을 보내었다. 이른바 공이 유가 되었다. 지금은 공이 오히려 색이 없음을 밝혔는데 어찌 체성이 있겠는가? 하물며 색 가운데 공이 없으며 공에 정해져서 체성이 없겠는가? 다음에 이르되, "색을 장애하지 않는 까닭이라 한 것은 곧 첫째, 공이 색과 다름을 의심하여 색 밖에 공이 있음을 취함을 보낸다." 이미 말하되, "색을 장애하지 않나니 색 밖이 아님이 분명하다." 이런 세 가지 허물을 여의어야 비로소 '참된 공'이며 '청정한 법계'라 말한다. (3) 셋째는 또한 법계를 포함한 관법의 의미이니 곧 ① 진공은 상을 끊은 관법[眞空絶相觀]이다. 저기에 네 문이 있으니 제1. 색을 모아 공으로 돌아가는 관법[會色歸空觀]이니 곧 지금의 문이 공한 의미이다. ② 공이 곧 색임을 밝히는 관법[明空卽色觀]이니 바로 둘째 문단에서 능히 색을 나타내는 의미이다. ③ 색과 공이 장애 없는 관법[色空無礙觀]이니 곧 여기의 셋째 문단의 색이 없이 색을 나타낸다는 의미이다. ④ 모두 없애고 의탁함 없는 관법[泯絶無寄觀]이니 또한 이 문단 중에도 있다. 저기의 첫째 색을 알고 공으로 돌아가는 관법 중에 네 구절이 있으니 각기 앞은 표방함이요, 뒤는 해석함이다. 앞의 세 구절의 말로 표방할 적에 모두 함께 말하되, "정해진 실다운 색이 없으며 전체가 곧 공이며 단멸의 공이 아닌 까닭"은 곧 저 첫째 구절이다. 저기에 말하되, "색이 곧 공이 아님은 단멸의 공이니 그러므로 공과 합치하지 않는다"고 말하였고, 색이 전체가 진공인 연고로 "공과 합치한 까닭"이라 말한다. 지금은 말하되, "색을 장애하지 않음은 곧 저 둘째 구절에서 푸르고 노란 양상은 진공과 합치한 이치가 아니다." 그러므로 "색이 곧 공이 아니다"

라 하였다. 그러나 푸르고 노란 것은 체성이 없어서 모두 공 아님이 없으므로 '공과 합치한 연고'라 하였다. 진실로 푸르고 노랗고 체성 없는 공은 곧 푸르고 노란 것이 아님이니 그러므로 "공과 합치하지 않는다"라 하였다. 중요한 것은 푸르고 노란 것이 있어야 바야흐로 체성 없다고 말하며, 색을 장애하지 않음을 밝힌 내용이다.

次今에 云空中에 無色은 卽彼第三句에 空中無色일새 故不卽空이요 會色無體일새 故云以卽空故라 良由會色歸空에 空中必無色일새 是故로 由色空故로 色非空也니라 上三句는 以法揀情이니라 第四에 便云色卽是空이라하며 謂凡是色法이 必不異眞空이니 以諸色法이 必無性故라 是故로 色卽是空은 此卽今疏의 第一法界無定實色이며 擧體卽空이 是也니라

存亡隱顯者는 結成前義라 於中에 二意니 一者, 結上이니 空中無色은 亡也요 不礙色故는 存也오 擧體卽空은 非斷空故로 兼存亡也라 存亡은 約色하고 隱顯은 約空이라 空理眞常하니 不可言亡이나 而色存에 卽空隱하고 色亡에 則空顯이라 此는 唯約會色歸空以說이어니와 若兼第二, 不礙現色은 是明空卽色觀하여 論存亡隱顯者인대 色卽是空은 則色亡空顯이요 空卽是色은 則空隱色存이라 然皆卽亡卽存하며 卽隱卽顯일새 故云自在니라 卽以總結로 爲彼第三의 空色無礙觀이요 其泯絶無寄는 在下釋文이니라

● 다음에 지금은 말하되, "공 가운데 색법이 없음은 곧 저 셋째 구절에 공 가운데 색이 없는 연고로 공과 합치하지 않음이요, 색에 체성이 없음을 아는 연고로 '공과 합치한다'고 말한 까닭이다. 진실로 색이 공으로 돌아감을 앞으로 말미암아 공 가운데 반드시 색이 없나니 이런

연고로 색이 공함으로 말미암아 색이 공이 아니다. 위의 세 구절은 법으로 생각을 구분함이다. 넷째에 '문득 색이 곧 공이다'라 말하였다. 이른바 무릇 색법이 반드시 진공과 다르지 않나니 모든 색법은 반드시 성품이 없는 까닭이다. 이런 연고로 색이 곧 공인 것은 이것은 곧 본경 소문의 첫째, 법계는 정해진 실다운 색이 없으며 전체가 곧 공인 것이 바로 이것이다.

(ㄴ) '있고 없음과 숨고 나타남'이란 앞의 뜻을 결론함이다. 그중에 두 가지 의미이니 첫째, 위를 결론함이니 공 가운데 색이 없음은 없다는 뜻이요, 색을 장애하지 않는 연고는 있다는 뜻이다. '전체가 곧 공함'은 단멸의 공이 아닌 연고로 있고 없음을 겸하였다. 있고 없음은 색을 잡았고, 숨고 나타남은 공을 잡았다. 공의 이치가 진실하게 항상하나니 '없다'고 말할 수 없지만, 하지만 색을 두면 곧 공이 숨었고, 색이 없으면 공을 밝힌 것이다. 이것은 오직 색을 알고 공으로 돌아감을 잡아 말하였지만 만일 둘째, 색을 나타냄과 장애하지 않음이 바로 공이 곧 색인 관법을 겸하여 '있고 없음과 숨고 나타남'을 논한다면 색이 곧 공이면 색이 없고 공이 나타남이요, 공이 곧 색이면 공이 숨고 색이 있음이다. 그러나 모두 없음이 곧 있음이며 숨음이 곧 나타남이므로 '자재하다'고 말한다. 곧 총합 결론함으로 저 셋째 공과 색이 무애한 관법이 되고, 그 없애고 끊어서 의탁함 없는 관법은 아래 경문 해석에 있다.

ㄴ) 경문을 바로 해석하다[正釋文] (於中 19下3)

[疏] 於中에 六句니 初一은 總知色性이 離相이니 亦無有法而爲空故라 餘

五는 別明離何等相이니 一, 離差別相이니 麤妙長短等이 同一無生體故라 二, 種種異相이 虛故요 三, 無量은 多相離故며 又無大小며 絶分量故니라 四, 但妄分別로 求叵得故니 色空二見이 皆情取故며 卽與不卽인 斯見絶故라 上은 通形顯이니라 五, 離顯相이니 依形有故니라

■ 그중에 여섯 구절이니, (1) 한 구절은 색의 성품이 모양 여읨을 총합하여 앎이니, 또한 법이 없지만 공이 되는 까닭이다. 나머지 다섯 구절은 어떤 따위의 모양을 여읜 줄 개별로 밝힘이다. (2) 둘째 구절은 차별한 양상을 여읨이니 거칠고 묘함과 길고 짧은 따위가 생사 없는 체성과 동일한 연고요, (3) 셋째 구절은 갖가지 다른 모양이 허망한 연고요, (4) 넷째 구절은 한량없음은 모양을 여읨이 많은 연고며, 또한 크고 작음이 없으며 부분의 분량을 끊은 연고이다. (5) 다섯째 구절은 단지 허망한 분별로 구해도 얻을 수 없는 까닭이니, 색과 공의 두 가지 소견은 모두 생각으로 취한 연고며, 합치함과 합치하지 않음의 이런 소견이 뛰어난 까닭이다. 위는 형상을 통틀어 드러났다. (6) 여섯째 구절은 드러난 모양을 여읨은 형상에 의지하여 있는 까닭이다.

[鈔] 四, 但妄下는 卽彼泯絶無寄意也라 彼云, 謂此所觀眞空은 不可言卽色不卽色이며 卽空不卽空이며 一切法도 皆不可며 此語도 亦不受요 逈絶無寄하여 非言所及이며 非解所到니 是謂行境이라 何以故오 以生心動念하면 卽乖法體하여 失正念故라하니라 以今疏文으로 對彼所引하면 相攝可知니라

● (5) 但妄 아래는 곧 저 모두 없애고 끊어서 의탁함 없는 관법의 의미

이다. 저기에 말하되, "여기서 볼 대상인 진공(眞空)은 색과 합치함과 색과 합치하지 않음을 말할 수 없으며, 공과 합치함과 공과 합치하지 않음이며, 온갖 법도 모두 가능하지 않으며, 이런 말도 또한 받지 않으며, 의탁함 없음과 멀리 떨어져서 말로는 미치지 못하며, 이해로 도달할 바가 아님이니, 이것을 '행하는 경계[行境]'라 말한다. 왜냐하면 마음이 생기고 생각이 움직이면 곧 법의 체성과 어긋나서 바른 생각을 잃은 까닭이다"라고 하였다. 본경의 소문이 저에 인용한 것과 상대하면 서로 포섭함은 알 수 있으리라.

ㄴ. 나타나는 주체인 색은 공이 곧 색임을 밝히려는 까닭
[明能現色以空卽色故] 2.
ㄱ) 앞을 결론하고 뒤를 표방하다[結前標後] (二能 20上5)

菩薩이 如是入於法界하여 能現其身하여 作種種色하나니
보살이 이와 같이 법계에 들어가서 몸을 나타내어 가지각색 빛을 짓나니,

[疏] 二, 能現色中에 初, 結前標後니 以卽空之色이 爲妙色故라 又空色[51]不二가 成上眞空이요 不二而二가 現斯妙色이요 色空融卽이 爲眞法界요 緣起無盡이 卽一現多니라

■ ㄴ. 나타나는 주체인 색 중에 ㄱ) 앞을 결론하고 뒤를 표방함이니 공과 합치한 색이 묘한 색이 되기 때문이다. 또한 공과 색이 둘이 아님이 위의 진공을 성취함이요, 둘이 아니면서 둘인 것이 이런 묘한 색을

---
51) 空色은 續金本作色空이라 하다.

제28. 십통품 아. 知無數色身智神通 **447**

나타냄이요, 색과 공을 융섭하고 합치함이 참된 법계가 됨이요, 연기가 끝이 없음은 하나와 합치하여 여럿을 나타냄이다.

[鈔] 以卽空之色者는 此는 以前成後라 由前卽了無色而現色일새 故成妙色이라 次云, 又色空下는 將今對前하여 反覆相成이라하고 初, 空色不二하여 成上眞空하니 以今成前이라 次, 不二而二로 以前成後요 次, 色空融卽下는 融上二文하여 歸初法界라 後, 緣起無盡下는 成後無涯니 其眞空妙色之旨는 廣如問明이니라

● '공과 합치한 색'이란 여기서는 앞으로 뒤를 성취함이다. 앞의 색이 없이 색을 나타냄을 요달함을 말미암는 연고로 묘한 색을 성취한다. 다음에 말하되, "又色空 아래는 본경을 가져서 앞과 상대하여 반복하여 서로 성취함이다"라 하였고, (1) 공과 색이 둘이 아니어서 위의 참된 공을 성취하나니 본경으로 앞을 성립함이다. (2) 둘이 아니면서 둘인 것으로 앞으로 뒤를 성취함이요, (3) 色空融卽 아래는 위의 두 경문을 융섭하여 처음의 법계로 돌아간다. (4) 緣起無盡 아래는 뒤의 그지없음을 성취함이니, 그 진공과 묘한 색의 종지에 대해서는 자세한 것은 보살문명품의 내용과 같다.

ㄴ) 같지 않은 점을 개별로 밝히다[別顯不同] (後所 21下8)

所謂無邊色과 無量色과 淸淨色과 莊嚴色과 普徧色과 無比色과 普照色과 增上色과 無違逆色과 具諸相色과 離諸惡色과 大威力色과 可尊重色과 無窮盡色과 衆雜妙色과 極端嚴色과 不可量色과 善守護色과 能成熟色과

隨化者色과 無障礙色과 甚明徹色과 無垢濁色과 極澄淨色과 大勇健色과 不思議方便色과 不可壞色과 離瑕翳色과 無障闇色과 善安住色과 妙莊嚴色과 諸相端嚴色과 種種隨好色과 大尊貴色과 妙境界色과 善磨瑩色과 清淨深心色과 熾然明盛色과 最勝廣大色과 無間斷色과 無所依色과 無等比色과 充滿不可說佛刹色과 增長色과 堅固攝受色과 最勝功德色과 隨諸心樂色과 清淨解了色과 積集衆妙色과 善巧決定色과 無有障礙色과 虛空明淨色과 清淨可樂色과 離諸塵垢色과 不可稱量色과 妙見色과 普見色과 隨時示現色과 寂靜色과 離貪色과 眞實福田色과 能作安隱色과 離諸怖畏色과 離愚癡行色과 智慧勇猛色과 身相無礙色과 遊行普徧色과 心無所依色과 大慈所起色과 大悲所現色과 平等出離色과 具足福德色과 隨心憶念色과 無邊妙寶色과 寶藏光明色과 衆生信樂色과 一切智現前色과 歡喜眼色과 衆寶莊嚴第一色과 無有處所色과 自在示現色과 種種神通色과 生如來家色과 過諸譬喩色과 周徧法界色과 衆皆往詣色과 種種色과 成就色과 出離色과 隨所化者威儀色과 見無厭足色과 種種明淨色과 能放無數光網色과 不可說光明種種差別色과 不可思香光明超過三界色과 不可量日輪光明照耀色과 示現無比月身色과 無量可愛樂華雲色과 出生種種蓮華鬘雲莊嚴色과 超過一切世間香焰普熏色과 出生一切如來藏色과 不可說音聲으로開示演暢一切法色과 具足一切普賢行色이라

이른바 (1) 그지없는 빛·한량없는 빛·청정한 빛·장엄한 빛·두루한 빛·비길 데 없는 빛·두루 비치는 빛·더욱 느는 빛·어기지 않는 빛·여러 모양 갖춘 빛·(11) 나쁜 것을 여읜 빛·큰 위엄 있는 빛·존중한 빛·다하지 않는 빛·여럿이 섞인 빛·매우 단정한 빛·헤아릴 수 없는 빛·잘 수호하는 빛·성숙하게 하는 빛·교화하는 이를 따르는 빛·(21) 장애가 없는 빛·밝게 사무치는 빛·때가 없는 빛·매우 깨끗한 빛·매우 용맹한 빛·부사의한 방편 빛·깨뜨릴 수 없는 빛이니라.

또 티가 없는 빛·막힘이 없는 빛·잘 머무르는 빛·(31) 묘하게 장엄한 빛·형상이 단정한 빛·가지가지로 잘 생긴 빛·크게 존귀한 빛·묘한 경계의 빛·잘 갈아 맑은 빛·청정하고 깊은 마음의 빛·찬란하게 밝은 빛·가장 굉장한 빛·끊어지지 않는 빛·(41) 의지한 데 없는 빛·비등할 이 없는 빛·말할 수 없는 세계에 가득한 빛·늘어나는 빛·견고하게 거둬 주는 빛·가장 훌륭한 공덕 빛·마음에 좋아함을 따르는 빛·깨끗하게 아는 빛·여러 가지 묘한 것을 모은 빛·잘 결정한 빛·(51) 막힘이 없는 빛·허공처럼 깨끗한 빛·청정하여 사랑스러운 빛이니라.

또 모든 티끌 여읜 빛·헤아릴 수 없는 빛·묘하게 보는 빛·두루 보는 빛·때를 따라 나타나는 빛·고요한 빛·탐욕을 여읜 빛·참된 복밭의 빛·(61) 편안하게 하는 빛·두려움을 여의는 빛·어리석은 행을 여의는 빛·지혜가 용맹한 빛·형상이 걸림 없는 빛·널리 다니는 빛·마음이

의지한 데 없는 빛·크게 인자함으로 일으킨 빛·크게 가엾이 여김으로 나타낸 빛·평등하게 뛰어난 빛·(71) 복덕을 구족한 빛·마음대로 생각하는 빛·그지없이 묘한 보배 빛·보배 광의 광명한 빛·중생이 믿고 좋아하는 빛·온갖 지혜가 앞에 나타나는 빛·기쁜 눈의 빛·뭇 보배로 장엄함이 제일가는 빛·처소가 없는 빛·자유롭게 나타내는 빛·(81) 가지가지 신통한 빛·여래의 가문에 태어나는 빛이니라.

또 비유를 초월한 빛·법계에 두루한 빛·여럿이 나아가는 빛·가지가지 빛·성취하는 빛·벗어나는 빛·교화받을 이 따르는 빛·위의의 빛·(91) 보기에 싫지 않은 빛·가지가지 깨끗한 빛·무수한 광명을 놓는 빛·말할 수 없는 광명이 가지가지 차별한 빛·생각할 수 없는 향기가 삼계를 초과하는 빛·헤아릴 수 없는 햇빛이 비치는 빛·비길 데 없는 달을 나타내는 빛·한량없고 사랑스러운 꽃 구름 빛·가지가지 연꽃 타래 구름을 내어 장엄하는 빛·모든 세간을 초월하는 향기가 널리 풍기는 빛·(101) 온갖 여래장을 내는 빛·말할 수 없는 음성으로 모든 법을 연설하는 빛·(103) 온갖 보현행을 구족한 빛이니라.

[疏] 後, 所謂下는 別顯不同이라 有一百三種호대 或從色相立名하며 或就德用受稱이니 可以意求니라 然이나 皆是稱法界之色이요 不同變礙나 但隨所顯하여 以立色名이니라

■ ㄴ) 所謂 아래는 같지 않은 점을 개별로 밝힘이다. 103가지 빛이 있

되 혹은 빛의 양상으로부터 세운 명칭이요, 혹은 공덕과 작용에 입각하여 받은 명칭이니 생각으로 구할 수 있으리라. 그러나 모두 법계와 칭합한 색이요, 변하거나 장애함과 다르나니, 단지 밝힐 대상만 따라서 색의 명칭을 세운 것이다.

ㄷ. 색상 없이 색상을 밝혀서 그 장애 없는 대비를 함께 밝히려는 까닭
[雙明無色現色顯其無礙悲故] 2.
ㄱ) 앞의 경문의 뜻을 결론하다[結前文意] (三雙 22上6)
ㄴ) 그 역할을 밝히다[顯其所爲] (後令)

佛子여 菩薩摩訶薩이 深入如是無色法界하여 能現此等種種色身은 令所化者見하며 令所化者念하며 爲所化者하여 轉法輪하며 隨所化者時하며 隨所化者相하며 令所化者로 親近하며 令所化者로 開悟하며 爲所化者하여 起種種神通하며 爲所化者하여 現種種自在하며 爲所化者하여 施種種能事니

불자여, 보살마하살이 (1) 이러한 빛 없는 법계에 들어가 이런 여러 가지 형상을 나타내어서, (2) 교화받을 이로 보게 하고 교화받을 이로 생각하게 하고, (3) 교화받을 이를 위하여 법 바퀴를 굴리고, (4) 교화받을 이의 때를 따르며, (5) 교화받을 이의 형상을 따르며, (6) 교화받을 이로 하여금 친근하게 하며, (7) 교화받을 이를 깨닫게 하며, (8) 교화받을 이를 위하여 갖가지 신통을 일으키고, (9) 교화받을 이를 위하여 갖가지 자유로움을 나타내고, (10) 교화받을 이를 위

하여 갖가지 잘 하는 일을 베푸나니,

[疏] 三, 雙明所爲라 中에 初, 結前이요 後, 令所化下는 顯其所爲라 有十
句하니 並可知니라
- ㄷ. (빛이 없이 빛을 나타냄은 그 걸림 없는 대비의) 역할을 함께 밝힘이다. 그 중에 ㄱ) 앞의 경문의 뜻을 결론함이요, ㄴ) 令所化 아래는 그 역할을 밝힘이다. 열 구절이 있으니 (경문과) 함께하면 알 수 있으리라.

다) 명칭을 결론하다[結] (經/是名 22上8)

是名菩薩摩訶薩의 爲度一切衆生故로 勤修成就第八無
數色身智神通이니라
이것이 보살마하살이 일체중생을 제도하려고 부지런히 닦
아 여덟째 무수한 육신을 성취하는 지혜의 신통이니라.

자. 온갖 법을 아는 지혜의 신통[知一切法智神通] 3.

가) 명칭을 표방하다[標] (第九 22下1)

佛子여 菩薩摩訶薩이 以一切法智通으로
불자여, 보살마하살이 온갖 법을 아는 지혜의 신통으로써,

[疏] 第九, 一切法智通이라 初, 標名이니 從所知眞俗等法하여 受稱이니라
- 자. 온갖 법을 아는 지혜의 신통이다. 가) 명칭을 표방함이니 알 대

상인 진제와 속제 따위의 법으로부터 받은 명칭이다.

나) 양상을 해석하다[釋] 2.

(가) 과목 나누기[分科] (二知 22下5)
(나) 과목에 따라 해석하다[隨釋] 2.
ㄱ. 법을 아는 것은 곧 안으로 현상과 이치를 증득함에 대해 밝히다
　　[明知法卽內證事理] 2.

知一切法의 無有名字와 無有種性과 無來無去와 非異非不異와 非種種非不種種과 非二非不二와
온갖 법이 (1) 이름이 없고 성품이 없고 (2) 오는 것도 없고 가는 것도 없고, (3) 다른 것도 아니고 다르지 않은 것도 아니며, (4) 가지가지도 아니고 가지가지가 아닌 것도 아니며, (5) 둘도 아니고 둘 아닌 것도 아니며,

[疏] 二, 知一切下는 釋相이라 中에 二니 初, 明知法이니 卽內證事理요 後, 此菩薩下는 明演法이니 卽外益衆生이라 亦是前은 明卽事常理오 後, 明卽理恒事라 用寂寂用이 無障礙故라

■ 나) 知一切 아래는 양상을 해석함이다. 그중에 둘이니 ㄱ. 법을 분명히 아는 것이니 곧 안으로 현상과 이치를 증득함이요, ㄴ. 此菩薩 아래는 법을 연설함을 밝힘이니 곧 밖으로 중생을 이익 줌이다. 또한 앞은 현상과 합치한 항상한 이치를 밝힘이요, ㄷ. 이치와 합치한 항상한 현상을 밝힘이다. 작용이 고요함과 고요함이 작용함이 장애가

없는 까닭이다.

ㄱ) 말을 여읨을 잡아 실법을 밝히다[約離言顯實] 2.
(ㄱ) 처음 세 구절은 한결같이 실법을 밝히다[初三句一向顯實]

(今初 22下8)

[疏] 今初에 又二니 初, 約離言顯實이요 二, 無我下는 約二空顯實이라 今初에 初之三句는 一向顯實이니 一, 名無得物之功故요 二, 緣成無性故요 三, 體絶去來故라

- 지금은 ㄱ.에 또한 둘이니 ㄱ) 말을 여읨을 잡아 실법을 밝힘이요, ㄴ) 無我 아래는 두 가지 공을 잡아 실법을 밝힘이다. 지금은 ㄱ)에 (ㄱ) 처음의 세 구절은 한결같이 실법을 밝힘이니, (1) 사물을 얻은 공(功)이라 이름한 까닭이요, (2) 인연으로 성취하므로 체성이 없는 까닭이요, (3) 체성에는 오고 감이 끊어진 까닭이다.

(ㄴ) 뒤의 세 구절은 서로 상대하여 실법을 밝히다[後三句相對顯實]

(下有 22下10)

[疏] 下有三句는 相對顯實이라 然此三對가 釋有三義하니 一, 唯約顯實에는 則相待而空故라 異相互無일새 故云不異요 遮異일새 言不異요 亦無不異可得일새 云非不異니라 二, 約雙顯인대 體則不異요 相非不異니라 三, 約雙遮인대 相卽性故로 非異요 性卽相故로 非不異니라 又相非相故로 不異요 性非性故로 非不異니 故離二邊하고 不住中道니라 下二對는 例知니라

■ (ㄴ) 아래에 있는 세 구절은 서로 상대하여 실법을 밝힘이다. 그러나 여기의 세 가지 대구가 세 가지 뜻이 있음을 해석하나니, (1) 오직 실법을 밝힘만 잡을 적에 서로 기다려서 공한 까닭이다. 다른 양상은 번갈아 없으므로 '다르지 않다'고 말한다. 다름을 차단하므로 다르지 않다고 말하고, 또한 다르지 않음 없음을 얻을 수 있으므로 '다르지 않음이 없다'고 말한다. (2) 동시에 밝힘을 잡으면 체성은 다르지 않음이요, 양상은 다르지 않음이 없다. (3) 함께 차단함을 잡으면 양상은 성품과 합치한 연고로 다르지 않고, 성품은 양상과 합치한 연고로 다르지 않음도 아니다. 또한 양상이 양상이 아닌 연고로 다르지 않고, 성품이 성품이 아닌 연고로 다르지 않나니, 그러므로 두 가지 변두리를 여의고 중도에 머물지 않는다. 아래 두 가지 대구는 유례하여 알 것이다.

[鈔] 然此三對者는 然此三義가 散在經論이라 古德이 隨見하여 取捨不同일새 以今疏意가 並皆收之호대 而取義各別하니 並爲正解라 合其三意하야사 方盡玄旨니라 然此三對가 皆由下句成別이요 上非異句는 義旨皆同이니 同是遣差別相故라 下句를 對上하여 別成三重이니라 第一, 唯約顯實者는 則拂迹入玄이니 非異者는 拂差別相也오 非不異者는 拂上不異之迹이니 則遣之又遣之하여 以至於無遣耳니라 而文中에 二니 先, 總明兩句니 故로 云則相待而空故니라

● '그러나 여기서 세 가지 대구로 상대함'은 그런데 이 세 가지 뜻은 경문과 논서에 흩어져 있다. 고덕(古德)이 소견을 따라서 취하고 버림이 같지 않으므로 본경의 소문의 의미가 함께 모두 거두었으되 취한 뜻은 각기 다르나니, 아울러 바른 해석이 된다. 그 세 가지 의미를 합해

야만 비로소 현묘한 종지를 다하게 된다. 그러나 이 세 가지 대구는 모두 아래 구절로 말미암아 별상을 이루고, 위는 다르지 않은 구절은 뜻과 종지가 모두 같나니, 함께 차별한 양상을 보낸 까닭이다. 아래 구절을 위와 상대하여 개별로 세 번을 이루었다. (1) 오직 실법을 밝힘만 잡은 것은 자취를 털고 현묘함에 들어가나니 '다르지 않음'이란 차별한 양상을 털어 냄의 뜻이요, '다르지 않음도 아님'이란 위의 다르지 않다는 자취를 털어 냄이니, 보내고 또 보내어서 보낼 것 없음에 이른다는 뜻일 뿐이다. 그러나 경문 중에 둘이니 ① 두 구절을 총합하여 밝혔으니 그러므로 "서로 기다려서 공한 까닭"이라 하였다.

次, 先破異하여 云, 異相互無故로 云不異者는 此卽中論破合品中 意니 以小乘立見과 可見과 見者인 三事和合할새 因將異하여 以破之 云호대 異法은 當有合인대 見等이 無有異리라 異相[52)]이 不成 故로 見 等은 云何合이리요 釋曰, 此但總明無異니 異則無合이니라 次, 例破 異云호대 非但可見等이라 異相不可得이니 所有一切法이 皆亦無異 相이라하니라 釋曰, 上에는 總言無요 下에 出無所以云호대 異因異有 異니 異離異에 無異라 若法이 所因出인대 是法不異因이라하니라 謂如 眼於色異하고 色於眼異를 是名爲異라 今明因色異故로 眼異일새 故 云異因異有異니 若離於色하면 眼與誰[53)]異리요 故云, 異離異에 無 異라 然則眼色二異가 相因而成이라 則無定眼色이 而成於異니 故 云, 若法이 所因出인대 是法不異因이라하니라

● ② 먼저 다름을 타파하여 말하되, "다른 모양은 번갈아 없으므로 다르지 않다"고 말한 것은 이것은 곧 『중론(中論)』의 합함을 타파한 (관

---

52) 相은 原金本作法, 甲南續本作相이라 하다.
53) 誰는 南金本作離라 하나 誤植이다.

합품觀合品) 중의 의미이니, 소승에서 세운 소견과 볼 수 있음과 보는 자인 세 가지 일로 화합하므로 다름을 가짐으로 인하여 타파하여 말하되, "다른 법은 당연히 합함이 있다면 보는 따위가 다름이 없다. 다른 형상이 이루어지 않는 연고로 보는 따위가 어떻게 합하겠는가?" 해석하자면 이것은 단지 다름없음만을 총합하여 밝혔으니, 다름은 합함이 아니다. 다음에 (觀合品의) 다름을 타파함과 유례하여 말하되, "단지 볼 수 있는 따위만이 아니라 다른 형상을 얻을 수 없나니 세간에 있는 온갖 법이 모두가 다른 형상이 없다"라고 하였다. 해석하자면 위에는 총합하여 '없다'고 말하고, 아래에 나옴이 없는 이유를 말하되, "다름[異]은 다름을 인하여 다름이 있나니 다름은 다름을 여의고는 다름이 없다. 어떤 법이 원인에서 나온다면 그 법은 원인과 다르지 않다"라고 하였다. 말하자면 눈이 색과 다르고, 색은 눈과 다름과 같음을 이름하여 '다르다'고 말한다. 지금은 색이 다름으로 인한 연고로 눈이 다름을 밝힌 연고로 말하되, "다름은 다름으로 인하여 다름이 있다"라고 하였으니, 만일 색을 여의면 눈과 무엇이 다르겠는가 하므로, "다름이 다름을 여의고는 다름이 없다"라고 하였다. 그렇다면 눈과 색이 둘이 다른 것이 서로 인연하여 이루었다. 삼매 없는 눈과 색이 다름을 이루었으니 그러므로 말하되, "어떤 법이 원인에서 난다면 그 법은 원인과 다르지 않다"라고 하였다.

亦猶梁橡이 成舍에 舍不異於梁橡等法이니 故云法所因出인대 法不異因이니라 若眼如舍에 則色如梁等이요 若色如舍에 則眼如梁等일새 故로 互爲所因이니라 所以로 疏에 云, 異相互無니 謂眼과 色이 相因일새 無定異故54)라 又如長與短異일새 長中에 無短相하여 長無可對

일새 故無有長이요 短中에 無長相하여 短無可對일새 故無有短이라 旣無長短커니 孰言異耶아 故云異相互無故로 無異니라 又長中에 自無長相하고 短中에 自無短相이어니 將何長短하여 而說異耶아 亦中論意며 亦百論意라 故로 中論에 云, 異中에 無異相이요 不異中에 亦無라 無有異相故로 則無彼此異라하니라 百論破異品中에 外道가 立一일새 內破云호대 若因果不異인대 三世가 應爲一이니라 彼救云호대 不然하다 因果相待成故가 如長短이라하니라 注에 云, 如因長見短하고 因短見長이요 如見泥團에 觀瓶則因이요 觀土則是果라하니라 內破曰, 因他相違共過일새 故非長中長相이며 亦非短中과 及共中이라하니라 注에 云, 若實有長相인대 若長中有와 若短中有와 若共中有를 是皆不可得이라 何以故오 長中에 無長相은 以因他故니 因短爲長故라 短中에도 亦無長相이니 性相違故라 若短中에 有長인대 不名爲短이니라 共中에도 亦無長이니 二俱過故라 若長中에 有하며 若短中에 有인대 先, 已說二過故라 將何共耶아 長相旣無요 短相도 亦爾니라 若無長短인대 云何相待리요 上來에 破異는 竟하다

● 또한 마치 대들보와 서까래가 집을 이룰 적에 집은 대들보, 서까래 등의 법과 다르지 않나니, 그러므로 말하되, "법은 원인에서 나왔다면 법은 원인과 다르지 않다. 만일 눈이 집과 같다면 색은 대들보 등과 같을 것이요, 만일 색이 집과 같다면 눈은 대들보 등과 같을 것이므로 번갈아 원인이 된다." 그러므로 소문에 이르되, "다른 모양은 번갈아 없나니, 이른바 눈과 색은 서로 인연하므로 삼매가 다름이 없는 까닭이다. 또한 긴 것과 짧은 것이 다름과 같으므로 긴 것 가운데 짧은 양상이 없어서 긴 것은 상대할 것이 없는 연고로 긴 것이 없으

---

54) 故下에 南金本有無定異故라 하다.

며, 짧은 것 중에 긴 양상이 없어서 짧은 것은 상대할 수 없으므로 짧은 것이 없다. 이미 길고 짧은 것이 없는데 누가 다르다고 말하겠는가?" 그러므로 말하되, "다른 양상은 번갈아 없는 연고로 다름이 없다." 또한 긴 것 중에 자연히 긴 양상이 없고 짧은 것 중에 자연히 짧은 양상이 없는데 무슨 길고 짧은 것을 가져서 다름을 말하겠는가? 또한 『중론』의 의미이면서 또한 『백론(百論)』의 주장이기도 하다. 그러므로 중론에 이르되, "다른 가운데 다른 양상이 없고 다르지 않은 중에도 역시 없다. 다른 형상이 없는 연고로 이것과 저것의 차이가 없다"라고 하였다. 『백론』의 하나를 타파하는 품[破一品] 중에 외도는 하나를 건립하므로 안으로 타파하여 말하되, "만일 원인과 결과가 다르지 않다면 삼세가 응당히 하나가 될 것이다." 저가 구제하여 말하되, "그렇지 않다, 원인과 결과가 서로 기다려서 성립하는 이유가 길고 짧음과 같다"라고 하였다. 주(註)에 말하되, "마치 긴 것으로 인하여 짧은 것을 보고 짧은 것으로 인하여 긴 것을 보고, 마치 진흙 덩이를 볼 적에 병을 관하면 원인이요, 흙을 관하면 결과이다"라고 하였다. 안으로 타파하여 말하되, "저 서로 위배됨을 인하여 허물과 함께하는 연고로 긴 것 중에 긴 양상이 아니며, 또한 짧지 않은 것 중과 중간과 함께 한다"라고 하였다. 주(註)에서 말하되, "만일 진실로 긴 양상이 있다면 긴 것 중에 있음과 짧은 것 중에 있음과 함께한 중에 있는 것을 모두 얻을 수 없다. 왜냐하면 긴 것 중에 긴 양상이 없는 것은 저것으로 인한 까닭이니, 짧은 것으로 인하여 긴 것이 되는 까닭이다. 짧은 것 중에도 또한 긴 양상이 없나니, 성품과 양상이 서로 위배되는 까닭이다. 만일 짧은 것 중에 긴 것이 있다면 짧다고 말하지 않는다. 함께한 중에도 또한 긴 것이 없나니 둘 다 허물인 까닭이다. 만일 긴 것 중에 있으며 짧은 중에 있다면 먼저 이미 두 가지 허물을 말한 까닭이다. 무엇을 가져서 함께할 것인가? 긴 양상이 이미 없고 짧은 양상도 또한 그렇다. 만일 길고 짧은 것이 없다면 어떻게 서로 기다리겠는가? 여기까지 다름을 타파함은 마친다.

次, 疏에 云遮異55)言不異下는 以相待門으로 釋無不異니 謂無異可待故라 故二雙絶하여 以契性空이니라 亦百論에 云, 若無長短인대 云何相待意也니라 二, 約雙顯者는 謂上但顯實이면 則唯性而非相이어니와 今에 性相皆具일새 故云雙顯이라 謂由體一故로 非異요 相差別故로 非不異니 此擧雙是하여 以顯雙非니라 三, 約雙遮下는 文有二意하니 一, 前에 明相卽일새 故得雙遮니 謂相本是異나 今卽性故로 無有異也니 故非異니라 性本是一이나 今卽相故로 無有一也니 故로 非不異니라 二, 又相非相下는 明當相自離일새 故得雙非니라 故離二邊下는 結成玄旨니라

● 다음에, 소문에 이르되, 遮異言不異 아래는 서로 기다리는 문으로 다르지 않음이 없음을 해석한 내용이다. 이른바 다름이 없이 기다릴 수 있는 까닭이다. 그러므로 둘이 함께 끊어져서 성품이 공함과 계합한다. 또한 『백론』에 이르되, "만일 길고 짧음이 없다면 어떻게 서로 기다리는 의미이겠는가?" (2) 동시에 밝힘을 잡은 것은 말하자면 위는 단지 실법만 밝히면 오직 성품뿐이요, 양상이 아니겠지만 지금은 성품과 양상이 모두 갖춘 연고로 '함께 밝힌다'고 하였다. 이른바 체성이 하나임을 말미암은 연고로 다름이 아니요, 양상이 차별한 연고로 다르지 않음도 아니니, 이것은 함께 옳음을 거론하여 함께 부정함을 밝

---

55) 上五字는 甲南續金本作爲遮異라 하다.

힌 내용이다. (3) 約雙遮 아래는 경문에 두 가지 의미가 있으니, 첫째, 앞에는 서로 합치함을 밝힌 연고로 동시에 차단함을 얻었으니, 이른바 양상은 본래 다른 것이지만 지금은 성품과 합치한 연고로 다름이 없나니, 그러므로 다르지 않다. 성품은 본래 하나이지만 지금은 양상과 합치한 연고로 하나가 없나니, 그러므로 다르지 않음도 아니다. 둘째, 又相非相 아래는 해당 양상이 자연히 여읨을 밝힌 연고로 동시에 부정함을 얻었다. 故離二邊 아래는 현묘한 종지로 결론함이다.

ㄴ) 두 가지 공함을 잡아 실법을 밝히다[約二空顯實] 2.
(ㄱ) 앞의 세 가지 대구는 한결같이 실법을 밝히다[初三對一向顯實]

(二約 25下9)

(ㄴ) 서로 상대하여 실법을 밝히다[相對顯實] (無實)

無我無比와 不生不滅과 不動不壞와 無實無虛와 一相無相과 非無非有와 非法非非法과 不隨於俗非不隨俗과 非業非非業과 非報非非報와 非有爲非無爲와 非第一義非不第一義와 非道非非道와 非出離非不出離와 非量非無量과 非世間非出世間과 非從因生非不從因生과 非決定非不決定과 非成就非不成就와 非出非不出과 非分別非不分別과 非如理非不如理하니라

(6) 나도 없고 견줄 것도 없으며, (7) 나지도 않고 없어지지도 않으며, (8) 흔들리지도 않고 무너지지도 않으며, (9) 진실도 없고 거짓도 없으며, (10) 한 모양이고 모양도 없으며, (11) 없는 것도 아니고 있는 것도 아니며, (12) 법도 아니고

법 아님도 아니며, (13) 시속을 따르지도 않고 시속을 안 따르지도 않으며, (14) 업도 아니고 업 아닌 것도 아니며, (15) 갚음도 아니고 갚음 아님도 아니며, (16) 함이 있는 것도 아니고 함이 없는 것도 아니며, (17) 첫째 뜻도 아니고 첫째 뜻 아님도 아니며, (18) 길도 아니고 길 아님도 아니며, (19) 벗어남도 아니고 벗어나지 않음도 아니며, (20) 한량 있는 것도 아니고 한량없는 것도 아니며, (21) 세간도 아니고 출세간도 아니며, (22) 인으로 난 것도 아니고 인으로 나지 않은 것도 아니며, (23) 결정도 아니고 결정 아님도 아니며, (24) 성취함도 아니고 성취하지 않음도 아니며, (25) 나옴도 아니고 나오지 않음도 아니며, (26) 분별도 아니고 분별 아님도 아니며, (27) 이치와 같음도 아니고 이치와 같지 않음도 아닌 줄을 아느니라.

[疏] 二, 約二空顯이라 中에 亦初三對는 一向顯實이라 無比者는 無有我所가 與我로 爲比對故라 餘二는 可知니라 無實下는 亦通三釋이니 準前知之니라 且約顯實以釋인대 一, 虛實이 皆緣顯故요 二, 法性이 不並眞故로 一相이요 一亦不爲一故로 無相이요 有無皆法이라 待對故로 無요 法與非法이 但假施設이니 並就實而求에 能治와 所治가 無不雙寂이라 餘皆倣此니라

ㄴ) 두 가지 공함을 잡아 실법을 밝힘이다. 그중에도 또한 처음의 세 가지 대구는 한결같이 실법을 밝힘이다. '견줄 것이 없음'은 내 것과 내가 없음으로 견주어 상대함이 되는 까닭이다. 나머지 둘은 알 수 있으리라. (ㄴ) 無實 아래는 (서로 상대하여 실법을 밝힘이니) 또한 세 가

지와 통하는 해석이니, 앞과 준해 보면 알리라. 우선 실법을 드러냄을 잡아서 해석한다면 (1) 거짓과 진실은 모두 인연으로 밝히는 연고요, (2) 법의 성품은 진실과 함께하지 않는 연고로 한 가지 모양이요, 하나도 또한 하나가 아닌 연고로 모양 없음이요, 있고 없음이 모두 법이다. 상대를 기다리는 연고로 없으며, 법과 법 아님은 단지 잠시 시설한 것이니, 아울러 진실에 입각하여 구할 적에 다스리는 주체와 다스릴 대상은 함께 고요하지 않음이 없다. 나머지는 모두 이와 비슷하다.

[鈔] 法性不並下는 卽影公이 云, 法性이 不並眞이요 聖賢이 無異道는 由理無異味故라하니라 一亦不爲一者는 卽法句經에 云, 森羅及萬象이 一法之所印이라 云何一法中에 而當有差別이라하니 卽上一相也니라 次에 云, 一亦不爲一은 爲欲破諸數라 淺智는 着諸法하여 見一以爲一이 卽下句意니라

有無皆法者는 釋非無非有니 謂有卽有法이요 無卽無法이라 故云有無皆法이니라 言待對故無者는 三論初章中偈에 云, 若有有可有하면 則有無可無어니와 今無有可有일새 亦無無可無라하니라 謂因無立有하고 有假無生일새 故로 非有요 因有說無하고 無因有立일새 故로 非無니라 若躡上起인대 上云無相은 卽是無義라 今非彼無相일새 故云非無라 無尙不存이어니 有安得立이리요 故로 云非無非有가 皆待對故로 無也라하니라

● 法性不並 아래는 곧 영공(影公)법사가 말하되, "법의 성품은 진실과 함께하지 않고 성현은 다른 길이 없음은, 이치에 다른 맛이 없음을 말미암는 까닭이다"라고 하였다. '하나도 또한 하나가 되지 않는다'

는 것은 곧 『법구경』에 이르되, "삼라와 만상이 한 법으로 인가한 바이니 어떻게 한 가지 법 중에 당연히 차별이 있는가?"라 하였으니 곧 위의 한 가지 모양이다. (법구경의) 다음에 말하되, "하나도 또한 하나가 되는 것이 아님은 여러 숫자를 타파하기 위함이다. 얕은 지혜는 모든 법을 집착하여 하나를 보는 것으로 하나를 삼은 것"이 곧 아래 구절의 의미이다.

'있고 없음이 모두 법'이란 없음도 아니요 있음도 아님을 해석함이다. 이른바 유(有)는 유와 합치한 법이요, 무(無)는 무와 합치한 법이므로 "있고 없음이 모두 법이다"라고 하였다. '상대를 기다리는 연고로 없다'고 말한 것은 삼론(三論)의 첫째 가름에 게송으로 말하되, "만일 유와 유가 있으려면 유와 무가 무(無)가 되어야 하지만, 지금 유일 수가 없으므로 또한 무가 무(無)일 수 없다"라고 하였다. 말하자면 무로 인하여 유를 세우고 유는 생사 없음을 빌린 연고로 있지 않음이요, 유로 인하여 무를 설하고, 무는 유로 인하여 세우는 연고로 무도 아니다. 만일 위를 토대로 시작한다면 위에 말한 모양 없음은 바로 없다는 이치이다. 지금 저 모양 없음도 아니므로 없음도 아니라 말하였다. 무도 오히려 두지 않는데 유를 어찌 세울 수 있겠는가? 그러므로 말하되, "무도 아니고 유도 아닌 것이 모두 상대를 기다리는 연고로 무인 것이다"라 하였다.

法與非法者는 然法非法이 有其三義하니 一者, 有法爲法이요 無法이 爲非法이라 上에 已破有無故로 今非此義니라 二者, 惡法이 爲非法이요 善法이 爲法이니라 三, 以相爲法이요 以性爲非法이라 今通此二니라 善惡이 相因도 亦假施設이니 遣相之法은 明性爲非法이라 相

旣不存이요 性不安立이라 故로 法尙應捨어든 何況非法가 性相相因도 亦假設耳니라

並就實下는 結成顯實이니라 上一一對中에 多以上句로 爲所治하고 下句로 爲能治라 如虛是所治요 實爲能治며 法是所治요 非法은 爲能治라 旣並歸實일새 故皆雙寂이니라 餘皆倣此者는 釋不隨於俗이며 非不隨俗인 已下經文이니라

● 법과 법 아님은 그러나 법과 법 아님에 세 가지 뜻이 있으니 (1) 유(有)의 법으로 법을 삼고 무(無)의 법으로 법 아님을 삼았다. 위에는 이미 유와 무를 타파한 연고로 지금은 이런 뜻이 아니다. (2) 악한 법은 법 아님이 되고 선한 법은 법이 되었다. (3) 모양으로 법이 되고 성품으로 법 아님이 되었으니 지금은 이런 둘과 통한다. 선하고 악함이 모양의 원인도 또한 잠시 시설함이니, 모양을 보낸 법은 밝은 성품으로 법 아님을 삼았다. 모양은 이미 두지 않고 성품은 편안하게 세우지 않은 것이다. 그러므로 법도 오히려 응당히 버려야 하거든 어찌 하물며 법 아님이리오. 성품과 모양이 서로 원인 됨도 역시 잠시 시설한 것일 뿐이다.

並就實 아래는 실법을 밝힘으로 결론함이다. 위의 낱낱이 상대한 중에 대부분 위 구절로 다스릴 대상을 삼고 아래 구절로 다스리는 주체를 삼았다. 마치 헛됨은 다스릴 대상이요, 실법은 다스리는 주체가 되며, 법은 다스릴 대상이요, 법 아님은 다스리는 주체가 되었다. 이미 함께 실법으로 돌아간 연고로 모두 함께 고요하다. '나머지는 모두 이와 비슷하다'는 것은 시속을 따르지도 않고 시속을 안 따르지도 않음을 해석한 아래는 경문이다.

ㄴ. 법을 연설함은 곧 밖으로 중생을 이익함을 밝히다
 [明演法卽外益衆生] 3.
ㄱ) 앞을 따와서 지혜를 이루다[牒前成智] (第二 27上7)
ㄴ) 법을 연설함을 바로 밝히다[正明演法] (二不)

此菩薩이 **不取世俗諦**하고 **不住第一義**하며 **不分別諸法**하고 **不建立文字**하여 **隨順寂滅性**하며 **不捨一切願**하고 **見義知法**하며 **興布法雲**하고 **降霔法雨**하니라
이 보살이 (28) 세속 이치를 취하지도 아니하고, 제일가는 뜻에 머물지도 아니하며, (29) 모든 법을 분별하지도 않고, 글자를 세우지도 않아서 고요한 성품을 따르며, 온갖 서원을 버리지 아니하고 이치를 보고 법을 알며, 법 구름을 펴서 법비를 내리느니라.

[疏] 第二, 演法外益이라 中에 三이니 一, 牒前成智니 爲起用所依故라
二, 不捨下는 正明演法이요
■ ㄴ. 법을 연설하여 밖으로 중생을 이익함이다. 그중에 셋이니 ㄱ) 앞을 따와서 지혜를 이루나니 작용의 의지처에서 시작하기 위한 까닭이다. ㄴ) 不捨 아래는 법을 연설함에 대해 바로 밝힘이다.

ㄷ) 고요하게 작용함에 장애가 없다[寂用無礙] 3.
(ㄱ) 고요함이 작용에 장애되지 않는다[寂不礙用] (三雖 27下5)
(ㄴ) 작용이 고요함에 장애되지 않는다[用不礙寂] (次雖)
(ㄷ) 고요함과 작용함이 둘이 아니다[寂用無二] (後於)

雖知實相이 不可言說이나 而以方便無盡辯才로 隨法隨義하여 次第開演하여 以於諸法에 言辭辯說이 皆得善巧하고 大慈大悲가 悉已淸淨하여 能於一切離文字法中에 出生文字하야 與法與義로 隨順無違하여 爲說諸法이 悉從緣起하며 雖有言說이나 而無所著하며 演一切法에 辯才無盡하여 分別安立하고 開發示導하여 令諸法性으로 具足明顯하며 斷衆疑網하여 悉得淸淨하며 雖攝衆生이나 不捨眞實하며 於不二法에 而無退轉이나 常能演說無礙法門하여 以衆妙音으로 隨衆生心하여 普雨法雨하여 而不失時하나니

(1) 참모양은 말할 수 없음을 알지마는 방편과 다함없는 변재로 법을 따르고, (2) 뜻을 따라 차례로 연설하면서도, 법에 대하여 말과 변재가 모두 교묘하며, (3) 대자대비가 다 청정하여 일체 글자를 여읜 가운데서 글자를 내어, (4) 법과 뜻에 따라서 어기지 아니하고 모든 법이 반연으로 일어나는 것을 말하느니라. (5) 비록 말을 하지마는 집착하지 아니하며, (6) 모든 법을 연설하여도 변재가 다하지 않으며, (7) 분별하고 나란히 정돈하여 열어 보이고 지도하며, (8) 법의 성품이 구족하게 나타나서 여럿의 의심을 끊어서 모두 청정케 하며, (9) 비록 중생을 거두어 주나 진실을 버리지 않으며, (10) 둘이 아닌 법에서 물러나지 아니하고 걸림 없는 법문을 항상 연설하며, (11) 여러 가지 묘한 음성으로 중생의 마음을 따라 법 비를 널리 내리되 때를 잃지 아니하나니,

[疏] 三, 雖知實相下는 寂用無礙라 於中에 三이니 初, 寂不礙用이요 次, 雖有言說下는 用不礙寂이요 後, 於不二下는 寂用無二니라
- ㄷ) 雖知實相 아래는 고요하게 작용함에 장애가 없음이다. 그중에 셋이니 (ㄱ) 고요함이 작용에 장애되지 않음이요, (ㄴ) 雖有言說 아래는 작용이 고요함에 장애되지 않음이요, (ㄷ) 於不二 아래는 고요함과 작용함이 둘이 아님이다.

다) 명칭을 결론하다[結] (經/是名 28上3)

是名菩薩摩訶薩의 第九一切法智神通이니라
이것이 보살마하살의 아홉째 온갖 법을 아는 지혜의 신통이니라.

차. 온갖 법이 사라져 없어지는 삼매 지혜의 신통
  [入一切法滅盡三昧智神通] 3.

가) 명칭을 표방하다[標] 2.
(가) 양상을 해석하다[釋相] 2.

ㄱ. 바로 해석하다[正釋] (第十 28上5)
ㄴ. 구분하다[料揀] 3.
ㄱ) 현상과 이치를 바로 구분하다[正揀事理] (斯卽)

佛子여 菩薩摩訶薩이 以一切法滅盡三昧智通으로

불자여, 보살마하살이 온갖 법이 사라져 없어지는 삼매 지혜의 신통으로써,

[疏] 第十, 滅定智通이라 中에 三이니 初, 標名이라 云一切法滅盡者는 謂五聚之法이 皆當體寂滅故라 斯卽理滅이니 不同餘宗滅定이 但明事滅이라 唯滅六七의 心心所法하고 不滅第八等이라

- 차. 온갖 법이 사라져 없어지는 삼매 지혜의 신통이다. 그중에 셋이니 가) 명칭을 표방함이다. '온갖 법이 사라져 없어진다'고 말한 것은 이른바 다섯 무더기의 법이 모두 바로 그 체성이 적멸한 까닭이다. 이것은 이치가 없어짐이니 나머지 종파의 멸진정이 단지 현상만 없어짐만 밝힌 것과는 다르다. 오직 6식과 7식의 심왕과 심소만 멸하고 제8식 따위는 없애지 못한다.

[鈔] 斯卽理下는 揀定이니 謂對餘宗하여 揀定體用이라 於中에 有三이니 初, 揀理事요 斯卽理滅者는 卽是本宗의 法界體寂故라 不同已下는 是法相宗이니 但事滅故로 要心不行하야사 方稱爲滅이니라

- ㄴ. 斯卽理 아래는 삼매를 구분함이다. 이른바 나머지 종파를 상대하여 삼매의 체성과 작용을 구분하였다. 그중에 셋이 있으니 ㄱ) 현상과 이치를 구분함이요, '이것은 곧 이치를 없앰'이란 바로 본 화엄종(華嚴宗)이니, 법계의 체성이 고요한 까닭이다. 不同 아래는 법상종(法相宗)이니 단지 현상만 없애는 연고로 마음이 행하지 않음을 요구해야만 비로소 '없어진다'고 일컬을 수 있다.

ㄴ) 공능을 바로 구분하다[正揀功能] (但事 28下2)

[疏] 但事滅故로 不能卽定而用이어니와 證理滅故로 定散無礙라 由卽事而理일새 故不礙滅이요 卽理而事일새 故不礙用이라 是以로 文에 云, 雖念念入이나 而不廢菩薩道等이니라

■ 단지 현상만 없어지는 연고로 능히 삼매와 합치하여 작용하지 않지만 이치가 사라짐을 증득한 연고로 삼매와 산란함에 장애가 없다. 현상과 합치하는 이치를 말미암은 연고로 없어짐을 장애하지 않고, 이치와 합치한 현상이므로 작용을 장애하지 않는다. 이런 까닭에 경문에 이르되, "비록 생각 생각에 들어가지만 보살도를 그만두지 않는 등이다"라고 말하였다.

[鈔] 但事滅下는 二, 揀功能不等이라 先, 明事滅은 六七不行이니 何能起用이리요 後, 證理滅下는 辨理滅功高라 旣卽事而理故로 定散無礙니라

● ㄴ) 但事滅 아래는 공능이 같지 않음을 바로 구분함이다. (ㄱ) 현상이 없어지면 6식과 7식이 행하지 않나니 어찌 능히 작용을 일으키겠는가. (ㄴ) 證理滅 아래는 이치가 없어진 공능이 높음을 밝힘이다. 이미 현상과 합치한 이치인 연고로 삼매와 산란함에 걸림이 없다.

ㄷ) 막고 구제함을 거듭 구분하다[遮救重揀] (亦非 28下7)

[疏] 亦非心定이요 而身起用이며 亦不獨明定散雙絶이요 但是事理無礙라 故로 上七地에 云, 雖行實際나 而不作證일새 能念念入이요 亦念念起라하며 及淨名에 云, 不起滅定하고 現諸威儀가 皆斯義也니라

■ 또한 마음의 삼매도 아니요 몸으로 작용을 일으킴이며, 또한 유독

삼매와 산란함이 함께 끊어짐만 밝힘이 아니요, 단지 현상과 이치가 걸림이 없다. 그러므로 위의 제7지에 이르되, "비록 실제를 행하지만 증득을 짓지 않으므로 능히 생각 생각마다 들어가고, 또한 생각 생각마다 일어난다"라 하였고, 나아가『유마경』(제자품)에 말하되, "다 소멸해 버린 선정에서 일어나지 않고 온갖 위의를 다 나타내는 것"이라 함이 모두 이런 뜻이다.

[鈔] 亦非心定下는 三, 遮救重揀이니 恐彼救云호대 心想雖滅이나 定前에 加行하여 令身起用이라할새 故今揀之호대 亦非我宗의 心正在定하여 不能起故라하니 此遮法相이요 次에 言非獨明定散雙絶者는 此遮禪宗의 止觀兩亡하여 不定不亂이라 約理頓明이라도 亦頓教意니 故非經宗이니라 後, 但是事理下는 方顯正義니 心契無礙之理일새 故得定散自在니라 上56)七地下는 引二經證이니 並如前說이니라

● ㄷ) 亦非心定 아래는 막고 구제하여 거듭 구분함이다. (ㄱ) 저들이 구제할까 두려워 말하되, "마음과 생각이 비록 멸하지만 삼매 앞에서 가행(加行)하여 몸으로 하여금 작용을 일으키게 하는 연고로 지금 구분하였지만 또한 우리 종파의 마음은 바로 삼매에 있어서 능히 일으키지 못함이 아니다"라고 하였으니 이것은 법상종(法相宗)을 차단한 내용이요, 다음에 '유독 밝지 않고 삼매와 산란함이 함께 끊어진 것이 아니다'라 말한 것은 선종(禪宗)의 사마타와 위빠사나 둘 다 없어서 삼매도 아니고 산란함도 아님을 막은 내용이다. 이치를 잡아 단박에 밝히더라도 또한 돈교(頓教)의 주장인 때문에 본경의 종지가 아니다. (ㄴ) 但是事理 아래는 비로소 바른 뜻을 밝힘이니, 마음으로

---

56) 故는 甲南續金本作故라 하다.

걸림 없는 이치와 계합한 연고로 삼매와 산란함에 자재함을 얻었다.
(ㄷ) 上七地 아래는 두 경문을 인용하여 증명함이니, 아울러 앞에서 설한 내용과 같다.

(나) 명칭 해석[釋名] (事理 29上7)

[疏] 事理非一故로 一切法滅盡之神通이요 非異故로 滅盡이 卽神通이라 通二釋也니라
■ 현상과 이치가 하나가 아닌 연고로 온갖 법이 사라져 없어지는 신통이요, 다르지 않은 연고로 사라져 없어짐이 곧 신통이니 두 가지에 통하는 해석이다.

나) 양상을 해석하다[釋] 2.

(가) 삼매와 합치하여 체성과 작용이 자재함을 밝히다
 [明卽定體用自在] 2.
ㄱ. 삼매에 들어감을 표방하여 보이다[標示入定] (二於 29上10)
ㄴ. 작용에 장애되지 않음을 밝히다[明不礙用] (二亦)

於念念中에 入一切法滅盡三昧하되 亦不退菩薩道하며 不捨菩薩事하며 不捨大慈大悲心하고 修習波羅蜜하여 未嘗休息하며 觀察一切佛國土하여 無有厭倦하며 不捨度衆生願하며 不斷轉法輪事하며 不廢教化衆生業하며 不捨供養諸佛行하며 不捨一切法自在門하며 不捨常見

一切佛하며 不捨常聞一切法하며 知一切法이 平等無礙하여 自在成就一切佛法하며 所有勝願이 皆得圓滿하며 了知一切國土差別하며 入佛種性하여 到於彼岸하며 能於彼彼諸世界中에 學一切法하여 了法無相하며 知一切法이 皆從緣起라 無有體性이나 然隨世俗하여 方便演說하며 雖於諸法에 心無所住나 然順衆生의 諸根欲樂하여 方便爲說種種諸法이니라

(1) 잠깐잠깐 동안에 온갖 법이 사라져 없어지는 삼매에 들어가지마는 (2) 보살도에서 물러나지도 아니하고 (3) 보살의 일을 버리지도 아니하며, (4) 대자대비한 마음을 버리지 않고 바라밀다를 닦되 잠깐도 쉬지 않으며, (5) 모든 부처님의 국토를 관찰하여도 게으르지 않으며, (6) 중생을 제도하는 서원을 버리지 않고 법 바퀴 굴리는 일을 끊지 않으며, (7) 중생 교화하는 일을 폐하지 않고 부처님께 공양하는 행을 버리지 않느니라. (8) 또 온갖 법에 자재한 문을 버리지 않고 (9) 모든 부처님 항상 뵈옴을 버리지 않고 (10) 온갖 법문 항상 들음을 버리지 않으며, (11) 온갖 법이 평등하여 걸림 없이 자재함을 알고 (12) 모든 부처님의 법을 성취하며 (13) 모든 훌륭한 원을 다 원만하며, (14) 모든 국토의 차별을 분명히 알고 (15) 부처님의 종성에 들어가서 저 언덕에 이르며, (16) 저 여러 세계에서 모든 법을 배워서 법이 모양이 없음을 알며, (17) 온갖 법이 다 인연으로 생겨서 자체와 성품이 없음을 알지마는 세속을 따라서 방편으로 연설하며, (18) 비록 모든 법에 대하여 머무름이 없지마는 중생

의 근성과 욕망을 따라서 가지가지 법을 방편으로 연설하
느니라.

[疏] 二, 於念念下는 釋相이라 中에 二니 先, 明卽定體用自在요 後, 此菩
薩住三昧時下는 明入定時分自在라 前中에 亦二니 先, 標入定이요
二, 亦不退下는 明不礙用이라 於中에 初二句는 總이니 未作不退요
現作不捨니 正簡事滅하여 以顯眞滅이라 餘句는 別明이라 文顯可知
니라

■ 나) 於念念 아래는 양상을 해석함이다. 그중에 둘이니 (가) 삼매와
합치하여 체성과 작용이 자재함을 밝힘이요, (나) 此菩薩住三昧時
아래는 삼매에 들어가는 시간과 분량이 자재함을 밝힘이다. (가) 중
에 또한 둘이니 ㄱ. 삼매에 들어감을 표방함이요, ㄴ. 亦不退 아래
는 작용에 장애되지 않음을 밝힘이다. 그중에 ㄱ) 처음 두 구절은 총
상이니 미래에 지어서 물러나지 않고, 현재에 지어서 버리지 않나니
현상이 없어짐과 바로 구분하여 '참된 없어짐'을 밝혔다. 나머지 구절
은 별상으로 밝힘이니, 경문이 뚜렷하니 알 수 있으리라.

(나) 삼매에 들어가는 시간과 분량이 자재함을 밝히다
　　　[明入定時分自在] 3.
ㄱ. 길고 짧음은 마음을 따른다[長短隨心] (第二 30下1)

此菩薩이 住三昧時에 隨其心樂하여 或住一劫하며 或住
百劫하며 或住千劫하며 或住億劫하며 或住百億劫하며
或住千億劫하며 或住百千億劫하며 或住那由他億劫하

며 或住百那由他億劫하며 或住千那由他億劫하며 或住百千那由他億劫하며 或住無數劫하며 或住無量劫하며 乃至或住不可說不可說劫하나니라

이 보살이 삼매에 머물 때에는 (19) 마음에 좋아함을 따라서 한 겁을 머물기도 하고 백 겁을 머물기도 하며, 천 겁을 머물기도 하고, 억 겁을 머물기도 하며, 백억 겁을 머물기도 하고, 천억 겁을 머물기도 하며, 백천억 겁을 머물기도 하고, 한 나유타억 겁을 머물기도 하며, 백 나유타억 겁을 머물기도 하고, 천 나유타억 겁을 머물기도 하며, 백천 나유타억 겁을 머물기도 하고, 수없는 겁을 머물기도 하며, (20) 한량없는 겁을 머물기도 하고 내지 말할 수 없이 말할 수 없는 겁을 머물기도 하느니라.

[疏] 第二, 明入定時分自在라 中에 三이니 初, 長短隨心이요

- (나) 삼매에 들어가는 시간과 분량이 자재함을 밝힘이다. 그중에 셋이니 ㄱ. 길고 짧음은 마음을 따름이요,

ㄴ. 위의가 틀리지 않는다[威儀不忒] (二菩 30下5)

菩薩이 入此一切法滅盡三昧하야는 雖復經於爾所劫住나 而身不離散하며 不羸瘦하며 不變異하며 非見非不見이며 不滅不壞며 不疲不懈며 不可盡竭이니라

보살이 (21) 이 온갖 법이 사라져 없어지는 삼매에 들어가서 저러한 겁을 지나면서 머물더라도, (22) 몸이 흩어지지

도 않고 여의지도 않고 변하여 달라지지도 않으며, (23) 보는 것도 아니고 보지 못하는 것도 아니며, (24) 사라지지도 않고 무너지지도 않으며, (25) 고달프지도 않고 게으르지도 않으며 다하지도 아니하느니라.

[疏] 二, 菩薩入此下는 威儀不忒이요
■ ㄴ. 菩薩入此 아래는 위의가 틀리지 않음이요,

ㄷ. 작용을 일으켜 선정과 산란함을 함께 행함이 장애되지 않는다
[不礙起用定散雙行] (三雖 31上1)

雖於有於無에 悉無所作이나 而能成辦諸菩薩事하나니 所謂恒不捨離一切衆生하고 敎化調伏에 未曾失時하여 令其增長一切佛法하여 於菩薩行에 悉得圓滿하며 爲欲利益一切衆生하여 神通變化가 無有休息함이 譬如光影이 普現一切하여 而於三昧에 寂然不動이니

(26) 비록 있는 것이나 없는 것에 모두 하는 일이 없지마는 보살의 일을 이루나니, 이른바 일체중생을 항상 떠나지 아니하고 교화하고 조복하는 시기를 잃지 않으며, (27) 그들로 하여금 일체 불법을 증장케 하되 보살의 행이 원만하게 하며, (28) 일체중생을 이익하기 위하여 신통과 변화가 쉬지 아니하나니, 마치 그림자가 모든 곳에 두루 나타나는 듯하지마는, 삼매에는 고요하여 변동하지 않느니라.

[疏] 三, 雖於有無下는 不礙起用하여 定散雙行이라 於中에 先, 法이요 後, 喩라 光影普現호대 寂然無心이요 隨器虧盈이나 體無來去니라

- ㄷ. 雖於有無 아래는 작용을 일으켜 삼매와 산란함을 함께 행함이 장애되지 않음이다. 그중에 ㄱ) 법으로 설함이요, ㄴ) 비유로 밝힘이다. 그림자가 널리 나타나되 고요하여 마음이 없으며 그릇을 따라 차거나 줄지만 체성은 오고 감이 없다.

다) 명칭을 결론하다[結] (三是 31上4)

是爲菩薩摩訶薩의 入一切法滅盡三昧智神通이니라
이것이 보살마하살이 온갖 법이 사라져 없어지는 삼매에 들어가는 지혜의 신통이니라.

[疏] 三, 是爲下는 結名이니라
- 다) 是爲 아래는 명칭을 결론함이다.

3) 뛰어난 능력을 총합하여 찬탄하다[總歎勝能] 2.

(1) 형상이 열등함으로 뛰어남을 밝히다[形劣顯勝] (大文 31上10)
(2) 뛰어남으로 뛰어남을 밝히다[以勝顯勝] (二唯)

佛子여 菩薩摩訶薩이 住於如是十種神通에 一切天人이 不能思議하며 一切衆生이 不能思議하며 一切聲聞과 一切獨覺과 及餘一切諸菩薩衆이 如是皆悉不能思議라 此

菩薩의 身業이 不可思議며 語業이 不可思議며 意業이 不可思議며 三昧自在가 不可思議며 智慧境界가 不可思議니 唯除諸佛과 及有得此神通菩薩하고 餘無能說此人功德하여 稱揚讚歎이니라

불자여, 보살마하살이 이 (1) 열 가지 신통에 머물면 모든 하늘들이 헤아리지 못하며, (2) 일체중생도 헤아리지 못하며, (3) 일체 성문과 모든 독각과 모든 보살들도 헤아리지 못하며, (4) 이 보살의 몸으로 짓는 업을 헤아릴 수 없으며, (5) 말로 짓는 업을 헤아릴 수 없으며, (6) 뜻으로 짓는 업을 헤아릴 수 없으며, (7) 삼매의 자유로움을 헤아릴 수 없으며, (8) 지혜의 경계를 헤아릴 수 없나니, 오직 부처님과 이 신통을 얻은 보살을 제하고는 이 사람의 공덕을 말하거나 칭찬하거나 찬탄할 수 없느니라.

[疏] 大文第三, 佛子菩薩下는 總歎勝能이라 中에 二니 一, 形劣顯勝이니 劣不測故요 二, 唯除下는 以勝顯勝이니 謂佛等이 方測故니라

■ 큰 문단으로 3) 佛子菩薩 아래는 뛰어난 능력을 총합하여 찬탄함이다. 그중에 둘이니 (1) 형상이 열등함으로 뛰어남을 드러냄이니, 열등함은 측량하지 못하는 연고요, (2) 唯除 아래는 뛰어남으로 뛰어남을 밝힘이다. 이른바 부처님과 평등해야만 비로소 측량할 수 있기 때문이다.

4) 숫자를 결론하여 결과를 밝히다[結數辨果] (大文 31下7)

佛子여 是爲菩薩摩訶薩의 十種神通이니 若菩薩摩訶薩이 住此神通하면 悉得一切三世無礙智神通이니라
불자여, 이것이 보살마하살의 열 가지 신통이니, 보살마하살이 만일 이 신통에 머무르면 일체 삼세에 걸림 없는 지혜의 신통을 얻느니라."

[疏] 大文第四, 佛子是爲下는 結數辨果라 文顯可知니라
■ 큰 문단으로 4) 佛子是爲 아래는 숫자를 결론하여 결과를 밝힘이다. 경문이 뚜렷하니 알 수 있으리라.

제28. 십통품(十通品) 終

화엄경청량소 제23권

| 초판 1쇄 발행_ 2020년 4월 5일

| 저_ 청량징관
| 역주_ 석반산

| 펴낸이_ 오세룡
| 편집_ 손미숙 박성화 김정은 김영미
| 기획_ 최은영 곽은영
| 디자인_ 김효선 고혜정 장혜정
| 홍보 마케팅_ 이주하
| 펴낸곳_ 담앤북스
　　　　서울특별시 종로구 새문안로3길 23 경희궁의 아침 4단지 805호
　　　　대표전화 02)765-1251 전송 02)764-1251 전자우편 damnbooks@hanmail.net
　　　　출판등록 제300-2011-115호
| ISBN 979-11-6201-212-3 04220

정가 30,000원